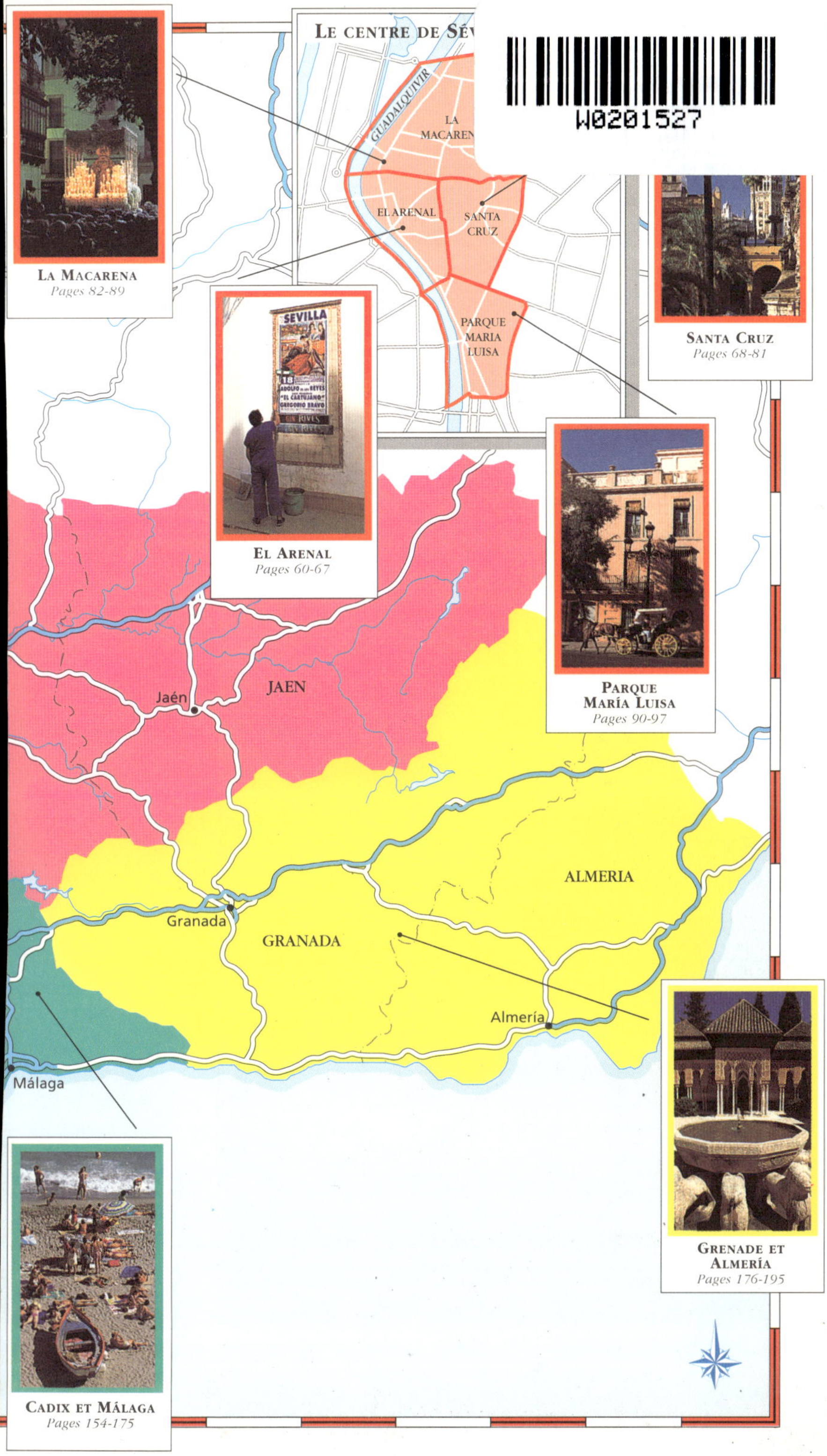
Le centre de Sév
Guadalquivir
La Macarena
El Arenal
Santa Cruz
Parque Maria Luisa
Sevilla
La Macarena
Pages 82-89
El Arenal
Pages 60-67
Santa Cruz
Pages 68-81
Parque María Luisa
Pages 90-97
Jaén
JAEN
Granada
GRANADA
ALMERIA
Almería
Málaga
Cadix et Málaga
Pages 154-175
Grenade et Almería
Pages 176-195

GUIDES VOIR

# SÉVILLE ET L'ANDALOUSIE

GUIDES VOIR

# SÉVILLE ET L'ANDALOUSIE

HACHETTE

HACHETTE

CE GUIDE VOIR A ÉTÉ ÉTABLI PAR
David Baird, Martin Symington, Nigel Tisdall

GUIDES DE VOYAGE HACHETTE
43, quai de Grenelle, 75905 Paris Cedex 15

DIRECTION
Cécile Boyer

DIRECTION ÉDITORIALE
Catherine Marquet

ÉDITION
Catherine Laussucq
Paulina Nourissier

TRADUIT ET ADAPTÉ DE L'ANGLAIS PAR
Tina Calogirou et Pascal Varejka
avec la collaboration de Stella Maris Changuitté,
Denis Montagnon et Catherine Blanchet-Laussucq

MISE EN PAGES (PAO)
Anne-Marie Le Fur

DK

Publié pour la première fois en Grande-Bretagne
en 1996 sous le titre :
*Eyewitness Travel Guides : Seville & Andalusia*
© Dorling Kindersley Limited, London 1999
© Hachette Livre (Hachette Tourisme)
2000 pour la traduction et l'édition française.
Cartographie © Dorling Kindersley 1999

Tous droits de traduction, d'adaptation
et de reproduction réservés pour tous pays.
La marque Voir est une marque déposée.

Conformément à une jurisprudence constante (Toulouse 14. 01. 1887),
les erreurs ou omissions involontaires qui auraient pu subsister
dans ce guide, malgré nos soins et les contrôles de l'équipe de rédaction,
ne sauraient engager la responsabilité de l'éditeur.
Imprimé et relié en Chine par L Rex Printing Company Limited

DÉPÔT LÉGAL : 17414, janvier 2002
ISBN : 2-01-243153-4
ISSN :1246-8134
Collection 32 – Édition 02
N° DE CODIFICATION : 24-3153-4

Aussi soigneusement qu'il ait été établi, ce guide
n'est pas à l'abri des changements de dernière heure.
Faites-nous part de vos remarques, informez-nous
de vos découvertes personnelles : nous accordons
la plus grande attention au courrier de nos lecteurs.

**Pages précédentes : Torre del Oro illuminée, Séville**

# SOMMAIRE

**Illustration de la Bible de style mauresque, Xe siècle**

## PRÉSENTATION DE SÉVILLE ET DE L'ANDALOUSIE

**Attelage sur la Plaza de España, Parque María Luisa**

Zahara de la Sierra, l'un des *pueblos blancos* (villages blancs) typiques de l'Andalousie

## SÉVILLE QUARTIER PAR QUARTIER

Plaque de rue en céramique, Estepona



## L'ANDALOUSIE RÉGION PAR RÉGION



## LES BONNES ADRESSES



## RENSEIGNEMENTS PRATIQUES

Friture de poissons

Le Generalife

# COMMENT UTILISER CE GUIDE

Ce guide se propose de vous aider à profiter au mieux de votre séjour à Séville et en Andalousie. L'introduction, *Présentation de Séville et de l'Andalousie*, situe la région dans son contexte géographique, historique et culturel. Dans *Séville quartier par quartier* et l'*Andalousie région par région*, plans, textes et illustrations présentent en détail les principaux sites et monuments. Les *Bonnes adresses* recèlent toutes les informations sur les hôtels, les restaurants, les boutiques et les divertissements, tandis que les *Renseignements pratiques* vous fourniront tous les conseils utiles.

### SÉVILLE QUARTIER PAR QUARTIER

Le centre de Séville est divisé ici en quatre quartiers, auxquels s'ajoute un cinquième district, « Au-delà du fleuve ». Chaque chapitre débute par un portrait du quartier et une liste des monuments présentés. Des numéros les situent clairement sur le plan « Le quartier d'un coup d'œil ». Les monuments sont présentés dans le texte dans le même ordre.

**Un repère rouge** signale toutes les pages concernant Séville.

**Une carte de situation** indique où se touve le quartier dans la ville.

**1 Plan général du quartier**

*Des numéros désignent chaque monument du quartier. On les retrouve dans le répertoire des rues de Séville p. 108-113.*

**Le quartier d'un coup d'œil** classe par catégories les centres d'intérêt : églises, musées, rues, places et bâtiments historiques.

**2 Plan du quartier pas à pas**

*Il offre une vue détaillée de chaque quartier.*

**Un itinéraire de promenade** emprunte les rues les plus intéressantes.

**Des étoiles** indiquent les sites à ne pas manquer.

**3 Renseignements détaillés**

*Chaque site est décrit dans une rubrique qui donne en outre toutes les informations pratiques telles qu'adresse, heures d'ouverture ou accès en fauteuil roulant.*

## 1 Introduction

*Elle décrit les paysages, l'histoire et le caractère de chaque région et présente son évolution au fil des siècles et ce qu'elle offre aujourd'hui au visiteur.*

## L'ANDALOUSIE RÉGION PAR RÉGION

L'Andalousie est divisée dans ce guide en quatre régions qui font chacune l'objet d'un chapitre séparé. Les sites et monuments les plus intéressants sont numérotés sur une carte illustrée.

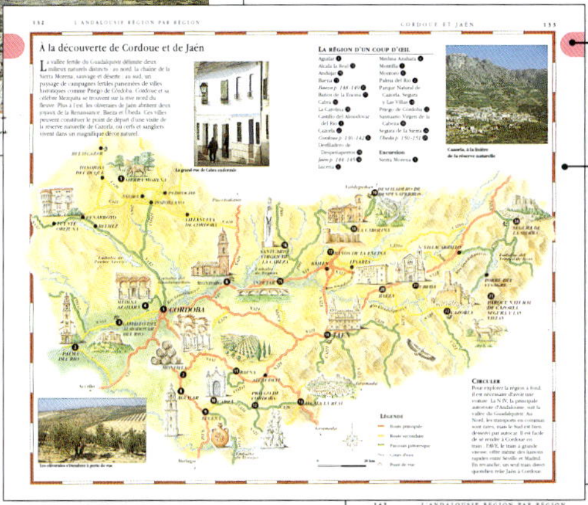


**Un repère de couleur** correspond à chaque région.

## 2 La carte illustrée

*Elle offre une vue d'ensemble de toute la région et de son réseau routier. Des numéros localisent les sites et monuments principaux. L'accès à la région et les moyens de transport disponibles sont indiqués.*

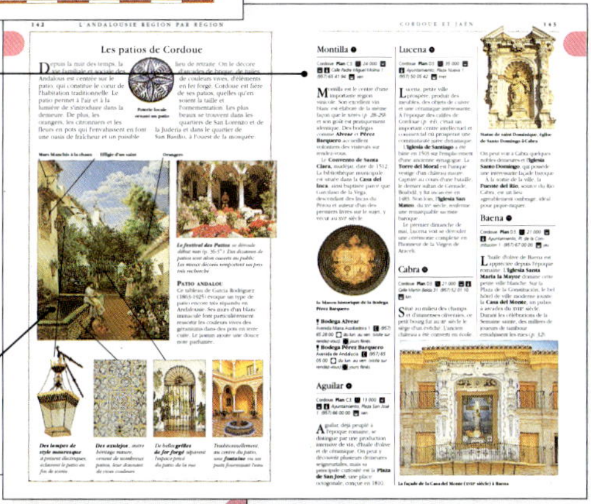


## 3 Renseignements détaillés

*Les principaux sites et localités sont décrits individuellement, dans l'ordre de la numérotation sur la carte illustrée. Texte, plans et illustrations présentent en détail les bâtiments les plus intéressants de chaque ville ou village.*

**Des encadrés** sont consacrés à des points d'intérêt.

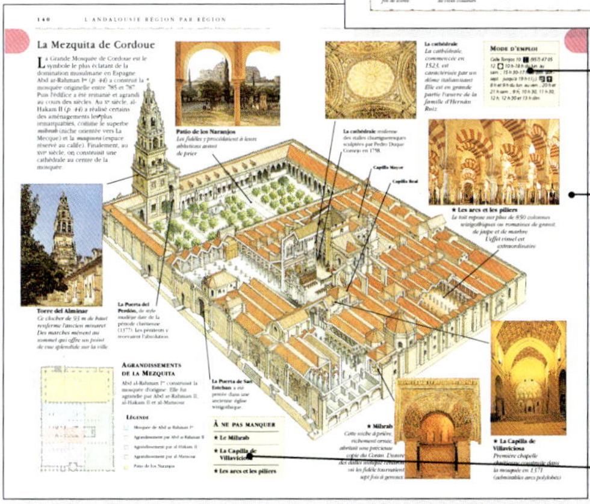


**Le mode d'emploi** vous aide à organiser votre visite. La légende des symboles figure en fin d'ouvrage.

## 4 Les principaux sites

*Deux pages, ou plus, leur sont consacrées. La représentation en coupe des édifices en dévoile l'intérieur. Les plans des musées vous aident à localiser les expositions intéressantes.*

**Des étoiles** signalent les sites ou les œuvres à ne pas manquer.

# Présentation de Séville et de l'Andalousie

# Séville et l'Andalousie dans leur environnement

Bordée au nord par l'Extrémadure et la Castille-La Manche et au nord-est par la Murcie, l'Andalousie est la province la plus méridionale de l'Espagne. Ses longues côtes sont baignées par l'océan Atlantique à l'ouest et par la Méditerranée au sud et à l'est. Cette région, l'une des plus vastes d'Espagne, occupe une superficie de 87 268 km² et compte 7,15 millions d'habitants. Grâce à l'Expo '92 (*p. 54-55*), les réseaux de communication se sont beaucoup améliorés, notamment avec la construction de nouvelles autoroutes et le développement de l'AVE, le train à grande vitesse qui relie Séville et Cordoue à Madrid.

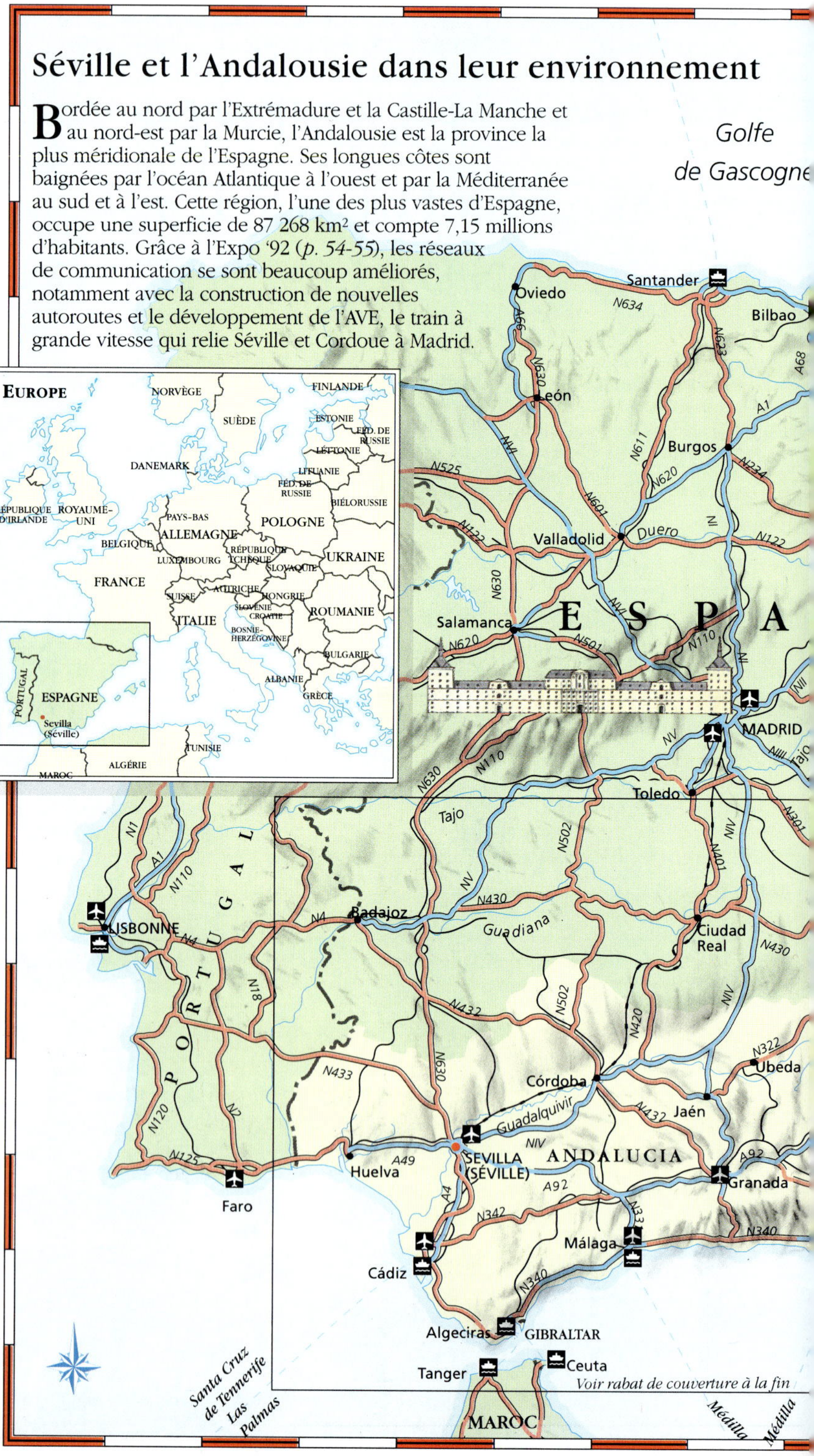


*La Feria de Abril à Séville*, par Dominguez Becquer (1885)

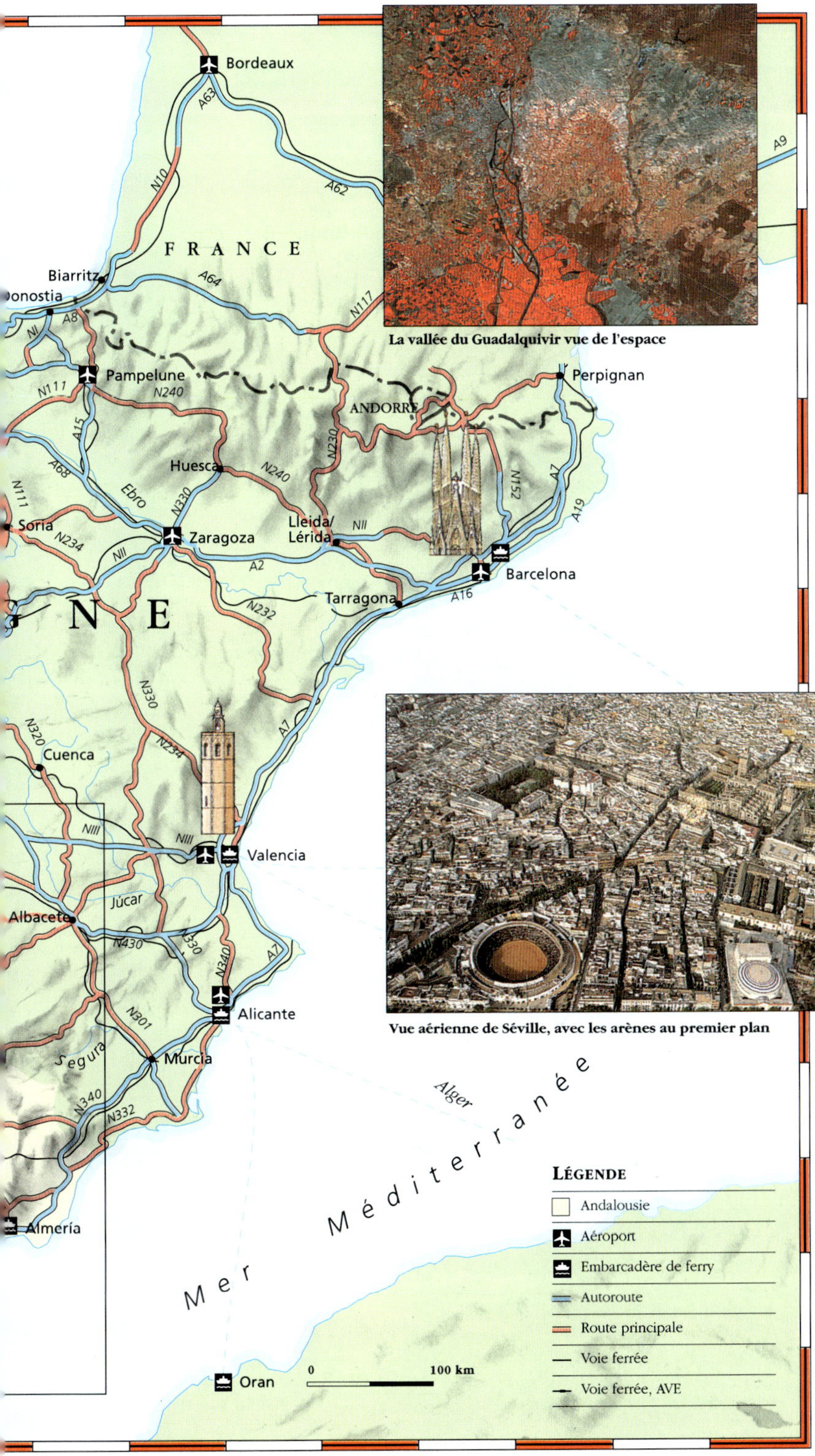


La vallée du Guadalquivir vue de l'espace

Vue aérienne de Séville, avec les arènes au premier plan

# Séville et l'agglomération sévillane

Le centre-ville de Séville est un véritable labyrinthe de vieilles ruelles étroites qu'il est préférable de parcourir à pied. Plusieurs avenues bruyantes et très animées partagent le centre en différents quartiers. Cet ouvrage reprend ces séparations, en commençant par les quartiers historiques qui s'étendent de part et d'autre de l'Avenida de la Constitución. À l'ouest, le long du fleuve, s'étend El Arenal avec la Plaza de Toros ; à l'est se situe l'ancien quartier juif de Santa Cruz, dominé par l'imposante cathédrale et les Reales Alcázares. Au nord, La Macarena offre ses multiples églises, tandis que le Parque María Luisa borde l'Universidad, au sud du centre historique.

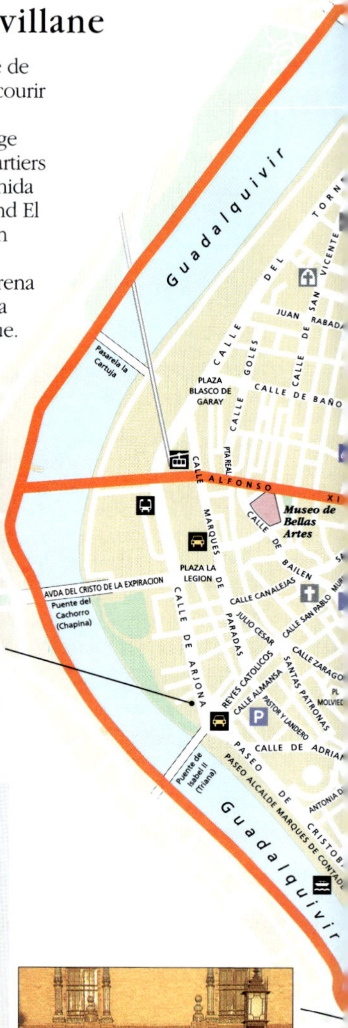

**Plaza de Toros de la Maestranza et Torre del Oro à El Arenal**

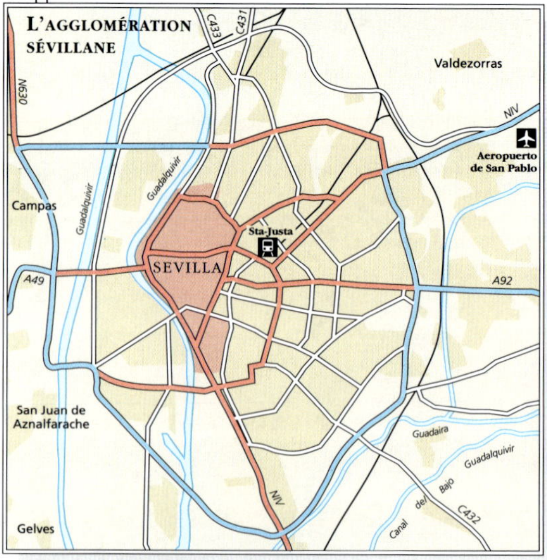


**L'agglomération sévillane**

*À l'ouest du Guadalquivir s'étend le site d'Expo '92 et le quartier pittoresque de Triana. Des zones industrielles et des quartiers résidentiels modernes entourent le centre-ville.*

**Parque María Luisa : la Plaza de España, construite pour l'Exposition de 1929**

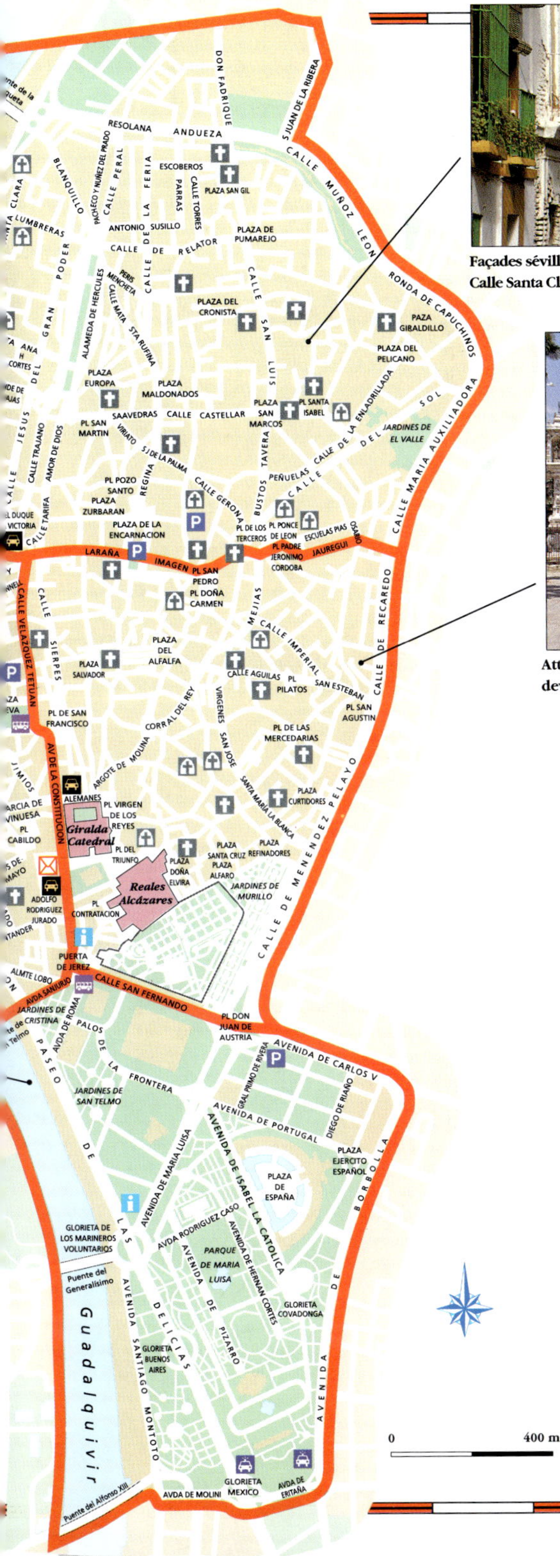

**Façades sévillanes aux grilles en fer forgé, sur la Calle Santa Clara dans le quartier de La Macarena**

**Attelages sur la Plaza del Triunfo, devant la cathédrale à Santa Cruz**

## LÉGENDE

- Site important
- Centre de Séville
- Agglomération urbaine
- Agglomération sévillane
- Aéroport
- Gare ferroviaire
- Terminus de bus
- Gare routière
- Embarcadère
- Téléphérique
- Station de taxis
- Parc de stationnement
- Information touristique
- Hôpital de garde
- Poste de police
- Église
- Couvent ou monastère
- Bureau de poste
- Autoroute
- Route principale
- Route secondaire
- Voie ferrée
- Télécabines

PICADORES

# UNE IMAGE DE L'ANDALOUSIE

*Vestiges de l'ancienne Bétique des Romains, mosquées, palais et jardins rappelant la longue présence arabe, souvenirs de l'épopée de Christophe Colomb et de l'or des Amériques, tout cela se conjugue sans heurt avec l'Andalousie actuelle et festive des corridas et des ferias, des stations balnéaires de la Costa del Sol, enfin d'une région qu'une Exposition universelle vient de redynamiser.*

**Panier d'olives fraîches**

L'Andalousie et Séville, le grand sud espagnol et sa capitale, ne laissent jamais indifférent. À l'extrémité méridionale du continent européen, passé et présent ont créé un cocktail étonnant et profondément attachant.

L'Andalousie, autonome depuis 1981, avec ses sept millions d'habitants, est l'une des régions les plus pauvres d'Espagne, et celle où le chômage frappe le plus fort (env. 25 % de la population active). Si l'Exposition universelle de Séville en 1992 a changé la donne, dotant la région d'un réseau de routes modernes ainsi que d'un TGV flambant neuf, l'AVE, la grande province du Sud espagnol demeure encore peu industrialisée et largement agricole (agriculture et pêche représentant 8,7 % du PNB). Ses vignes, à l'origine du fameux xérès et du non moins célèbre vin de Málaga, constituent la vitrine la plus rentable de cette activité. Mais les oliviers, omniprésents dans la région de Jaén, aux confins nord-est de la région, produisent peu. Comme les céréales ou le coton cultivés dans la grande plaine du Guadalquivir, ils font mal vivre les hommes.

Paradoxe, ce soleil qui brille les trois quarts de l'année, à l'origine de la pauvreté des sols et de la sécheresse

**Musiciens, chanteurs et danseurs perpétuent la tradition du flamenco qui remonte au XVIIIe siècle (*p. 26*)**

**◁ Toreros (*p.24-25*) en costumes traditionnels, se préparant à la corrida**

qui frappe périodiquement, est aussi le grand atout de l'Andalousie. Le tourisme, né dans les années 1960 sur la Costa del Sol, assure ici des revenus à un habitant sur trois.

***Sevillanos*** **prenant l'apéritif en dégustant quelques tapas (*p. 222-223*)**

Aujourd'hui, depuis que le littoral méditerranéen à l'ouest de Málaga a subi un bétonnage intensif et anarchique, la région développe d'autres potentialités. Et elles sont nombreuses, tant l'Andalousie possède une étonnante variété géographique et écologique. Parcs naturels plantés d'essences rares, marais et rizières, sierras arides piquetées de villages aveuglants de blancheur, vallées verdoyantes et sommets enneigés de la Sierra Nevada, littoral atlantique encore peu touché par l'urbanisation, désert aux allures de Far-West... se mélangent hardiment dans cette province à peine moins étendue que le Portugal.

### L'Andalousie, terre de legs et de traditions

En dehors de ses paysages qu'on a tort de limiter aux vastes plaines du Guadalquivir et à ses taureaux de combat, l'un des attraits essentiels de la région tient à la richesse de son histoire. Visiter l'Andalousie, c'est voyager dans un passé qui a connu une profonde colonisation romaine, sept siècles de présence musulmane, l'effort de reconquête des Rois Catholiques, l'arrivée des galions venus des Amériques, puis les lendemains moroses du Siècle d'Or. Cette histoire extrêmement dense ne se révèle pas seulement à l'occasion de la visite d'églises et de musées peuplés de toiles de Murillo ou de Zurbarán, ou même de la découverte des chefs-d'œuvre universels que constituent la Grande Mosquée des Omeyyades de Cordoue, le palais arabe de l'Alhambra à Grenade et la gigantesque cathédrale de Séville.

**Stuc de style mauresque**

Elle se retrouve aussi dans les vocables, dans le chant si spécifique que prend ici la langue espagnole. Elle explique également les modes de vie, le goût de la promenade, l'animation des villes et des villages où, le soir venu, toute la population se retrouve pour discuter à la fraîche.

**Pénitents portant un ostentoir, Semana Santa (*p. 36*)**

### L'identité andalouse

Les acclamations des passes virtuoses des *toreros*, les robes et les

**Campagne aride et reculée, l'une des nombreuses facettes des paysages andalous (*p. 18-19*)**

jupons multicolores des gitanes qui tourbillonnent au son du flamenco, les foules qui envahissent les bars à tapas en soirée, lorsque le thermomètre redescend enfin, font certes partie ici du quotidien.

Mais l'Andalou ne peut se résumer à ces éternels stéréotypes qui lui collent à la peau.

Le tempérament de feu, l'amour de la fête et du spectacle, la religiosité passionnée sinon exacerbée qui éclate lors de la Semaine Sainte *(Semana Santa)* à Séville, le machisme ambiant ainsi qu'une certaine approche archaïque et clanique de la famille, toute l'imagerie que véhiculent les espagnolades comme *Carmen* de Bizet, l'univers de pacotille de la *Belle de Cadix*, ou le flamenco frelaté de Manitas de Plata ou des Gypsy Kings sert et dessert les Andalous.

**Sévillane en costume traditionnel de la *feria* (*p. 36*)**

En fait, on accepte ici l'ensemble de ces clichés avec une réjouissante ironie : l'essentiel est d'affirmer son identité par rapport à une Castille toujours considérée, plus de cinq siècles après la chute du royaume musulman de Grenade en 1492, comme une puissance colonisatrice.

Alors tout est bon.

Le passé arabe est revendiqué comme un véritable âge d'or, moment béni de tolérance religieuse, d'essor des arts et des sciences. On courtise les pays d'Amérique du Sud et Cuba en espérant renouer des relations culturelles et économiques longtemps privilégiées.

Plus récemment, la confiance que les Andalous ont continué à porter aux socialistes a participé de cette même volonté identitaire…

L'Andalousie est, décidément, à bien des égards une région très à part dans le paysage espagnol.

**Carreaux de céramique dans le Palacio de Viana (*p. 139*)**

**Nonne et ses confitures**

# Les paysages andalous

**Figuier de Barbarie, originaire des Amériques**

Tous les ans, plusieurs millions de visiteurs affluent sur les plages de la Méditerranée, jalonnées d'immeubles. Mais l'Andalousie possède aussi une côte atlantique, sauvage et battue par les vents, et de vastes étendues de marécages intacts. À l'intérieur des terres, vous découvrirez des montagnes rocailleuses tapissées de forêts de pins, de chênes-lièges et d'oliviers sauvages. L'Andalousie offre aussi des paysages vallonnés plantés de vignes, de céréales et d'oliviers. Les parcs et les réserves naturelles occupent 17 % de la superficie totale de la région.

*Depuis l'époque maure, les* ***plaines fertiles*** *de la vallée du Guadalquivir, arrosées par le fleuve, sont le grenier à blé de l'Andalousie. Les champs de céréales y alternent avec les rangées d'agrumes.*

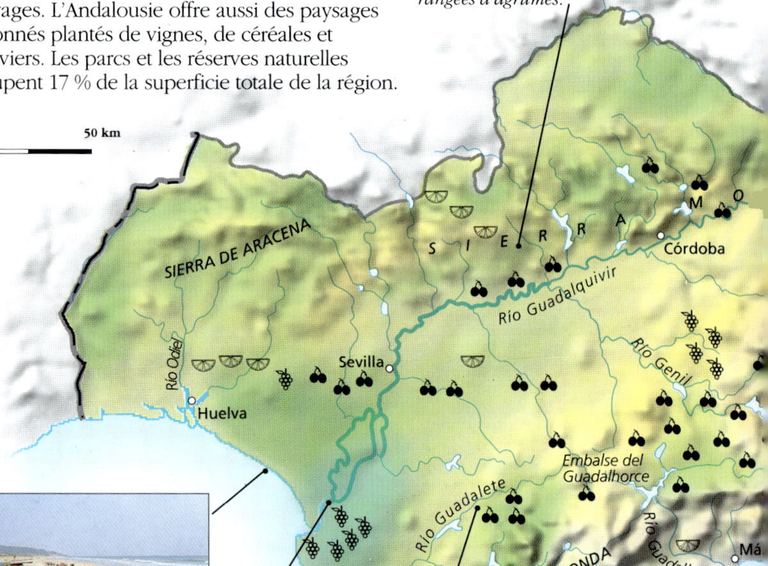

***Les plages de l'Atlantique****, où les pins poussent à l'abri des dunes de sable, sont moins exploitées que celles de la Méditerranée. Les marins partent encore pêcher en haute mer.*

**Le Río Guadalquivir** traverse les marécages de Coto Doñana (*p. 126-127*) avant de se jeter dans l'Atlantique.

**La Costa del Sol**, comme toute la côte méditerranéenne, se distingue par des falaises arides couvertes de bougainvillées et d'autres arbustes subtropicaux, surplombant des plages de galets ou de sable gris.

**Légende**

- Désert
- Marécages
- Forêts
- Terres cultivées
- Oliveraies
- Vignobles
- Plantations d'agrumes

***Les montagnes escarpées*** *de la région de Ronda cernent la réserve naturelle de la Sierra de Grazalema, qui abrite une faune très riche, ainsi qu'une forêt de sapins d'Espagne très rares.*

***Les oliveraies à perte de vue*** *marquent de leurs motifs quadrillés les paysages des provinces de Cordoue et surtout de Jaén. Ces arbres d'une extraordinaire longévité jouent un rôle clef dans l'économie locale, fournissant de l'huile* (p. 44) *et du bois.*

**De vastes forêts** de pin tapissent les sierras escarpées de Cazorla, Segura et Las Villas (*p. 152*), dans l'une des plus grandes réserves naturelles du pays.

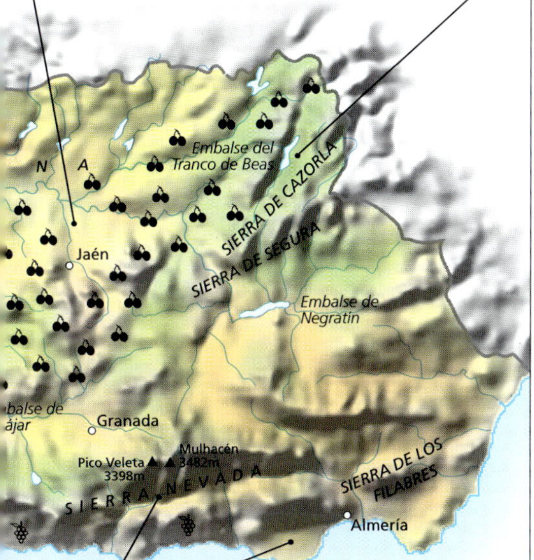


**Légumes et fruits exotiques** sont cultivés toute l'année dans les serres de la région d'El Ejido. Hormis ces cultures, la terre d'Almería est peu fertile.

**La Sierra Nevada**, *la plus haute chaîne de montagnes d'Espagne, culmine à 3 482 m, au pic du Mulhacén. À 40 km des plages de Méditerranée, certains sommets sont couronnés de neiges éternelles. La saison des sports d'hiver s'ouvre en décembre et dure jusqu'au printemps. En été, la région se prête à la randonnée et à l'escalade.*

## La faune et la flore d'Andalousie

Le sud de l'Espagne recèle l'une des faunes et des flores les plus riches d'Europe, dont quelques espèces ne vivent qu'ici. La meilleure période pour les découvrir est le printemps, lorsque les fleurs sauvages éclosent et que les oiseaux migrateurs s'y arrêtent.

*L'écorce des* ***chênes-lièges*** *de la région de Cadix est prélevée tous les dix ans.*

***La violette de Cazorla****, qui ne pousse que dans la Sierra de Cazorla* (p. 153)*, fleurit en mai.*

***Le mouflon*** *est un mouton sauvage agile, introduit dans les régions montagneuses vers 1970.*

*Le parc de Coto Doñana et le delta du Río Odiel abritent de colonies de* ***flamants roses.***

# L'architecture maure

La première grande période de l'architecture maure commence sous le califat de Cordoue. La Mezquita, agrandie somptueusement à cette période, réunit toutes les caractéristiques du style califal : arcs, stucs et calligraphie ornementale. Ultérieurement, les Almohades introduisirent un style islamique très pur, que vous pourrez admirer à La Giralda (*p. 76*). Les Nasrides bâtirent l'Alhambra de Grenade, véritable chef-d'œuvre architectural, tandis que les Mudéjars (*p. 22*) construisirent de superbes édifices de style mauresque, comme le Palacio de Pedro Ier à Séville (*p. 44-47*).

***Les reflets** dans l'eau associés à des jeux de lumière caractérisent l'architecture maure.*

***Les coupoles** étaient en général couvertes de toits de tuile. En revanche à l'intérieur, un enchevêtrement complexe de nervures de pierre supportait la coupole. Comme celle-ci, que vous pourrez admirer à la Mezquita* (p. 140-141).

**Les jardins maures** étaient souvent aménagés autour de bassins et de canaux.

***Des azulejos*** (p. 74) *ornaient les murs. Au fil du temps, les motifs sont devenus géométriques, comme au Palacio de Pedro Ier* (p. 80).

### DÉVELOPPEMENT DE L'ARCHITECTURE MAURE

| Époque précalifale 710-929 | Époque califale 929-1031 | Époque almoravide et almohade 1091-1248 | Époque nasride 1238-1492 |
|---|---|---|---|
| | **1031-1091** Période taifa (*p. 44*) | | **Vers 1350** Palais de l'Alhambra |

| 700 | 800 | 900 | 1000 | 1100 | 1200 | 1300 | 1400 |
|---|---|---|---|---|---|---|---|

**785** Construction de la Mezquita à Cordoue

**936** Construction de Medina az-Zahra près de Cordoue

**1184** Construction de La Giralda à Séville

**vers 1350** Palacio de Pedro Ier

**Époque mudéjare, (sauf à Grenade)**

## Les arcs maures

L'arc maure est né de l'arc en fer à cheval utilisé par les Wisigoths dans leurs constructions. Les Maures l'ont modifié pour en faire l'élément essentiel de projets architecturaux grandioses, comme la Mezquita. Les arcs plus tardifs font apparaître des ornements plus sophistiqués et s'éloignent de la forme originelle.

**Arc califal, Medina Azahara** (*p. 134*)

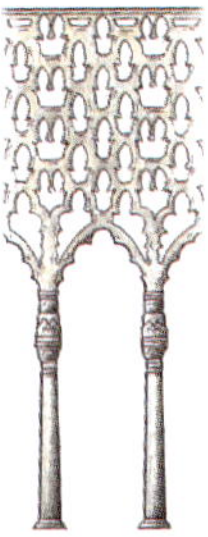

**Arc almohade, Patio del Yeso** (*p. 81*)

**Arc mudéjar, Salón de Embajadores** (*p. 81*)

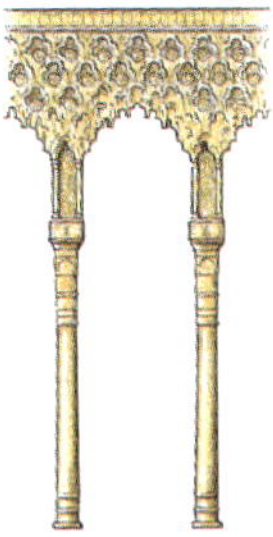

**Arc nasride, Alhambra** (*p. 187*)

## Palais maure

Les palais des Maures étaient conçus pour offrir un cadre de vie d'une élégance raffinée. Cet édifice totalement imaginaire illustre la manière dont l'espace, la lumière, l'eau et les ornements s'alliaient harmonieusement.

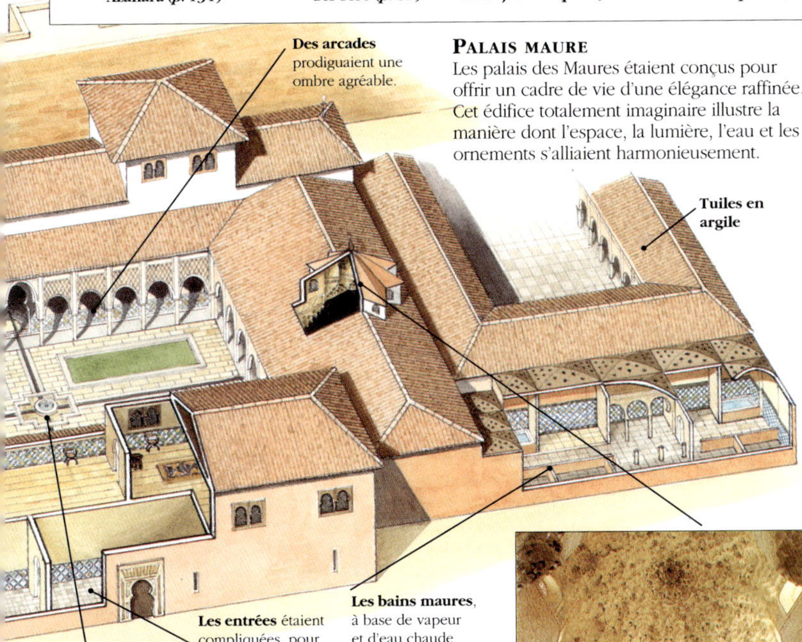

**Des arcades** prodiguaient une ombre agréable.

**Tuiles en argile**

**Les entrées** étaient compliquées, pour dérouter les visiteurs indésirables.

**Les bains maures**, à base de vapeur et d'eau chaude étaient souvent chauffés par le sol.

***Les ornements de stuc sophistiqués*** *sont caractéristiques du style nasride. La Sala de los Abencerrajes* (p. 187) *de l'Alhambra, érigée avec les matériaux les plus simples, n'en est pas moins considérée comme l'un des monuments les plus remarquables de l'époque maure.*

**L'eau,** *qui rafraîchissait les élégantes cours des palais mauresques, remplissait aussi une fonction contemplative. Elle devait souvent être pompée dans une source située plus bas.*

# L'architecture andalouse : XIIIe-XVIIIe s.

La Reconquête a amené la construction de nouveaux palais et d'églises, dont beaucoup furent bâtis par des Mudéjars (*p. 46*). Malgré la pénétration des styles gothiques du nord de l'Europe en Andalousie, les influences mudéjares survécurent jusqu'au XVIIIe siècle. Au XVIe siècle, l'Andalousie était le porte-drapeau de la Renaissance espagnole, puis, au XVIIIe siècle, une interprétation originale du baroque y vit le jour.

**Tour mudéjare, Iglesia de Santa Ana (*p. 182*)**

## La Reconquête (milieu du XIIIe siècle – fin du XVe siècle)

Les artisans maures travaillant sur les édifices chrétiens créèrent un style hybride islamo-chrétien, appelé mudéjar. Les églises du milieu du XIIIe siècle affichent différents degrés d'influence maure, tandis que le Palacio de Pedro Ier dans les Reales Alcázares (*p. 80-81*) présente des traits presque exclusivement maure. Au début du XVe siècle, le style gothique s'était largement répandu. Après la chute de Grenade en 1492 (*p. 46*), un style gothique tardif, l'Isabélin, se développa.

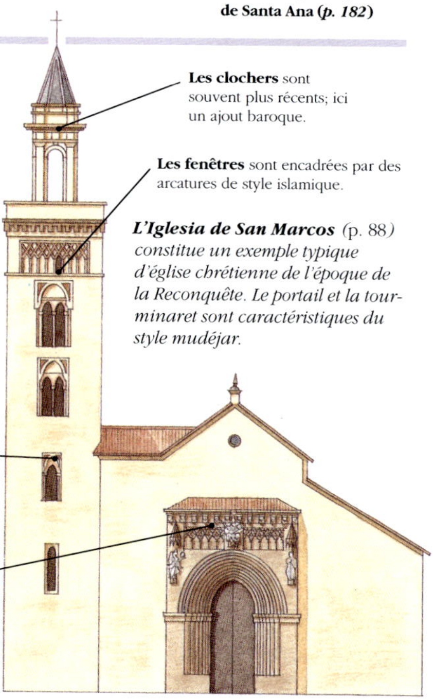

**Les clochers** sont souvent plus récents; ici un ajout baroque.

**Les fenêtres** sont encadrées par des arcatures de style islamique.

***L'Iglesia de San Marcos*** (p. 88) *constitue un exemple typique d'église chrétienne de l'époque de la Reconquête. Le portail et la tour-minaret sont caractéristiques du style mudéjar.*

**Les fenêtres** sont plus étroites vers le bas de l'édifice.

**Les ornements de style islamique** sur l'entrée principale sont caractéristiques de nombreuses églises mudéjares.

**Portail mudéjar, Nuestra Señora de la O (*p. 158*)**

**Les arcs classiques** inaugurent l'architecture Renaissance.

**Vitrail, cathédrale de Séville**

**Les reliefs de pierre** richement travaillés qui ornent les façades s'inspirent du gothique.

*Les armoiries et symboles héraldiques du* ***Palacio de Jabalquinto*** (p. 148), *caractéristiques des édifices isabélins, dénotent le désir de créer un style national.*

## LA RENAISSANCE (XVIe SIÈCLE)

L'architecture du début de la Renaissance est appelée plateresque, car son ornementation fine et riche rappelle l'art de l'orfèvre, le *platero*. La façade de l'Ayuntamiento (*p. 72*) de Séville offre le meilleur exemple de ce style en Andalousie. Le Palacio de Carlos V est un exemple du style Renaissance. La fin du XVIe siècle vit apparaître un style austère appelé herrerien, du nom de Juan de Herrera (*p. 78*).

**Détail plateresque de l'Ayuntamiento de Séville**

**Cour de style herrerien dans l'Archivo de Indias**

**Des ornements de pierre** avec les armoiries de l'empereur au centre décoraient l'édifice.

**Frontons classiques** des fenêtres.

***Le Palacio de Carlos V**, dont la construction débuta en 1526, est situé au cœur de l'Alhambra* (p. 187)*. Son style élégant et grandiose était à l'image de Charles Quint.*

***Les murs rustiqués** confèrent une apparence robuste.*

## LE BAROQUE (XVIIe ET XVIIIe SIÈCLES)

L'architecture du début du baroque espagnol était plutôt austère. Toutefois le XVIIIe siècle donna naissance au Churrigueresco, du nom des Churriguera, une famille d'architectes. Il connut de nombreuses imitations extravagantes. Priego de Cordoue (*p.146*) est une vitrine du baroque ainsi que Cartuja (*p. 183*) de Grenade.

**L'extraordinaire sacristie baroque de La Cartuja, Grenade**

**Palacio del Marqués de la Gomera, Osuna (*p. 129*)**

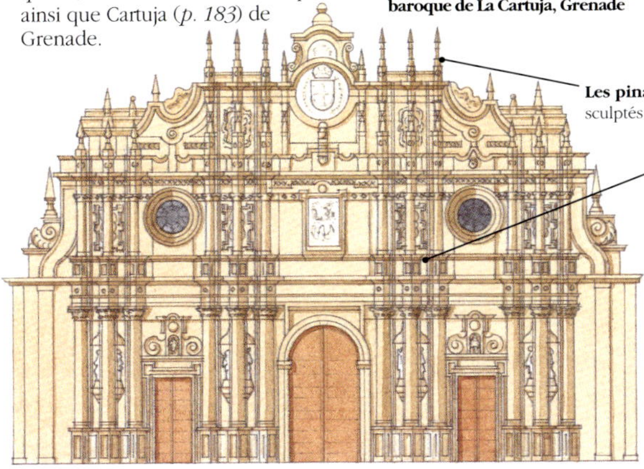

**Les pinacles baroques** furent sculptés un à un dans la pierre.

**Les nombreux bandeaux** délimitent les étages de l'église, contribuant à la décoration complexe de la façade.

***La cathédrale de Guadix** (p. 190) est un édifice Renaissance doté d'une façade baroque. Ces mélanges de style sont très répandus en Andalousie.*

# L'art de la corrida

**Affiche de corrida**

La corrida est un sacrifice rituel au cours duquel on se mesure à un animal élevé à cette fin. Lors de cet « authentique drame religieux », selon le poète Garcìa Lorca, le spectateur vit par procuration la peur et l'exaltation ressenties par le matador. Bien que certains Espagnols soient opposés à la corrida en raison de sa cruauté, elle reste très populaire.

**Les arènes de Séville**
*Avec celles de Las Ventas à Madrid, c'est l'un des hauts lieux de la tauromachie en Espagne.*

**Élevage de taureaux**
*Le* toro bravo *(taureau de combat), élevé pour son agressivité et son courage, bénéficie de soins attentifs.*

**Le matador** porte un *traje de luces* (habit de lumière) en soie aux couleurs chatoyantes, brodé de paillettes dorées.

**Les passes** s'effectuent avec une *muleta*, cape écarlate.

## Fiesta !

Spectacle très populaire, la corrida constitue le temps fort de nombreuses *fiestas* en Espagne. Un public enthousiaste d'aficionados remplit les arènes du début de la saison, en avril, jusqu'à la fin, en octobre (*p. 36-37*).

**Habit de fête**

## La corrida

La *corrida* se déroule en trois temps, appelés *tercios.* Durant la première étape, le *tercio de varas,* le matador est assisté de ses *peones* (aides) et des *picadores* (cavaliers munis de lances). Suit le *tercio de banderillas,* où les *banderilleros* plantent des paires de banderilles dans le dos du taureau. Enfin, lors du *tercio de muleta,* le matador réalise une série de passes avant de procéder à la mise à mort, l'*estocada.*

***Le matador** se sert de la* capa *(cape rouge) pour jauger l'intelligence et la vivacité du taureau. Puis les* peones *orientent la bête vers les* picadores.

**Aujourd'hui, les chevaux sont protégés**

***Les picadores** piquent l'animal avec des lances, testant sa bravoure. Les coups de lance affaiblissent les muscles de son épaule.*

## La plaza de toros

Le public est installé dans les *tendidos* (gradins) ou les *palcos* (loges), où se trouve la *presidencia* (loge du président). En face se situent la *puerta de cuadrillas*, par laquelle le matador et son équipe entrent, et le *arrastre de toros* (sortie des taureaux). Les matadors attendent dans un corridor (*callejón*), derrière les *barreras* et *burladeros*. Les chevaux sont gardés dans le *patio de caballos* et les taureaux dans le *corrales*.

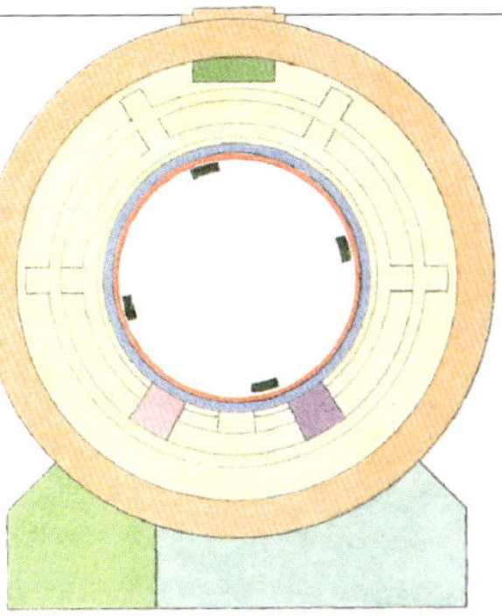

**Plan d'une plaza de toros typique**

**Légende**

- Tendidos
- Palcos
- Presidencia
- Puerta de cuadrillas
- Arrastre de toros
- Callejón
- Barreras
- Burladeros
- Patio de caballos
- Corrales

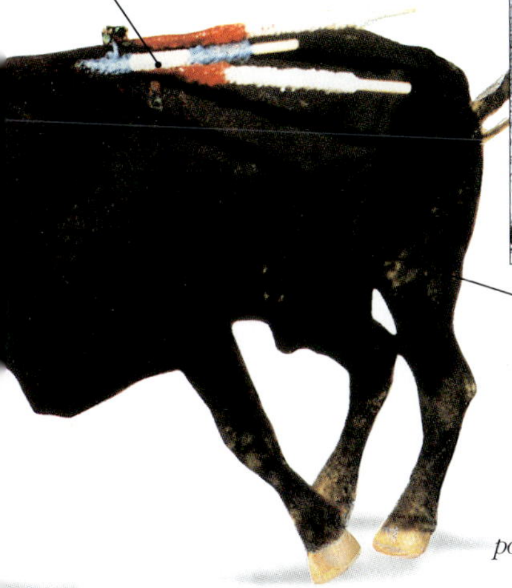

**Les banderillas**, dards acérés, se plantent dans les muscles du dos du taureau affaibli.

**Le taureau** peut être gracié s'il fait preuve de bravoure – les spectateurs agitent alors des mouchoirs blancs, signe de grâce.

**Manolete**

*Considéré comme l'un des plus grands matadors de tous les temps, Manolete fut tué d'un coup de corne en 1947.*

**Joselito**

*Joselito, l'un des plus grands matadors espagnols, est renommé pour son purisme et son maniement de la* capa *et de la* muleta.

***Les banderillos*** *viennent provoquer le taureau blessé, estimant sa réaction à la douleur en plantant des paires de banderilles dans son dos.*

**Le taureau pèse environ 500 kg**

***Le matador*** *effectue des passes avec la cape puis l'abaisse pour pousser le taureau à ployer la tête et lui planter l'épée dans l'encolure.*

***L'estocada recibiendo*** *est une mise à mort difficile et très rare : le matador attend la charge du taureau au lieu de s'avancer vers lui.*

# Le flamenco, l'âme de l'Andalousie

**Féria de Séville 1953**

Bien plus qu'une simple danse, le flamenco est l'expression des souffrances et des joies de l'existence. Bien qu'il soit interprété dans toute l'Espagne et aux quatre coins du monde, le flamenco est un art purement andalou, traditionnellement exécuté par les gitans. Il existe divers styles de *cante* (chant) issu des différentes parties de l'Andalousie, mais il n'y pas de chorégraphie stricte – les danseurs improvisent à partir de mouvements de base, suivant le rythme de la guitare et leur inspiration. Négligé dans les années 60 et 70, le flamenco connaît aujourd'hui un regain d'intérêt, lié à la renaissance des styles traditionnels.

**Les *sevillanas,*** danses folkloriques qui ont influencé le flamenco, se dansent lors des fêtes (*p. 230*).

***Les origines du flamenco*** *sont difficiles à situer. Les gitans en seraient les principaux créateurs, mêlant leur culture d'influence indienne au folklore andalou et maure ainsi qu'à la musique juive et chrétienne. Les gitans s'installèrent en Andalousie dès le début du Moyen Âge, mais le flamenco ne commença à se développer sous sa forme actuelle qu'au* XVIIIe *siècle.*

**Dans *le tablao*** (club de flamenco), il y a 4 interprètes sur scène, avec celui qui bat le rythme des mains.

## La guitare espagnole

**Guitare classique**

La guitare, qui accompagne traditionnellement le chanteur, joue un rôle déterminant dans le flamenco. La guitare de flamenco est née de la guitare classique moderne, qui s'est développée en Espagne au XIXe siècle. Les guitares de flamenco, plus légères et plus plates, sont pourvues d'une plaque renforcée qui permet au musicien de battre les rythmes. Aujourd'hui, les guitaristes de flamenco jouent souvent en solo. L'un des plus grands, Paco de Lucía, a débuté en accompagnant des chanteurs et danseurs, avant d'entamer une carrière de soliste en 1968. Son style inventif, mêlant des influences jazz, rock et latino-américaines au flamenco traditionnel, a inspiré quantité de musiciens.

**Paco de Lucía jouant du flamenco**

**Le chant fait partie intégrante** *du flamenco, et l'interprète l'exécute souvent en solo. Camarón de la Isla (1952-1992), un gitan né près de Cadix, compte parmi les* cantaores *(chanteurs de flamenco) contemporains les plus célèbres. Il a débuté par le* cante jondo *(littéralement « chants profonds »), à partir duquel il a développé son propre style influencé par le rock.*

### OÙ DÉCOUVRIR LE FLAMENCO

Festivals de flamenco *p. 32-37, p. 230*
Guitare flamenco *p. 32-35, p. 230*
Flamenco au Sacromonte *p. 185*
Flamenco chanté *p. 32-35, p. 230*
*Tablaos* de flamenco *p. 230*
Robes de flamenco *p. 225*

**La Chanca** *est une* bailaora *(danseuse) renommée pour ses mouvements puissants et fougueux. Quant à Cristina Hoyos, réputée pour son style très personnel, elle dirige sa propre compagnie de flamenco, célèbre dans les années 80.*

**La posture fière**, mais gracieuse, de la *bailaora* suggère une passion contenue.

**Une voix caractéristique**, rauque et vibrante.

**Robe à pois traditionnelle**

**Le bailaor** *(danseur) joue un rôle moins important que la* bailaora. *Cela n'a pas empêché quantité de danseurs de connaître la gloire, comme Antonio Canales, aux mouvements de pieds originaux.*

## LE TABLAO DE FLAMENCO

Il est rare de voir danser le flamenco spontanément dans un *tablao*, mais si les danseurs et les chanteurs sont inspirés, le spectacle est impressionnant. Les artistes qui savent irradier le *duende* (« magie ») seront salués par les *olés* du public.

## LE RYTHME DU FLAMENCO

Le rythme si caractéristique du flamenco est donné par la guitare. Toutefois, le battement des mains et les pieds de la danseuse, chaussée de hauts talons, sont tout aussi importants. Les *bailaoras* peuvent également battre le rythme avec des castagnettes. Lucero Tena (née en 1939) est célèbre pour ses solos de castagnettes. Les mouvements de mains gracieux aident la danseuse à exprimer ses sentiments – souffrance, tristesse ou joie. Ces gestes, comme les mouvements du corps, ne sont pas chorégraphiés, et les styles varient d'une personne à l'autre.

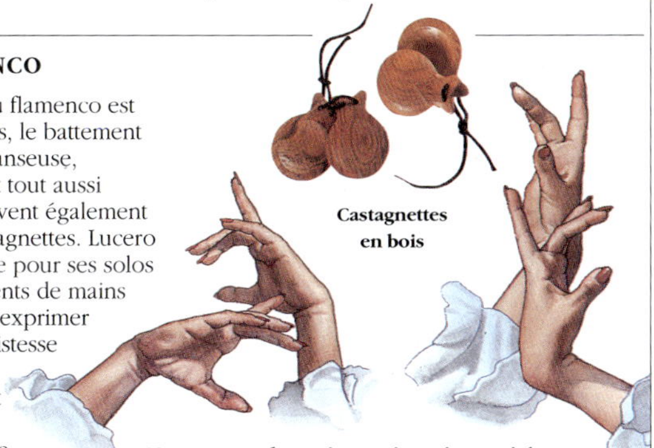

**Castagnettes en bois**

**Mouvements des mains, toujours improvisés**

# Le pays du xérès

Logo de Gonzàles Byass

Ce sont les Phéniciens qui introduisirent le vin dans la région de Jerez, voici trois millénaires. Plus tard, les Grecs puis les Romains exportèrent le vin des collines bordant l'Atlantique. Toutefois, le commerce moderne du xérès, ou jerez, fut inauguré par des producteurs anglais et français au XVIII<sup>e</sup> s. Ils découvrirent que le sol calcaire, le climat et le raisin local permettaient de produire des vins délicieux, encore meilleurs lorsqu'ils étaient coupés d'eau-de-vie de raisin. Domecq fut fondé par un Béarnais en 1730.

Travail dans les vignes

Vignes sur le sol calcaire près de Jerez

### Les régions du xérès

Le xérès est produit par les *bodegas*, dans les villes de Jerez de la Frontera, Sanlúcar de Barrameda et El Puerto de Santa María, et dans des localités plus petites, comme Rota et Chiclana de la Frontera.

### Les différents xérès

Trois mois après le passage au pressoir, le xérès est classifié dans l'une des cinq grandes catégories.

***Le fino** est de loin le plus populaire en Andalousie. Sec, très parfumé et léger, il est excellent en apéritif ou accompagné de* tapas*. Il se boit toujours frais.*

***Le manzanilla** ressemble au* fino*, mais il provient exclusivement de Sanlúcar. Léger, sec et fluide, il possède une saveur salée.*

***L'amontillado** est du* fino *vieilli en fût. La* flor *(levure) lui donne une saveur puissante de terre. Certains sont secs, d'autres plus sucrés.*

***L'oloroso** (odorant en espagnol) est un nectar ambré au bouquet prononcé et au goût de noix. Il est parfois sucré.*

***Le Cream sherry** est un* oloroso *très riche et sombre, mélangé à du cépage pedro ximénez. Sucré, il est apprécié au dessert.*

**La culture du xérès**
Le xérès est produit à partir de deux grandes variétés de cépage : le palomino, qui fournit un vin sec et délicat, et le pedro ximénez, qui donne un vin très sucré.

***Le séchage du raisin*** *est uniquement nécessaire pour le cépage pedro ximénez. Placé sur des nattes* esparto, *il se concentre avant le pressurage.*

***Les vendanges*** *se déroulent durant les trois premières semaines de septembre. Le raisin de palomino est emporté rapidement au pressurage.*

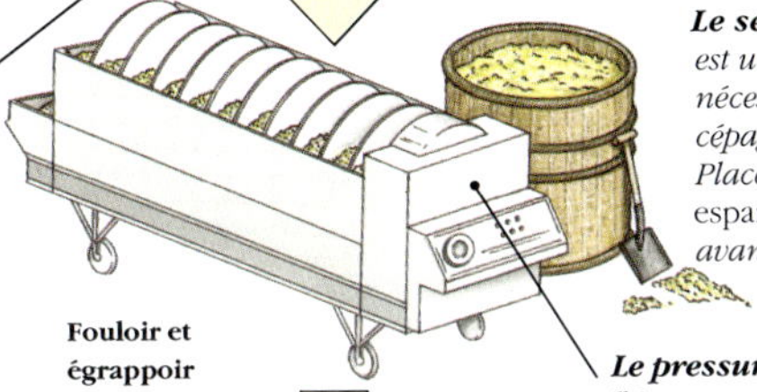

**Fouloir et égrappoir**

***Le pressurage et l'égrappage*** *dans des cuves en acier inoxydable s'effectuent généralement de nuit, à la fraîche.*

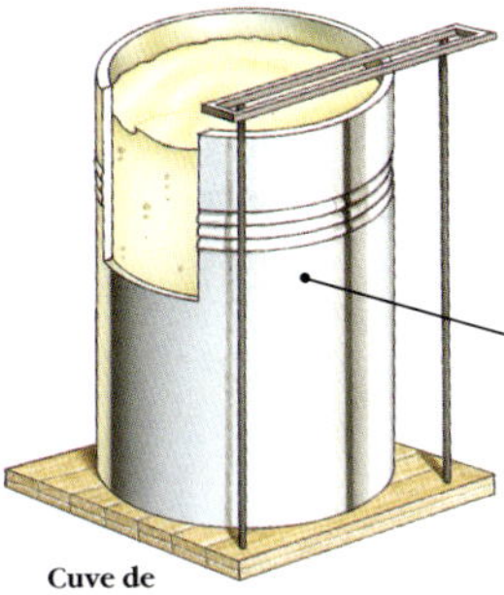

**Cuve de fermentation en acier**

***La flor*** *(fleur), une levure, peut se former à la surface du moût empêchant l'oxydation et ajoutant un goût délicat au* fino *ainsi obtenu.*

***L'addition d'eau-de-vie de raisin*** *fait passer le taux d'alcool d'environ 11° à environ 18° pour les* olorosos *et 15,5° pour les* finos.

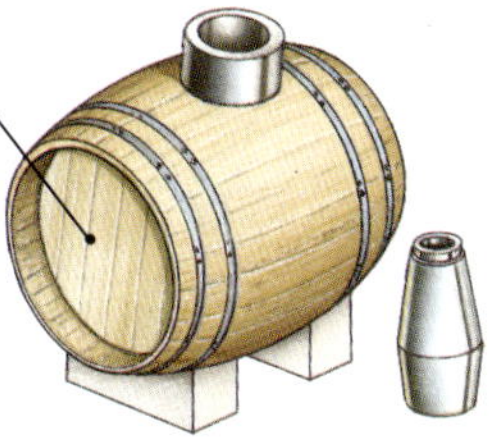

*Garantie de qualité, le vin de la* solera *la plus récente est mélangé au plus ancien, situé juste en-dessous, dont il prend le caractère. La* solera *la plus basse contient une faible proportion de très vieux vin.*

**Le système des *soleras***

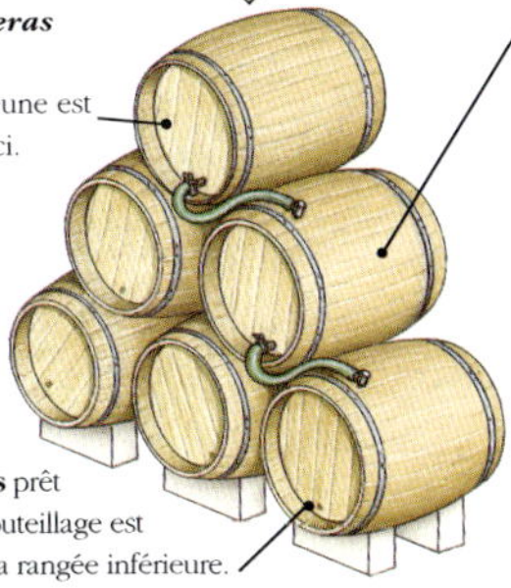

Le vin jeune est stocké ici.

**Le xérès** prêt à l'embouteillage est issu de la rangée inférieure.

**Produit fini**

# Les plages et les loisirs en Andalousie

**Barque de pêcheur peinte, Costa del Sol**

Grâce à son climat subtropical, et à une moyenne de trois cents jours de soleil par an, la côte andalouse – et particulièrement la Costa del Sol – est devenue l'une des destinations favorites des amoureux de soleil et de détente. Alors que dans les années 50 elle ne comptait que quelques petits villages de pêcheurs (*p. 175*), la région attire aujourd'hui tous les ans plusieurs millions de touristes, qui affluent vers les nombreux hôtels et appartements bordant la côte. Le littoral très varié se prête à merveille à tous les sports nautiques (*p. 232*), et de nombreux terrains de golf font partie désormais des paysages andalous (*p. 232*). Sur la carte, vous trouverez les golfs les plus prisés et une sélection des plus belles plages.

**Bain de soleil sur une plage de Marbella, Costa del Sol**

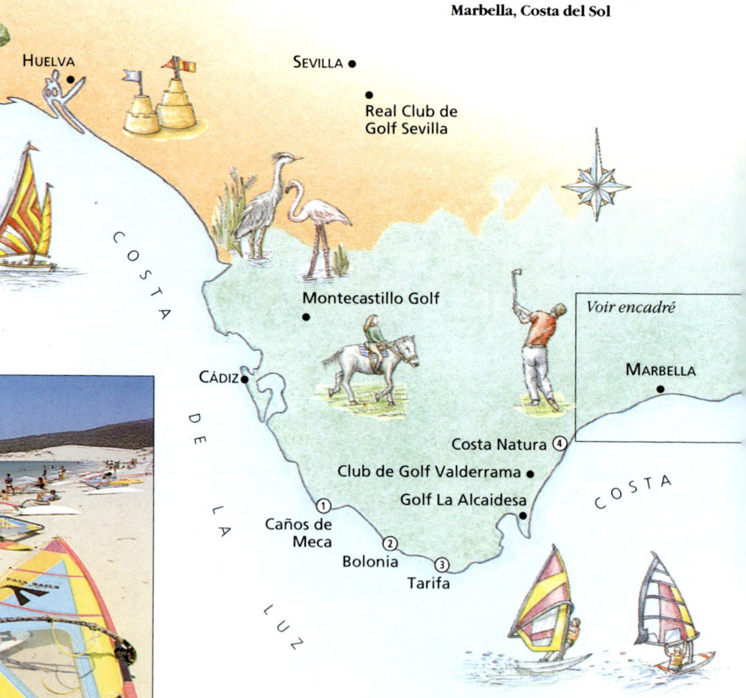

***La Costa de la Luz****, à l'ouest de l'Andalousie, compte de nombreuses plages intactes, loin des foules et du béton. Les vents de l'Atlantique en font le paradis de la planche à voile.*

0 50 km

***La Costa Tropical*** *est ponctuée de jolies criques. L'eau y est plus chaude et plus limpide que sur la Costa de la Luz, et les plages sont de sable grossier ou de galets.*

## Les meilleures plages d'Andalousie

**Caños de Meca** ①
Ravissante plage de sable blanc, entourée de falaises et de dunes de sable.

**Bolonia** ②
Plage pittoresque, non loin de ruines romaines.

**Tarifa** ③
Sable blanc. Le vent et les vagues font le bonheur des véliplanchistes confirmés.

**Costa Natura** ④
Plage de naturistes, à l'extérieur d'Estepona.

**Babaloo Beach** ⑤
Plage chic, près de Puerto Banùs. Scooter des mers.

**Victor's Beach** ⑥
Plage classique de Marbella. Barbecue-parties élégantes.

**Don Carlos** ⑦
Peut-être la plus belle plage de Marbella, partagée avec l'élégant club Don Carlos.

**Cabopino/Las Dunas** ⑧
Plage de naturistes et dunes de sable près d'une marina moderne.

**Rincón de la Victoria** ⑨
Agréable plage familiale, intacte, à l'est de Málaga.

**La Herradura** ⑩
Baie pittoresque, à l'ouest d'Almuñécar.

**Playa de los Genoveses** ⑪
Une plage entre Cabo de Gata et San José.

**Playa Agua Amarga** ⑫
Belle plage de sable dans un hameau de pêcheurs retiré, transformé en complexe hôtelier.

*__La Costa de Almería__ est renommée pour ses villages de pêcheurs pittoresques et ses paysages rocheux. Les plages ont réussi à échapper au surdéveloppement, en particulier celles de la réserve naturelle de Cabo de Gata, comme ici à San José.*

## La Costa del Sol

Outre les nombreux estivants, un demi-million d'étrangers ont choisi de s'installer sur la Costa del Sol. Hormis le luxe et la vie mondaine de Marbella, la côte offre aussi quantité de belles plages et plus de trente superbes golfs, dont le prestigieux Club de Golf Valderrama, site de la Ryder Cup de 1997.

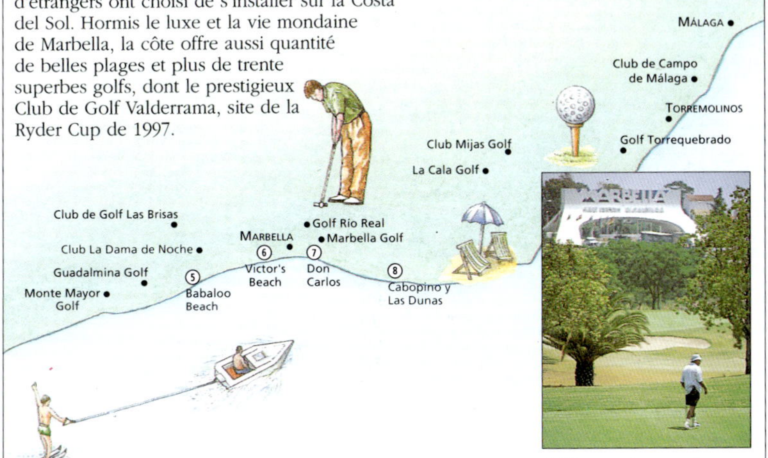


**Golfeur sur le green du prestigieux Marbella Golf**

# L'Andalousie au jour le jour

En Andalousie, les festivals et les manifestations culturelles sont légion. Chaque ville ou village possède sa *feria* (foire) annuelle, avec ses défilés, danses, foires, feux d'artifice et corridas. Ces manifestations se déroulent d'avril à octobre. L'Andalousie est aussi le théâtre de nombreuses *fiestas*, manifestations exubérantes où la dévotion religieuse se mêle à la joie de vivre. L'époque idéale pour découvrir l'Andalousie est le printemps : les paysages sont splendides, le climat est doux, *ferias* et *fiestas* célèbrent la fin de l'hiver. En été, la chaleur est étouffante, et les *costas* sont envahies par les vacanciers. En automne, les *fiestas* s'enchaînent, tandis que s'ouvre la saison théâtrale et musicale. Plus tard, en fin de saison, les villes accueillent des concerts de jazz, de pop et de musique classique. Les premiers flocons de neige sur la Sierra Nevada ouvrent la saison des sports d'hiver.

**Affiche de la *feria* de Séville de 1903**

**Amandiers en fleurs dans les collines andalouses**

## Printemps

Au printemps, l'Andalousie est de toute splendeur. Après les pluies de l'hiver, les collines et les plaines sont verdoyantes, et l'eau coule dans les rivières et les canaux. Les campagnes se couvrent d'un tapis de fleurs sauvages, les amandiers en fleurs colorent les collines et les fraises sont mûres. Les festivals populaires, païens ou religieux, marquent la fin de l'hiver.

## Mars

**Cristo de la Expiraciòn** *(vendredi, neuf jours avant le dimanche des Rameaux)*, Orgiva *(p. 190)*. L'une des fêtes les plus exubérantes d'Andalousie. Tirs de fusils de chasse, fusées et pétards éclatent. **Semana Santa** *(dimanche des Rameaux-Vendredi saint)*. À Séville, les célébrations sont particulièrement spectaculaires *(p. 36)* ; toutes les localités accueillent des processions. À Málaga, un prisonnier est libéré le Mercredi saint *(p. 172-173)* et se joint à l'une des processions en signe de gratitude. Cette tradition est née voici deux siècles, lorsque des prisonniers, faisant fi d'une épidémie, portèrent une image sainte dans les rues de la ville.

## Avril

**Fiesta de San Marcos** *(25 avril)*, Ohanes, Sierra Nevada. Des jeunes hommes accompagnent les effigies de San Marcos dans les rues de la ville, puis contraignent des taureaux à s'agenouiller devant le saint. **Feria de Abril** *(2 sem. après Pâques)*, Séville *(p. 36)*. **Romería de Nuestra Señora de la Cabeza** *(dernier dim. d'avril)*, Andùjar *(p. 37)*. Grand pèlerinage.

## Mai

**Día de la Cruz** *(1re semaine de mai)*, Grenade *(p. 182-188)* et Cordoue *(p. 36)*. **Feria del Caballo** *(1re et 2e semaine de mai)*, Jerez de la Frontera *(p. 158)*, Foire aux chevaux. **Festival Internacional de Teatro y Danza** (courant mai), Séville. Spectacle de compagnies de niveau international au Teatro de la Maestranza *(p. 66-67)*. **Festival de los Patios** *(2e semaine de mai)*, Cordoue *(p. 36)*. Les patios sont ouverts aux visiteurs. **Romería de San Isidro** *(15 mai)*. Des *romerías* se tiennent dans de nombreuses villes, y compris à Nerja *(p. 172)* pour la San Isidro. **Concurso Nacional de Flamenco** *(2e semaine de mai ; tous les trois ans : 1998, 2001)*, Cordoue. Concours national de flamenco. **Feria de Mayo** *(dernière semaine de mai)*, Cordoue *(p. 36)*. **Romería del Rocío** *(fin mai ou début juin)*, El Rocío *(p. 36)*.

**Feria del Caballo, à Jerez de la Frontera, en mai**

**Ensoleillement**
*Même en plein hiver, les jours sans un rayon de soleil sont rares. Dès le début du printemps, l'ensoleillement augmente progressivement, pour arriver à son comble au cœur de l'été : il est alors redoutable.*

**Course de taureaux durant la fiesta de Lunes de Toro, à Grazalema**

## ÉTÉ

En été, la sieste devient un exercice incontournable. La plupart des Espagnols arrêtent de travailler à l'heure du déjeuner, et les distractions se déroulent souvent la nuit. Aux touristes étrangers s'agglutinant sur la côte se joignent des milliers d'Espagnols. Les sites balnéaires accueillent de grands concerts pop.

## JUIN

**La Fête-Dieu** *(fin mai ou début juin)* est célébrée à Grenade *(p. 7)*. À Séville, les *seises*, de jeunes garçons vêtus de pourpoints et de chausses, dansent devant l'autel de la cathédrale. À Zahara *(p. 166)*, les maisons et les rues se couvrent de fleurs.
**Día de San Juan** *(23, 24 juin)*. Le soir du 23 juin, on festoie autour de feux sur les plages de toute l'Andalousie, en l'honneur de Saint Jean Baptiste. Lanjarón *(p. 181)* célèbre la fête avec une bataille d'eau dans les rues aux premières heures du 24 juin. **Romería de los Gitanos** *(3e dimanche de juin)*, Cabra *(p. 143)*. Une procession composée de milliers de gitans se rend en pèlerinage au sommet d'une colline. **Festival Internacional de Música y Danza** *(mi-juin-début juillet)*, Grenade *(p. 182-188)*. Les artistes viennent des quatre coins du monde. Beaucoup de manifestations se déroulent à l'Alhambra *(p. 186-187)*.

## JUILLET

**Festival de la Guitarra** *(deux 1res semaines de juillet)*, Cordoue *(p. 136-142)*. Tous les styles, de la guitare classique au flamenco, sont représentés.
**Fiesta de la Virgen del Carmen** *(vers le 15 juillet)*. La Vierge est vénérée dans beaucoup de localités du bord de mer, par des régates et autres manifestations sportives. Le soir, l'image de la Vierge est embarquée sur un bateau de pêcheur. **Lunes de Toro** *(vers le 17 juillet)*, Grazalema *(p. 166)*. Courses de taureaux quotidiennes pendant une semaine.

## AOÛT

**Fiestas Colombinas** *(vers le 3 août)*, Huelva *(p. 123)*. Festival de musique et de danse latino-américaines, en l'honneur de Christophe Colomb. Chaque année, il est consacré à un pays latino-américain différent. **Fiestas Patronales de Santa María de la Palma** *(15 août)*, Algésiras *(p. 162)*. Une image de saint est sauvée de la mer puis lavée avant d'être amenée sur la plage par une procession de bateaux. **Fiestas de la Exaltacíon del Río Guadalquivir** *(3e semaine d'août)*, Sanlúcar de Barrameda *(p. 158)*. Courses de chevaux sur la plage. **Feria de Málaga** *(2 dern. semaines d'août, p. 37)*. **Feria de Almería** *(dernière semaine d'août, p. 37)*.

**La Costa del Sol – très prisée par les touristes et les Espagnols**

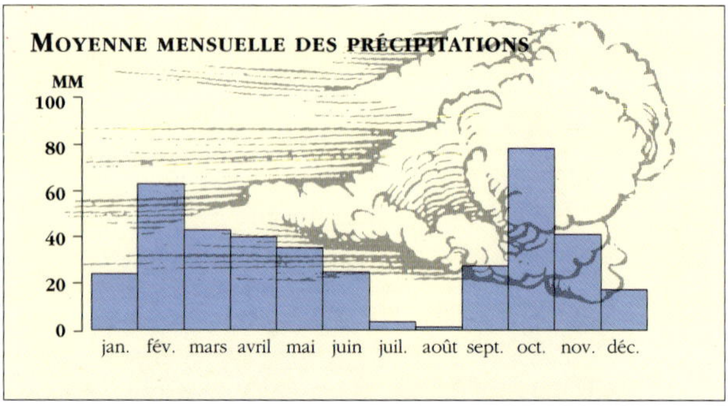


**Précipitations**
*Les pluies peuvent être importantes au début du printemps, mais l'été est quasiment sec. L'humidité et les pluies augmentent progressivement en septembre jusqu'en octobre, où elles deviennent parfois torrentielles.*

**Récolte des chirimoyas sur la côte subtropicale, à Almuñécar (*p. 181*)**

## AUTOMNE

C'est une saison très propice pour découvrir l'Andalousie. Le temps est agréable, la canicule de l'été est terminée, et les foules d'estivants se sont dispersées. Les vendanges, célébrées dans les villes et villages, battent leur plein. La saison théâtrale s'ouvre, avec son cortège de pièces et concerts. Sur la côte subtropicale de la Méditerranée, on récolte les patates douces et les *chirimoyas* (anones).

## SEPTEMBRE

**Feria de Pedro Romero** *(deux 1^res^ semaines de septembre),* Ronda *(p. 168-169).* Cette fiesta célèbre les pères de la tauromachie moderne *(p. 169).* Tous les participants à la Corrida Goyesca, le clou de la fête, portent des costumes dessinés par Goya, grand amateur de corridas. **Fiestas Patronales de la Virgen de la Piedad** *(6 septembre),* Baza *(p. 190).* Fiesta étrange, où un personnage appelé Cascamorras vient de Guadix, non loin de là, pour tenter de voler une statue de la Vierge. Des jeunes enduits d'huile le raillent et le chassent de la ville. Il rentre à Guadix bredouille, où il est puni pour son échec. **Moros y Cristianos** *(15 septembre),* Válor *(p. 191).* Cette fête présente des reconstitutions de bataille de la Reconquête. **Fiesta de la Vendimia** *(2^e^ ou 3^e^ semaine de septembre),* La Palma del Condado *(p. 125).* Fiesta animée qui célèbre le premier jus de raisin. **Romería de San Miguel** *(dernier dimanche de septembre),* Torremolinos *(p. 174).* L'une des plus grandes *romerías* d'Andalousie. **Bienal de Arte Flamenco** *(deux dernières semaines de septembre, années paires),* Séville. Excellente occasion de découvrir des artistes de flamenco d'envergure internationale, comme Cristina Hoyos. **Sevilla en Otoño** *(septembre-novembre),* Séville. Multiples manifestations culturelles.

**Fiesta de Moros y Cristianos, Válor (*p. 191*)**

## OCTOBRE

**Fiesta del Vino** *(5-9 octobre),* Cadiar *(p. 191).* Lors de cette fête, on construit une fontaine dont jaillit du vin, dans les montagnes des Alpujarras. **Festival Iberoamericano de Teatro** *(2 dernières semaines d'octobre),* Cadix *(p. 160-161).* Festival de théâtre latino-américain.

## NOVEMBRE

**Festival Internacional de Jazz** *(début nov.),* Grenade *(p. 182-188)* et Séville. **Festival de Cine Iberoamericano** *(2 dern. sem. de novembre),* Huelva *(p. 123).* Festival du cinéma latino-américain.

**Jeunes enduits d'huile pourchassant Cascamorras à Baza**

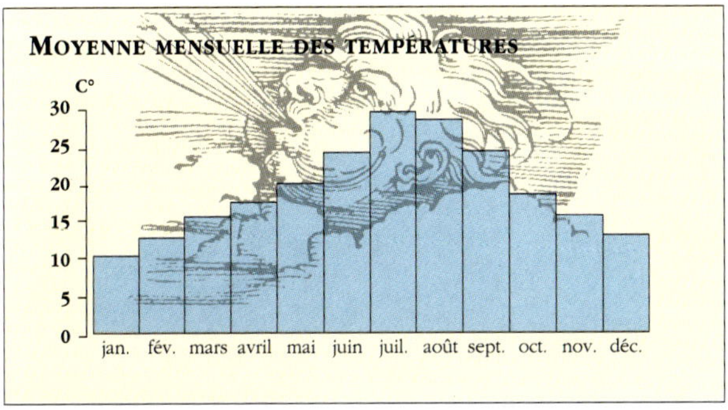


**Températures**
*L'Andalousie jouit d'un climat méditerranéen, chaud tout au long de l'année, mais les nuits sont parfois froides. Les températures augmentent à partir de janvier et sont très élevées à l'intérieur des terres.*

**Musique médiévale, Fiesta de los Verdiales, Málaga**

## HIVER

C'est l'époque de la récolte des olives. Durant la saison de la chasse, les restaurants proposent du gibier, du sanglier et du perdreau. Les amateurs de ski partent dans la Sierra Nevada. Bien que l'hiver soit la saison des pluies et des nuits froides, les journées sont souvent ensoleillées. Dès février, fleurs d'amandiers et fraises font leur apparition.

## DÉCEMBRE

**La Inmaculada Concepción** *(8 décembre),* Séville. La *tuna,* un groupe de troubadours ambulants, passe dans les rues autour de la Plaza del Triunfo et Santa Cruz *(p. 70-71).* **Fiesta de los Verdiales** *(28 décembre),* Málaga *(p. 172-173). El Día de los Santos Inocentes,* l'équivalent espagnol du 1er avril, des milliers de personnes se retrouvent à la Venta del Túnel, dans les environs de Málaga. Ils viennent écouter des *pandas* (groupes) qui s'affrontent en exécutant des *verdiales,* une musique de l'époque maure.

## JANVIER

**Día de la Toma** *(2 janvier),* Grenade *(p. 182-188).* Cette fiesta commémore l'éviction des Maures en 1492 *(p. 46).* La couronne de la reine Isabel et l'épée du roi Fernando sont portées dans les rues, et l'étendard royal flotte sur le balcon de l'Ayuntamiento. **Día de Reyes** *(6 janvier).* La veille au soir de ce jour férié, les 3 rois mages, superbement vêtus, viennent défiler dans les centres-villes de toute l'Andalousie, sur de petits attelages tirés par des tracteurs ou des chevaux. Durant la procession, ils lancent des bonbons aux enfants ravis. **Certamen Internacional de Guitarra Clásica Andrés Segovia** (*1re semaine de janvier*), Almuñécar (*p. 181*). Concours de guitare classique, en hommage au maître.

## FÉVRIER

**Los Carnavales** *(2e ou 3e semaine de février).* Partout, le carnaval est célébré avec enthousiasme, surtout dans l'ouest de l'Andalousie, et particulièrement à Cadix *(p. 37).* Le bourg d'Isla Cristina *(p. 122),* en bord de mer, est célèbre pour ses festivités exubérantes. **Festival de Música Antigua** *(février et mars),* Séville. De la musique ancienne est jouée sur des instruments anciens.

### JOURS FÉRIÉS

**Nouvel An** (1er janv.)
**Épiphanie** (6 janv.)
**Día de Andalucía** (28 janv.)
**Vendredi saint**
**Fête du travail** (1er mai)
**Assomption** (15 août)
**Fête nationale** (12 oct.)
**Toussaint** (1er nov)
**Fête de la Constitution** (6 déc.)
**Immaculée Conception** (8 déc.)
**Noël** (25 déc.)

**Station de ski sur les versants enneigés de la Sierra Nevada *(p. 189)***

# Les fêtes en Andalousie

Costume, Semana Santa, Cordoue

Rien au monde n'égale les *fiestas* et *ferias* espagnoles, particulièrement hautes en couleur en Andalousie. Les fiestas, qui peuvent aussi commémorer un événement historique ou le début d'une saison, sont le plus souvent d'inspiration religieuse ; la Semana Santa (semaine sainte), par exemple, est fêtée dans toute l'Andalousie. Durant cette période, les Andalous festoient jour et nuit. Lors des ferias, les champs de foire sont décorés, les participants revêtent des costumes traditionnels de flamenco. Vous découvrirez aussi des *romerías,* où des défilés traversent la campagne pour conduire des effigies de saints à un lieu de pèlerinage.

**Cavaliers et leurs compagnes en habits de fête, Feria de Abril, Séville**

### Séville

À Séville, les fêtes de la Semana Santa, (dimanche des Rameaux-Vendredi saint) sont très spectaculaires. Plus de 100 *pasos* (chars portant des effigies religieuses) défilent dans les rues, accompagnés de *nazarenos,* membres de quelque 50 confréries datant du XIIIe siècle, vêtus de longues tuniques et de chapeaux pointus. À mesure que les processions traversent les rues, la foule entonne des *saetas,* chants louant la Vierge. L'émotion est à son comble aux premières heures du Vendredi saint, lorsque la Virgen de la Macarena est portée dans les rues, accompagnée de 2 500 *nazarenos (p. 87).* Durant la Feria de Abril, la fête du printemps célébrée environ quinze jours après Pâques, les *Sévillans* font la fête pendant une semaine. Tous les jours, à partir de 13 h, des cavaliers élégants et des femmes coiffées de *mantillas* défilent dans une parade appelée *cabalgata.* Le soir, les *casetas* (cabanes) résonnent du rythme des *sevillanas,* danse populaire aux accents de flamenco.

**Pèlerins à la Romería del Rocío, dans la province de Huelva**

### Huelva et Sevilla

L'une des *fiestas* les plus populaires du pays, la Romería del Rocío, se déroule à la Pentecôte. Plus de 70 confréries se dirigent vers le sanctuaire d'El Rocío *(p. 125),* traversant Las Marismas, les marécages de l'embouchure du Guadalquivir, accompagnés de pèlerins à cheval, à pied ou en voiture. Tous viennent rendre hommage à la Virgen del Rocío, aussi appelée la Colombe blanche ou Reine des marais. Les participants boivent et chantent durant plusieurs jours et plusieurs nuits, jusqu'aux premières heures du lundi matin, lorsque la Vierge quitte le lieu saint. Les jeunes hommes d'Almonte, une localité voisine, la portent dans la foule durant plus de douze heures.

### Cordoue et Jaén

En mai, Cordoue est le théâtre d'une fête ininterrompue *(p. 136-142).* Le Día de la Cruz – jour de la Croix – est célébré les trois premiers jours du mois. Les confréries religieuses rivalisent pour créer les plus belles croix multicolores décorées de fleurs, qui ornent les places et les angles de rues. Vient ensuite le Festival de los Patios (5-15 mai), où les patios du quartier historique s'ouvrent aux visiteurs.

La foule va d'un patio à l'autre, où retentissent des chants et où l'on danse le flamenco. Durant la dernière semaine de mai, Cordoue célèbre sa *feria* animée, aussi colorée que la Feria de Abril de Séville, mais plus accessible aux étrangers. Cette fête, qui remonte à l'époque romaine, célèbre le printemps. La Romería de Nuestra Señora de la Cabeza se déroule le dernier dimanche d'avril au Santuariò de la Virgen de la Cabeza *(p. 147)*, un lieu saint reculé dans la Sierra Morena. Elle réunit plus de 250 000 personnes, certaines faisant le pèlerinage à pied ou à cheval. Sur le site, des flammes jaillissent jour et nuit d'une torche alimentée par les bougies des fidèles. Puis la Vierge, appelée La Morenita, est portée à travers la foule qui crie *¡Guapa, guapa!* (belle, belle !).

**Pénitents à la Romería de Nuestra Señora de la Cabeza en avril**

## CADIX ET MÁLAGA

En février, Los Carnavales (carnaval) est célébré durant deux semaines à Cadix (*p. 160*), surpassant toutes les autres villes d'Andalousie en faste et en exubérance. Pour certains, il égale même le carnaval de Rio de Janeiro. Des groupes de chanteurs répètent des mois à l'avance, composant des satires tournant tout en dérision, de la mode actuelle aux personnalités, et en particulier les hommes politiques. Souvent vêtus de superbes costumes, ils viennent chanter au Teatro Falla pour un concours de plusieurs jours. Puis ils participent à un défilé.

**Participants costumés du carnaval de février (Los Carnavales) à Cadix**

Toute la ville revêt ses habits de fête, et une foule se déverse dans les rues étroites du quartier historique, pour crier, chanter, danser et boire. Tous les ans à la mi-août, la Feria de Málaga célèbre l'expulsion des Maures par les Rois Catholiques *(p. 46)*. Tentant de rivaliser avec Séville, Málaga *(p. 172-173)* offre un spectacle inouï. Réputés pour leur sens de la fête, les habitants de la ville revêtent leurs costumes traditionnels et défilent, entre les attelages décorés et les cavaliers élégants, dans le centre-ville et sur le champ de foire. La fête se déroule durant une semaine sans interruption, et des toreros réputés viennent se produire à La Malagueta (*p. 173*).

## GRENADE ET ALMERÍA

La Fête-Dieu, célébrée fin mai ou début juin, est l'une des grandes manifestations de Grenade (*p. 182-188*). La veille, une procession de personnages caricaturaux costumés et de géants défile dans la ville, derrière la *tarasca*, une femme sur un gigantesque dragon qui ouvre le cortège. Le lendemain, le *custodia*, ou ostensoir, quitte la cathédrale pour être porté dans les rues de la ville. Puis les festivités se succèdent sans interruption. Fin août, la *feria* d'Almería (*p. 192-193*) est célébrée en l'honneur de la Virgen del Mar, avec force fêtes foraines, processions, manifestations sportives et corridas. La Vierge de cette ville date de 1502, année où un garde-côte guettant des pirates berbères trouva une image de la Vierge échouée sur une plage.

**Procession durant la feria de Málaga**

REAL FORTAL
de la
ALHAM

# HISTOIRE DE SÉVILLE ET DE L'ANDALOUSIE

Les débuts de l'histoire en Andalousie sont jalonnés par la naissance des cités antiques – fondée en 1100 av. J.-C., Cadix *(p. 160-161)* est la plus vieille ville d'Europe – et par des vagues successives de colons, porteurs d'idées et de coutumes nouvelles.

**Relief sculpté d'un guerrier ibérique**

Les hominidés s'établirent dans la région voici environ un million d'années. L'*Homo sapiens* arriva vers 25000 av. J.-C. et, à l'âge du fer, une culture ibérique puissante vit le jour. Grâce au commerce et à l'abondance de matières premières, comme le fer, l'or et le cuivre, cette région d'Ibérie devint l'une des plus prospères de la Méditerranée.

Attirés par la richesse de la région, les Romains firent leurs premières incursions dans le sud de l'Espagne à partir de 206 av. J.-C., qu'ils dominèrent durant presque sept siècles. À l'effondrement de l'Empire romain d'Occident, au Vᵉ siècle apr. J.-C., ils furent détrônés par les Wisigoths. Les Maures, qui leur succédèrent, prospérèrent d'abord à Cordoue, puis à Séville et, enfin, après huit siècles de règne, dans le royaume nasride de Grenade. Suite à la chute de Grenade, tombée aux mains des chrétiens en 1492, l'Espagne entra dans une ère d'expansion et de prospérité. La conquête du Nouveau Monde fit de Séville l'une des villes les plus puissantes d'Europe, mais la majeure partie des richesses fut dilapidée dans les guerres menées par les Habsbourg. Au XVIIIᵉ siècle, l'Espagne était en plein déclin économique ; au XIXᵉ et au début du XXᵉ siècle, la pauvreté entraîna des conflits politiques et mena, à terme, à la guerre civile.

Dans les années 60 et 70 le tourisme de masse apporta une légère amélioration. La mort de Franco, l'entrée de l'Espagne dans la Communauté européenne ainsi qu'Expo '92 favorisèrent les progrès économiques de la région.

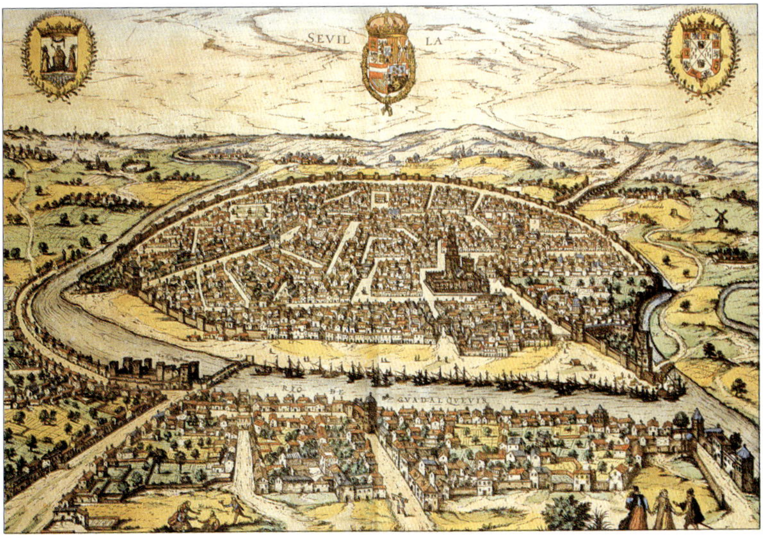


**Le port de Séville au XVIᵉ siècle, où débarquaient les bateaux amenant les richesses des Amériques**

◁ **Lithographie du XVIIIᵉ siècle, représentant la Puerta de la Justicia à l'Alhambra (*p. 186-187*)**

# L'Andalousie préhistorique

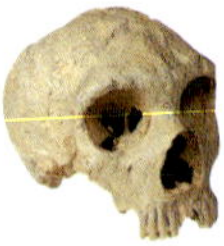

**Crâne de Neanderthal**

Vers 50000 av. J.-C., l'homme de Néanderthal peuplait déjà Gibraltar. L'*Homo sapiens* apparut vingt-cinq mille ans plus tard, puis des tribus néolithiques venues d'Afrique s'implantèrent en Espagne vers 7000 av. J.-C. Les Phéniciens y découvrirent une culture ibérique évoluée, puis nouèrent des liens commerciaux avec Tartessos, royaume ibérique semi-mythique. Implantés dans le nord-est du pays, les Grecs colonisèrent le Sud à partir de 600 av. J.-C. Entre-temps, les Celtes du Nord s'étaient mêlés aux Ibères. Cette culture, influencée par les Grecs, donna naissance à de superbes œuvres d'art. La légende veut que les Carthaginois, arrivés vers 500 av. J.-C., détruisirent Tartessos.

**ZONES D'INFLUENCE**

- *Grecs*
- *Phéniciens*

**Tumulus de Los Millares**
*Vers 2300 av. J.-C., Los Millares* (p. 193) *abritait une civilisation travaillant déjà les métaux. Plus de 100 dépouilles étaient enterrées sur un seul site. Les vastes chambres funéraires étaient couvertes d'un tumulus.*

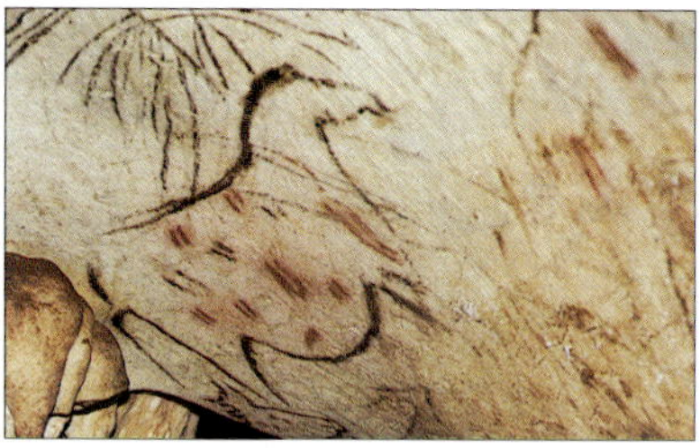

**Peintures rupestres**
*Vers 25000 av. J.-C., des hommes commencèrent à peindre les grottes en Andalousie, les ornant de personnages ou d'animaux.*

**L'épée courte** et le bouclier indiquent un guerrier ibérique

**Les bras** de cette figurine sont tendus, dans une attitude de prière.

**FIGURINES DE BRONZE IBÉRIQUES**
Ces figurines de bronze des v^e^-iv^e^ siècles av. J.-C. sont des offrandes votives. Elles ont été découvertes dans un site funéraire près de Despeñaperros, dans la province de Jaén. Les Romains vouaient une grande admiration aux Ibères qui réalisaient ces objets.

## CHRONOLOGIE

**1000000-750000 av. J.-C.** Les hominidés travaillent des pierres, à Puerto de Santa María, Cadix

*Outil de pierre*

**25000-18000 av. J.-C.** Des *Homo sapiens* réalisent des peintures rupestres

**4000 av. J.-C.** Les sites funéraires de Cueva de los Murciélagos, à Grenade, recèlent des vestiges néolithiques

**4500 av. J.-C.** Les hommes commencent à élever du bétail

1000000 av. J.-C. | 50000 av. J.-C. | 10000 av. J.-C. | 8000 av. J.-C. | 6000 av. J.-C. | 4000 av. J.

**50000 av. J.-C.** Des hommes de Néanderthal vivent à Gibraltar

**7000 av. J.-C.** Implantation de colonies néolithiques, peut-être originaires d'Afrique du Nord. Début de l'agriculture

*Récipient en argile rouge du néolithique*

**Déesse Astarté**
*Fondant Cadix, les Phéniciens apportèrent leur déesse Astarté. Elle devint très populaire en Andalousie, à mesure que la région intégra des influences orientales.*

**Urne grecque**
*Les Grecs importèrent quantité d'objets. Leur style décoratif eut une influence déterminante sur l'art ibérique.*

**La coiffe** indique qu'il s'agit d'une dévote, qui s'est consacrée à son dieu.

**Cette prêtresse** lève la main en signe de bénédiction.

### OÙ VOIR L'ANDALOUSIE PRÉHISTORIQUE

Vous pourrez admirer des peintures rupestres dans la Cueva de la Pileta près de Ronda la Vieja (*p. 167*) et dans les Cuevas de Nerja (*p. 172*). Antequera recèle des dolmens de l'âge du bronze de 2500 av. J.-C., Los Millares (*p. 193*) des chambres funéraires. Le Museo Arqueológico de Séville (*p. 95*) expose les pièces en or du trésor tartessien d'El Carambolo ; des sculptures ibériques de Porcuna sont exposées à Jaén (*p. 145*).

**Le Toro de Porcuna** *(500-450 av. J.-C.), découvert à Porcuna près de Jaén.*

**Dama de Baza**
*Cette supposée déesse ibérique date d'environ 500-400 av. J.-C. Plusieurs figures ont été découvertes dans le sud de l'Espagne.*

**Trésor d'El Carambolo**
*De style phénicien, ce trésor vient de Tartessos. Bien que de multiples objets aient été retrouvés, on ignore encore l'emplacement exact de ce royaume.*

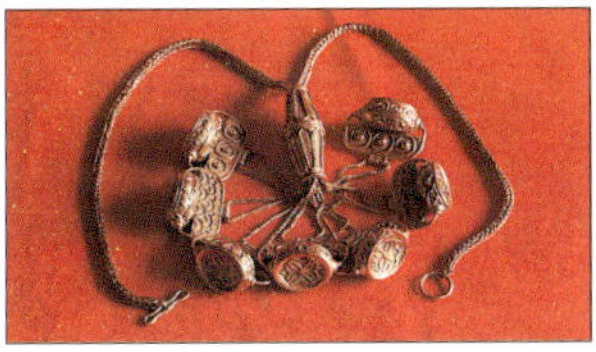

**2300 av. J.-C.** Début de l'âge du bronze : sites funéraires de type dolménique à Los Millares (*p. 193*)

**800-700 av. J.-C.** Apogée du royaume de Tartessos, influencé par les Phéniciens

*Boucle tartessienne*

**241 av. J.-C.** Fin de la première guerre punique entre Carthage et Rome

**2000 av. J.-C.** | **1000 av. J.-C.** | **800 av. J.-C.** | **600 av. J.-C.** | **400 av. J.-C.**

**1100 av. J.-C.** Fondation de Cadix par les Phéniciens

**800 av. J.-C.** Les Celtes du nord de l'Europe se déplacent vers le sud

**600 av. J.-C.** Des colons grecs s'installent sur les côtes d'Andalousie

**500 av. J.-C.** Carthage colonise le sud de l'Espagne

*Casque grec*

**219 av. J.-C.** Les Carthaginois prennent Sagunto, à l'est de l'Espagne

# Les Romains et les Wisigoths

**Chapiteau wisigoth**

Les Romains pénétrèrent en Espagne lors de la guerre contre Carthage, en 216 av. J.-C. Séduits par ses richesses, ils y restèrent sept siècles. En deux cents ans, ils la conquirent et la divisèrent en provinces. La Bétique, dont la capitale était Corduba (Cordoue), recouvrait à peu près l'actuelle Andalousie. Des cités virent le jour, et de grandes exploitations furent créées. La Bétique devint une province romaine extrêmement prospère, à la culture ibéro-romaine très riche. Puis les Wisigoths s'implantèrent jusqu'à l'arrivée des Maures, en 711.

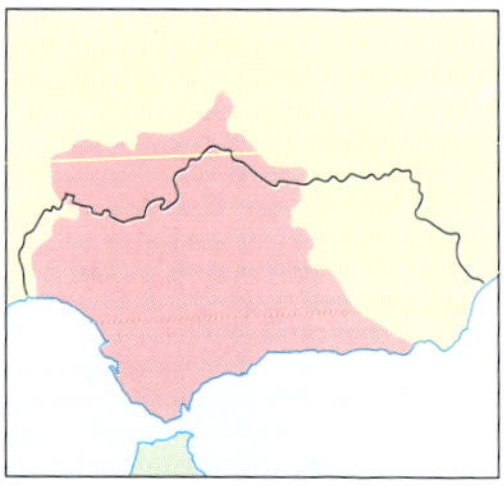

**Territoire romain**

- Bétique romaine
- Autres provinces romaines

**Hadrien**

*Hadrien et Trajan naquirent tous deux en Bétique. Quantité d'hommes politiques, de dramaturges et de philosophes de la province partirent à Rome, où certains firent carrière.*

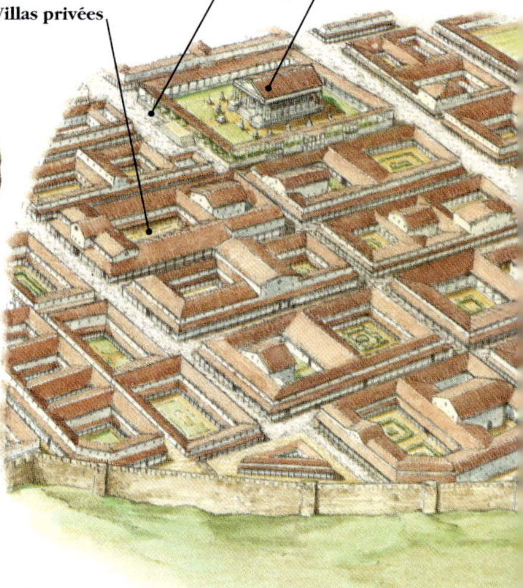


**Reconstitution d'Itálica**

Scipion l'Africain fonda Itálica *(p. 128)* en 206 av. J.-C., après sa victoire sur les Carthaginois. La ville atteignit son apogée aux IIe et IIIe siècles apr. J.-C. et vit naître les empereurs Hadrien et Trajan. Contrairement à Cordoue, Itálica ne se couvrit pas de nouveaux édifices à l'époque postromaine.

**Mosaïques romaines d'Andalousie**

*Les maisons, temples et édifices publics étaient tous ornés de sols en mosaïques, représentant divers thèmes.*

## Chronologie

**206 av. J.-C.** Scipion l'Africain bat les Carthaginois à Alcalá del Río ; fondation d'Itálica

**200 av. J.-C.** Les Romains conquièrent le sud de l'Espagne et arrivent à Cadix

**61 av. J.-C.** Jules César devient gouverneur d'Hispania Ulterior

**55 av. J.-C.** Naissance de Sénèque le Père à Cordoue

*Jules César*

**27 apr. J.-C.** L'Andalousie est baptisée la Bétique

*Suicide de Sénèque*

**65** Suicide de Sénèque le Jeune après le complot contre Néron

**69-79** Vespasien accorde le statut romain à toutes les villes d'Hispania

**98-117** Trajan, originaire d'Itálica, devient empereur. Les sénateurs espagnols deviennent influents à Rome

**117** Hadrien empereur

| 200 av. J.-C. | 100 av. J.-C. | apr. J.-C. | 100 | 200 |
|---|---|---|---|---|

**Récolte des olives**
*Gravée sur un sarcophage romain, cette scène représente la récolte des olives cultivées dans la vallée du Guadalquivir, de Cordoue à Séville. Des milliers d'amphores remplies d'huile d'olive étaient exportées vers Rome.*

**Couronne wisigothe**
*Les ornements suspendus de cette couronne composent le nom latin du roi Reces-winthe.*

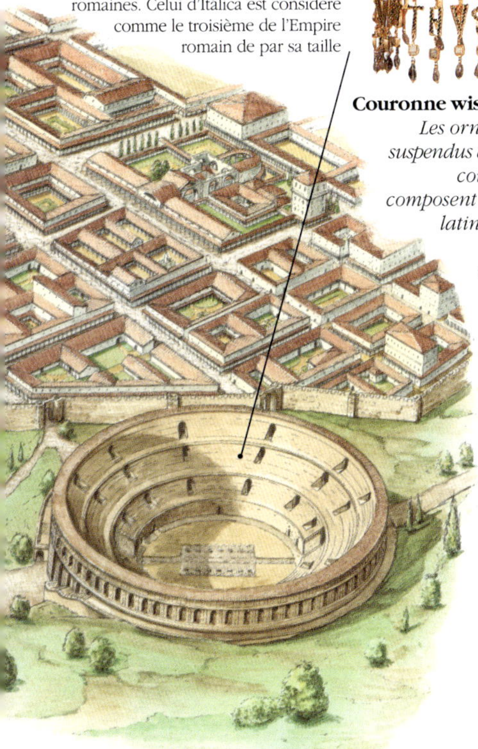

**L'amphithéâtre** était une composante essentielle des villes romaines. Celui d'Itálica est considéré comme le troisième de l'Empire romain de par sa taille

## OÙ VOIR L'ANDALOUSIE ROMAINE ET WISIGOTHE

Vous pourrez admirer d'importants vestiges romains sur les sites d'Itálica *(p. 128)*, Carmona *(p. 128)* et Ronda la Vieja *(p. 167)*. Málaga compte un théâtre romain en partie dégagé, et l'Alameda de Hércules, à Séville *(p. 86)*, abrite des colonnes romaines. Les musées archéologiques de Séville *(p. 95)*, de Cordoue *(p. 139)* et de Cadix *(p. 160)* recèlent tous des pièces romaines. La Mezquita de Cordoue *(p. 140-141)* possède des colonnes et des chapiteaux wisigoths.

**Les ruines romaines** *d'Itálica* (p. 128*) sont situées à 9 km au nord de Séville.*

**San Isidoro et San Leandro**
*Comme son frère San Leandro, San Isidoro (560-635) de Séville convertit les Wisigoths au catholicisme. Il est l'auteur d'*Étymologies.

300 · 400 · 500 · 600

**409** Les Vandales saccagent la Tarraconaise

**415** Les Wisigoths arrivent du nord de l'Europe en Espagne

**446** La Tarraconaise est romaine ; reconquête de l'Espagne

**476** Les Wisigoths contrôlent toute l'Espagne

**589** Troisième concile de Tolède. Le roi wisigoth Reccared se convertit au catholicisme

**632** Mort du prophète Mahomet

Couverture des *Étymologies* de San Isidoro

**635** Mort de San Isidoro à Séville

*Théodose*

# La conquête maure

**Boîte en ivoire, xe siècle**

Appelés pour régler un différend entre les Wisigoths, les Maures arrivèrent dans la région en 710. Ils revinrent en 711 pour conquérir l'Espagne. Dix ans plus tard, seul le Nord était encore sous contrôle chrétien. Les Maures baptisèrent leur territoire Al-Andalus, puis créèrent un califat indépendant en 929. Sa capitale, Cordoue, devint la principale ville d'Europe, véritable centre des arts, de la science et des lettres. Au XIe siècle, le califat se morcela en 30 *taifas* (petits royaumes). Les Almoravides, une tribu d'Afrique du Nord, envahirent la région en 1086, avant d'être chassés, au XIIe siècle, par les Almohades venus du Maroc, qui firent de Séville leur capitale.

**TERRITOIRE MAURE EN 800**

*Al-Andalus*

**Apocalypse**
*Exégèse du XIe s. d'un texte du VIIIe s.,* Commentaires de l'Apocalypse *de Beato de Liébana, cette illustration représente des chrétiens partant en guerre.*

**Abd ar-Rahman III** reçoit un messager byzantin

**Cerf de bronze**
*Ce bronze de style califal du xe siècle provient de Medina az-Zahra.*

## La cour de Abd ar-Rahman III

Abd ar-Rahman III commença la construction du palais de Medina az-Zahra *(p. 134)* en 936. Ce tableau du XIXe s. de Dionisio Baixeres représente un envoyé byzantin offrant au calife les travaux de Dioscoride. Les Maures de Cordoue possédaient d'importantes connaissances sur l'Antiquité, qu'ils transmirent aux Européens. Le palais fut pillé par des mercenaires berbères en 1010.

## Chronologie

*Roi wisigoth et chef maure*

**756** Abd ar-Rahman Ier arrive en Espagne et se proclame souverain, constituant un émirat indépendant autour de Cordoue

**929** Abd ar-Rahman III proclame un califat à Cordoue

**936** Début de la construction de Medina az-Zahra

700 | 800 | 900

**710** Première intervention maure en Espagne

**711** Invasion de Tariq Ibn Ziyad

**785** Construction de la Mezquita de Cordoue

**822-852** Règne d'Abd ar-Rahman II

**912-961** Règne d'Abd ar-Rahman III

*Pièce datant du règne d'Abd ar-Rahman III*

**961-976** Al-Hakam II construit une grande bibliothèque à Cordoue

**Averroès de Cordoue (1126-1198)**
*Scientifique et philosophe, Averroès commenta les œuvres d'Aristote pour les érudits occidentaux et musulmans*

**Bible mozarabe**
*La société maure intégra juifs et mozarabes (chrétiens vivant dans Al-Andalus). Cette enluminure, tirée d'une bible du x^e siècle est de style décoratif arabe.*

**Des arcs en fer à cheval** très caractéristiques comme ceux de la Mezquita *(p. 140-141)*.

**Des clercs** *préparent le manuscrit qui sera remis à Abd ar-Rahman III.*

## Où voir l'Andalousie maure

La Mezquita de Cordoue *(p. 140-141)* et les ruines du palais de Medina az-Zahra *(p. 34)* sont les vestiges les mieux conservés du califat maure d'Espagne. Le Museo Arqueológico de Cordoue *(p. 139)* recèle des pièces trouvées dans Medina az-Zahra. L'Alcazaba d'Almería *(p. 192)* date du x^e siècle, de l'époque du califat, tandis que l'Alcazaba de Málaga *(p. 173)* fut construite durant la période taifa qui suivit. La Torre del Oro *(p. 67)* et La Giralda *(p. 76)*, à Séville, sont toutes deux des édifices almohades.

***L'Alcazaba d'Almería*** (p. 192)*, qui date du x^e siècle, surplombe la vieille ville.*

**Irrigation en Al-Andalus**
*La* noria *était essentielle pour l'irrigation, qui permettait aux Maures de cultiver le riz et les oranges.*

**Écrit coufique**
*Ne pouvant utiliser des figures humaines, les artistes développèrent la calligraphie décorative.*

*Al Mansour*

**1000** — **1100** — **1200**

- **976-1002** Al Mansour, dictateur militaire, prend le pouvoir
- **1010** Medina az-Zahra est pillée par les Berbères
- **1012** Apparition des *taifas*, petits États maures
- **1031** Fin du califat
- **1085** Tolède, au Nord, tombe aux mains des chrétiens et l'emprise des Maures sur le centre de l'Espagne s'effrite
- **1086** Invasion almoravide
- **1120** Le pouvoir des Almoravides commence à décliner
- **1126** Naissance d'Averroès, philosophe arabe
- **1135** Maimonide, philosophe juif, naît à Cordoue
- **1147** Arrivée des Almohades à Séville ; construction de la Giralda
- **1175-1200** Apogée du pouvoir des Almohades, qui reprennent des territoires aux chrétiens

*Maimonide*

# La Reconquête

**Cavalier chrétien**

La guerre opposant les Maures aux chrétiens, qui débuta dans le nord de l'Espagne, gagna l'Andalousie, théâtre d'une victoire majeure des chrétiens à Las Navas de Tolosa en 1212, suivie des chutes de Séville et de Cordoue. À la fin du XIIIe siècle, seul le royaume nasride de Grenade restait maure. Des monarques chrétiens, comme Alfonso X et Pedro Ier, employèrent des artisans mudéjars (*p. 22*) pour construire églises et palais – mudéjar signifie « ceux qui furent autorisés à rester ». En 1492, Grenade tomba aux mains de Fernando de Aragón et d'Isabel de Castilla, les Rois Catholiques.

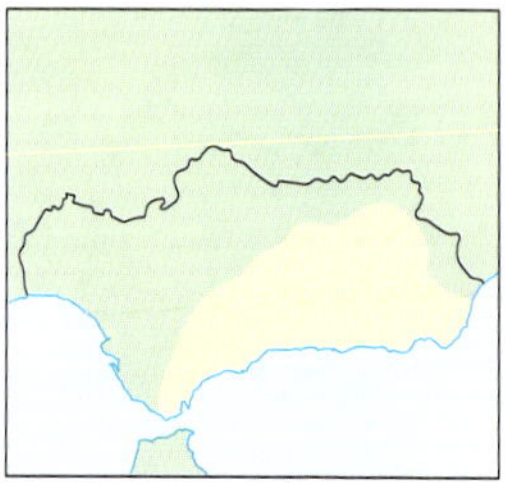

**TERRITOIRE MAURE EN 1350**

*Royaume nasride*

**Les Cantigas d'Alfonso X**
*Alfonso X était un monarque chrétien éclairé. Ses* Cantigas *ornées d'enluminures constituent une illustration vivante de la vie dans l'Espagne reconquise.*

**Les Rois Catholiques** entrent à Grenade ; Fernando et Isabel reçurent ce titre en hommage aux services rendus à la Chrétienté.

**Boabdil**

**LA CHUTE DE GRENADE**
Ce relief de Felipe de Vigarney (1480 – vers 1542), dans la Capilla Real de Grenade (*p. 182*), représente Boabdil quittant la cité en 1492. Les Rois Catholiques convertirent les Maures de force et chassèrent les juifs. En 1492, Christophe Colomb réunit les fonds pour son voyage en Amérique (*p. 123*).

**Bannière almohade**
*Cette tapisserie richement ornée serait la bannière prise aux Maures par les chrétiens lors de la bataille de Las Navas de Tolosa.*

## CHRONOLOGIE

**1212** La puissance almohade (*p. 44*) est ébranlée à Las Navas de Tolosa

**1220**

**1227** Fernando III prend Baeza

**1236** Fernando III conquiert Cordoue

**1238** La dynastie nasride s'établit à Grenade. Construction de l'Alhambra

**1248** Fernando III prend Séville

**1252-1284** Alfonso X reconquiert une grande partie de l'Andalousie. L'École de traducteurs de Tolède, dans le Nord, traduit des œuvres majeures de la littérature arabe

**1260**

*Alfonso X*

**1300**

*Pedro Ier de Castille*

**1333** Les Maures ajoutent une tour au fort du VIIIe siècle (*p. 164*) à Gibraltar

**1340**

**1350-1369** Règne de Pedro Ier de Castille, qui reconstruit l'Alcázar de Séville en style mudéjar. Henri II de Trastamare déclenche une guerre civile contre lui

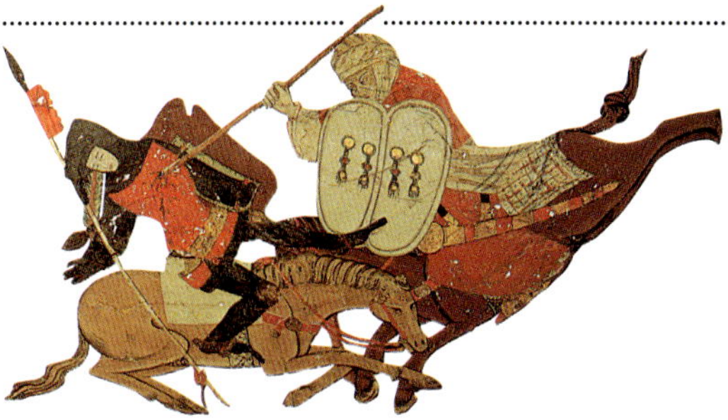

**Chevalerie**
*Les Maures vivaient selon des codes chevaleresques – cette scène de joute se trouve à l'Alhambra* (p. 186).

**Guerriers nasrides**

**Couronne**
*Cette couronne mudéjare, qui comporte les armoiries de Castille et León, est en argent, ivoire et corail.*

**Astrolabe**
*Au XVe siècle, les Maures possédaient de grandes compétences navales.*

**Départ de Boabdil**
*Selon la légende, Boabdil pleura en quittant Grenade. Il partit à Laujar de Andarax* (p. 189) *jusqu'en 1493*

## OÙ VOIR L'ANDALOUSIE DE LA RECONQUÊTE

Beaucoup d'édifices andalous de l'époque de la Reconquête sont de style mudéjar (*p. 22*). Les plus marquants sont le Palacio Pedro Ier dans les Reales Alcázares *(p. 81)* et certaines parties de la Casa de Pilatos *(p. 75)*, tous deux à Séville. Les églises andalouses des XIIIe, XIVe et XVe siècles sont soit entièrement mudéjares, soit mâtinées de mudéjar, avec des minarets-clochers ou des portails typiques, comme l'Iglesia de San Marcos *(p. 88)* à Séville. À cette époque, les Nasrides de Grenade érigèrent les plus beaux fleurons de l'art maure en Espagne, l'Alhambra et le Generalife *(p. 186-188)*. La cathédrale de Séville *(p. 76-77)* fut construite au XVe siècle, telle une affirmation gothique du catholicisme.

***Le Palacio de Pedro Ier*** (p. 81) *à Séville est l'un des exemples les plus achevés d'architecture mudéjare en Espagne.*

**1369** Henri II de Trastamare tue Pedro Ier de ses mains et pose les fondements d'un régime castillan monolithique

La Pinta, *l'une des caravelles de Christophe Colomb*

**1492** Les Rois Catholiques prennent Grenade

**1380** | **1420** | **1460**

*Maures baptisés de force*

**1469** Mariage de Fernando d'Aragón et d'Isabel de Castille

**1474** Isabel couronnée à Ségovie

**1479** Fernando devient roi d'Aragón ; la Castille et l'Aragón sont unis

**1492** Colomb découvre l'Amérique

# L'âge d'or de Séville

**Indien du Mexique**

Le XVI^e siècle vit naître un État espagnol monolithique, dirigé par les Rois Catholiques. En persécutant les hérétiques et en traitant les Maures injustement, il généra de nombreuses rébellions. En 1503, Séville obtint le monopole des échanges avec le Nouveau Monde, et le pape chargea l'Espagne de « convertir » les Indiens. En 1516, Carlos I^er (Charles I^er d'Espagne), de la maison de Habsbourg, fut couronné, avant d'être élu empereur du Saint-Empire. L'Espagne devint la nation la plus puissante d'Europe. Toutefois, les guerres incessantes engloutirent les richesses générées par le port de Séville.

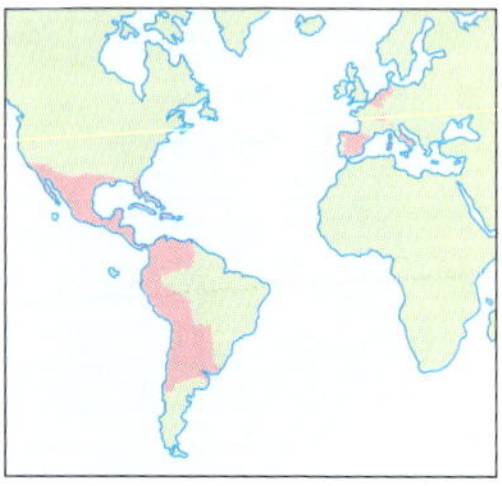

**L'Empire espagnol en 1700**

*Territoires espagnols*

**Carlos I^er** (1516-1556)
*En 1521, Carlos I^er d'Espagne devint Charles Quint. Son élection permit au Saint-Empire d'avoir accès aux immenses richesses que l'Espagne, et Séville en particulier, générait à cette époque.*

**La Giralda** de Séville (*p. 76*), est un ancien minaret almohade.

### Séville au XVI^e siècle

Ce tableau d'Alonso Sánchez Coello (1531-1588) représente Séville à son apogée. Les bateaux revenant du Nouveau Monde en firent l'un des ports les plus riches d'Europe. La population s'accrut, les édifices religieux se multiplièrent et la vie artistique connut un renouveau. Mais en dépit de sa prospérité, la ville était aussi rongée par la pauvreté, la criminalité et la maladie.

**Carte de l'Amérique centrale**
*Trente ans après le premier voyage de Colomb, les terres et les mers lointaines de l'Amérique centrale étaient bien connues des navigateurs espagnols.*

## Chronologie

**1502** Rébellion des Maures dans Las Alpujarras (*p. 190-191*). Ils sont baptisés ou chassés par l'Inquisition

**1504** Mort d'Isabel

**1516** Mort de Fernando

**1516-1556** Règne de Carlos I^er, futur empereur du Saint-Empire

**1519** Hermán Cortés conquiert le Mexique

**1519** Magellan part de Sanlúcar de Barrameda pour entreprendre le premier tour du monde

*Bannière de l'Inquisition à Séville*

**1532** Le Pérou est conquis

**1556-1598** Règne de Felipe II

**1558** Deuxième rébellion maure dans Las Alpujarras

**1559** Les protestants subissent l'Inquisition

**1580** Séville est la plus grande ville d'Espagne

**1587** Drake à Cadix

**1588** Défaite de l'Armada espagnole face à l'Angleterre

1500 | 1525 | 1550 | 1575

*Ferdinand Magellan (1480-1521)*

**Inquisition**
*Au XV^e siècle, la peur de l'hérésie donna naissance à l'Inquisition espagnole. Au XVI^e siècle, des autodafés (actes de foi) se déroulaient à Séville, sur la Plaza de San Francisco* (p. 72).

**Le chargement et le déchargement** des bateaux s'effectuaient en pleine ville.

**Velázquez**
*Né à Séville en 1599, Velázquez y peignit ses premières œuvres, avant de partir à la cour de Madrid. Ce crucifix est un détail d'un tableau réalisé pour Felipe IV.*

**Des bateaux** venus d'autres régions d'Europe apportaient des biens, négociés dans le Nouveau Monde.

**Les derniers Maures**
*L'expulsion des Maures fut fatale à l'agriculture du sud de l'Espagne, qui avait mis plus de sept siècles à se développer.*

## Où voir l'âge d'or en Andalousie

Vous pourrez découvrir le style isabélin (*p. 22*), gothique tardif du début du XVI^e siècle, à la Capilla Real (*p. 182*) de Grenade et au Palacio de Jabalquinto à Baeza (*p. 148-149*). Baeza et Ubeda (*p. 150-151*), qui prospérèrent durant la Renaissance espagnole, abritent quelques fleurons architecturaux de cette période en Andalousie.
La façade plateresque (*p. 23*) de l'Ayuntamiento (*p. 72-73*) de Séville est une bonne illustration de ce style.
Le Palacio Carlos V (*p. 183*) à Grenade est le meilleur exemple d'architecture Renaissance classique en Espagne. L'Archivo de Indias (*p. 78-79*) est de style herrerien (*p. 23*). L'Hospital de la Caridad (*p. 67*) est un édifice baroque du XVII^e siècle.

**La Capilla Real** (p. 182) *de Grenade fut bâtie pour abriter les cercueils des Rois Catholiques.*

**1596** Pillage de Cadix par la flotte anglaise

**1598-1621** Règne de Felipe III

**1599** Naissance de Velázquez à Séville

**1600**

**1608** Cervantès, qui travaille à Madrid et à Séville, publie *Don Quichotte*

**1609** Expulsion des Maures par Felipe III

**1617** Naissance de Murillo

**1625**

*Édition originale de* Don Quichotte de la Manche

**1630** Madrid plus grande ville d'Espagne. Zurbarán à Séville

**1649** La peste tue un Sévillan sur trois

**1650**

Jeune Mendiant, *par Murillo (1617-1682)*

**1665-1700** Carlos II, dernier roi Habsbourg d'Espagne

**1675**

# La Maison de Bourbon

**Joseph Bonaparte**

À l'issue de treize années de guerre de Succession, les Bourbons succédèrent aux Habsbourg sur le trône d'Espagne. Par le traité d'Utrecht, Gibraltar devint britannique (*p. 164-165*). Plus tard, les alliances de l'Espagne avec la France l'entraînèrent dans les guerres napoléoniennes : après la bataille de Trafalgar, le roi d'Espagne, Carlos IV, abdiqua, et Napoléon Bonaparte nomma son frère Joseph sur le trône d'Espagne. Cela déclencha la guerre d'Indépendance (1808-1813). À la restauration des Bourbons, l'Espagne, affaiblie par des conflits, commença à perdre ses colonies.

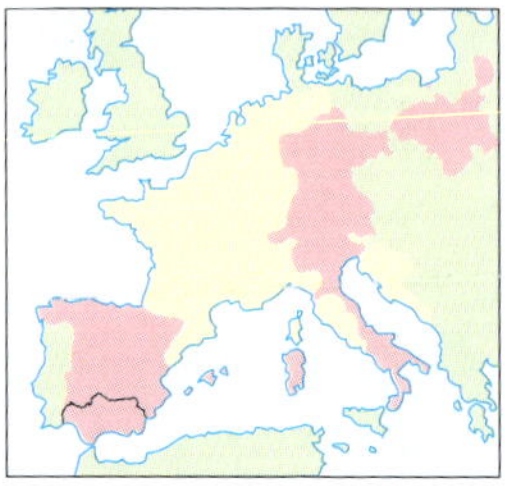

**L'ESPAGNE EN EUROPE (1812)**

*Dépendances napoléoniennes*

*Territoire napoléonien*

**L'Andalousie romantique** *L'héritage maure de l'Andalousie contribua à en faire une destination mythique à l'époque romantique.*

**Proclamation** de la Constitution au peuple de Cadix.

**Carlos III** *Monarque des Lumières et innovateur en matière sociale et scientifique, Carlos III de la Maison de Bourbon implanta des colonies d'agriculteurs dans la Sierra Morena, peu peuplée.*

## LA CONSTITUTION DE 1812

Durant la guerre d'Espagne, le parlement vota une constitution libérale à Cadix, en 1812. Toutefois, à la restauration des Bourbons, en 1814, Fernando VII interdit toute activité libérale. Paradoxalement, durant la première guerre carliste, Isabel II fit valoir son droit au trône face à son oncle Don Carlos et se tourna vers les libéraux pour demander leur aide.

## CHRONOLOGIE

**1700** · **1725** · **1750** · **1775**

**1701** Début du règne de Felipe V de Bourbon

**1701-1713** Guerre de Succession d'Espagne

**1713** Traité d'Utrecht ; Gibraltar cédée aux Britanniques

**1717** Le monopole avec l'Amérique passe à Cadix

**1724** Felipe V abdique mais est rétabli dans ses fonctions

**1726** L'Esapgne tente de reprendre Gibraltar

**1746-1759** Règne de Fernando VI

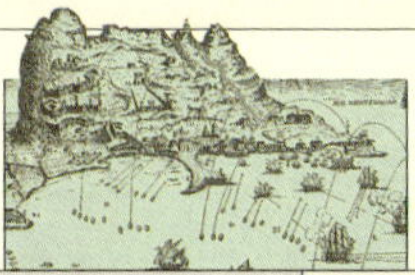

**1759-1788** Carlos III

**1771** Manufacture royale de Tabac de Séville est achevée

**1779-178** Grand siège de Gibralta

**1788-1808** Carlos IV

**Bataille de Bailén**
*En 1808, une armée espagnole composée de milices locales bat les troupes françaises expérimentées, faisant 20 000 prisonniers.*

**Bataille de Trafalgar**
*En 1805, les Espagnols, alors alliés à Napoléon, perdirent leur flotte face à l'amiral britannique Nelson.*

**La Constitution** bénéficia du soutien d'une grande partie de la population, y compris des femmes.

## OÙ VOIR L'ANDALOUSIE DES BOURBONS

Dans toute l'Andalousie, vous pourrez admirer l'architecture baroque du XVIIIe siècle. À Séville, les meilleures illustrations en sont l'ancienne Manufacture royale de tabac, qui abrite l'université (*p. 94-95*) et la Plaza de Toros de la Maestranza (*p. 66*). Citons aussi Osuna (*p. 129*), Écija (*p. 129*) et Priego de Córdoba (*p. 146*) et les étages inférieurs de la cathédrale de Cadix (*p. 160*). Le Puente Isabel II (*p. 101*) est une bonne illustration de l'*arquitectura de hierro* (architecture de fer) du XIXe siècle.

**Le Puente Isabel II** *illustre l'architecture de l'ère « industrielle » andalouse.*

**Washington Irving**
*Dans* les Contes de l'Alhambra *(1832), le diplomate américain perpétue une vision très romantique de l'Andalousie.*

**La Manufacture de tabac de Séville**
Carmen *(1845) de Mérimée (p. 94) fut inspirée par les ouvrières qui travaillaient à la Manufacture.*

**1808** Joseph Bonaparte roi d'Espagne. Bataille de Bailén

**1812** Constitution libérale proclamée à Cadix

**1814-1833** Règne de Fernando VII

*Isabel II*

**1868** Isabel II perd son trône

**1870-1873** Règne du roi Amadeo

**1873-1874** Première république

1800 — 1825 — 1850 — 1875

**1805** Bataille de Trafalgar

**1808-1813** Guerre d'Indépendance

**1814** Les colonies sud-américaines commencent à s'émanciper

**1833** Première guerre carliste

**1843** Accession au trône d'Isabel II

**1846-1849** 2e guerre carliste

**1872-1876** 3e guerre carliste

**1874** Deuxième restauration des Bourbons : Alfonso XII devient roi

*Alfonso XII*

# L'aube de la guerre civile

Général Franco

L'Andalousie continua à décliner en restant très féodale, ce qui, au début du siècle, suscita une forte contestation sociale. Les années 20 portèrent au pouvoir un dictateur, le général Primo de Rivera, avec un ordre social relatif de courte durée. En 1931, un gouvernement républicain, réunissant libéraux et socialistes modérés, arriva au pouvoir, mais la rigidité de l'ordre social freina toute réelle réforme. Entre 1931 et 1936, les conflits allèrent croissant entre l'extrême gauche et la droite (comprenant la Phalange). Puis en 1936, le général Franco, nationaliste, envahit l'Espagne.

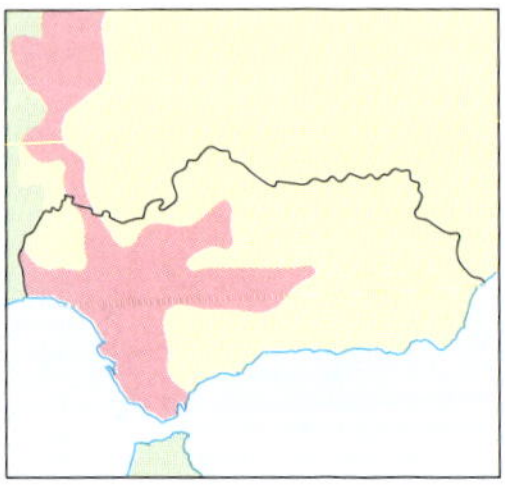

**L'Andalousie en 1936**

*Territoire nationaliste*

*Territoire républicain*

**Renaissance mauresque**
*À la fin du XIX*ᵉ *s.,* l'andalucismo *amena la naissance du style mauresque, comme l'Estación de Córdoba à Séville.*

**Les femmes** combattaient aux côtés des hommes.

**L'armée républicaine**
En Andalousie, Franco attaqua l'armée républicaine dès le début de la guerre. Cadix et Séville tombèrent aux mains des nationalistes. Franco prit Málaga en 1937 et fit exécuter des milliers de républicains.

**Picasso**
*Pablo Picasso* (Autoportrait) *est né à Málaga en 1881. Son œuvre la plus célèbre,* Guernica, *dépeint les effets tragiques de la guerre civile.*

## Chronologie

*Soldats espagnols, guerre de Cuba*

**1876** Naissance du compositeur Manuel de Falla

**1881** Naissance de Picasso

**1880**

**1882-1912** Engagement politique des paysans

**1885** Groupe anarchiste *Mano Negra* actif en Andalousie

**1885-1902** Régence de María Cristina

**1890**

**1893** Naissance du guitariste Andrés Segovia

**1895-1898** Guerre de Cuba

**1898** Indépendance de Cuba avec l'aide des États-Unis ; début du déclin de Cadix

**1900**

**1902-1931** Règne d'Alfonso XIII

**Casas Viejas**
*En 1933, des paysans furent massacrés après un soulèvement des anarchistes à Casas Viejas dans la province de Cadix. Le scandale ébranla le gouvernement républicain.*

## Où voir l'architecture du début du XX<sup></sup>

*Cette période est marquée par une renaissance architecturale. La Plaza de España* (p. 96)*, le Museo Arqueológico* (p. 97) *et le Museo de Artes y Costumbres Populares* (p. 97)*, tous dans le Parque María Luisa, illustrent le style régionaliste.*

***Le Pabellón Real*** (p. 97) *dans le Parque María Luisa est un pastiche du style isabélin, de la fin du gothique* (p. 21)*.*

**L'Exposition de 1929**
*Destinée à relancer l'économie de l'Andalousie, elle coïncida avec le krach boursier de Wall Street.*

**Les armes** de l'armée républicaine étaient fournies par l'Union soviétique.

**Federico García Lorca**
*Affiche de* Yerma*, une pièce de Lorca. Cet écrivain et auteur de théâtre engagé fut assassiné en 1936 par des Phalangistes de Grenade, dans sa ville natale.*

**Général Queipo de Llano**
*Dans le cadre des stratégies nationalistes pour prendre Séville Queipo de Llano diffuse de la propagande à la radio.*

*Affiche républicaine*

**1923-1930** Dictature du général Primo de Rivera

**1929** Exposition ibéro-américaine, Séville

**1933** Massacre à Casas Viejas

**1936** Guerre civile

| 1910 | 1920 | 1930 |
| --- | --- | --- |

**1917-1920** Triennium bolchevique ; les communistes prennent la tête des protestations

*José Antonio Primo de Rivera*

**1931-1939** Deuxième république

**1933** Phalange fondée par José Antonio Primo de Rivera ; plus tard, il soutiendra Franco

**1936** Franco devient chef d'État

**1939** Fin de la guerre

# L'Andalousie moderne

**Drapeau andalou**

En raison des positions politiques de franco, l'Espagne se vit refuser toute aide jusqu'en 1953, année où il autorisa la construction de bases américaines en Andalousie. Les années 60 et 70 furent celles de la croissance économique. À la mort de Franco, en 1975, quand Juan Carlos accéda au trône, l'Espagne était depuis longtemps prête pour la démocratie. Les régions aspiraient à se libérer du gouvernement centralisé instauré par Franco. En 1982, le Sévillan Felipe González arriva au pouvoir, et l'Andalousie devint une région autonome.

**RÉGIONS AUTONOMES**

*L'Andalousie aujourd'hui*

**Feria**
*Malgré le régime répressif de Franco, l'esprit andalou perdura, se manifestant lors d'événements comme la feria de Séville.*

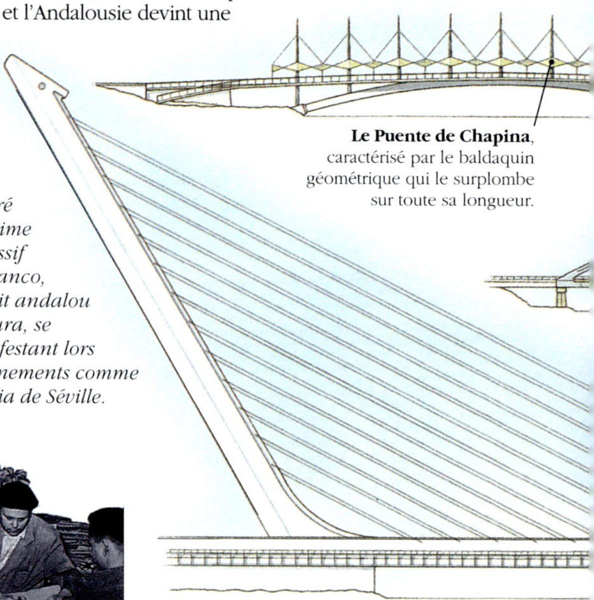

**Le Puente de Chapina**, caractérisé par le baldaquin géométrique qui le surplombe sur toute sa longueur.

**Les années de famine**
*Après la guerre civile, l'Espagne resta au ban de l'Europe et ne reçut aucune aide après la Seconde Guerre mondiale. Beaucoup d'Andalous émigrèrent.*

## LES NOUVEAUX PONTS

Malgré sa récente autonomie, l'Andalousie restait à la traîne de l'Espagne sur le plan économique. Le gouvernement central fournit les fonds nécessaires à la construction des infrastructures pour l'Expo '92. Cinq ponts, tous excessivement novateurs, ont été construits pour enjamber le Guadalquivir.

## CHRONOLOGIE

**1940** Franco refuse à Hitler l'autorisation d'attaquer Gibraltar à partir du territoire espagnol

**1953** L'Espagne autorise les Américains à construire des bases en Espagne

**1966** Incident de Palomares : collision de deux avions américains ; quatre bombes nucléaires tombent à terre. La duchesse de Medina Sidonia, la « duchesse rouge », prend la tête des manifestations à Madrid

1940 | 1950 | 1960 | 1970

**1940-1953** Les années de famine

*Franco rencontre le président américain Eisenhower (1953)*

**1962** Début du développement de la Costa del Sol

**1969** L'Espagne ferme sa frontière avec Gibraltar

**Les funérailles de Franco (1975)**
*Quelques-uns pleurèrent, mais la plupart des Espagnols étaient favorables à la démocratie.*

**Tourisme de masse**
*Les nouveaux édifices destinés à accueillir les estivants ont transformé la côte.*

## OÙ VOIR L'ANDALOUSIE MODERNE

Les bâtiments les plus remarquables datent du début des années 90. L'Expo '92 a légué à Séville cinq nouveaux ponts jetés sur le Guadalquivir. Sur La Cartuja *(p. 102)*, les principaux pavillons de l'exposition abriteront prochainement de nouvelles attractions. Le nouveau Teatro de la Maestranza *(p. 66-67)*, à El Arenal, date également de cette période.

***Le cinéma Omnimax** (p. 102) sur le site de l'Expo'92, construit à l'origine comme une partie du Pavillon des découvertes*

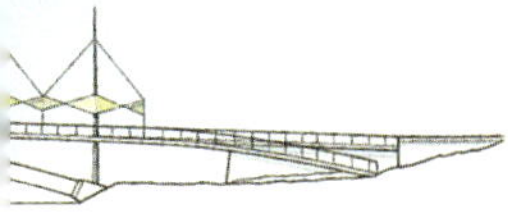

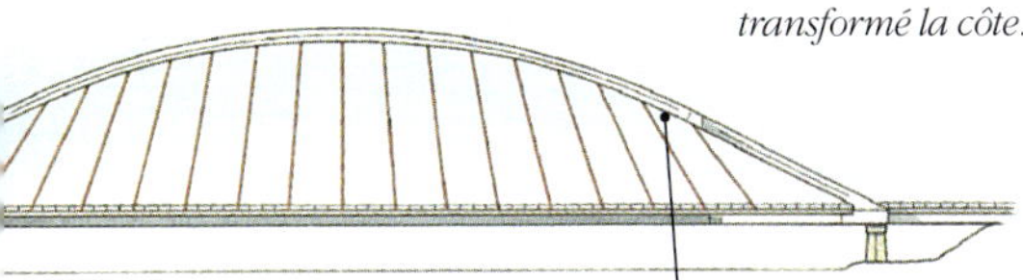

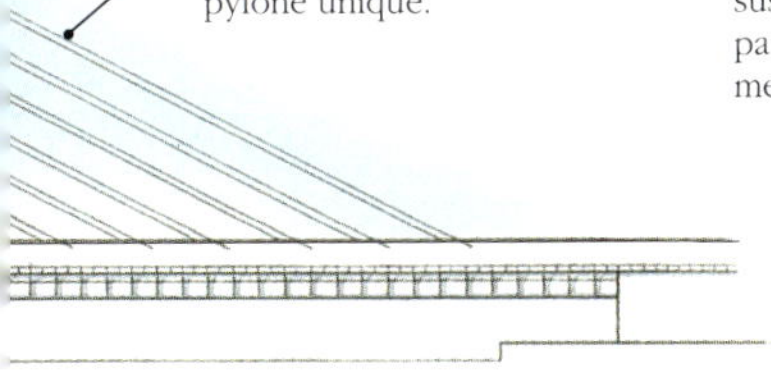

**Le Puente del Alamillo** est supporté par un pylone unique.

**Le Puente de la Barqueta**, pont suspendu soutenu par un arc unique, mesure 168 m.

**Expo '92**
*Séville fut propulsée sur le devant de la scène internationale. Toutefois, en 1996, l'Espagne payait encore le coût de la manifestation.*

**Felipe González**
*En 1982, l'année suivant la tentative de coup d'État par la garde civile, le chef du PSOE socialiste remporta une éclatante victoire électorale.*

**1975** Mort de Franco. Troisième restauration des Bourbons. Juan Carlos Ier accède au trône

**1976** Adolfo Suárez est nommé Premier ministre et forme un gouvernement de centre droit

**1980**

**1981** Tentative de coup d'État par le Tejero qui prend le parlement espagnol en otage. Juan Carlos intervient

*Colonel Tejero*

**1982** Felipe González est élu Premier ministre ; l'Andalousie devient une région autonome.

**1985** Gibraltar accessible

**1990**

**1992** Expo '92, Séville

*Mariage royal d'Elena de Bourbon*

**1995** Elena de Bourbon, fille aînée de Juan Carlos I, se marie à la cathédrale de Séville

**1996** González perd les élections face à Aznar

**1998** L'ETA, groupe terroriste séparatiste basque, annonce un cesser-le-feu

**2000**

# Séville quartier par quartier

# Séville d'un coup d'œil

La capitale de l'Andalousie (Sevilla) est une ville dense et agréable, riche de son héritage culturel. La plupart des curiosités se trouvent dans le centre-ville, qui s'étend sur la rive orientale du Guadalquivir, ou à proximité. La plupart des visiteurs découvrent tout d'abord la cathédrale et La Giralda, les Reales Alcázares et le Museo de Bellas Artes. Mais parmi les autres édifices célèbres, citons le magnifique palais Renaissance de La Casa de Pilatos et les arènes, la Plaza de Toros de la Maestranza. Toutefois, Séville recèle aussi une foule d'églises, de monuments et de rues à découvrir dans les quatre quartiers du centre décrits dans ce guide, ainsi qu'au-delà du fleuve.

**Porte baroque, Parlamento de Andalucía (*p. 87*)**

**Le magnifique plafond du Museo de Bellas Artes (*p. 64-65*)**

**La Plaza de Toros de la Maestranza, vue de la rivière (*p. 66*)**

**La Torre del Oro almohade, bâtie pour défendre Séville (*p. 67*)**

**Le patio de la Real Fábrica de Tabacos, l'actuelle université (*p. 94*)**

◁ **La Giralda de nuit, dominant les toits d'El Arenal**

L'un des nombreux chars de la Basílica de la Macarena, lieu de pèlerinage sévillan *(p. 87)*

Relief romain représentant Léda et le cygne, Casa de Pilatos *(p. 75)*

La Giralda, dominant la cathédrale gothique massive *(p. 76-77)*

Somptueux arcs et ornements mudéjars dans le Salón de Embajadores, Reales Alcázares *(p. 80-81)*

Plaza de España dans l'oasis de verdure du Parque María Luisa *(p. 96-97)*

Plaza de Toros de
SEVILLA
PROPIEDAD DE LA REAL MAESTRANZA DE CABALLERIA - Empresa: PAGES
(FUERA DE ABONO)
18
SEPTIEMBRE 1994
GRANDIOSA NOVILLADA CON PICADORES
6 ESCOGIDOS NOVILLOS 6
JANDILLA
ADOLFO DE LOS REYES
LUIS REINOSO
"EL CARTUJANO"
GREGORIO BRAVO
LA NOVILLADA DARA COMIENZO A LAS 7 DE LA TARDE
GIN RIVES
GIN RIVES

# El Arenal

Céramique du XX^e siècle représentant la Torre del Oro

Bordé par le Río Guadalquivir et gardé par la Torre del Oro du XIII^e siècle, El Arenal abritait autrefois des dépôts de munitions et des chantiers navals. Aujourd'hui, le quartier est dominé par les arènes d'une blancheur éblouissante, la Plaza de Toros de la Maestranza, qui accueille des corridas depuis plus de deux siècles. Les nombreux bars et caves à vin des rues voisines sont bondés durant la saison des corridas, l'été.

Le Guadalquivir, qui rythmait autrefois la vie de la ville, perdit son importance au XVII^e siècle, à mesure qu'il s'envasa. À cette époque, El Arenal, adossé aux murailles de la ville, était devenu le repaire de la pègre. Après avoir été transformé en canal au début du XX^e siècle, le fleuve redevint navigable et retrouva sa gloire d'antan, pour l'Expo '92. La rive orientale a été aménagée en promenade ombragée bordée d'arbres, offrant une vue magnifique sur Triana et La Cartuja, sur l'autre rive (*p. 102-103*). Des excursions en bateaux et des visites guidées partent de la Torre del Oro. Non loin de là se dresse le nouveau Teatro de la Maestranza, où un public averti assiste à des opéras, des concerts de musique classique et des spectacles de danse.

L'Hospital de la Caridad illustre la véritable passion de la ville pour l'architecture baroque. Son église recèle de nombreux tableaux de Murillo et, plus au nord, le Museo de Bellas Artes raconte fièrement l'histoire de l'École sévillane à travers les chefs-d'œuvre de Zurbarán et de Murillo notamment.

## Le quartier d'un coup d'œil

**Bâtiments historiques**
Hospital de la Caridad ❺
Plaza de Toros de la Maestranza ❸
Torre del Oro ❻

**Musée**
*Museo de Bellas Artes* *p.64-65* ❶

**Église**
Iglesia de la Magdalena ❷

**Théâtre**
Teatro de la Maestranza ❹

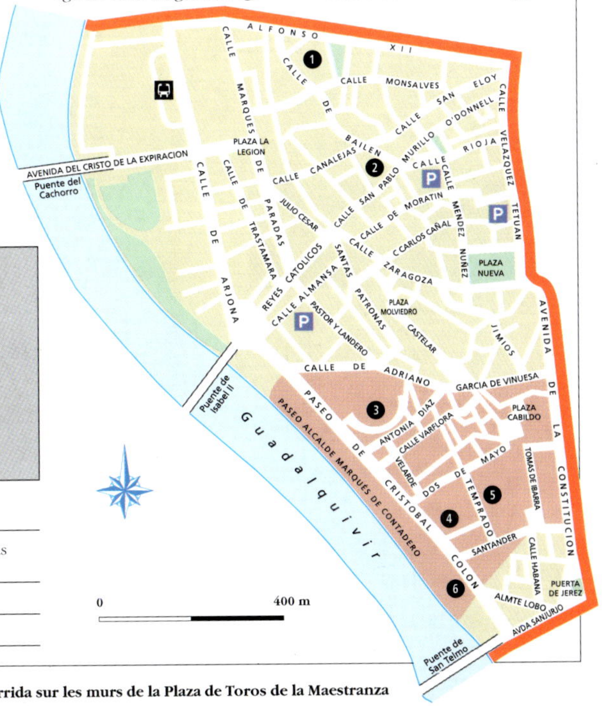


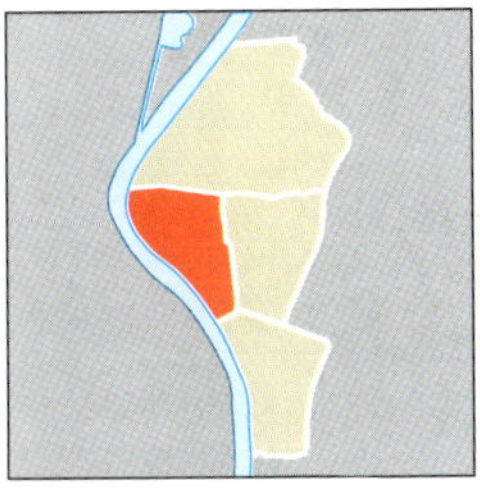

**Légende**

- Plan du quartier pas à pas *p. 62-63*
- P Parc de stationnement
- Arrêt d'autocar

◁ **Affiche annonçant une corrida sur les murs de la Plaza de Toros de la Maestranza**

# El Arenal pas à pas

**Statue de Carmen**

El Arenal, qui abritait autrefois le port, accueillit aussi le quartier général de l'artillerie. Aujourd'hui, il tire son atmosphère particulière des arènes, la majestueuse Plaza de Toros de la Maestranza. Durant la saison de la corrida (*p. 24-25*), bars et restaurants sont bondés, mais le reste de l'année, le quartier est calme. La rive est dominée par l'un des monuments les plus célèbres de Séville, la Torre del Oro du XIIIe siècle. La longue promenade bordée d'arbres qui longe le Paseo de Cristóbal Colón, très romantique, est l'endroit rêvé pour flâner sur les rives du Guadalquivir.

**★ Plaza de Toros de la Maestranza**
*Ces arènes comptent parmi les plus anciennes d'Espagne. Leur façade baroque est blanche et ocre.* ❸

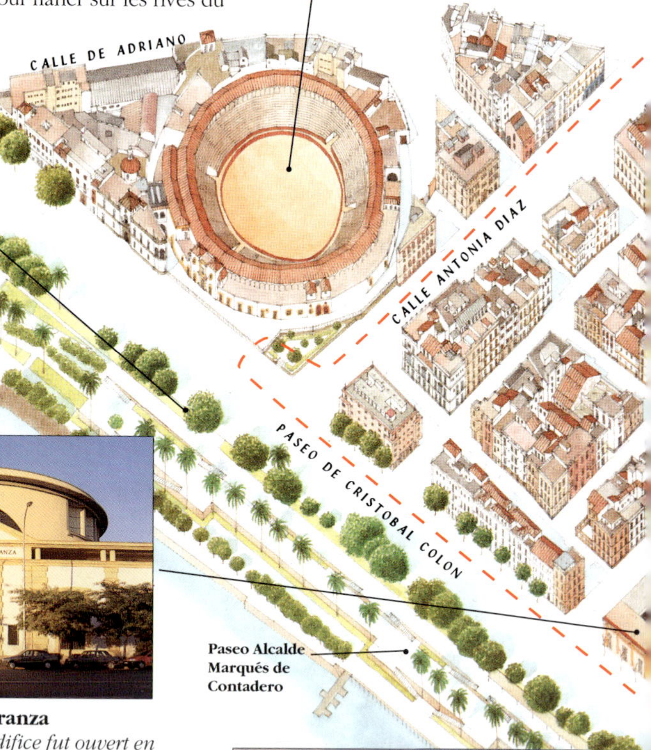


**Carmen** (*p. 94*), une sculpture de bronze, se dresse face aux arènes.

**Paseo Alcalde Marqués de Contadero**

**Teatro de la Maestranza**
*Théâtre et opéra, l'édifice fut ouvert en 1991. Le siège de l'Orquesta Sinfónica de Sevilla accueille aussi des troupes de danse et d'opéra internationales.* ❹

**À NE PAS MANQUER**

- ★ **La Plaza de Toros de la Maestranza**
- ★ **La Torre del Oro**
- ★ **L'Hospital de la Caridad**

**Le Guadalquivir** connaissait autrefois des crues catastrophiques. Après les inondations de 1947, un barrage a été construit. Aujourd'hui, les touristes apprécient les promenades sur le fleuve.

**El Buzo** est l'un des nombreux bars à tapas et *freidurías* sur la Calle Arfe. Non loin se trouve le Mesón Sevilla Jabugo I, où vous pourrez déguster du *jamón ibérico* (*p. 223*).

**CARTE DE SITUATION**
*Voir l'Atlas des rues, plans 3, 5 et 6*

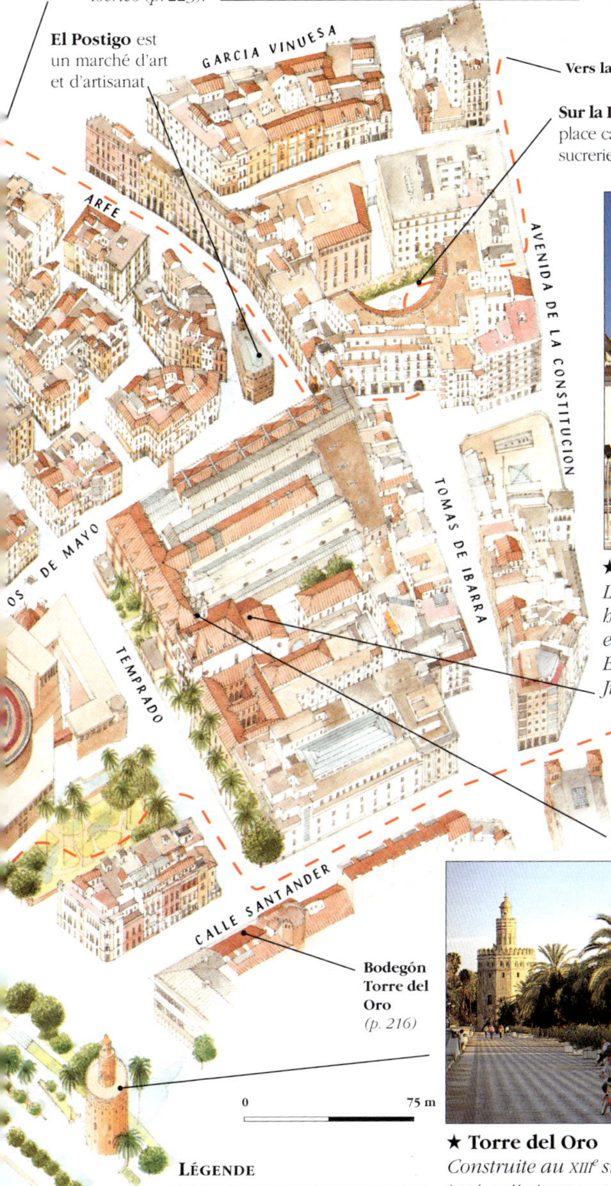


**El Postigo** est un marché d'art et d'artisanat

**Vers la cathédrale de Séville**

**Sur la Plaza de Cabildo**, une place cachée, El Torno vend des sucreries provenant de couvents.

**★ Hospital de la Caridad**
*L'église baroque de cet hospice pour personnes âgées est ornée de peintures de Bartolomé Esteban Murillo et Juan de Valdés Leal.* ❺

**Vers les Reales Alcázares**

**Maestranza de Artillería**

**Bodegón Torre del Oro** (*p. 216*)

**★ Torre del Oro**
*Construite au XIIIe siècle pour protéger le port, cette tour maure crénelée abrite aujourd'hui un petit musée de la Marine.* ❻

**LÉGENDE**

Itinéraire conseillé

# Museo de Bellas Artes ❶

Chérubins baroques de la Salle 5

L'ancien Convento de la Merced Calzada a été restauré pour accueillir l'un des musées d'art les plus prestigieux d'Espagne. Achevé en 1612 par Juan de Oviedo, le couvent s'articule autour de trois patios, aujourd'hui ornés de fleurs, d'arbres et d'*azulejos* *(p. 74)*. L'imposante collection d'art espagnol et de sculptures s'étend de l'époque médiévale à l'époque moderne, accordant une place particulière aux œuvres de l'école de Séville, comme Bartolomé Esteban Murillo, Juan de Valdés Leal et Francisco de Zurbarán.

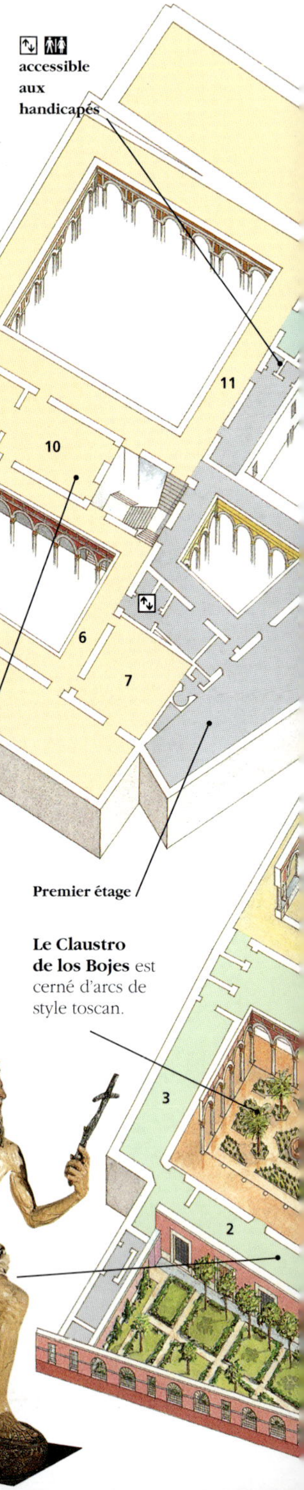


accessible aux handicapés

**La Inmaculada**
*Cette* Inmaculada *(1672), de Valdés Leal (1622-1690), se trouve dans la Salle 8, consacrée aux peintures religieuses de l'artiste.*

Premier étage

**★ San Hugo en el Refectorio** *(1655)*
*L'une des nombreuses œuvres réalisées par Zurbarán pour le monastère de La Cartuja* (p. 103) *représente les chartreux renonçant à consommer de la viande.*

**Le Claustro de los Bojes** est cerné d'arcs de style toscan.

**À NE PAS MANQUER**

- **★ *San Jerónimo Penitente* par Pietro Torrigiano**
- **★ *La Servilleta* de Murillo**
- **★ *San Hugo en el Refectorio* de Zurbarán**
- **★ Le plafond à coupole**
- **★ Le Claustro Mayor**

**★ San Jerónimo Penitente** *(1528)*
*Sculpté par le Florentin Torrigiano, ce chef-d'œuvre en terre cuite exprima toute la vitalité de la Renaissance italienne.*

**MODE D'EMPLOI**

Pl del Museo 9. **Plan** 1 B5 (5 B2). *95 422 07 90.* *43, C3.* *de 9 h à 15 h du mar. au dim. (de 16 h à 19 h pendant les expositions temporaires).*

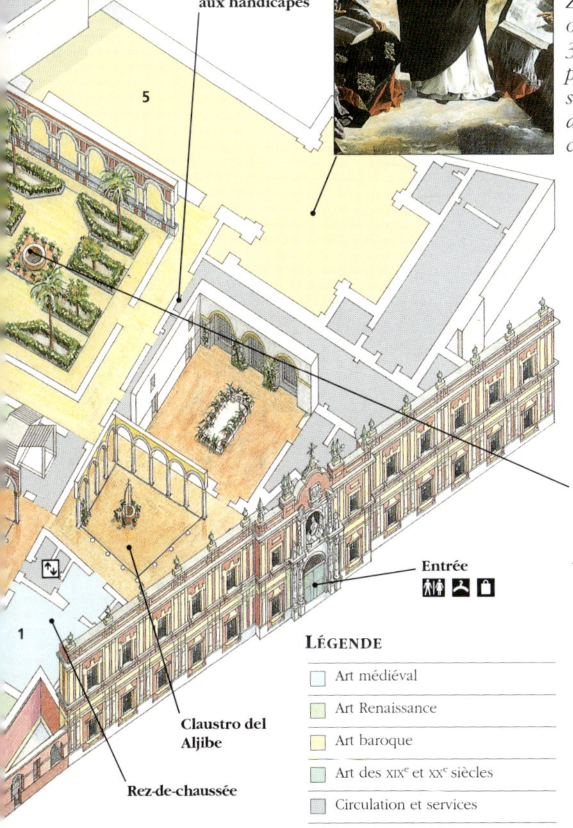

**★ La Servilleta**
*Cette Vierge à l'enfant qui aurait été peinte sur une serviette de table (*servilleta*), est l'une des œuvres les plus célèbres de Murillo.*

**★ Plafond à coupole**
*Le magnifique plafond de l'église du couvent, peint par Domingo Martínez au XVIIIe siècle, a retrouvé sa splendeur baroque d'antan.*

**Apoteosis de Santo Tomás de Aquino**
*Zurbarán exécuta cette œuvre en 1631, à l'âge de 33 ans. Sa description précise des personnages et son utilisation des couleurs donnent vie à son œuvre, comme le montre ce détail.*

**★ Claustro Mayor**
*Le cloître principal du monastère a été remanié par l'architecte Leonardo de Figueroa en 1724.*

**LÉGENDE**

- Art médiéval
- Art Renaissance
- Art baroque
- Art des XIXe et XXe siècles
- Circulation et services

**SUIVEZ LE GUIDE !**
*Des indications jalonnent la visite chronologique des 14 salles du musée, en commençant par le Claustro del Aljibe. Les œuvres du rez-de-chaussée s'étendent du XIVe siècle au maniérisme, celles du 1er étage vont du baroque au début du XXe siècle.*

## Museo de Bellas Artes ❶

*p. 64-65.*

**Madone à l'Enfant dans l'Iglesia de la Magdalena, de style baroque.**

## Iglesia de la Magdalena ❷

Calle San Pablo 10. **Plan** 3 B1 (5 B2).
*95 422 96 03.* *de 7 h 30 à 11 h, de 18 h 30 à 21 h du lun. au sam. ; de 7 h 30 à 13 h dim.*

Achevée en 1709, cette immense église baroque, due à Leonardo de Figueroa, est en cours de restauration et devrait bientôt retrouver sa splendeur d'antan. Son angle sud-ouest abrite la Capilla de la Quinta Angustia, chapelle mudéjare à trois coupoles héritée d'une église antérieure, où le grand peintre espagnol Bartolomé Murillo (*p. 64-65*) fut baptisé en 1618. Les anciens fonts baptismaux se trouvent dans le baptistère de l'édifice actuel. La façade ouest est surmontée d'un clocher orné de peintures de couleurs vives.

Parmi les œuvres religieuses de l'église, citons une toile de Francisco de Zurbarán, *Saint Dominique à Soria*, dans la Capilla Sacramental (à droite de la porte sud), et des fresques de Lucas Valdés au-dessus du sanctuaire représentant l'*Allégorie du triomphe de la foi*. Le mur du transept nord comporte une fresque édifiante représentant un autodafé (acte de foi) médiéval.

## Plaza de Toros de la Maestranza ❸

Paseo de Colón 12. **Plan** 3 B2 (5 B4).
*95 422 45 77.* *de 9 h 30 à 14 h, de 15 h à 18 h t.l.j.*

Les célèbres arènes de Séville constituent un cadre idéal pour découvrir la corrida (*p. 24-25*). Bien que ces spectacles aient perdu de leur popularité, l'arène baignée de lumière, avec ses barrières rouge sang et son cercle de sable impitoyable, reste un élément clef de la physionomie de la ville. Même si vous n'aimez pas la corrida, ces arènes à arcades, construites de 1761 à 1881, sont une véritable merveille architecturale, qui vaut une visite.

Les visites guidées de ce gigantesque édifice, qui peut accueillir 12 500 spectateurs, débutent à l'entrée principale, sur le Paseo de Cristóbal Colón. Sur le côté ouest se trouve la Puerta del Príncipe (porte du Prince) que les matadors franchissent, portés en triomphe sur les épaules de leurs admirateurs.

Après avoir passé l'*enfermería* (infirmerie), les visiteurs découvrent un musée retraçant l'histoire de la corrida sévillane. Outre une collection de costumes, de portraits et d'affiches, vous verrez des scènes illustrant les concours qui se déroulaient autrefois sur la Plaza de San Francisco, et une cape pourpre peinte par Picasso. La visite se poursuit par la chapelle où les matadors viennent prier, avant de passer par les écuries des chevaux des *picadores*.

La saison de la corrida commence avec la *feria* d'avril (*p. 36*) et se poursuit jusqu'en octobre. La plupart des manifestations se tiennent le dimanche en fin de journée. Les tickets sont en vente sur place, à la *taquilla* (guichet).

**Entrée ornée de ferronneries du XIXe siècle, Teatro de la Maestranza**

## Teatro de la Maestranza ❹

Paseo de Colón 22. **Plan** 3 B2 (5 C5).
*95 422 65 73 (billetterie).*
*lors des représent.*

Non loin des arènes se trouve le théâtre et opéra de Séville, dont la forme circulaire fait écho aux arènes. Inauguré en 1991, ce bâtiment de 1 800 places accueille de nombreuses compagnies d'opéra internationales

**Les arcades de la Plaza de Toros de la Maestranza, construites à partir de 1761**

***Finis Gloriae Mundi*, de Juan de Valdés Leal, à l'Hospital de la Caridad**

(*p. 231*). Comme beaucoup d'édifices sévillans bâtis peu avant l'Expo '92 (*p. 54-55*), il affiche le style plutôt austère et fonctionnel des architectes Luis Marín de Terán et Aurelio del Pozo. Les éléments de fer forgé du dépôt de munitions qui se dressait ici au XIXe siècle ornent la façade donnant sur le fleuve. Les billets sont en vente au guichet dans le Jardín de la Caridad.

## Hospital de la Caridad ❺

Calle Temprado 3. **Plan** 3 B2 (5 C5). ☎ *95 422 32 32.* ○ *de 10 h à 13 h, de 15 h 30 à 18 h du lun. au sam .* ● *jours fériés.*

Fondé en 1674, l'hôpital de la Charité abrite aujourd'hui un hospice pour personnes âgées et infirmes. Dans le jardin en face de l'entrée se dresse une statue de son bienfaiteur, Miguel de Mañara. Le complexe a été bâti sur des plans de Pedro Sánchez Falconete. Avec ses murs blanchis à la chaux, son décor en terre cuite et ses *azulejos* (*p. 74*), la façade de l'église de l'hôpital illustre parfaitement le baroque sévillan.

À l'intérieur se trouvent deux patios carrés, agrémentés de plantes, d'*azulejos* hollandais du XVIIIe siècle et de fontaines ornées de statues italiennes, représentant la Charité et la Miséricorde. À l'extrémité nord des patios, un passage sur la droite conduit à une autre cour abritant un arc du XIIIe siècle, vestige des anciens chantiers navals. Un buste de Mañara se dresse parmi des rosiers. L'intérieur de l'église recèle des toiles originales dues aux plus grands peintres du XVIIe siècle, et ce malgré le pillage du maréchal Soult sous l'occupation napoléonienne, en 1810 (*p. 51*). Juste au-dessus de l'entrée se trouve une œuvre macabre, *Finis Gloriae Mundi* (La Fin des gloires du monde) de Juan de Valdés Leal et, en face, une autre tout aussi lugubre, *In Ictu Oculi*. Beaucoup de toiles sont de Murillo, comme *Saint Jean de Dieu portant un moribond sur ses épaules*, des portraits de l'enfant Jésus, *Saint Jean Baptiste enfant* et *Sainte Isabelle de Hongrie soignant un lépreux*. À l'entrée, en vous tournant vers le sud, vous apercevrez la Torre de Plata (Tour de l'Argent) octogonale, qui domine la Calle Santander. Comme la Torre del Oro voisine, l'édifice destiné à défendre la ville date de l'époque maure.

**La Torre del Oro, Almohade**

## Torre del Oro ❻

Paseo de Colón s/n. **Plan** 3 B2 (5 C5). ☎ *95 422 24 19.* ○ *de 10 h à 14 h du mar. au ven., de 11 h à 14 h sam. et dim.* ● *août.*

À l'époque des Maures, la Tour de l'Or, qui défendait la ville, était reliée aux Reales Alcázares (*p. 80-81*) et au reste de la cité. Construite en 1220, quand Séville était sous domination almohade (*p. 44-45*), une autre tour lui faisait pendant sur l'autre rive.

Une chaîne massive reliait les deux édifices, empêchant les bateaux de remonter le fleuve. La tourelle fut ajoutée en 1760. Le site tiendrait son nom des *azulejos* dorés qui ornaient ses murs, ou bien des trésors venant du Nouveau Monde que l'on déchargeait ici. Elle a successivement servi de chapelle, de prison, de poudrière et d'office portuaire. Aujourd'hui, elle accueille le Museo Marítimo.

### DON JUAN DE SÉVILLE

Miguel de Mañara (1626-1679), fondateur et bienfaiteur de l'Hospital de la Caridad, est souvent associé à Don Juan Tenorio. Les conquêtes amoureuses du légendaire séducteur sévillan, rapportées pour la première fois en 1630, dans une pièce de Tirso de Molina, ont inspiré quantité d'artistes, comme Mozart, Molière, Byron et Shaw. On pense que Mañara, lui aussi, menait une vie dissolue avant de se convertir à la charité, évolution qui lui fut inspirée par une vision de sa mort, une nuit où il était ivre.

**Le légendaire Don Juan, avec deux de ses conquêtes**

# Santa Cruz

Le Barrio de Santa Cruz, le vieux quartier juif de Séville, est un dédale de rues blanches et de patios, extrêmement pittoresques. Il abrite de nombreux monuments célèbres : la cathédrale gothique avec son emblème, la Giralda ; les superbes Reales Alcázares avec les palais royaux et les jardins luxuriants de Pedro Ier et de Carlos V ; et l'Archivo de Indias, dont les documents racontent la découverte et la conquête du Nouveau Monde par l'Espagne.

**Réverbère décoré, Plaza del Triunfo**

Au nord-est de ces sites s'étend un labyrinthe enchanteur de ruelles aux édifices blanchis à la chaux. Le célèbre artiste Bartolomé Esteban Murillo y vécut au XVIIe siècle. Son contemporain Juan de Valdés Leal décora l'Hospital de los Venerables de superbes fresques baroques. Plus au nord, la Calle de las Sierpes, très fréquentée, est l'une des rues commerçantes les plus en vogue de Séville. Les places de marché voisines, comme la ravissante Plaza del Salvador, constituent le décor des histoires de Cervantès. L'Ayuntamiento ainsi que la Casa de Pilatos, joyaux de l'architecture andalouse, illustrent la richesse et l'effervescence artistique de la ville au XVIe siècle.

## Le quartier d'un coup d'œil

**Jardins**

Jardines de Murillo ⓭

**Rues et places**

Calle de las Sierpes ❷
Plaza del Alfalfa ❺
Plaza del Triunfo ❾
Plaza Virgen de los Reyes ❽

**Églises**

*Cathédrale de Séville et La Giralda* *p. 76-77* ❼
Iglesia del Salvador ❹

**Bâtiments historiques**

*Reales Alcázares* *p. 80-81* ⓫
Archivo de Indias ❿
Ayuntamiento ❸
Casa de la Condesa Lebrija ❶
Casa de Pilatos ❻
Hospital de los Venerables ⓬

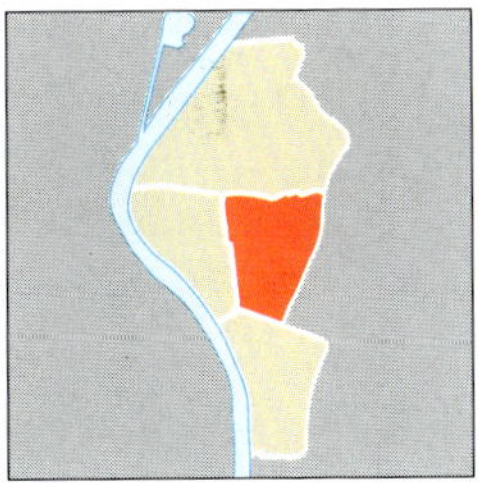

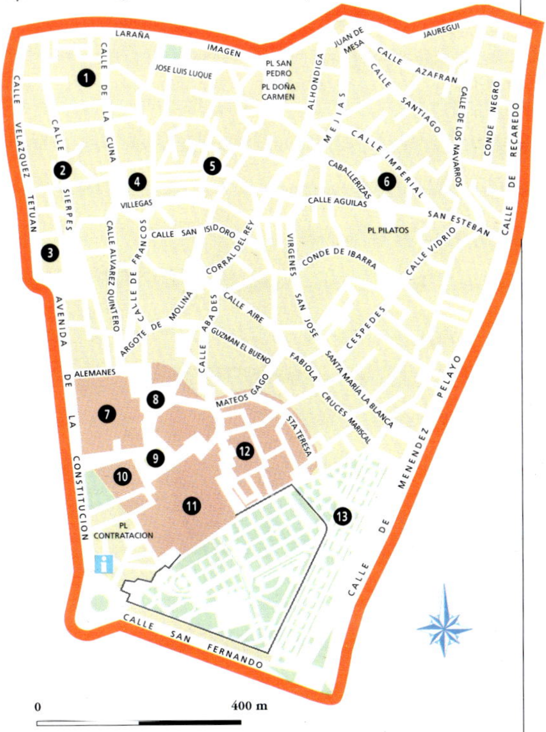


**Légende**

Plan du quartier pas à pas *p. 70-71*

Information touristique

◁ **La Giralda, vue des jardins des Reales Alcázares**

# Santa Cruz pas à pas

Grille de fenêtre, Santa Cruz

Le dédale de ruelles étroites qui s'étend à l'est de la cathédrale et des Reales Alcázares constitue la facette la plus romantique de Séville. Outre les incontournables magasins de souvenirs, bars à tapas et guitaristes ambulants, le quartier recèle aussi une foule d'allées pittoresques, de places cachées et de patios fleuris faisant le délice du promeneur. Cet ancien quartier juif, aux édifices rénovés et aux balcons en fer forgé si caractéristiques, abrite aujourd'hui un mélange harmonieux de résidences élégantes et d'hébergements touristiques.

**Plaza Virgen de los Reyes**
*Des attelages bordent cette place ornée d'une fontaine du début du XXe siècle.* ❽

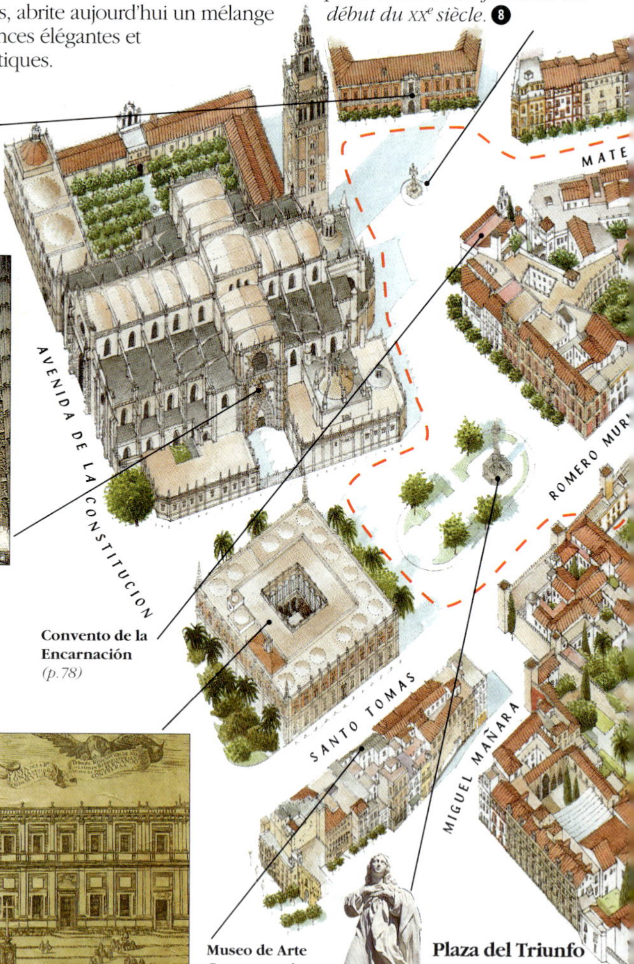


**Palacio Arzobispal,** le palais épiscopal du XVIIIe siècle, est toujours utilisé par le clergé de Séville.

**★ La cathédrale de Séville et La Giralda**
*Cet édifice avec son clocher maure est le monument le plus populaire de Séville.* ❼

**Convento de la Encarnación** *(p. 78)*

**Archivo de Indias**
*Construites au XVIe siècle comme bourse de commerce, les archives des Indes recèlent aujourd'hui de précieux documents sur la colonisation espagnole des Amériques.* ❿

**Museo de Arte Contemporáneo** *(p. 78)*

**Plaza del Triunfo**
*Cette colonne baroque rappelle que la ville résista au grand tremblement de terre de 1755. En face se dresse une statue moderne de l'Inmaculada Concepción.* ❾

**Calle Mateos Gago**
Cette rue abrite quantité de magasins de souvenirs et de bars à tapas. Au n° 2, le Bar Giralda, vestiges d'un bain maure, est réputé pour ses tapas *(p. 222-223)*.

**CARTE DE SITUATION**
*Voir Atlas des rues, plans 5-6*

**La Plaza Santa Cruz**
Elle abrite une magnifique croix de fer, qui date de 1692.

**★ Hospital de los Venerables**
*Cet hospice pour prêtres âgés (XVII^e s.) possède une église baroque superbement restaurée.* ⑫

**Callejón del Agua**
De cette allée aux édifices blanchis à la chaux, l'on découvre de superbes patios regorgeant de verdure. Washington Irving (*p. 51*) séjourna au n° 2.

**★ Reales Alcázares**
*Les Palais royaux de Séville allient l'art mudéjar* (p. 22), *la splendeur royale et des jardins superbes.* ⑪

**LÉGENDE**

– – – Itinéraire conseillé

**À NE PAS MANQUER**

- ★ **La cathédrale de Séville et La Giralda**
- ★ **Reales Alcázares**
- ★ **L'Hospital de los Venerables**

**Sol de mosaïque d'Itálica *(p. 128)*, dans la Casa de la Condesa Lebrija**

## Casa de la Condesa Lebrija ❶

Calle Cuna 8. **Plan** 1 C5 ; 3 C1 (5 C2). *95 421 81 83. de 17 h à 19 h le sam.*

La résidence de la comtesse Lebrija offre un aperçu de la vie de palais en plein cœur de Séville. Seul le rez-de-chaussée est ouvert aux visiteurs quelques heures par semaine. L'édifice est séparé de la Calle Cuna par d'imposantes portes en bois et une immense grille de fer.

Ce bâtiment du xv^e^ siècle présente divers traits mudéjars (*p. 22*). De nombreux trésors romains proviennent d'Itálica (*p. 128*), comme le sol de mosaïque du patio principal. Le plafond *artesonado* qui surplombe l'escalier est celui du palais des ducs d'Arcos à Marchena, près de Séville. Parmi les merveilles inestimables exposées dans les salles jouxtant le patio principal, admirez la verrerie et les pièces de monnaie romaines, le marbre de la Medina az-Zahra (*p. 134*) et les *azulejos* du XVIII^e^ siècle (*p. 74*).

## Calle de las Sierpes ❷

**Plan** 3 C1 (5 C3).

La rue des Serpents, qui s'étend au nord de la Plaza de San Francisco, est la principale voie piétonne et commerçante de la ville. Les magasins traditionnels proposant les grands classiques de Séville – chapeaux, éventails et mantilles – y côtoient boutiques de vêtements, magasins de souvenirs, braderies et billetteries de loterie. Le meilleur moment pour y flâner est le début de soirée, quand les Sévillans s'y rendent pour le *paseo.*

De part et d'autre les rues parallèles Cuna et Tetuán, invitent également au lèche-vitrine. Au n° 9 de la Calle Tetuán, remarquez la superbe publicité carrelée de 1924 pour les automobiles Studebaker (*p. 74*).

À l'extrémité sud de la Calle de las Sierpes, une plaque sur les murs du Banco Central Hispano indique l'emplacement de la Cárcel Real (prison royale), où séjourna Miguel de Cervantès (1547-1616) *(p. 49).* En direction du nord, prenez la Calle Jovellanos sur la gauche, pour rejoindre la Capillita de San José. Cette charmante petite chapelle du XVII^e^ siècle contraste totalement avec son environnement commercial. Plus loin, au croisement avec la Calle Pedro Caravaca, vous pourrez découvrir l'univers anachronique et capitonné du Real Círculo de Labradores, club privé pour hommes créé en 1856. Au bout de la rue, ne manquez pas la *pastelería* (pâtisserie) la plus renommée de Séville, La Campana.

**Tables en terrasse, La Campana, la pâtisserie la plus renommée de Séville**

## Ayuntamiento ❸

Plaza Nueva 1. **Plan** 3 C1 (5 C3). *95 459 01 01. de 17 h 30 à 19 h du mar. au jeu., de 11 h à 13 h sam.*

**Portail plateresque. Façade de l'Ayuntamiento de Séville**

L'hôtel de ville de Séville se dresse entre un site historique, la Plaza de San Francisco, et l'étendue moderne de la Plaza Nueva.

Aux XV^e^-XVIII^e^ siècles, la Plaza de San Francisco était le théâtre d'autodafés, jugements publics d'hérétiques par l'Inquisition (*p. 49*). Les condamnés étaient conduits au Quemadero et brûlés vifs, (l'endroit abrite aujourd'hui le Prado de San Sebastián, au nord du Parque María Luisa, *p. 96-97*). Aujourd'hui, la Plaza de San Francisco est au cœur des manifestations de la Semana Santa et de la Fête-Dieu (*p. 32*).

Sur la Plaza Nueva se trouvait autrefois le Convento de San Francisco. Au centre se dresse une statue équestre de Fernando III, qui libéra Séville des Maures, avant d'être canonisé en 1671 (*p. 46*).

La construction de l'Ayuntamiento commença en

1527 et s'acheva en 1534. La façade est, qui donne sur la Plaza de San Francisco, est un fleuron du style plateresque (*p. 23*) cher à l'architecte Diego de Riaño. La façade ouest fait partie d'une extension néo-classique de 1891, qui enveloppe littéralement l'édifice d'origine. Toutefois, des plafonds richement sculptés subsistent dans le vestibule et la Casa Consistorial inférieure (salle de réunion du conseil). La salle recèle l'*Imposition de la chasuble à saint Ildefonse* de Velázquez, l'une des nombreuses œuvres d'art que recèle l'édifice.

**Façade baroque de l'Iglesia del Salvador sur la Plaza del Salvador**

## Iglesia del Salvador ❹

Plaza del Salvador. **Plan** 3 C1 (6 D3).
☎ *95 421 16 79.* ◯ *t.l.j. de 18 h 30 à 21 h, de 10 h à 13 h 30 dim.*

Cette église majestueuse est née du désir des chrétiens de surpasser les splendeurs des Maures. Le site abritait autrefois la mosquée d'Ibn Addabas. Le patio maure près de la Calle Córdoba a partiellement été conservé. Il est entouré d'arcades intégrant des colonnes aux chapiteaux romains et wisigothiques.

Vers 1670, alors que la mosquée, depuis longtemps consacrée au culte chrétien, se délabrait, des travaux furent entamés pour construire un nouvel édifice dû à Esteban García. L'église de style baroque fut achevée en 1712 par Leonardo de Figueroa. À l'intérieur, la nef est de José Granados, architecte de la cathédrale (*p. 182*). La Capilla Sacramental abrite une magnifique sculpture, *Jesús de la Passion*, réalisée en 1619 par Juan Martínez Montanés (1568-1649). Dans l'angle nord-ouest, une porte mène à la Capilla de los Desamparados, richement décorée, et à un patio maure. Surplombant la sortie qui donne sur la Calle Córdoba, le clocher repose sur une partie du minaret d'origine.

L'église borde la Plaza del Salvador réputée pour ses bars à tapas, lieu de rendez-vous des jeunes Sévillans. La statue en bronze est en l'honneur du sculpteur Montanés. Sur le côté est de l'église, la Plaza Jesús de la Pasión est consacrée aux boutiques de mariages.

### La devise de Séville

Des murs imposants de l'Ayuntamiento aux flancs des bus municipaux, l'étrange devise « NO8DO » est omniprésente à Séville. Ce rébus signifie « *No me ha dejado* » (« Elle ne m'a pas abandonné »). Alfonso le Sage aurait prononcé ces mots alors que la ville lui était restée fidèle lors d'un différend l'opposant à son fils Sancho durant la Reconquête (*p. 46-47*). La double boucle au centre symbolise un écheveau de laine qui, en espagnol, se dit *madeja*.

**La devise de Séville, ici gravée sur l'Ayuntamiento**

## Plaza del Alfalfa ❺

**Plan** 3 C1 (6 D3). *dim. matin.*

Cette petite place carrée plantée d'arbres, qui tient son nom de la luzerne (*alfalfa*), accueillait autrefois le marché au foin. Aujourd'hui, un marché aux animaux de compagnie s'y tient le dimanche matin. Vous y verrez oiseaux, chiots, poissons exotiques, tortues, lézards, souris et même des vers à soie.

À quelques pas, en descendant la Calle Jesús de la Tres Caídas, se dresse l'Iglesia de San Isidoro, magnifiquement restaurée. Construite au XIVe siècle, son élégant portail gothique coiffé d'une étoile mudéjare donne sur la Calle San Isidoro. À l'intérieur se dresse une sculpture édifiante de Simón Cirineo, réalisée par Antonio Francisco Gijón vers 1687.

# L'art des azulejos

Frais en été, résistants et colorés, les carreaux de céramique émaillée sont issus de techniques de fabrication importées par les Maures – le mot *azulejo* vient de l'arabe *az-zulayj*, « petite pierre ». Les *azulejos* maures sont des mosaïques sophistiquées à base de pierres monochromes. À Séville, l'artisanat des azulejos prospéra et évolua dans les poteries de Triana (*p. 100-101*). Un procédé développé au XVI$^{e}$ siècle en Italie permit de peindre de nouveaux motifs et d'utiliser de nouvelles couleurs. La révolution industrielle autorisa la production d'azulejos à grande échelle, dans des usines comme la célèbre « Pickman y Cia » du monastère de La Cartuja (*p. 103*), qui ferma ses portes en 1980.

***Azulejos* du XVI$^{e}$ siècle, Salones de Carlos V (*p. 80*)**

**LES AZULEJOS DE STYLE MUDÉJAR**
Les Maures réalisèrent de magnifiques mosaïques aux motifs géométriques complexes. Les couleurs utilisées étaient le bleu, le vert, le noir, le blanc et l'ocre.

**Carreaux mudéjars du XVI$^{e}$ siècle, Casa de Pilatos**

**Motifs entrelacés, Patio de las Doncellas**

**Mosaïque mudéjare, dans le Patio de las Doncellas, Reales Alcázares**

**Enseigne de la Manufacture royale de tabac (actuelle université, *p. 94-95*) en carreaux peints émaillés du XVIII$^{e}$ siècle**

**LES AZULEJOS À USAGE COMMERCIAL**
À mesure que les techniques de fabrication et de coloration des azulejos s'améliorèrent, les carreaux servirent aussi à réaliser enseignes décoratives et devantures de magasins. Il en existe toujours de superbes exemples dans toute l'Andalousie.

**Tireuse à bière en céramique**

**Panneau d'azulejos, vantant le dernier modèle de Studebaker (1924), sur la Calle Tetuán, près de la Calle de las Sierpes (*p. 72*)**

**Fontaine génoise et balustrade gothique dans le Patio Principal mudéjar de la Casa de Pilatos**

## Casa de Pilatos ❻

Plaza de Pilatos 1. **Plan** 4 D1 (6 E3). *95 422 52 98.* **Rez-de-chaussée** *de 9 h à 20 h.* **1er ét.** *de 10 h à 14 h, de 16 h à 18 h.* *Rez-de-chaussée.*

En 1518, le premier marquis de Tarifa entama un long voyage en Europe et en Terre sainte. Il revint deux ans plus tard, séduit par les merveilles architecturales et décoratives de la Renaissance italienne. Il consacra le reste de sa vie à la création d'une esthétique nouvelle, qui fut très en vogue. Son palais de Séville, qui tient son nom de sa ressemblance supposée avec la demeure de Ponce Pilate à Jérusalem, devint le modèle de ce nouveau style.

Au fil des siècles, les propriétaires successifs du bâtiment apportèrent leurs embellissements personnels. La Casa de Pilatos, l'un des plus beaux palais de la ville, est aujourd'hui la résidence des ducs de Medinaceli.

Les visiteurs entrent par un portail en marbre, réalisé par des artisans génois en 1529. De l'autre côté de l'Apeadero à arcades (cour à attelage) se trouve le Patio Principal.

**Lanterne du portail d'entrée**

Essentiellement mudéjare (*p. 22*), cette cour décorée d'*azulejos* et de stucs est cernée d'arcs à intervalles irréguliers, surmontés d'une superbe balustrade gothique. Dans les coins se dressent trois statues romaines, représentant Minerve, une muse qui danse et Cérès, ainsi qu'une quatrième statue, un original grec d'Athéna du Ve siècle av. J.-C. Au centre se trouve une fontaine importée de Gênes.

Sur la droite, traversez le Salón del Pretorio, avec son plafond à caissons et ses marqueteries, pour rejoindre le Corredor de Zaquizamí. Parmi les antiquités des salles adjacentes, remarquez un bas-relief représentant *Léda et le Cygne*, et deux reliefs romains, commémorant la bataille d'Actium en 31 av. J.-C. Plus loin, le Jardín Chico est orné d'un bassin et d'un bronze de Bacchus. En revenant au Patio Principal, prenez à droite dans le Salón de Descanso de los Jueces. Plus loin se trouve une chapelle à voûte d'ogives, avec une sculpture datant du Ier siècle apr. J.-C., *Le Bon Pasteur*. Sur la gauche en traversant le Gabinete de Pilatos, agrémenté d'une petite fontaine centrale, se trouve le Jardín Grande.

Derrière la statue de Cérès, dans le patio principal, un escalier carrelé conduit aux appartements. Il est couronné d'une superbe coupole *media naranja* (demi-orange) de 1537. Plusieurs pièces regorgeant de portraits de famille, d'antiquités et de meubles sont dotées de plafonds mudéjars. Des plâtres dus à Juan de Oviedo et des fresques de Francisco de Pacheco ornent des salles qui portent les noms des artistes.

À l'ouest de la Casa de Pilatos, la Plaza de San Ildefonso abrite le Convento de San Leandro, réputé pour ses *yemas* (friandises à base de jaune d'œuf) vendues par les religieuses.

**Écus du plafond à caissons, Salón del Pretorio**

# La cathédrale de Séville et La Giralda ❼

**Vitrail du XVIe siècle**

La cathédrale se dresse sur le site de la Grande Mosquée érigée par les Almohades (*p. 44-45*) à la fin du XIIe siècle ; La Giralda, l'actuel clocher, et le Patio de los Naranjos en sont l'héritage. La construction de la plus grande cathédrale d'Europe débuta en 1401 pour durer plus d'un siècle. Après avoir admiré l'imposant bâtiment gothique et les œuvres d'art des chapelles et du trésor, vous pourrez profiter de la vue superbe qui s'offre du haut de La Giralda.

**★ La Giralda**
*L'ancien minaret est couronné par une copie d'un bronze du XVIe siècle, représentant la Foi. La Giralda tient son nom de cette girouette* (giraldillo*).*

**★ Patio de los Naranjos**
*À l'époque maure, les fidèles faisaient leurs ablutions à la fontaine sous l'ombre des orangers, avant la prière.*

**Entrée**

**Puerta del Perdón**

**Colonnes romaines** d'Itálica (*p. 128*) devant les marches.

## La naissance de La Giralda

Le minaret fut achevé en 1198. Au XIVe siècle, les sphères de bronze qui le coiffaient furent remplacées par des symboles chrétiens. En 1568, Hernán Ruiz ajouta le clocher Renaissance, qui se marie parfaitement à la structure maure.

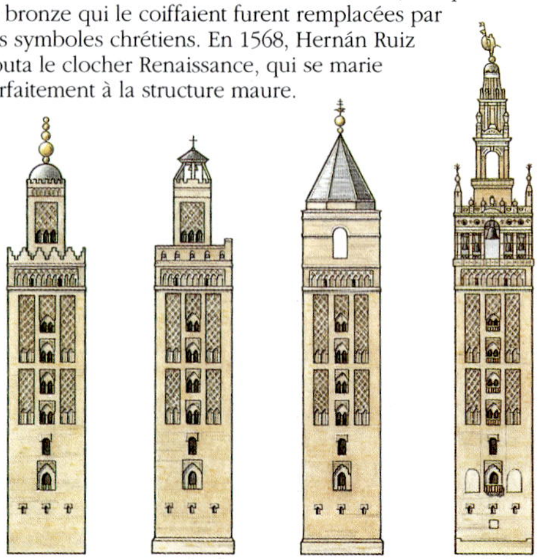

**1198** **1400** **1557** **1568 (plan)**

**Retablo Mayor**
*Santa María de la Sede, la sainte patronne de la cathédrale, est située au-dessus du maître-autel, sous une cascade d'or. Les 44 panneaux en relief dorés du retable ont été sculptés par des artistes espagnols et flamands entre 1482 et 1564.*

## Mode d'emploi

Plaza Virgen de los Reyes. **Plan** 3 C2 (5 C4). 95 456 33 21. *nombreuses lignes.* **Cathédrale** *de 11 h à 17 h du lun. au sam. ; de 14 h à 16 h dim.* **La Giralda** *de 11 h à 17 h du lun. au sam. ; de 10 h à 16 h dim.* *8 h 30, 9 h, 10 h, midi et 17 h du lun. au sam.*

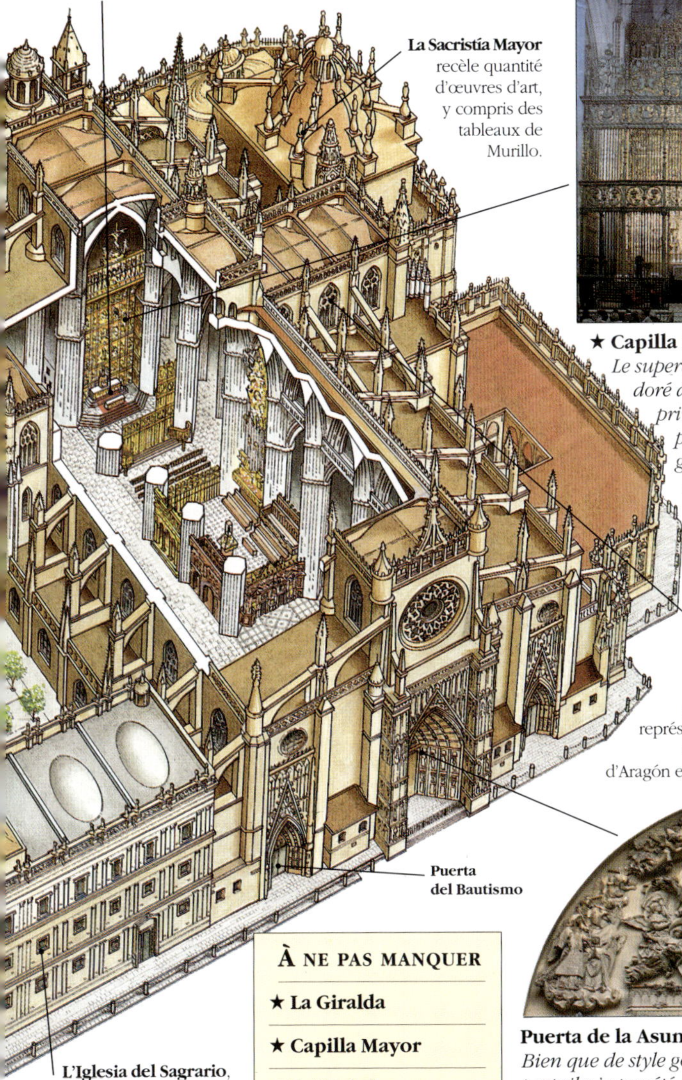

**La Sacristía Mayor** recèle quantité d'œuvres d'art, y compris des tableaux de Murillo.

**★ Capilla Mayor**
*Le superbe Retablo Mayor doré de la chapelle principale est fermé par d'imposantes grilles forgées, datant de 1518-1532.*

**La tombe de Colomb** date des années 1890. Les porteurs du cercueil représentent les royaumes de Castille, de León, d'Aragón et de Navarre (*p. 46*).

**Puerta del Bautismo**

**Puerta de la Asunción**
*Bien que de style gothique, ce portail n'a pas été achevé avant 1833. Un relief de pierre de l'Assomption orne le tympan.*

**L'Iglesia del Sagrario**, cette chapelle du XVII$^{e}$ siècle fait office d'église paroissiale.

## À ne pas manquer

★ **La Giralda**

★ **Capilla Mayor**

★ **Patio de los Naranjos**

**Partie supérieure du portail baroque du Palacio Arzobispal**

## Plaza Virgen de los Reyes ❽

**Plan** 3 C2 (6 D4). **Palacio Arzobispal** *au public.* **Convento de la Encarnación** *au public.*

Cette place qui invite au repos est l'endroit idéal pour admirer La Giralda (*p. 76-77*). Attelages, orangers, marchands de fleurs gitans et édifices religieux, elle réunit tous les archétypes de Séville. Au centre se dresse une imposante fontaine candélabre du début du XX^e siècle due à José Lafita, dont les têtes grotesques sont des copies d'originaux romains de la Casa de Pilatos (*p. 75*).

La place est bordée au nord par le Palacio Arzobispal (palais épiscopal), commencé au XVI^e siècle et achevé au XVIII^e, qui fut réquisitionné par le maréchal Soult durant l'occupation napoléonienne en 1810 (*p. 50-51*). Ce superbe palais baroque, qui possède un escalier en jaspe, renferme des tableaux de Zurbarán et Murillo. De l'autre côté se dresse le Convento de la Encarnación, aux murs blanchis à la chaux, qui date de 1591. L'édifice se dresse sur l'ancien site d'une mosquée et d'un hôpital.

La Plaza Virgen de los Reyes abritait autrefois le Corral de los Olmos, une auberge mal famée mentionnée dans l'œuvre de Miguel de Cervantès (*p. 49*).

**Relief de La Giralda sur le Museo de Arte Contemporáneo**

## Plaza del Triunfo ❾

**Plan** 3 C2 (6 D4). **Museo de Arte Contemporáneo** Calle Santo Tomás 5. *95 421 58 30. de sep. à juin, de 10 h à 21 h du mar. au ven., de 10 h à 14 h sam. et dim. Juil. et août de 10 h à 2 h*

La Plaza del Triunfo, entre la cathédrale (*p. 76-77*) et les Reales Alcázares (*p. 80-81*), célèbre le triomphe de la ville sur le tremblement de terre de 1755. Le séisme qui dévasta Lisbonne causa relativement peu de dommages à Séville – salut que l'on attribua à sa dévotion à la Vierge. Une colonne baroque se dresse en son honneur, auprès de l'Archivo de Indias, tandis que sur la Plaza del Triunfo, un monument moderne témoigne de la foi, de longue tradition à Séville, en l'Immaculée Conception.

Sur la Calle Santo Tomás, qui part de l'angle sud-est de la place, le Museo de Arte Contemporáneo propose des expositions souvent renouvelées d'art moderne. Construit en 1770, l'édifice servait autrefois de dépôt pour la dîme de l'Église. Des vestiges des murailles maures de la ville furent mis au jour lors de la rénovation de l'édifice.

## Archivo de Indias ❿

Avda de la Constitución s/n. **Plan** 3 C2 (6 D5). *95 421 12 34. de 10 h à 13 h du lun. au ven. jours fériés.*

**Façade de l'Archivo de Indias, de Juan de Herrera**

Les archives des Indes illustrent le rôle fondamental de la ville dans la colonisation et l'exploitation du Nouveau Monde. Construit entre 1584 et 1598 sur des plans de Juan de Herrera, l'un des architectes de l'Escorial près de Madrid, l'édifice abritait une *lonja* (bourse) marchande. En 1785, Carlos III y réunit tous les documents espagnols relatifs aux « Indes », créant ces archives fascinantes qui comptent des lettres de Colomb, Cortés, Cervantès et George Washington, ainsi que la correspondance de Felipe II, soit au total 86 millions de pages manuscrites, et 8 000 cartes et dessins. Certains documents sont en cours de numérisation sur CD ROM.

Les visiteurs empruntent un escalier de marbre menant aux salles de lecture, qui présentent cartes, dessins et reproductions de documents. Les collections exposées changent régulièrement ; vous pourrez y voir une carte à l'aquarelle de l'époque où Acapulco n'était guère plus qu'un château, des dessins illustrant une corrida royale à Panama en 1748 ou bien les plans d'un hôtel de ville au Guatemala.

## Reales Alcázares ⓫

*Voir p. 80-81.*

## Hospital de los Venerables ⓬

Plaza de los Venerables 8. **Plan** 3 C2 (6 D4). *95 456 26 96.*
*de 10 h à 14 h, de 16 h à 20 h t.l.j.*

Au cœur du Barrio de Santa Cruz, l'Hospital de los Venerables était un hospice pour prêtres âgés. La construction, qui commença en 1675, fut achevée vingt ans plus tard, par Leonardo de Figueroa. L'hospice rénové abrite aujourd'hui le centre culturel de la FOCUS (Fundación Fondo de Cultura de Sevilla).

L'édifice entoure un patio central. Les étages supérieurs, l'infirmerie et le cellier servent de salles d'exposition. Une visite guidée permet de découvrir l'église de l'Hospital, fleuron du baroque, et ses fresques de Juan de Valdés Leal et de son fils, Lucas Valdés.

Admirez également les sculptures de saint Pierre et saint Ferdinand de Pedro Roldán, qui flanquent la porte est, et l'*Apothéose de saint Ferdinand*, de Lucas Valdés, en haut du retable du maître-autel. L'inscription en grec de la frise commande aux visiteurs d'honorer les prêtres. La sacristie comporte un plafond en trompe l'œil de Juan de Valdés Leal, représentant le *Triomphe de la croix*.

## Jardines de Murillo ⓭

**Plan** 4 D2 (6 E5).

À l'extrémité sud du Barrio de Santa Cruz, les jardins qui abritaient autrefois le potager et les plantations d'orchidées des Reales Alcázares furent donnés à la ville en 1911. Ils doivent leur nom au plus célèbre des peintres sévillans, Bartolomé Murillo (1617-1682), qui vécut non loin de là, Calle Santa Teresa. Le Paseo de Catalina de Ribera rend hommage au fondateur de l'Hospital de las Cinco Llagas, qui abrite aujourd'hui le Parlamento de Andalucía *(p. 87)*. Dépassant la cime des palmiers se dresse le monument dédié à Colomb, avec un bronze de la *Santa María*, la caravelle qui le conduisit au Nouveau Monde en 1492 *(p. 123)*.

**Monument à Christophe Colomb, dans les Jardines de Murillo**

**Fresque de Juan de Valdés Leal à l'Hospital de los Venerables**

# Reales Alcázares ⓫

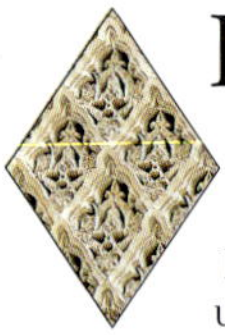

Stuc mudéjar

En 1364, Pedro Ier (*p. 46*) entama la construction d'une résidence royale entre les palais bâtis par les Almohades (*p. 44-45*). En deux ans, les artisans de Grenade et de Tolède avaient créé un véritable joyau de patios et de salles mudéjares, le Palacio Pedro Ier, l'actuel cœur des Reales Alcázares. Les monarques ultérieurs y ajoutèrent leur empreinte – Isabel I (*p. 47*) reçut les navigateurs qui partirent explorer le Nouveau Monde de la Casa de la Contratación, et Carlos V (*p. 48*) y fit bâtir de somptueux appartements, richement décorés.

**Jardín de Troya**

**Patio del Crucero** au-dessus des anciens bains.

**Jardins de l'Alcázar**
*Agrémentés de terrasses, de fontaines et de pavillons, ces jardins sont une véritable oasis de fraîcheur dans la ville.*

**★ Salones de Carlos V**
*Tapisseries, et superbes azulejos du XVIe siècle ornent les salles voûtées des appartements de Carlos V.*

**★ Patio de las Doncellas**
*Il recèle des stucs réalisés par les meilleurs artisans de Grenade.*

## Plan des Reales Alcázares

Ils comprennent le Palacio Pedro Ier et la Caisse espagnole des monuments historiques. L'étage est utilisé par la famille royale.

**Légende**

- Zone illustrée ci-dessus
- Jardins

**★ Salón de Embajadores**
*Construit en 1427, l'incroyable dôme du salon des Ambassadeurs est en bois gravé et doré.*

**MODE D'EMPLOI**

Patio de Banderas. **Plan** 3 C2 (6 D4). 95 450 23 23. C3, C4, 21, 22. 9 h 30-20 h mar.-sam., 9 h 30-18 h dim. (oct.-mars : jusqu'à 18 h mar.-sam., 14 h 30 dim.)

**Arcs en fer à cheval**
*Des azulejos et des stucs sophistiqués ornent le salon des Ambassadeurs, qui compte trois porches symétriques richement ornés, comportant chacun trois arcs en fer à cheval.*

**Casa de la Contratación**

**Le Patio de la Montería**
C'est ici que la cour se réunissait avant de partir chasser.

**Patio de las Muñecas**
*Avec ses chambres et ses couloirs adjacents, le patio des Poupées était le cœur domestique du palais. Il tient son nom des deux petits visages qui ornent l'un des arcs.*

**La façade** du Palacio Pedro Ier est un fleuron du style mudéjar.

**Puerta del León (entrée)**

**Patio del Yeso**
*Le patio du Plâtre, un jardin fleuri agrémenté de canaux, rappelle l'Alcázar almohade du XIIe siècle.*

**À NE PAS MANQUER**

- ★ **Patio de las Doncellas**
- ★ **Salón de Embajadores**
- ★ **Salones de Carlos V**

ABANICOS

# La Macarena

Souvent dédaigné par les visiteurs, le nord de Séville présente une mosaïque chatoyante d'édifices baroques délaissés et d'églises mudéjares, de bars à tapas au charme désuet, et de ruelles où le linge sèche aux fenêtres. Le quartier tiendrait son nom de Macaria, déesse romaine, fille d'Hercule.

La meilleure façon de découvrir ce quartier authentique consiste à emprunter la Calle Feria vers le nord, jusqu'à la Basílica de la Macarena, lieu de pèlerinage dédié à la Virgen de la Esperanza Macarena, vénérée à Séville. À côté de cette église moderne se dresse une porte, vestige des murs défensifs qui entouraient la ville à l'époque maure.

**Colonne romaine, Alameda de Hércules**

Parmi les nombreux couvents et églises du quartier, le Monasterio de San Clemente et l'Iglesia de San Pedro conservent l'âme de la Séville historique. Le Convento de Santa Paula offre la possibilité, fort rare, de découvrir la vie d'une communauté religieuse très fermée. La Torre de Don Fadrique du XIIIe siècle, dans le Convento de Santa Clara, se dresse dans la partie ouest du quartier. Plus au nord se trouve l'ancien Hospital de las Cinco Llagas, qui abrite aujourd'hui le parlement d'Andalousie.

## Le quartier d'un coup d'œil

**Églises et monastères**

Basílica de la Macarena 4
Convento de Santa Paula 8
Iglesia de San Marcos 7
Iglesia de San Pedro 9
Iglesia de Santa Catalina 10
Monasterio de San Clemente 1

**Bâtiments historiques**

Parlamento de Andalucía 5
Torre de Don Fadrique 2

**Monuments**

Murallas 6

**Marché**

Alameda de Hércules 3

**Légende**

Plan du quartier pas à pas p. 84-85

P Parc de stationnement

0 500 m

◁ **Char de la Virgen de la Esperanza Macarena, pendant les processions de la Semana Santa**

# La Macarena pas à pas

Céramique de Santa Paula

Une promenade à La Macarena donne un excellent aperçu de la vie quotidienne dans un quartier qui, jusqu'à présent, a échappé au développement touristique à la différence de Santa Cruz. Le matin, il règne une joyeuse animation dans la rue principale, la Calle de la Feria, où les étals du marché regorgent de poisson frais. La soirée est le meilleur moment pour découvrir les nombreuses églises du quartier, qui s'ouvrent pour la messe. C'est aussi l'heure à laquelle les habitants du quartier viennent boire un verre et déguster des tapas dans les bars.

**Le Palacio de las Dueñas**, serré entre les rues et les bâtiments avoisinants, est un palais mudéjar du XVe siècle, avec un élégant patio principal. C'est la résidence privée des ducs d'Albe, dont les armoiries sur céramique surmontent l'entrée du palais.

**La Calle de la Feria** est très vivante. Elle est particulièrement animée, le jeudi matin, pour l'*El Jueves*, le plus vieux marché de Séville.

**L'Iglesia San Juan de la Palma** est une église en brique mudéjare. Le clocher date de 1788.

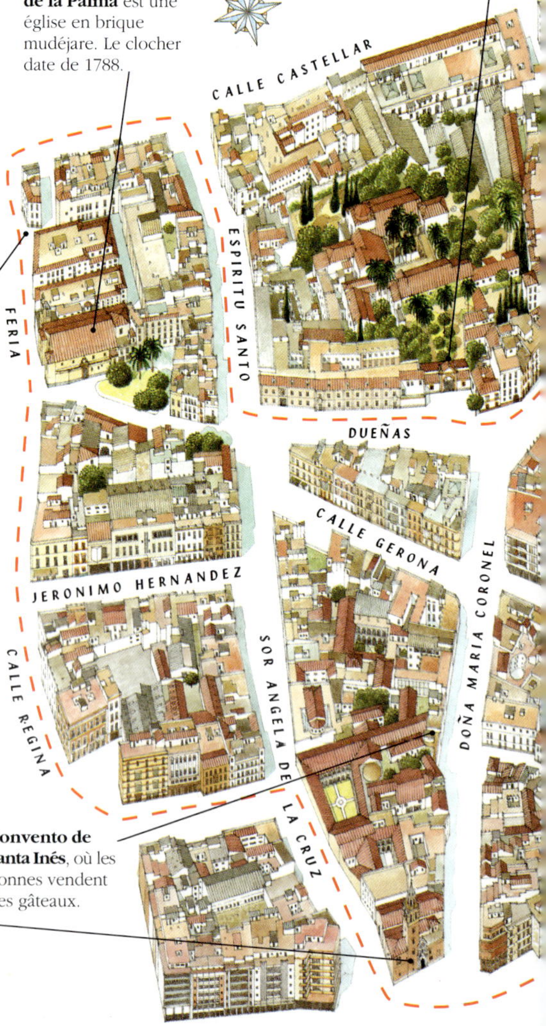

**★ Iglesia de San Pedro**
*L'église où Velázquez fut baptisé allie divers styles, du mudéjar aux carreaux modernes de sa façade.* ❾

**Convento de Santa Inés**, où les nonnes vendent des gâteaux.

**LÉGENDE**

– – – Itinéraire conseillé

**★ Iglesia de San Marcos**
*Cette église du XIVe siècle, érigée sur le site d'une mosquée, possède une tour mudéjare et un superbe portail gothico-mudéjar. L'intérieur recèle des arcs en fer à cheval de toute beauté.* ❼

**CARTE DE SITUATION**
*Voir Atlas des rues, plans 2 et 5*

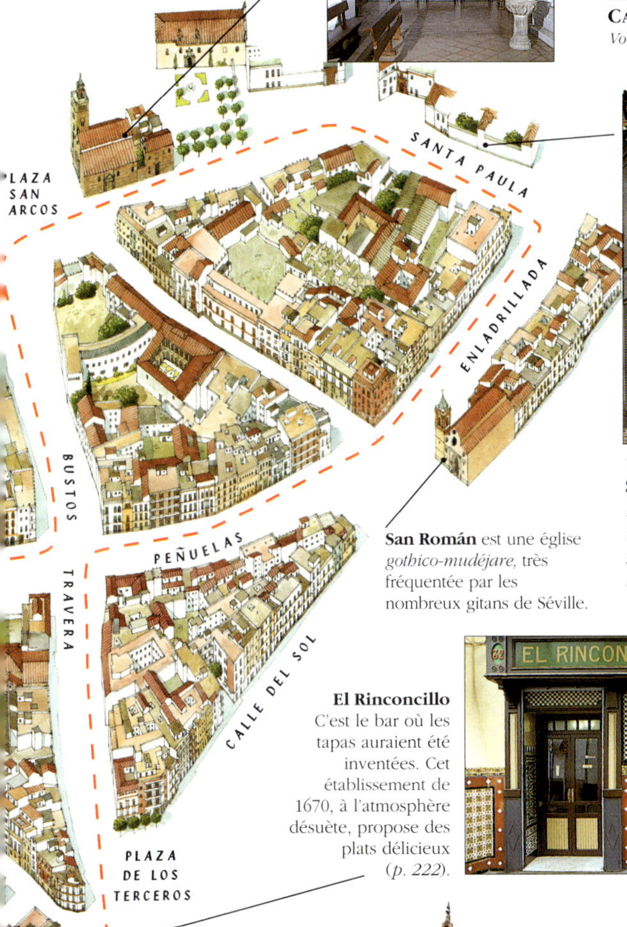

**★ Convento de Santa Paula**
*Le portail de l'église est un mélange parfait de styles gothique, mudéjar et Renaissance.* ❽

**San Román** est une église *gothico-mudéjare*, très fréquentée par les nombreux gitans de Séville.

**El Rinconcillo**
C'est le bar où les tapas auraient été inventées. Cet établissement de 1670, à l'atmosphère désuète, propose des plats délicieux *(p. 222)*.

0 75 m

**Iglesia de Santa Catalina**
*Cette église gothique qui possède une abside et une tour mudéjares recèle une statue de Santa Lucía due à Roldán.* ❿

**À NE PAS MANQUER**

- **★ Convento de Santa Paula**
- **★ Iglesia de San Marcos**
- **★ Iglesia de San Pedro**

## Monasterio de San Clemente ❶

Calle Reposo 9. **Plan** 1 C3. ☎ *95 437 80 40.* **Église** ◯ *messe seulement. Téléphoner à l'office du tourisme pour les expositions temporaires.* ☎ *95 422 14 04.*

Derrière les murs du monastère se cache un cloître paisible planté de palmiers et d'arbres fruitiers. Une entrée latérale dans une galerie donne sur la charmante église du monastère.

Elle réunit des éléments du XIIIe au XVIIIe siècle, comme un superbe plafond *artesonado* mudéjar, des *azulejos (p. 74)* de 1588, un retable principal de Felipe de Rivas et des fresques du début du XVIIIe siècle par Lucas Valdés.

## Torre de Don Fadrique ❷

Convento de Santa Clara, Calle Santa Clara 40. **Plan** 1 C4. ☎ *95 437 99 05.* ● *en restauration pour une durée non définie.*

Cette tour du XIIIe siècle, l'un des édifices les mieux préservés de la ville, se dresse, telle une pièce de jeu d'échecs, dans le Convento de Santa Clara. On y accède de la Calle Santa Clara, en franchissant un arc qui donne sur un patio paisible agrémenté d'orangers et d'une fontaine. Sur la gauche se trouve une deuxième cour, où se dresse la tour. L'entrée gothique qui y mène fut construite au XVIe siècle pour la première université, puis transportée ici au XIXe siècle.

**Torre de Don Fadrique dans le patio du Convento de Santa Clara**

Bâtie en 1252, la tour défendait le palais de l'Infante Don Fadrique. Sur la façade, des fenêtres gothiques en dominent d'autres, romanes. Plus de 80 marches mènent à l'étage supérieur, qui offre une vue superbe sur La Giralda et le Puente de la Barqueta.

**Gargouille de la Torre de Don Fadrique**

Le couvent de Santa Clara a été créé en 1260, mais l'édifice actuel date du XVe siècle. Le portique d'entrée maniériste est dû à Juan de Oviedo. À l'intérieur, admirez la nef et son plafond à caissons mudéjar, tout comme le remarquable retable principal sculpté par Juan Martínez Montañés en 1623.

**Marché aux puces le dimanche matin, sur l'Alameda de Hércules**

## Alameda de Hércules ❸

**Plan** 2 D4.

Ce boulevard poussiéreux bordé d'arbres date de 1574. À cette époque, la zone marécageuse fut transformée en promenade élégante, empruntée par les *Sevillanos* de l'âge d'or (*p. 48-49*).

Aujourd'hui, le boulevard accueille un marché aux puces, tous les dimanches matin. Vous y trouverez toutes sortes de bric-à-brac, des tableaux aux outils agricoles. À l'extrémité sud se dressent deux colonnes de marbre, provenant d'un temple romain dédié à Hercule. L'édifice bordait l'actuelle Calle Mármoles (rue du Marbre) où se dressent trois autres colonnes. Des statues d'Hercule et de Jules César, marquées par le temps, surplombent les colonnes de l'Alameda, qui s'élèvent à l'écart de ce qui fut longtemps l'un des quartiers les plus défavorisés de Séville.

## Basílica de la Macarena ❹

Calle Bécquer 1. **Plan** 2 F3.
☎ 95 437 01 95. ◯ *de 9 h à 13 h, de 17 h à 21 h t.l.j.* **Trésor** ◯ *de 9 h 30 à 13 h, de 17 h à 20 h t.l.j.*

La basilique de la Macarena a été bâtie en 1949 en style néobaroque par Gómez Millán, pour accueillir la célèbre Virgen de la Esperanza Macarena. Elle jouxte l'Iglesia de San Gil, où se trouvait la Virgen jusqu'à l'incendie de 1936.

La Vierge se dresse au-dessus du maître-autel entre des cascades d'or et d'argent. Elle serait due à Luisa Roldán (1656-1703), l'artiste la plus talentueuse de l'école sévillane. Une chapelle du mur est abrite une sculpture réalisée par Morales Nieto en 1654, *La Condamnation du Christ.*

Les peintures murales (1982) de Rafael Rodríguez Hernández ont pour thème la Vierge, avec une scène de l'Immaculée Conception.

Dans une salle à droite de l'entrée principale, vous pourrez acheter des souvenirs liés à la Vierge, ainsi que les billets pour le musée entièrement consacré à son culte. Outre une profusion de vêtements et d'accessoires processionnels, on y découvre des costumes faits de *trajes de luces* (habits de lumière), dons de torreros célèbres, reconnaissants. Vous y verrez également une exposition des bijoux de la Vierge. Ne manquez pas d'admirer les chars utilisés lors de la Semana Santa (*p. 36*), en particulier la superbe estrade en argent de La Macarena.

**Char de la Virgen de la Macarena, processions de la Semana Santa**

### Virgen de la Macarena

Pendant la Semaine sainte, la statue traverse les rues sur un char surmonté d'un baldaquin décoré de fleurs blanches, de bougies et de pièces d'orfèvrerie. Accompagnée de pénitents encapuchonnés et des cris de *¡guapa!* (belle) lancés par le public, elle suit un itinéraire qui la mène de la Basílica de la Macarena à la cathédrale (*p. 76-77*), aux premières heures du Vendredi saint.

**Virgen de la Macarena – le retable principal dans la Basílica de la Macarena**

**Façade Renaissance et portail baroque du Parlamento de Andalucía**

## Parlamento de Andalucía ❺

Plaza de la Macarena. **Plan** 2 E3.
*Visites sur demande écrite ou téléphoner à l'office du tourisme*
☎ *95 422 14 04.*

Le parlement d'Andalousie est installé dans un superbe édifice Renaissance, l'Hospital de las Cinco Llagas (cinq plaies). L'hôpital fut fondé en 1500 par Catalina de Ribera.

En 1540 commencèrent les travaux du plus grand hôpital d'Europe, comportant plus de 1 000 lits. Œuvre de plusieurs architectes successifs, sa façade sud rustiquée affiche un portail central baroque, dû à Asensio de Maeda.

Achevé en 1613, l'hôpital reçut des patients jusque dans les années 60. En 1992, il fut rénové pour accueillir le Parlement.

Au cœur du complexe, l'église maniériste, érigée en 1560 par Hernán Ruiz le Jeune a été convertie en une salle d'assemblée austère.

## Murallas 6

**Plan** 2 E3.

Une partie des murs défensifs qui cernaient autrefois Séville se dressent toujours sur les calles Andueza et Muñoz León. Ils s'étendent de la Puerta de la Macarena, rénovée, près de la Basílica de la Macarena (*p. 87*), à la Puerta de Córdoba, 400 m plus à l'est.

Les murs qui, à l'origine, comptaient plus de 100 tours, furent construits au XIIe siècle avec un chemin de ronde. La Torre Blanca est l'une des sept tours subsistantes. À l'extrémité est se trouve l'Iglesia de San Hermenegildo du XVIIe siècle, qui tient son nom d'un roi wisigoth qui aurait été martyrisé sur le site. L'angle sud de l'église abrite des vestiges d'arcs maures.

## Iglesia de San Marcos 7

Plaza de San Marcos 10. **Plan** 2 E5 (6E1). *95 421 14 25. de 19 h 30 à 20 h 30 du lun. au ven.*

Cette église du XIVe siècle accuse certains traits mudéjars, comme sa tour qui ressemble à La Giralda et la décoration du portail sur la Plaza de San Marcos. La restauration de l'intérieur, ravagé par les flammes en 1936, a mis en valeur de superbes arcs en fer à cheval dans la nef. Une statue de saint Marc tenant un livre et une plume d'oie, attribuée à Juan de Mesa, orne l'angle gauche. La plaza à l'arrière de l'église est bordée

**Le portail gothico-mudéjar de l'Iglesia de San Marcos (XIVe s.)**

par le Convento de Santa Isabel, fondé en 1490, et transformé en prison pour femmes au XIXe siècle. L'église date de 1609. Le portail baroque, qui donne sur la Plaza de Santa Isabel, possède un bas-relief de *La Visitation*, d'Andrés de Ocampo.

## Convento de Santa Paula 8

C/ Santa Paula 11. **Plan** 2 E5 (6 F1). *95 453 63 30. 10 h 30-12 h 30, 16 h 30-18 h 30 mar.-dim.*

Séville compte quantité de monastères, dont peu sont accessibles. C'est le cas de ce couvent, créé en 1475, où vivent encore 40 religieuses. L'entrée du public s'effectue par deux portes sur la Calle Santa Paula. Frappez à la porte brune, au n° 11, pour visiter le musée du couvent. Des marches mènent à deux galeries regorgeant de peintures et d'objets religieux. Les fenêtres de la seconde donnent sur le cloître, où s'élèvent les rires des nonnes durant l'heure de récréation de l'après-midi. Les sœurs confectionnent de délicieuses confitures, en vente dans une salle près de la sortie.

Sonnez la cloche de la porte non loin pour visiter l'église du couvent, que l'on atteint en traversant un jardin méditatif. Le portail allie arcs gothiques, ornements en briques mudéjars, médaillons Renaissance et céramiques de l'Italien Niculoso Pisano. À l'intérieur, la nef possède un superbe plafond de bois sculpté, qui date de 1623. Parmi les statues, citons celles de saint Jean l'Évangéliste et saint Jean Baptiste, dues à Juan Martínez Montañes.

***Saint Jean Baptiste*, de Montañés, dans le Convento de Santa Paula**

### Les clochers sévillans

Les clochers sont des signets dépassant du livre d'histoire de Séville. L'influence de La Giralda (*p. 76*) transparaît sur les arcs maures et les ornements de la tour de San Marcos, du XIVe siècle, et sur les décorations de briques mudéjares, à la base du clocher de San Pedro. Les églises de Santa Paula et La Magdalena reflètent la sérénité de la période baroque, tandis que les tours de San Ildefonso illustrent le néo-classicisme du XIXe siècle.

**Motifs géométriques sur la porte d'une chapelle, Iglesia de San Pedro**

## Iglesia de San Pedro ❾

Plaza San Pedro. **Plan** 2 D5 (6 E2). *95 421 68 58.* *de 8 h 30 à 11 h 30, de 19 h à 20 h 30 du lun. au sam. ; de 9 h 30 à 12 h 30, de 19 h à 20 h 30 le dim.*

L'église où Diego Velázquez fut baptisé en 1599 présente un mélange de styles typiquement sévillan. Des éléments mudéjars subsistent dans sa tour en briques, surmontée d'un clocher baroque. Le portail principal, qui donne sur la Plaza de San Pedro, est l'un des ornements baroques ajoutés par Diego de Quesada, en 1613. Une statue de saint Pierre observe dédaigneusement la circulation, en contrebas.

L'intérieur sombre possède un plafond en bois et une porte ouest mudéjars. La voûte de l'une des chapelles est décorée de magnifiques motifs géométriques, composés de briques entrelacées. Derrière l'église, sur la Calle Doña María Coronel, des gâteaux sont vendus par le tour du Convento de Santa Inés. Un patio à arcades donne sur l'église restaurée, avec des fresques de Francisco de Herrera et un chœur séparé du public par un écran. La dépouille de Doña María Coronel, fondatrice du couvent au XIVe siècle, est honorée dans le chœur, le 2 décembre.

## Iglesia de Santa Catalina ❿

Calle Alhondiga s/n. **Plan** 2 D5 (6 E2). *95 421 74 41.* *de 19 h à 20 h du lun. au ven.*

Cette église du XIVe siècle qui se dresse sur le site d'une mosquée possède une tour mudéjare inspirée de La Giralda (*p. 76*) (à admirer de la Plaza Ponce de Léon), auquel l'habituel ajout baroque a été épargné. Sur le côté ouest, près de la Calle Alhóndiga, le portail gothique provient de l'Iglesia de Santa Lucía, détruite en 1930. Notez, dans l'entrée, un arc en fer à cheval, à un emplacement surprenant. À l'extrême est de la nef se trouve la Capilla Sacramental, œuvre de Leonardo de Figueroa. Sur la droite, la Capilla de la Exaltación possède un superbe plafond datant d'environ 1400, et un Christ dû à Pedro Roldán.

**Détail d'un arc en fer à cheval, Iglesia de Santa Catalina**

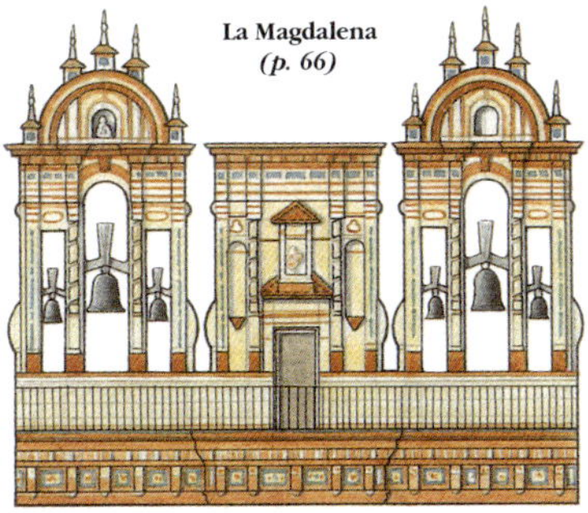
**La Magdalena** (*p. 66*)

**San Ildefonso** (p. 75)

# PARQUE MARÍA LUISA

Le quartier qui s'étend au sud du centre-ville est dominé par le vaste Parque María Luisa, le plus grand espace vert de la ville. À l'origine, une grande partie du parc appartenait au Palacio de San Telmo, édifice baroque de 1682. Aujourd'hui, il est consacré à la détente : avec ses fontaines, ses jardins fleuris et ses arbres majestueux, il offre un repos bien agréable dans la canicule. Au nord du parc se trouve le Prado de San Sebastián, l'ancien site du *quemadero*, le bûcher où furent brûlées de nombreuses victimes de l'Inquisition (*p. 49*). La dernière exécution eut lieu en 1781.

**Urne de céramique, Parque María Luisa**

Beaucoup de bâtiments historiques du parc ont été construits pour l'exposition ibéro-américaine de 1929. Cette manifestation internationale était destinée à replacer l'Espagne et l'Andalousie sur le devant de la scène internationale. De superbes pavillons, aujourd'hui transformés en musées, ambassades, quartiers généraux de l'armée et institutions culturelles, accueillirent des expositions consacrées à l'Espagne, au Portugal et à l'Amérique latine. Le magnifique Hotel Alfonso XIII, palace cinq étoiles, et la Plaza de España, en forme de croissant, sont les héritages les plus marquants de cette manifestation.

Non loin se trouve la Manufacture royale de tabac, indissociable de Carmen, célèbre héroïne de fiction. Aujourd'hui, la manufacture fait partie de l'université.

## LE QUARTIER D'UN COUP D'ŒIL

**Musées**
Museo Arqueológico 7
Museo de Artes y Costumbres Populares 6

**Théâtre**
Teatro Lope de Vega 4

**Jardin**
*Parque María Luisa p. 96-97* 5

**Bâtiments historiques**
Hotel Alfonso XIII 1
Palacio de San Telmo 2
Universidad 3

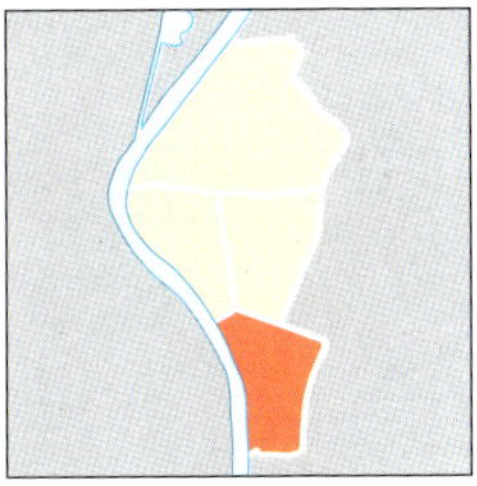

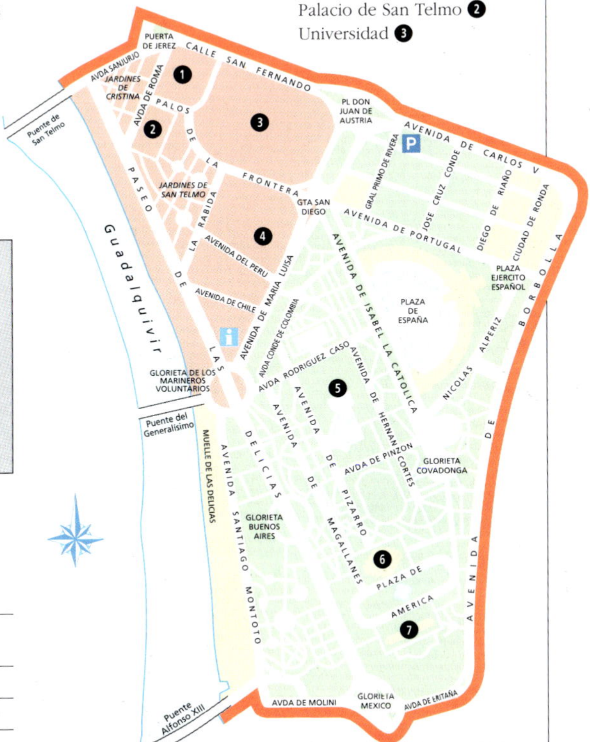


## LÉGENDE

Plan du quartier pas à pas *p. 92-93*

Information touristique

Parc de stationnement

◁ **Attelage sur la Calle San Fernando**

# Le quartier de l'Universidad pas à pas

Statue d'El Cid, d'Anna Huntington

Au sud de la Puerta de Jerez, plusieurs édifices majestueux se dressent entre le fleuve et le Parque María Luisa. Les plus anciens doivent leur existence au Guadalquivir – au XVII^e siècle, le Palacio de San Telmo accueillait une école navale, et la Manufacture royale de tabac, qui abrite aujourd'hui l'université, doit sa création à l'importation du tabac du Nouveau Monde. L'Exposition ibéro-américaine de 1929 est à l'origine des pavillons de divers styles nationaux et régionaux, et aussi du superbe Hôtel Alfonso XIII, donnant naissance à un quartier à l'architecture riche, que les visiteurs pourront admirer sur le chemin du Parque María Luisa.

**Le Paseo de las Delicias**, le long des quais et des Jardines de San Telmo, est une rue très bruyante, malgré son nom.

**Le Pabellón de Chile,** l'actuelle Escuela de Artes Aplicadas (école des arts appliqués).

**Le Pabellón de Perú** est à l'image du palais archiépiscopal de Lima. L'édifice très sculpté est représentatif des styles nationaux utilisés pour les édifices de l'Exposition.

**Pabellón de Uruguay**

**La Costurero de la Reina** était autrefois un pavillon de jardin, cher à la princesse María Luisa. Il abrite aujourd'hui l'office du tourisme de la ville.

**Le monument à El Cano**, qui réalisa le premier tour du monde en bateau en 1522, après que Magellan eut trouvé la mort.

0 75 m

**LÉGENDE**

– – – Itinéraire conseillé

**★ Palacio de San Telmo**
*L'ancienne École navale abrite aujourd'hui la Junta de Andalucía. Une statue de saint Telmo surplombe la porte churrigueresque.* ❷

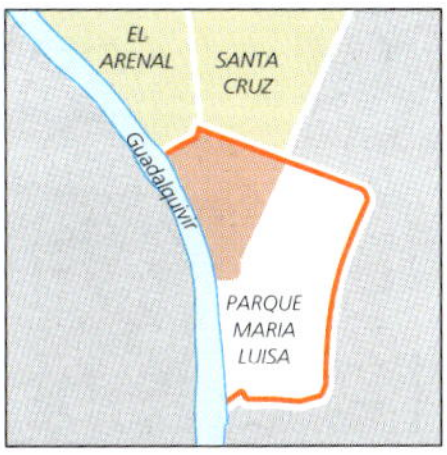


**PLAN DE SITUATION**
*Voir l'Atlas des rues, plans 2 et 5*

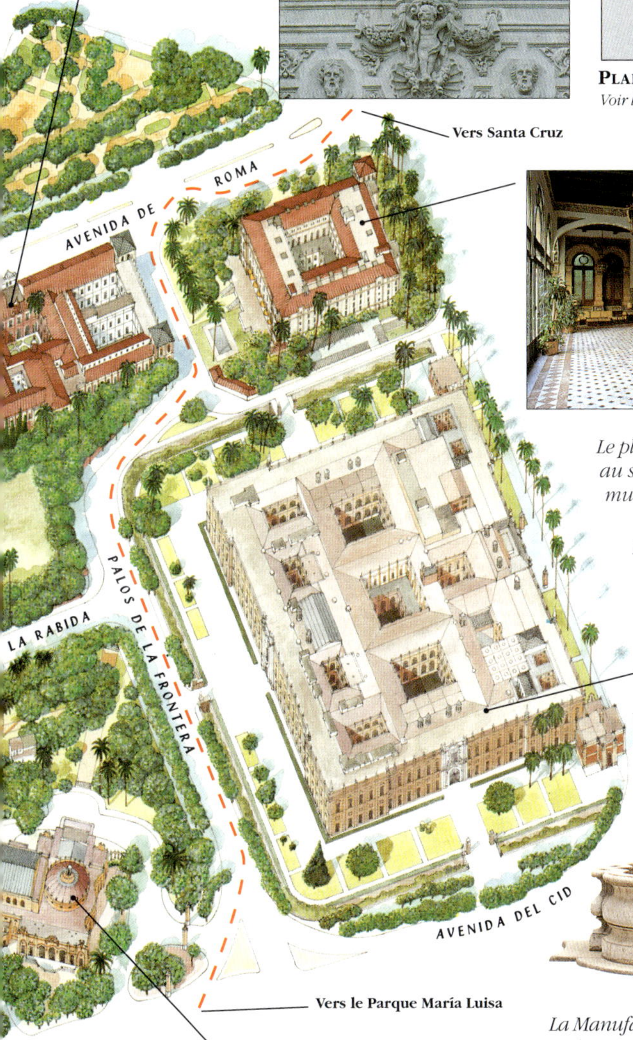

**Hotel Alfonso XIII**
*Le plus bel hôtel de Séville, au superbe intérieur néo-mudéjar, possède un bar élégant où l'on peut prendre un verre.* ❶

**★ Universidad**
*La Manufacture royale de Tabac du XVIIIe siècle possède quantité de points d'intérêt, comme cette fontaine baroque.* ❸

**Teatro Lope de Vega**
*Le théâtre et casino grandiose, du Pabellón de Sevilla de 1929, reçoit aujourd'hui spectacles et expositions.* ❹

**À NE PAS MANQUER**

- ★ Palacio de San Telmo
- ★ Universidad

## Hotel Alfonso XIII ❶

Calle San Fernando 2. **Plan** 3 C3 (6 D5). *95 422 28 58.* *sauf les toilettes.*

Ce célèbre palace tient son nom du roi Alfonso XIII (*p. 52*) qui régna de 1902 à 1931, année où l'Espagne devint une république. Construit entre 1916 et 1928 en style régionaliste pour les visiteurs de l'Exposition ibéro-américaine de 1929 (*p. 53*), le palace est orné d'azulejos (*p. 74*), de ferronneries et de décorations de briques. Au centre se trouve un grand patio, agrémenté d'une fontaine et d'orangers. Même si vous n'êtes pas client de l'hôtel, vous pouvez prendre un verre au bar ou dîner au restaurant Itálica de l'hôtel.

**Patio central et sa fontaine, dans l'élégant Hotel Alfonso XIII**

**Ornements churrigueresques du portail, Palacio de San Telmo**

## Palacio de San Telmo ❷

Avenida de Roma s/n. **Plan** 3 C3. *95 459 75 05. Visites uniquement sur rendez-vous.*

Ce majestueux palais fut construit en 1682 pour accueillir l'École navale, où étaient formés capitaines, marins et officiers. Il tient son nom du patron des navigateurs. En 1849, le palais devint la résidence des ducs de Montpensier – jusqu'en 1893, son parc était l'actuel Parque María Luisa (*p. 96-97*) – puis il devint un séminaire en 1901. Aujourd'hui, il abrite la présidence de la Junta de Andalucía (gouvernement régional).

Le temps fort de la visite est le portail churrigueresque qui donne sur l'Avenida de Roma. Il est dû à Antonio Matías et fut achevé en 1734. Autour des colonnes ioniques se trouvent des figures allégoriques représentant les arts et les sciences. On y voit saint Telmo tenant un bateau et des cartes, flanqué de saint Ferdinand portant une épée et de saint Hermenegildo, tenant une croix. Sur la façade nord, qui donne sur l'Avenida de Palos de la Frontera, les sculptures, ajoutées en 1895 par Susillo, représentent notamment des artistes célèbres, comme Murillo, Velázquez et Montañés.

**Détail de la façade de l'Universidad**

## Universidad ❸

Calle San Fernando 4. **Plan** 3 C3. *95 455 10 00.* *de 8 h à 20 h 30 du lun. au ven.* *jours fériés.*

L'ancienne Real Fábrica de Tabacos (Manufacture royale de tabac) accueille aujourd'hui l'université. L'édifice était très prisé des voyageurs du XIX$^{e}$ siècle, sur les traces de l'Espagne romantique. Les trois quarts des cigares européens étaient fabriqués ici. Ils étaient roulés sur les cuisses de quelque 3 000 *cigarreras* (cigarières), connues pour être plus impudentes que chastes, comme le notait un manuel sur l'Espagne, publié en 1845. Considéré comme le plus grand bâtiment du pays, après l'Escorial de Madrid, il fut

### Carmen

Les *cigarreras* au sang chaud qui travaillaient à la Manufacture royale de tabac de Séville inspirèrent à Prosper Mérimée sa célèbre héroïne gitane, *Carmen*. Écrite en 1845, la nouvelle raconte l'histoire tragique d'une femme sensuelle et sauvage qui délaisse un soldat pour un torero, avant d'être assassinée par l'amoureux éconduit. Bizet écrivit le célèbre opéra en 1875, qui fit de Carmen l'incarnation de la passion à l'espagnole.

**Carmen et Don José**

construit entre 1728 et 1771. Les fossés et les tours de guet témoignent de l'importante protection qui entourait le monopole royal du tabac, fort lucratif. À droite de l'entrée principale, sur la Calle San Fernando, se trouve l'ancienne prison, où étaient incarcérés les employés tentant de faire de la contrebande de tabac. Sur la gauche se trouve la chapelle, aujourd'hui utilisée par les étudiants.

La découverte du tabac dans le Nouveau Monde est commémorée au portail principal, où se trouvent des bustes de Christophe Colomb *(p. 123)* et de Cortés. Le patio de l'horloge et le patio de la fontaine conduisent aux anciens ateliers. Les feuilles de tabac séchaient tout d'abord sur le toit, puis étaient broyées par des meules mues par des ânes. Aujourd'hui, la production est effectuée dans une usine près du Puente del Generalísimo.

**Fontaine baroque dans l'un des patios de l'Universidad**

## Teatro Lope de Vega ❹

Avenida María Luisa s/n. **Plan** 3 C3.
*95 459 08 67 (renseignements sur répondeur).*

Lope de Vega (1562-1635), le « Shakespeare espagnol », était un auteur de théâtre talentueux et prolifique, à qui l'on doit plus de 1 500 pièces. Le théâtre néo-baroque qui porte son nom fut inauguré en 1929, comme casino et théâtre pour l'Exposition ibéro-américaine (*p. 53*). Les édifices

**Dôme du Teatro Lope de Vega, édifice baroque inauguré en 1929**

à colonnades et à coupoles accueillent toujours spectacles et expositions (*p. 230-231*). Les clients du Café del Casino peuvent se détendre et déguster un café dans un décor suranné.

## Parque María Luisa ❺

*p. 96-97.*

## Museo de Artes y Costumbres Populares ❻

Pabellón Mudéjar, Parque María Luisa. **Plan** 4 D5. *95 423 25 76. de 15 h à 18 h mar., de 9 h à 20 h du mer. au sam., de 9 h à 14 h 30 dim.*

Installé dans le pavillon mudéjar de l'Exposition ibéro-américaine de 1929 (*p. 53*), le rez-de-chaussée abrite plusieurs scènes d'ateliers illustrant des artisanats, comme le travail du cuir, des céramiques et du cuivre. Vous y découvrirez l'histoire des *azulejos*. Au-dessus, sont exposés des costumes du XIXe siècle, accessoires, meubles, instruments de musique et outils agricoles. Des images romantiques de flamenco, de corrida, de la Semana Santa et de la Feria de Abril offrent un aperçu de tous les clichés liés à Séville.

## Museo Arqueológico ❼

Parque María Luisa. **Plan** 4 D5. *95 423 24 01. de 14 h 30 à 20 h mar., de 9 h à 20 h du mer. au sam., de 9 h à 14 h 30 dim.*

Le pavillon Renaissance de l'Exposition ibéro-américaine de 1929 abrite aujourd'hui le musée andalou d'Archéologie. Les bâtiments du rez-de-chaussée abritent des pièces du paléolithique au début de l'époque romaine, ainsi que des répliques du célèbre trésor de tartessien Carambolo (*p. 41*) du VIIIe siècle av. J.-C., découvert près de Séville en 1958.

En haut, les galeries principales sont consacrées à l'époque romaine, avec des statues d'Itálica (*p. 128*). Remarquez une mosaïque du IIIe siècle apr. J.-C. d'Écija (*p. 129*) et des sculptures de Trajan et Hadrien, nés dans la région. Les salles suivantes recèlent des vestiges wisigoths, objets issus de la Medina az-Zahra (*p. 134*).

**Le Museo de Artes y Costumbres Populares, l'ancien pavillon mudéjar**

# Parque María Luisa ❺

**Statue de María Luisa (1929)**

Ce vaste parc doit son nom à la princesse Marie-Louise d'Orléans, qui fit don d'une partie du jardin du Palacio de San Telmo (*p. 94*) à la ville, en 1893. C'est l'architecte Jean-Claude Forestier, à qui l'on doit le Bois de Boulogne à Paris, qui dessina ce cadre verdoyant pour accueillir les pavillons de l'Exposition ibéro-américaine de 1929 (*p. 53*). Les témoignages les plus remarquables de cette création extravagante sont la Plaza de España et la Plaza de América, dues toutes deux à Anibal González, qui ajoutent à l'atmosphère théâtrale du parc. Fontaines bruissantes et avenues ombragées font du parc une oasis de fraîcheur dans la chaleur et la poussière de la ville.

**★ Plaza de España**
*Des bancs carrelés bordent cette place en hémicycle, joyau de l'Exposition de 1929.*

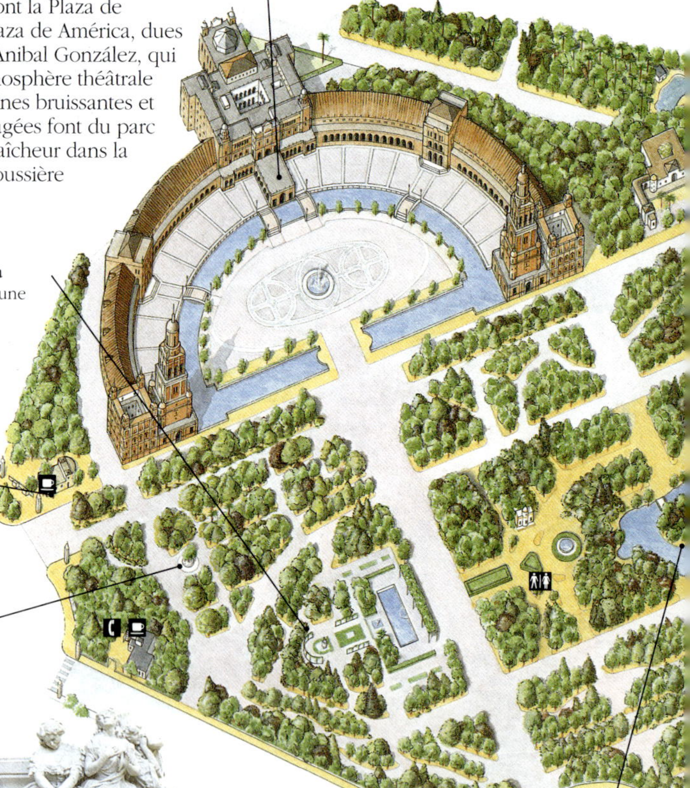

**La Glorieta de la Infanta** s'orne d'une statue en bronze représentant Marie-Louise d'Orléans.

**Point de départ des promenades**

**Glorieta de Bécquer**
*Des figures allégoriques représentant les étapes de l'amour confèrent un charme inouï à cet hommage à Adolfo Bécquer (1836-1870), célèbre poète romantique sévillan.*

**Isleta de los Patos**
*Au centre du parc s'étend un lac où s'ébattent cygnes et canards. Une île abrite un petit belvédère paisible.*

**Fuente de los Leones**
*Des lions de céramique gardent cette fontaine octogonale, cernée de haies de myrte. Elle est inspirée de la fontaine du Patio de los Leones de l'Alhambra* (p. 187).

**MODE D'EMPLOI**

**Plan** 4 D4. *C1, C2, 31, 30, 33, 34, 70, 72.* **Museo de Artes y Costumbres Populares** *(voir p. 95).* **Museo Arqueológico** *(voir p. 95).*

**★ Museo de Artes y Costumbres Populares**
*Les pavillons de la Plaza de América sont un tribut aux styles mudéjar, gothique et Renaissance. Le Pabellón Mudéjar abrite le musée des Arts et Traditions populaires.* ❻

**★ Museo Arqueológico**
*Le Pabellón de las Bellas Artes, de style néo-Renaissance, abrite le Musée archéologique régional, qui recèle quantité de pièces provenant du site romain d'Itálica* (p. 128). ❼

**Le Monte Gurugú,** petite fontaine dotée d'une cascade.

**Céramiques**
*Les céramiques multicolores de Triana décorent le parc : vasques remplies de fleurs, bancs carrelés, canards ou grenouilles disposés autour des fontaines.*

**À NE PAS MANQUER**

★ **Plaza de España**

★ **Museo Arqueológico**

★ **Museo de Artes y Costumbres Populares**

# Au-delà du fleuve

Sur la rive ouest du Guadalquivir, la Séville historique rencontre la Séville moderne. Depuis l'époque romaine, Triana, qui tient son nom de l'empereur Trajan, produit des poteries. C'est un quartier populaire, renommé pour ses toreros et ses artistes de flamenco issus de la communauté gitane. Avec ses rues pavées et ses boutiques regorgeant de céramiques, le quartier, marqué par le temps, possède un charme authentique. L'Iglesia de Santa Ana est un superbe édifice gothico-mudéjar. Au bord de l'eau, les bars et les restaurants qui longent la Calle Betis offrent une vue superbe sur les tours et les clochers de Séville.

**Carreaux de Triana, centre de fabrication d'*azulejos* et de céramiques**

Au XV$^{e}$ siècle, un monastère chartreux fut érigé au nord de Triana, alors calme et isolé – l'édifice donna son nom au quartier : Isla de la Cartuja (Chartreuse).

Plus tard, il compta parmi ses habitants Christophe Colomb. La Cartuja accueillit l'Expo '92 (*p. 102-103*). Le monastère a été restauré, et plusieurs pavillons au design très moderne ont été construits à grands frais. Le site de l'Exposition universelle a été réaménagé en plusieurs parcs à thème.

## Le quartier d'un coup d'œil

**Parcs à thème**

Espacio Cultural Puerta Triana 3

Isla Mágica 1

Parque Científico y Tecnológico 2

**Quartier traditionnel**

*Triana p. 100-101* 5

**Églises et monastères**

Iglesia de Nuestra Señora de la O 6

Iglesia de Santa Ana 7

Monasterio de Santa María de las Cuevas 4

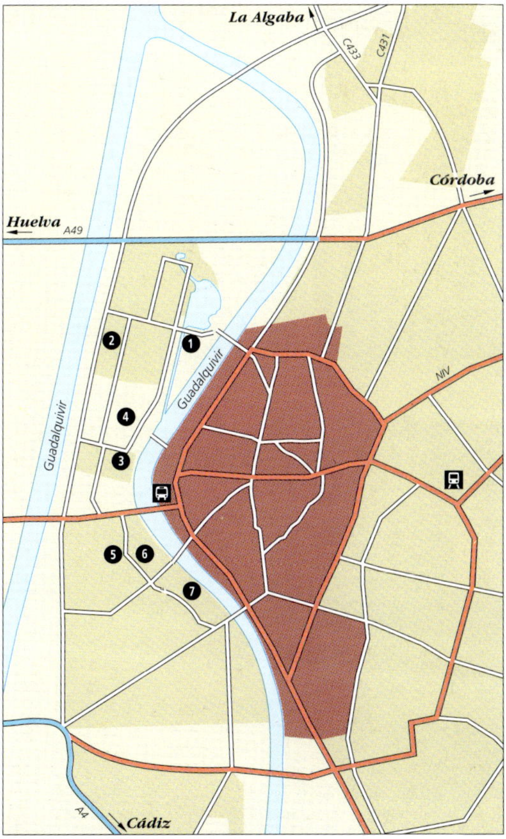


**Légende**

- Centre-ville de Séville
- Agglomération urbaine
- Agglomération sévillane
- Gare ferroviaire
- Gare routière
- Autoroute
- Route principale
- Route secondaire

◁ **Pabellón de Andalucía, construit sur l'Isla de la Cartuja pour l'Expo '92**

# Triana ❺

Statue, Plaza del Altozano

Depuis des siècles, ce quartier est renommé pour ses poteries. Aujourd'hui encore, nombre d'ateliers produisent et vendent carreaux et céramiques. L'ancien quartier gitan de Séville a aussi la réputation d'être le berceau de grands toreros, navigateurs et artistes de flamenco. Ce *barrio* reste un quartier ouvrier traditionnel, avec des ruelles étroites fleuries et une atmosphère particulière. À Triana, les visiteurs pourront acheter des céramiques et flâner dans les ruelles étroites la journée, puis apprécier les bars animés et la vue romantique sur le Río Guadalquivir la nuit.

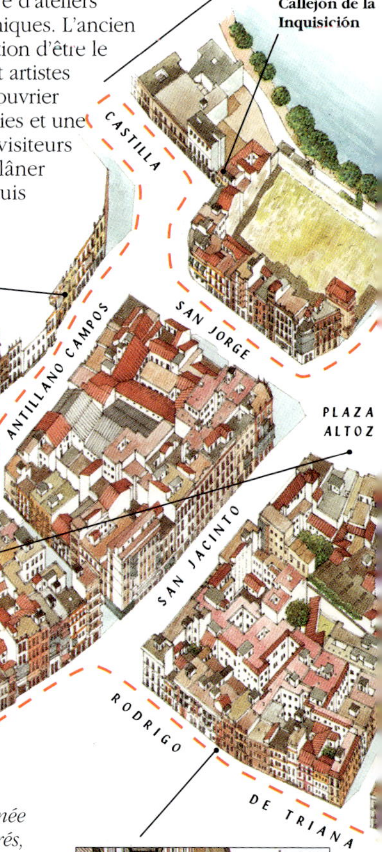


**Vers Nuestra Señora de la O**
*(p. 103)*

**Callejón de la Inquisición**

**Cerámica Santa Ana**
*Fondé en 1870, c'est le magasin de céramique le plus connu de Triana. On y trouve des reproductions de carreaux du* XVI^e^ *s.*

**Plaza del Altozano**
*À l'ouest du Puente de Isabel II, cette plaza est ornée de balcons en fer forgé vitrés, appelés* miradores.

Santa Justa et Santa Rufina par Murillo (vers 1665)

## SANTA JUSTA ET SANTA RUFINA

Deux chrétiennes qui travaillaient dans les poteries de Triana au III^e^ siècle sont devenues les saintes patronnes de Séville. Les Romains auraient fait jeter aux lions les jeunes femmes qui refusaient de se joindre à une procession à Vénus. Leur martyre a inspiré quantité d'artistes sévillans. Les saintes sont souvent représentées avec La Giralda, qu'elles auraient protégée du tremblement de terre de 1755.

**Calle Rodrigo de Triana**
*Cette rue son nom du navigateur andalou qui aperçut en premier le Nouveau Monde, lors du périple de Christophe Colomb, en 1492* (p. 49).

**Le Puente de Isabel II**, aussi appelé Puente de Triana, mène à El Arenal.

**Capillita del Carmen**

*La chapelle bâtie par Anibal González en 1926 se dresse à l'extrémité occidentale du Puente de Isabel II, pont de fer créé par Steinacher et Bernadet en 1845.*

**CARTE DE SITUATION**

*Voir Atlas des rues, plan 3.*

**Kiosko de las Flores**

*Au bord de l'eau, cette* freiduría *est renommée pour son poisson frit, spécialité sévillane.*

**La Capilla de los Marineros,** chapelle des marins, a été terminée en 1815.

**Calle Pelay y Correa**

*Cette ruelle fleurie, où le linge sèche aux fenêtres, rappelle l'ambiance du Triana d'antan.*

**Iglesia de Santa Ana**

*Fondée au XIII^e siècle par Alfonso X, c'est la plus vieille église paroissiale de la ville. Le lieu de pèlerinage le plus populaire de Triana a été superbement restauré.* ❼

**LÉGENDE**

Itinéraire conseillé

**Le Pabellón de Andalucía, construit sur l'Isla de la Cartuja de l'Expo '92.**

## Isla Mágica ❶

Camino de los Descubrimientos. **Plan** 1 B2. 📞 *95 902 16 17 16.* 🕒 *d'avr. à sept. : de 11 h à 23 h t.l.j. ; mars et d'oct. à déc. : de 11 h à 23 h sam. et dim.*

Ouvert en 1997, le parc d'attraction la Isla Magica occupe la partie du site de la Isla de la Cartuja utilisée pour l'Expo '92 *(voir p. 54-55)*. Il comprend le Pabellón de España, et le Pabellón de Andalucía qui est dangeureusement penché.

Le parc retrace les voyages et les exploits des explorateurs qui partirent de Séville au XVIe siècle à la découverte du Nouveau Monde. La première des huit zones que les visiteurs expérimentent est Séville : Port des Indes, suivi entre autres par Quetzal : la Colère des Dieux, La Porte des Amériques : l'Amazonie, Le Repère des Pirates et El Dorado.

Le Jaguar est l'attraction la plus impressionante : des montagnes russes où l'on s'élance sur des loopings à 85 km/h. Mais dirigez-vous aussi vers l'Anaconda une course dans un ravin et Les Rapides de l'Orinoco sur lesquels des barques sont ballottées par des vagues tourbillonantes. La Fontaine de Jouvence, destinée aux jeunes enfants, met en scène de féroces pirates.

Des projections sur un écran IMAX racontent l'histoire de ces explorateurs.

## Parque Científico y Tecnológico ❷

Paseo del Oeste (rebaptisé Calle Leonardo da Vinci). **Plan** 1 A3.

Le parc des Sciences et de la Technologie occupe la partie occidentale du site d'Expo '92. La Calle Leonardo da Vinci et les chemins d'accès permettent d'admirer quelques-uns des pavillons les plus spectaculaires. Toutefois, ces édifices, qui font partie du World Trade Centre andalou, appartiennent à des sociétés privées et ne sont pas ouverts aux visiteurs. Les bâtiments au sud et à l'est du Parque Alamillo font partie de l'université de Séville, qui participe au nouveau Parque Científico y Tecnológico. Au sud s'étendent les jardins entourant l'ancien Monasterio de Santa María de las Cuevas.

## Espacio Cultural Puerta Triana ❸

Camino de los Descubrimientos, près de Pasarela de la Cartuja. **Plan** 1 B5. 📞 *95 446 00 89.* ⬤ *en restauration jusqu'au courant de l'an 2001.* ♿

L'Isla de la Cartuja, au sud de l'ancien monastère, se transforme en parc à thème culturel, accueillant des musées et des expositions depuis la fin 1995.

La première attraction ouverte en octobre 1995 est le cinéma high-tech Omnimax, qui propose des films spécialement réalisés pour cette salle. Ils sont projetés sur un écran géant en semi-sphère, de 24 m de diamètre.

À côté se trouve le Pabellón de los Descubrimientos, ravagé par un incendie avant l'ouverture de l'Exposition, qui est en cours de reconstruction. Il accueillera un musée des Sciences populaires.

Près de la rivière se dresse le Pabellón de la Navegación, avec des expositions sur la mer et les marins. Non loin se trouve le *Nao Victoria*, une superbe reconstitution d'un voilier du XVIe siècle. Autrefois amarré sur le fleuve, il se visite aujourd'hui sur une cale sèche.

**La sphère du cinéma Omnimax, construit en 1992**

La vaste terrasse de la Torre Mirador, érigée en 1992, offre une vue superbe sur l'architecture moderne du site et sur la Séville historique, au-delà du fleuve.

Des théâtres, cinémas et attractions pour les enfants doivent ouvrir

**Le *Nao Victoria*, réplique du bateau de Magellan au XVIe siècle**

L'entrée principale du Monasterio de Santa María de las Cuevas des Chartreux, fondé en 1400

prochainement, ainsi que des cafés, des bars et des restaurants.

Renseignez-vous auprès de l'office du tourisme ou téléphonez (*p. 237*) pour obtenir des plans récents et des renseignement sur les ouvertures, les manifestations, les horaires et les tarifs des musées et des attractions.

## Monasterio de Santa María de las Cuevas ❹

Calle Americo Vespucio, près de Camino Real. **Plan** 1 A4.
*95 448 06 11. d'oct. à mars : de 10 h à 20h (dern. entrée 19 h 15) t.l.j. ; d'avr. à sept. : de 10 h à 21 h (dern. entrée 20 h 15) t.l.j.*

Ce vaste complexe monastique, construit par les chartreux au XV^e siècle, est intimement lié à l'histoire de Séville. Christophe Colomb travailla et vécut ici, et il fut même enterré dans la crypte de l'église du monastère, la Capilla Santa Ana, entre 1507 et 1542. Des chartreux y vécurent jusqu'en 1836. On leur doit quelques chefs-d'œuvre de l'école sévillane, comme ceux de Zurbarán et Montañés, aujourd'hui au Museo de Bellas Artes (*p. 64-65*).

En 1841, Charles Pickman, un industriel britannique, fit construire une usine de céramique sur le site. Après plusieurs décennies de prospérité, la production cessa en 1980 et le monastère fut soigneusement restauré, pour devenir l'un des fleurons de l'Expo '92.

La Capilla de Afuera près de l'entrée principale, et la Casa Prioral, qui abrite une exposition sur la restauration, sont très intéressantes.

Admirez le cloître mudéjar et les pierres tombales en marbre des protecteurs du monastère.

## Triana ❺

*Voir p.100-101.*

Le clocher coloré de Nuestra Señora de la O, Triana

## Iglesia de Nuestra Señora de la O ❻

C/ de Castilla. **Plan** 3 A1. *95 433 75 39. de 9 h à 11 h, de 19 h à 21 h t.l.j.*

L'église de Notre-Dame de la O, de la fin du XVII^e siècle, possède un clocher aux couleurs vives, orné d'azulejos. L'intérieur recèle des sculptures baroques, comme une Vierge à l'enfant, avec des auréoles d'argent, attribuée à Duque Cornejo. De l'autre côté du maître-autel se trouve un superbe groupe de Pedro Roldán, représentant sainte Anne, saint Joachim et la Vierge. Jésus de Nazareth portant sa croix, dans la chapelle principale sur le mur opposé, est dû au même artiste.

L'église borde la Calle de Castilla, qui tient son nom du célèbre château de Triana, siège de l'Inquisition au XVI^e siècle.

## Iglesia de Santa Ana ❼

C/ de la Pureza 84. **Plan** 3 B2.
*95 427 13 82. de 9 h à 11 h, de 19 h à 21 h t.l.j.*

Santa Ana, l'une des premières églises construites à Séville après la Reconquête (*p. 46-47*), en 1276, a subi maints remaniements. Elle joue aujourd'hui un rôle essentiel pour les fidèles et les *cofradias* (confréries religieuses) de Triana.

Comme la voûte de la nef ressemble à celle de la cathédrale de Burgos, on pense qu'elle serait due aux mêmes artistes. L'extrémité ouest de la nef possède un retable du XVI^e siècle, dû à Alejo Fernández. La chapelle sacramentelle sur le mur nord a une entrée de style plateresque.

Le baptistère abrite les fonts baptismaux gitans, ou *Pila de los Gitanos*, qui, dit-on, transmettent le don du chant flamenco aux enfants des fidèles.

# Atlas des rues

## LÉGENDE DES PLANS

- Site exceptionnel
- Site intéressant
- Édifice intéressant
- Gare ferroviaire
- Terminus des bus
- Gare routière
- Embarcadère
- Station de taxis
- Parc de stationnement
- Information touristique
- Hôpital
- Poste de police
- Église
- Couvent ou monastère
- Bureau de poste
- Voie ferrée
- Rue à sens unique
- Rue piétonne

## ÉCHELLE DES PLANS 1-2 & 3-4

0 — 250 m **1/14 500**

## ÉCHELLE DES PLANS 5-6

0 — 150 m **1/9 000**

## GLOSSAIRE DES ABRÉVIATIONS UTILISÉES

| | | | |
|---|---|---|---|
| **Avda** Avenida | **d** de, del, de la, de las, de los | **Pl** Plaza | **Sra** Señora |
| **C** Calle | | **Po** Paseo | **Sta** Santa |

VIADUCTO DEL ALAMILLO
Puente de la Corta
AVENIDA DE CARLOS III
ISLA DE LA CARTUJA
LAGO DE ESPAÑA
PLAZA DE AMERICA
TOMAS ALBA EDISON
ISAAC NEWTON
AMERICO VESPUCIO
LEONARDO DA VINCI
DESCUBRIMIENTOS
MARIE CURIE
CARTUJA '93
ISLA MAGICA
CAMINO DE LOS DESCUBRIMIENTOS
ALBERT EINSTEIN
CHARLES DARWIN
PLAZA EXPO
Puente de la Barqueta
PARQUE JARDIN DEL GUADALQUIVIR
JARDIN BOTANICO AMERICANO
Guadalquivir
Monasterio de San Clemente
Convento Santa Clara
Torre de D. Fadrique
Monasterio Santa María de las Cuevas
Pasarela la Cartuja
ESPACIO CULTURAL PUERTA TRIANA
Pabellón de la Navegación
Pabellón de los Descubriementos & Omnimax
CALLE DEL TORNEO
CALLE SANTA CLARA
LUMBRERAS
GUADALQUIVIR
CALLE SANTA ANA
HOMBRE DE PIEDRA
JUAN RABADAN
CONDE DE BARAJAS
CALLE GOLES
CALLE SAN VICENTE
GAYANGOS
CALLE BAÑOS
PLAZA BLASCO DE GARAY
PADRE TARIN
CALLE TRAJANO
ALFONSO XII
Museo de Bellas Artes
Estación de Córdoba
PLAZA DE ARMAS
CALLE MARQUES DE PARADAS
CALLE DE BAILEN
CALLE MONSALVES
CALLE SAN ELOY
Casa de la Condesa Lebrija
TENIENTE BORGES
PL DEL DUQUE DE LA VICTORIA
A
B
C
1
2
3
4
5
VOIR PLAN 5 ET 6 POUR AGRANDISSEMENT DE CETTE PARTIE

D
E
F
2
1
2
3
4
5
CEMENTERIO DE SAN FERNANDO
MEDINA Y GALNARES
RONDA URBANA NORTE
RONDA
Puente del Alamillo
Guadalquivir
TORNEO
NUEVA
EUCALIPTO
FRESNO
CALLE DE CIDRO
NARANJO
MEMBRILLO
CAMINO DE ALMEZ
AVDA DEL ROMANTICISMO
GOTA DE ROCIO
CUEVA DE LA MORA
M DE VERUELA
VENTA DE LOS GATOS
RUBI
JUAN
AGATA
AGUAMARINA
AMATISTA
CORAL
TOPACIO
ZAFIRO
BRILLANTE
ESMERALDA
CALLE DIAMANTE
OPALO
GRANATE
GALENA
TURMALINA
MALAQUITA
CUARZO
SANCHEZ
DR DOMINGUEZ RODIÑO
DR MUÑOZ PERALTA
DR ROYO
DRS GLEZ MENESES
DR SERAS
AVENIDA DOCTOR MARAÑON
DR LEAL CASTAÑO
CALLE DEL DOCTOR FEDRIANI
AVENIDA DE SAN LAZARO
PLAYA DE VALDELAGRANA
DR JAIME MARCOS
PLAYA DE LA ANTILLA
PLAYA DE CHIPIONA
MARBELLA
PLAYA DE MAZAGON
ESTEPONA
CONIL
POETA FERNANDO DE LOS RIOS
BLASCO IBAÑEZ
CARMEN DIAZ
MOGUER
FRAY SERAFIN MADRID
VIRGEN DE ESCARDIEL
HERMANO PABLO
PL ENRIQUE MORILLO
CAZALLA DE LA SIERRA
MELENDEZ VALDES
ARDAVIN
CARLOS ARNICHES
OROTAVA
BERMEJO
D DE ALMAGRO
GASPAR DE ALVEAR
AVENIDA PEDRO GUAL VILLALBI
JOSE
MARACAIBO
RIO DE JANEIRO
MENENDEZ PIDAL
PUERTO RICO
DR MOROTE
CALAFAT
DR HERRERA CARMONA
ABOGADO R MEDINA
MARQUES DE LOZOYA
DIEGO PUERTA
NIÑA DE LA ALFALFA
CALLE PRIMAVERA
TRUJILLO
AVENIDA DE SANCHO DAVILA
CALLE MARZO
CALLE ABRIL
LA BARZOLA
OTOÑO
VERANO
LOS ROMEROS
SIMPECADO
PALOMA
HERMANDADES
BLANCA
TAMBORIL
LAS CARRETAS
MAR ROJO
MAR CASPIO
MAR NEGRO
CONSTANTINA
CALLE BRENES
CALLE ORQUIDEA
RONDA DE PIO XII
SOR FRANCISCA DOROTEA
HERMANAS DE LA CRUZ
BERNARDO DE TORO
FERNANDO DE MATA
GONZALO NUÑEZ DE SEPULVEDA
DOCTOR LUPIAÑEZ
ABUYACUB
MADRE SAN MARCELO
CALLE MADRESELVA
CALLE GERANIO
PLAZA DE LA FUENTE
GARDENIA
PENSAMIENTO
PLAZA AUTONOMIA
PL DEL DR BARRAQUER
Parlamento de Andalucía
DON FADRIQUE
CALLE S JUAN DE LA RIBERA
CALLE MANZANA
CALLE AVELLANA
PURGATORIO
XIII
CORREA DE ARAUXO
FRAY LUIS DE GRANADA
JORGE DE MONTEMAYOR
MANUEL VILLALOBOS
ALBACARA
LEON
PLAZA DOLORES FERNANDEZ
SEVILLA
CALLE GIRASOL
CRISANTEMO
BEGONIA
GLADIOLO
CALLE
AVENIDA DEL CONDE DE HALCON
ALMENSILLA
ALGAMITAS
LLERENA
DR JIMENEZ DIAZ
PL DE PIO XII
EL TER
EL TAF
EL TALGO
EL CARRETA
CALLE PERAFAN DE RIBERA
MARCOS DE CABRERA
BASILICA
FANCELLI
JUAN DE ROBLE
ADELANTADO
JUAN DE ASTORGA
ESPERANZA
TORRIGIANO
MONEDEROS
CARRANZA
FRAY ISIDORO DE SEVILLA
PEDRO TAFUR
FERNAN SANCHEZ TOVAR
SANCHEZ PERRIER
DIONISIO ALCALA GALIANO
FA TOLEDO
FROILAN DE LA SERNA
CALLE MANUEL MATEOS
J MANUEL RODRIGUEZ CORREA
PL VISTA FLORIDA
AZNALFARACHE
T PEREZ
VISTA HERMOSA
MEDALLA MILAGROSA
RESOLANA
Basílica de la Macarena
ANDUEZ
CALLE MUÑOZ LEON
CALLE DE BECQUER
CALLE FAUSTINO ALVAREZ
CALLE PERAL
CALLE FERIA
CALLE ESCOBEROS
SAGUNTO
PLAZA SAN GIL
ORDEN DE MALTA
FLECHA
TORREBLANCA
PATRICIO SAENZ
Murallas
CALLE FLORENCIO QUINTERO
HONDEROS
ANTONIO PANTION
ANICETO SAENZ
ANTONIA SAENZ
MACARENA
TEIDE
TORRES
PARRAS
POZO
ANTONIO SUSILLO
CALLE DE RELATOR
PLAZA DE PUMAREJO
FRAY DIEGO DE CADIZ
JARDIN CAPUCHINOS
CALLE DE LA CRUZ ROJA
CALLE DE LA ALBAIDA
JUAN NUÑEZ
IZQUIERDO
MAESTRE ANGULO
FDEZ DE GUADALUPE
JOSE MARIA
AVENIDA DE MIRAFLORES
ALHELI
MANUEL RODENAS
LAFFON
MALUQUER
MANUEL CARRETERO
PALMA DEL RIO
PREVISION
AMANTE
FRANCISCO MORAGA
AZCATATE
GRAL MARVA
ALMADEN DE LA PLATA
LA ROSALEDA
LAMARQUE DE NOVOA
CALLE LOS POLANCOS
PIE G QUIJANO
PERIS MENCHETA
AMARGURA
AMORES
DUQUE DE MONTEMAR
CETINA
CALLE SORDA
VIRGEN DEL SUBTERRANEO
CALLE MACASTA
MADRE D MARQUEZ
MORERA
LA HINIESTA
CALLE ARRAYAN
PLAZA DEL CRONISTA
PASTORA
DIVINA
PADRE MANJON
SANTA MARINA
BORDADOR R OJEDA
SAN JULIAN
CALLE SAN LUIS
SAN BLAS
LUCERO
DUQUE CORNEJO
SOLLO
MAESTRO QUIROGA
PAZA GIRALDILLO
RONDA DE
CARRETERA DE CARMONA
CALLE MATA
STA RUFINA
JUAN MONTALBAN
GUADIANA
PALACIO
GONZALEZ CUADRADO
PEDRO MIGUEL
VERDE
MALAVER
MARCO SANCHO
MACARENA
PRADA
INOCENTES
JUZGADO
PLAZA DEL PELICANO
HERMENEGILDO
CORINTO
ACEITUNO
TRINIDAD
SAN JUAN
FRANCISCO DE ARIÑO
CALLE NIÑA
CALLE PINTA
CALLE SANTA MARIA
CALLE PINZONES
JABUGO
GARCI FERNANDEZ
ARROYO
PL ANTONIO MARTELO
CONDE DE TORREJON
PLAZA MALDONADOS
AMAPOLA
INFANTES
MARAVILLAS
HINIESTA
Iglesia Sta Isabel
PASAJE MALLOL
Convento de Santa Paula
ENLADRILLADA
CALLE MARTELES
Iglesia San Marcos
SAAVEDRAS
CALLE CASTELLAR
PL SAN MARCOS
PL SANTA ISABEL
STA PAULA
SOL
VIRIATO
APOSENTADORES
ESPIRITU SANTO
S J DE LA PALMA
Palacio de las Dueñas
DUEÑAS
CORONEL
TAVERA
CALLE SOCORRO
S DE CASTRO
JARDINES DE EL VALLE
CALLE MARIA
SALESIANOS
DR RELIMPIO
VENECIA
DOCTOR ARRUGA
SAN JOAQUIN
DOCTOR DELGADO ROIG
BOSCO
SANTA JUSTA
REGINA
JERONIMO HERNANDEZ
PL POZO SANTO
CRUZ
Convento de Santa Inés
GERONA
BUSTOS
PEÑUELAS
CALLE MATAHACAS
BUTRON
CALLE GALLOS
VERONICA
ARTEMISA
CALLE DEL VALLE
PEREZ HERVAS
FLORENCIA
URQUIZA
PLAZA DE LA ENCARNACION
ALCAZARES
Iglesia San Pedro
ANGELA DE LA CRUZ
DOÑA MARIA
PL DE LOS TERCEROS
PL PONCE DE LEON
Iglesia Santa Catalina
ESCUELAS PIAS
OSARIO
PINTO
SATURNO
CALLE JOSE LAGUILLO
REY
PL PADRE JERONIMO CORDOBA
JAUREGUI
JUAN DE MESA
SANTIAGO
IMAGEN
SOR
PL SAN PEDRO
PL DOÑA CARMEN
ESCARPIN
JOSE LUIS LUQUE
ALHONDIGA
AZAFRAN
ARAPILES
A TENORIO
D DE MERLO
RECAREDO
V DE GY ESPERANZA
GONZALO BILBAO
Estación de Santa Justa
6
4

3
1
A
5
B
C
VOIR PLAN 5 ET 6 POUR AGRANDISSEMENT DE CETTE PARTIE
1
2
3
4
5
AVDA CRISTO DE LA EXPIRACION
Puente del Cachorro (Chapina)
PLAZA LA LEGION
CALLE DE ARJONA
MARQUES DE PARADAS
REYES CATOLICOS
EL ARENAL
Iglesia de la Magdalena
CALLE SAN PABLO
BAILEN
MURILLO
O'DONNELL
RIOJA
CALLE VELAZQUEZ TETUAN
SIERPES
Casa de la Condesa Lebrija
Iglesia San Salvador
PL SALVADOR
Ayuntamiento
PLAZA NUEVA
PL DE SAN FRANCISCO
CALLE ALVAREZ QUINTERO
CALLE DE FRANCOS
ZARAGOZA
MADRID
PASTOR Y LANDERO
SANTAS PATRONAS
CALLE ALMANSA
CALLE DE ADRIANO
Plaza de Toros de la Maestranza
GARCIA DE VINUESA
AVDA DE LA CONSTITUCION
ARGOTE DE MOLINA
ALEMANES
Giralda
Catedral
Convento de la Encarnación
Hospital de los Venerables
Palacio Arzobispal
PLAZA CABILDO
PL DEL TRIUNFO
Archivo de Indias
Real Alcázar
PLAZA CONTRATACION
PASEO DE CRISTOBAL COLON
ANTONIA DIAZ
DOS DE MAYO
TEMPRADO
Hospital de la Caridad
Teatro de la Maestranza
SANTANDER
PUERTA DE JEREZ
Torre del Oro
ALMTE LOBO
CALLE SAN FERNANDO
AVDA SANJURJO
Hotel Alfonso XIII
Universidad
AVDA DE ROMA
PALOS DE LA FRONTERA
Palacio San Telmo
JARDINES DE SAN TELMO
JARDINES DE CRISTINA
Teatro Lope de Vega
AVENIDA DEL PERU
Pabellón de Chile
Pabellón de Uruguay
AVDA MARIA LUISA
PASEO DE LAS DELICIAS
GLORIETA DE LOS MARINEROS VOLUNTARIOS
AVDA RODRIGUEZ
Guadalquivir
Iglesia Nuestra Señora de la O
CALLE DE CASTILLA
PLAZA CALLAO
Puente de Isabel II (Puente de Triana)
PL DEL ALTOZANO
Capilla de los Marineros
TRIANA
PAGES DEL CORRO
SAN JACINTO
CALLE DE BETIS
Iglesia Santa Ana
PUREZA
PLAZA AMADEO JANNONE
CALLE EVANGELISTA
PL VIRGEN MILAGROSA
ROSARIO VEGA
GENOVA
Puente de San Telmo
PLAZA DE CUBA
FARMACEUTICO E MURILLO HERRERA
CALLE SALADO
AVENIDA DE LA REPUBLICA ARGENTINA
CALLE ASUNCION
CALLE VIRGEN DE REGLA
CALLE DEL TURIA
PL REPUBLICA DOMINICANA
LOS REMEDIOS
JARDINES DEL PADRE OTILIO RUIZ
PLAZA SARGENTO PROVISIONAL
CALLE VIRGEN DE LUJAN
GLORIETA DEL ALFEREZ PROVISIONAL
Puente del Generalísimo
PARQUE DE LOS PRINCIPES
CALLE VIRGEN DE LA ESTRELLA
MUELLE DE LAS DELICIAS
AVENIDA SANTIAGO MONTOTO
GLORIETA BUENOS AIRES
AVENIDA DE RAMON DE CARRANZA
PRESIDENTE CARRERO BLANCO
PARQUE DE ATRACCIONES
FERIA DE ABRIL
CALLE ANTONIO BIENVENIDA
PLAZA RAFAEL ORTEGA
CLUB NAUTICO
AVENIDA DE GARCIA MORATO
CARLOS HAYA
ALFONSO DE ORLEANS Y BORBON
Puente del Alfonso XIII
Puente de las Delicias
AVDA DE GUADALHORCE

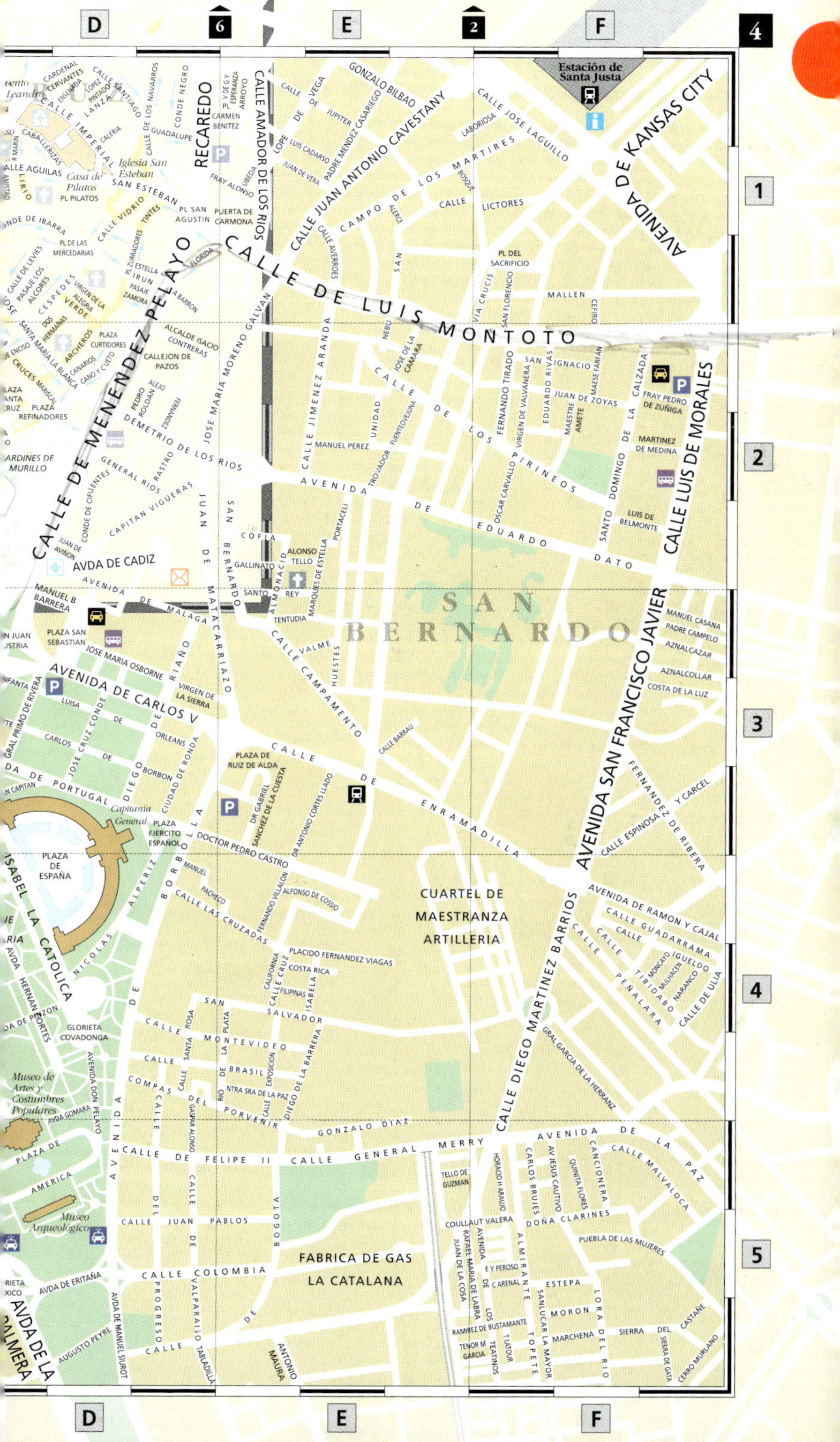

D
6
E
2
F
4
Estación de Santa Justa
1
2
3
4
5
AVENIDA DE KANSAS CITY
CALLE JOSE LAGUILLO
GONZALO BILBAO
CALLE JUAN ANTONIO CAVESTANY
CAMPO DE LOS MARTIRES
CALLE LICTORES
PL DEL SACRIFICIO
MALLEN
CALLE DE LUIS MONTOTO
CALLE AMADOR DE LOS RIOS
RECAREDO
PUERTA DE CARMONA
PL SAN AGUSTIN
Iglesia San Esteban
Casa de Pilatos
PL PILATOS
SAN ESTEBAN
CALLE IMPERIAL
CALLE DE MENENDEZ PELAYO
JOSE MARIA MORENO GALVAN
CALLE JIMENEZ ARANDA
CALLE DE LOS PIRINEOS
SAN IGNACIO
JUAN DE ZOYAS
FRAY PEDRO DE ZUÑIGA
MARTINEZ DE MEDINA
LUIS DE BELMONTE
CALLE LUIS DE MORALES
SANTO DOMINGO DE LA CALZADA
AVENIDA DE EDUARDO DATO
DEMETRIO DE LOS RIOS
MANUEL PEREZ
AVDA DE CADIZ
JUARDINES DE MURILLO
SAN BERNARDO
AVENIDA DE MALAGA
PLAZA SAN SEBASTIAN
JOSE MARIA OSBORNE
AVENIDA DE CARLOS V
CALLE CAMPAMENTO
CALLE DE ENRAMADILLA
AVENIDA SAN FRANCISCO JAVIER
AVENIDA DE RAMON Y CAJAL
CALLE GUADARRAMA
PLAZA DE RUIZ DE ALDA
DOCTOR PEDRO CASTRO
PLAZA EJERCITO ESPAÑOL
Capitanía General
PLAZA DE ESPAÑA
ISABEL LA CATOLICA
CUARTEL DE MAESTRANZA ARTILLERIA
CALLE DIEGO MARTINEZ BARRIOS
CALLE LAS CRUZADAS
PLACIDO FERNANDEZ VIAGAS
COSTA RICA
SAN SALVADOR
CALLE MONTEVIDEO
CALLE BRASIL
CALLE COMPAS DEL PORVENIR
GONZALO DIAZ
CALLE DE FELIPE II
CALLE GENERAL MERRY
AVENIDA DE LA PAZ
CALLE MALVALOCA
DOÑA CLARINES
PUEBLA DE LAS MUJERES
CALLE JUAN PABLOS
CALLE COLOMBIA
FABRICA DE GAS LA CATALANA
Museo de Artes y Costumbres Populares
Museo Arqueológico
PLAZA DE AMERICA
AVDA DE ERITAÑA
AVDA DE LA PALMERA
AUGUSTO PEYRE
AVDA DE MANUEL SIUROT
ESTEPA
MORON
MARCHENA
SIERRA DEL CASTAÑE
LORA DEL RIO

5
A
B
C
1
2
3
4
5
Pasarela la Cartuja
CALLE DEL TORNEO
PLAZA BLASCO DE GARAY
CONDE DE BARAJAS
RUBENS
SAN F DE PAULA
CALLE DE BAÑOS
PLAZA DE LA GAVIDIA
PADRE TARIN
CALLE ALFAQUEQUE
CALLE CISNEROS
PLAZA DE LA CONCORDIA
TENIENTE BORGES
PLAZA DEL DUQUE DE LA VICTORIA
ALFONSO XII
Museo de Bellas Artes
PLAZA DEL MUSEO
PLAZA DE ARMAS
Estación de Córdoba
PEDRO DEL TORO
CALLE MONSALVES
CALLE SAN ELOY
O'DONNELL
MARTIN
PLAZA LA LEGION
AVDA CRISTO DE LA EXPIRACION
CALLE DE ARJONA
MARQUES DE PARADAS
REYES CATOLICOS
Iglesia de la Magdalena
BAILEN
CALLE CANALEJAS
SAN PABLO
MURILLO
RIOJA
MUÑOZ OLIVE
VELAZQUEZ TETUAN
SIERPES
EL ARENAL
ROSARIO
CALLE BILBAO
CALLE ZARAGOZA
MADRID
Ayuntamiento
PLAZA NUEVA
GRANADA
PLAZA MOLVIEDRO
PADRE MARCHENA
CASTELAR
CALLE DE ADRIANO
Plaza de Toros de la Maestranza
GARCIA DE VINUESA
PLAZA CABILDO
CASTAÑO
CALLE CIRCO
ANTONIA DIAZ
PASEO ALCALDE MARQUES DE CONTADERO
PASEO DE CRISTOBAL COLON
Guadalquivir
Teatro de la Maestranza
Hospital de la Caridad
TEMPRADO
CALLE SANTANDER
TOMAS DE IBARRA
Torre del Oro
ALMTE LOBO
Puente de Isabel II (Puente de Triana)
PLAZA CALLAO
PLAZA DEL ALTOZANO
SAN JACINTO
TRIANA
PAGES DEL CORRO
CALLE EVANGELISTA
Capilla de los Marineros
Iglesia Santa Ana
CALLE DE LA PUREZA
BETIS

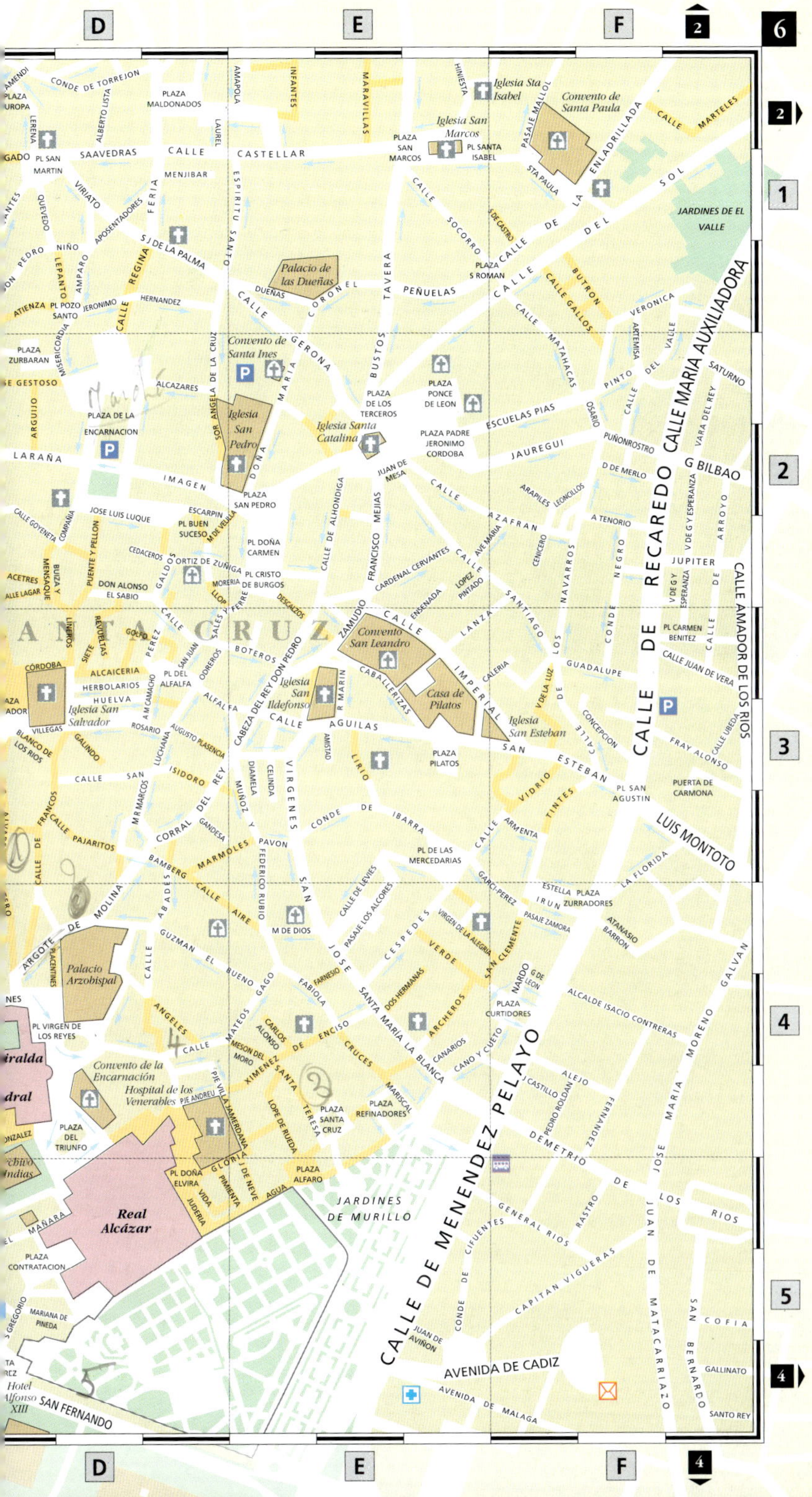

D
E
F
2
6
1
2
3
4
5
4
CONDE DE TORREJON
PLAZA MALDONADOS
AMAPOLA
INFANTES
MARAVILLAS
HINIESTA
Iglesia Sta Isabel
Convento de Santa Paula
CALLE MARTELES
LERENA
ALBERTO LISTA
LAUREL
Iglesia San Marcos
PLAZA SAN MARCOS
PL SANTA ISABEL
PASAJE MALLOL
ENLADRILLADA
SAAVEDRAS
CALLE
CASTELLAR
PL SAN MARTIN
MENJIBAR
STA PAULA
SOL
JARDINES DE EL VALLE
VIRIATO
QUEVEDO
APOSENTADORES
FERIA
ESPIRITU SANTO
CALLE
SOCORRO
S DE CASTRO
CALLE DE LA
DEL
NIÑO
PEDRO
LEPANTO
AMPARO
S J DE LA PALMA
REGINA
Palacio de las Dueñas
DUEÑAS
CORONEL
TAVERA
PEÑUELAS
PLAZA S ROMAN
CALLE
BUTRON
CALLE GALLOS
VERONICA
ATIENZA
PL POZO SANTO
JERONIMO
HERNANDEZ
CALLE
CALLE
CALLE MARIA AUXILIADORA
PLAZA ZURBARAN
MISERICORDIA
Convento de Santa Ines
GERONA
BUSTOS
MATAHACAS
ARTEMISA
VALLE
SATURNO
GESTOSO
ALCAZARES
SOR ANGELA DE LA CRUZ
MARIA
PLAZA DE LOS TERCEROS
PLAZA PONCE DE LEON
PINTO
DEL
CALLE
ARGUIJO
PLAZA DE LA ENCARNACION
Iglesia San Pedro
Iglesia Santa Catalina
PLAZA PADRE JERONIMO CORDOBA
ESCUELAS PIAS
OSARIO
VARA DEL REY
JAUREGUI
PUÑONROSTRO
LARAÑA
DOÑA
JUAN DE MESA
D DE MERLO
G BILBAO
IMAGEN
PLAZA SAN PEDRO
CALLE
ARAPILES
LEONCILLOS
CALLE GOYENETA
COMPAÑIA
JOSE LUIS LUQUE
ESCARPIN
PL BUEN SUCESO
M DE VILLELA
CALLE DE ALHONDIGA
FRANCISCO MEJIAS
AZAFRAN
A TENORIO
V DE G Y ESPERANZA
ARROYO
CALLE DE RECAREDO
PUENTE Y PELLON
CEDACEROS
ORTIZ DE ZUÑIGA
PL DOÑA CARMEN
AVE MARIA
CALLE
CENICERO
NEGRO
JUPITER
CALLE AMADOR DE LOS RIOS
ACETRES
BUIZA Y MENSAQUE
GALDOS
MORERIA
PL CRISTO DE BURGOS
CARDENAL CERVANTES
LOPEZ PINTADO
NAVARROS
CALLE LAGAR
DON ALONSO EL SABIO
LLOP
FERRE
DESCALZOS
ZAMUDIO
CALLE
ENSENADA
LANZA
SANTIAGO
CONDE
V DE G Y ESPERANZA
DE
SANTA CRUZ
LINEROS
REVUELTAS
GOYA
PEREZ
CALLE
SALES Y
Convento San Leandro
LOS
PL CARMEN BENITEZ
CALLE
SIETE
SAN JUAN
ODREROS
BOTEROS
CABEZA DEL REY DON PEDRO
CABALLERIZAS
IMPERIAL
CALERIA
GUADALUPE
CALLE JUAN DE VERA
CÓRDOBA
ALCAICERIA
HERBOLARIOS
PL DEL ALFALFA
ALFALFA
Iglesia San Ildefonso
R MARIN
Casa de Pilatos
V DE LA LUZ
DE
HUELVA
Iglesia San Salvador
AM CAMACHO
CALLE
AGUILAS
Iglesia San Esteban
CONCEPCION
CALLE
CALLE UBEDA
VILLEGAS
ROSARIO
AUGUSTO PLASENCIA
AMISTAD
SAN
FRAY ALONSO
BLANCO DE LOS RIOS
GALINDO
LUCHANA
LIRIO
PLAZA PILATOS
ESTEBAN
CALLE
SAN
ISIDORO
DIAMELA
CELINDA
VIRGENES
PL SAN AGUSTIN
PUERTA DE CARMONA
MR MARCOS
REY
MUÑOZ Y
VIDRIO
TINTES
CORRAL DEL
CONDE
DE
IBARRA
LUIS MONTOTO
FRANCOS
CALLE PAJARITOS
GANDESA
PAVON
CALLE
ARMENTA
CALLE DE
MARMOLES
FEDERICO RUBIO
PL DE LAS MERCEDARIAS
LA FLORIDA
BAMBERG
SAN
CALLE DE LEVIES
GARCI-PEREZ
ESTELLA
PLAZA ZURRADORES
CALLE AIRE
PASAJE LOS ALCORES
IRUN
ABADES
MOLINA
ARGOTE DE
M DE DIOS
CESPEDES
VIRGEN DE LA ALEGRIA
PASAJE ZAMORA
ATANASIO BARRON
GUZMAN EL BUENO
JOSE
VERDE
SAN CLEMENTE
GALVAN
Palacio Arzobispal
PLACENTINES
CALLE
GAGO
FARNESIO
FABIOLA
NARDO
G DE LEON
ALCALDE ISACIO CONTRERAS
PL VIRGEN DE LOS REYES
DOS HERMANAS
PLAZA CURTIDORES
MORENO
ANGELES
CALLE
MATEOS
CARLOS ALONSO
ENCISO
DE
SANTA MARIA LA BLANCA
ARCHEROS
MESON DEL MORO
CRUCES
CANARIOS
CANO Y CUETO
MARIA
Giralda
Convento de la Encarnación
XIMENEZ
SANTA
JOSE
Catedral
Hospital de los Venerables
PIE ANDREU
PJE VILLA JAMERDANA
TERESA
ALEJO
J CASTILLO
PEDRO ROLDAN
FERNANDEZ
PLAZA DEL TRIUNFO
LOPE DE RUEDA
PLAZA SANTA CRUZ
PLAZA REFINADORES
MARISCAL
CALLE DE MENENDEZ PELAYO
DEMETRIO
Archivo de Indias
PL DOÑA ELVIRA
GLORIA
VIDA
JUDERIA
PIMIENTA
J DE NEVE
AGUA
PLAZA ALFARO
DE
LOS
RIOS
JARDINES DE MURILLO
MAÑARA
Real Alcázar
JUAN DE MATACARRIAZO
GENERAL RIOS
RASTRO
CIFUENTES
PLAZA CONTRATACION
CAPITAN VIGUERAS
CONDE DE
SAN BERNARDO
COFIA
S GREGORIO
MARIANA DE PINEDA
JUAN DE AVIÑON
AVENIDA DE CADIZ
GALLINATO
Hotel Alfonso XIII
SAN FERNANDO
AVENIDA DE MALAGA
SANTO REY

# L'Andalousie région par région

# L'Andalousie d'un coup d'œil

L'Andalousie est une terre de contrastes, où les palais maures répondent aux cathédrales baroques. Ses huit provinces, que ce guide regroupe en quatre régions, offrent au visiteur non seulement les joyaux architecturaux que sont Cordoue et Grenade, mais elles recèlent encore d'autres atouts : villages écrasés de soleil, immenses oliveraies et splendides réserves naturelles.

**Le plafond du mihrab de la mosquée de Cordoue (*p. 140-141*)**

**Non loin de Séville, l'amphithéâtre de la ville romaine d'Itálica (*p. 42 et p. 128*)**

**Calice en or, trésor de la cathédrale de Cadix (*p. 160*)**

**Arcos de la Frontera, un des *pueblos blancos* (villages blancs, *p. 166-167*) si caractéristiques de l'Andalousie**

**Le Puente Nuevo de Ronda mène à la vieille ville (*p. 168-169*)**

◁ **L'aurore à Montefrío, province de Grenade**

L'élégante façade baroque de la cathédrale de Jaén (*p. 144*)

L'imposante forteresse maure de Baños de la Encina (*p. 147*) dans la province de Jaén

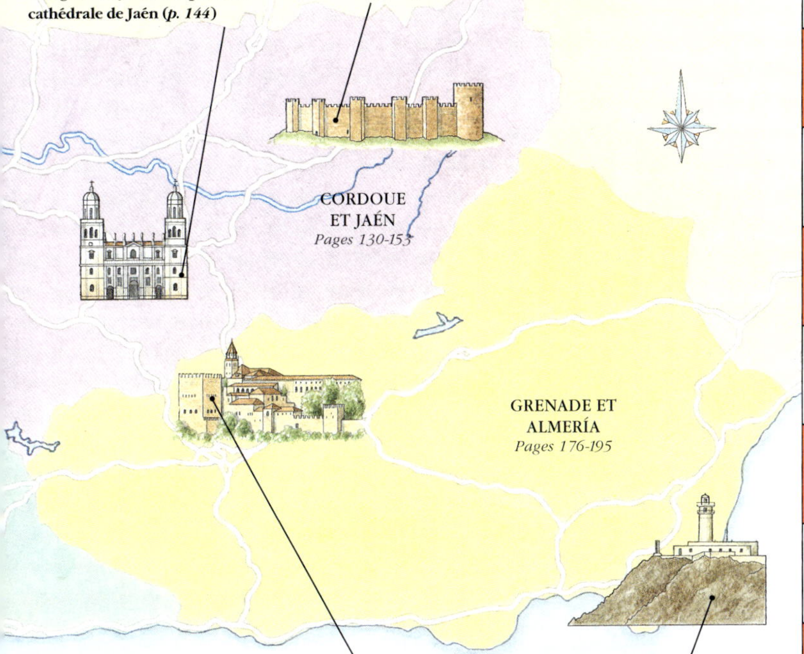

À Grenade, l'Alhambra domine l'Albaïcin (*p. 182-188*)

0 50 km

Les belles plages de la réserve naturelle de Cabo de Gata (*p. 194*)

CLIPPER
Cruzcampo

# HUELVA ET SEVILLA

*Les plaines sévillanes et l'extrême ouest de l'Andalousie sont peu fréquentés par les visiteurs. Leurs attraits sont pourtant en nombre : plages tranquilles de la côte atlantique, orangeraies de la vallée du Guadalquivir et le Coto de Doñana, la plus grande réserve naturelle d'Europe sur le delta du fleuve. Les sierras du nord permettent en outre d'intéressantes randonnées.*

Au IIIe siècle av. J.-C. les légions romaines de Scipion l'Africain sillonnant le sud de l'Espagne fondèrent Itálica, puissante métropole dont on peut voir les ruines au nord de Séville. Plus tard, les Arabes ont dominé la région qui constituait alors une partie de l'émirat d'al-Andalus. Ils l'ont parsemée de villes fortifiées aux murs blanchis à la chaux, comme Carmona, dans la province de Sevilla.

Après la *Reconquista* (*p. 46-47*), l'influence maure a été perpétuée par l'architecture mudéjare (*p. 22-23*), capable d'épouser des formes Renaissance ou baroques, comme à Osuna, une ville très prospère au XVIe siècle.

La province de Huelva est intimement liée à un chapitre de l'histoire des grandes découvertes : en 1492, Christophe Colomb est parti de Palos de la Frontera, qui était alors un port actif, après avoir séjourné non loin de là, au monastère franciscain de la Rábida. La limite nord de la province de Huelva est constituée d'un massif montagneux couvert de forêts entrecoupées de torrents impétueux, la Sierra de Aracena, qui prend le nom de Sierra Norte de Sevilla dans la province de Sevilla. C'est le refuge des chèvres et des oiseaux de proie. Au printemps, avec l'éclosion des fleurs sauvages, la montagne se pare de mille couleurs, avant de virer au brun au fur et à mesure que l'été torride s'installe.

Le parc national de Doñana s'étend sur les dunes et les marécages proches de l'embouchure du Guadalquivir.

**À la Pentecôte, l'église Nuestra Señora del Rocio, à El Rocio, attire des milliers de pèlerins**

◁ **Le fameux *jamón ibérico* (jambon salé et séché), dans un bar de Jabugo, Sierra de Aracena**

# À la découverte de Huelva et de Sevilla

Séville (*p. 56-113*) constitue le point de départ idéal pour explorer les recoins les plus éloignés de sa province et de celle de Huelva, tels que la Sierra de Aracena, peu visitée et pourtant splendide, ou l'austère Sierra Norte. La côte atlantique propose, outre une suite presque ininterrompue de vastes plages, les fascinants paysages de marais du parc national de Doñana à la faune très variée. Entre la côte et les montagnes s'étendent les vignobles de la région d'El Condado. Les villes anciennes d'Écija et d'Osuna possèdent d'intéressants édifices baroques. Enfin, dans la région de Huelva, on peut retrouver la trace de Christophe Colomb.

**Les mines de Río Tinto, Sierra de Aracena**

**Chalutiers dans le port de Punta Umbría**

## Circuler

Le grand axe Cordoue-Séville-Jerez de la Frontera-Cadix, la N IV/E5, coupe l'est de la région, en passant par Écija et Carmona. Une autre autoroute, la N 334, draine le trafic de Málaga et de Grenade vers le périphérique de Séville, d'où part la A 49 (E1) en direction de Huelva. Toutes ces villes sont reliées par voie ferrée et, pour la plupart d'entre elles, par un réseau d'autocars très dense et bon marché. Mais une voiture s'avère indispensable si l'on veut explorer les contrées les plus éloignées, en particulier les régions de montagnes.

Un panneau publicitaire familier au milieu des collines de la Sierra de Aracena

## La région d'un coup d'œil

Charcuterie à Jaburgo, Sierra de Aracena

## Sierra de Aracena ❶

Huelva. **Plan** A3. *El Repilado.* *Aracena.* *Plaza San Pedro s/n, Aracena. 959 12 82 06.*

Située au nord de la province de Huelva, cette montagne déserte, parcourue par un grand nombre de routes sinueuses, est assez peu fréquentée par les visiteurs. Ses pentes, creusées de torrents, sont couvertes de chênes-lièges, de chênes verts, de châtaigniers et d'oliviers sauvages.

À Aracena, on peut visiter la **Gruta de las Maravillas** qui abrite un lac souterrain et des stalactites. Accolée à la forteresse, l'**Iglesia del Castillo** fut bâtie au XIIIᵉ siècle par les Templiers sur les fondations d'une mosquée almohade, dont le minaret sert aujourd'hui de clocher. Le village de **Jabugo**, niché lui aussi au milieu des montagnes, est connu dans toute l'Espagne pour son *jamòn ibérico* ou *pata negra* (*p. 223*), délicieux jambon séché de montagne.

**Gruta de las Maravillas**
Calle San Jose s/n. *959 12 83 55.* *t.l.j.*

## Minas de Río Tinto ❷

Huelva. **Carte routière** B3. *Riotinto.* *959 59 00 25.* *de 10 h à 15 h du lun. au ven., de 10 h à 18 h sam. et dim.*

Pour se rendre aux vastes mines à ciel ouvert de Río Tinto, il faut quitter la N 435 de Huelva vers la Sierra de Aracena. Si les Phéniciens ont été les premiers à les exploiter, les Grecs, les Romains et les Wisigoths ont également puisé dans leurs réserves de fer, de cuivre, d'argent et d'autres minerais.

Le cratère est ouvert sur des parois rocheuses zébrées d'échancrures vertes et rouges. Situé dans le village de Río Tinto, le Museo Minero retrace l'histoire de la fameuse companie minière Río Tinto.

**Museo Minero**
Plaza del Museo s/n. *959 59 00 25.* *du mar. au dim.*

## Ayamonte ❸

Huelva. **Plan** A4. *15 000.* *Avenida Ramón y Cajal s/n. 959 47 09 88.* *sam.*

Avant l'achèvement du pont suspendu qui enjambe le cours inférieur du Guadiana depuis 1992, tout le trafic à destination de la côte portugaise de l'Algarve passait obligatoirement par Ayamonte. Le petit bac à fond plat qui franchit l'embouchure du fleuve fonctionne toujours, offrant ainsi une alternative aux voyageurs qui se rendent au Portugal. On peut parfaitement suivre la progression du bac du haut du clocher de l'Iglesia San Francisco, qui possède d'intéressants plafonds mudéjars.

## Isla Cristina ❹

Huelva. **Plan** A4. *18 000.* *Avenida España 4. 959 34 33 64.* *mar.*

Désormais entourée de marais, Isla Cristina était autrefois une île. Située à proximité de l'embouchure du Guadiana, c'est un important port de pêche au thon et à la sardine qui abrite toute une flotte de chalutiers. Grâce à son agréable plage de sable, le port est également devenu un lieu de villégiature. Sur le front de mer, de nombreux restaurants proposent d'excellents poissons et fruits de mer, fraîchement pêchés.

Chalutiers amarrés pour la nuit dans le port d'Isla Cristina

Fresques évoquant la vie de Christophe Colomb au monastère de La Rábida

## Punta Umbría 5

Huelva. **Plan** A4. *12 000.* *Avenida Huelva s/n. 959 31 46 19.* *lun.*

Punta Umbría est l'une des principales stations balnéaires de la province de Huelva. Elle est située à l'extrémité d'un long promontoire, bordé par les Marismas del Odiel, d'un côté, et par une splendide plage de sable donnant sur le golfe de Cadix, de l'autre. Aujourd'hui, les villas du bord de mer sont surtout occupées par des vacanciers espagnols.

Un grand pont routier franchit les marécages en direction de Huelva. Mais il est préférable de suivre la trace des pionniers de la Río Tinto Company et de prendre le bac qui traverse les marais peuplés d'une myriade d'oiseaux.

## Huelva 6

Huelva. **Plan** A3. *141 000.* *Avenida Alemania 12. 959 25 74 03.* *ven.*

Fondée par les Phéniciens sous le nom d'Onuba, Huelva a connu son apogée sous les Romains. Le début du commerce avec les Amériques lui a valu un regain de prospérité, mais elle a vite été supplantée par Séville. En 1755, le grand tremblement de terre qui ruina Lisbonne l'a presque rayée de la carte. Pourtant des faubourgs industriels se développent aujourd'hui autour des quais de l'Odiel.

Le fait que Christophe Colomb soit parti de Palos de la Frontera, de l'autre côté de l'estuaire, est le principal titre de gloire de Huelva. Cette page historique est remarquablement évoquée au Museo Provincial qui retrace également le développement des mines de Río Tinto. On peut ainsi y découvrir des vestiges archéologiques datant des débuts de l'extraction minière.

**Aiguière, Museo Provincial**

À l'est de la ville, le Barrio Reina Victoria a des allures de banlieue anglaise. Ce quartier fut construit au début du siècle par la Río Tinto Company pour y loger ses employés. Au sud de la ville, le Monumento a Colón, assez maladroit, érigé en 1929, domine l'estuaire de l'Odiel.

**Museo Provincial**

Alameda Sundheim 13. *959 25 93 00.* *du mar. au dim.*

## Monasterio de la Rábida 7

Huelva. **Plan** A4. *de Palos de la Frontera.* *959 35 04 11.* *du mar. au dim.*

En 1491, un navigateur génois exténué trouva refuge au monastère franciscain de La Rábida. Le roi Ferdinand et la reine Isabelle avaient refusé de soutenir son projet de gagner l'Inde en faisant voile vers l'ouest. Le prieur Juan Pérez était le confesseur de la reine et il la persuada de revenir sur sa décision. L'année suivante, le marin, un certain Christophe Colomb, fut le premier Européen depuis les Vikings à atteindre l'Amérique.

Le monastère de La Rábida, bâti au XVe siècle sur des ruines maures, est désormais un mémorial consacré aux exploits de Colomb. Des fresques peintes en 1930 par Daniel Vásquez Díaz glorifient sa vie et ses découvertes. La Sala de las Banderas contient un petit coffret de terre provenant de chaque pays d'Amérique Latine. Le cloître mudéjar, le jardin et la salle capitulaire sont également dignes d'intérêt.

### Christophe Colomb en Andalousie

Christophe Colomb – Cristóbal Colón en espagnol –, né à Gênes en Italie, se forme à la navigation au Portugal. En 1492, il part de Palos de la Frontera et débarque à San Salvador, une île des actuelles Bahamas, persuadé d'avoir atteint les Indes.

Il effectue trois autres voyages, toujours à partir de l'Andalousie, et aborde le continent sud-américain et d'autres îles peuplées d'hommes que nous appelons toujours « Indiens » à cause de son erreur. Il meurt à Valladolid en 1506.

**Christophe Colomb prend congé avant de lever l'ancre**

Carte ancienne, Casa Museo de Martín Alonso Pinzón, Palos de la Frontera

## Palos de la Frontera 8

Huelva. **Plan** A4. *7 000.* *Ayuntamiento, Carretera de la Rábida 3. 959 35 08 51.* *sam.*

Palos est une ville agricole assez peu avenante située sur la rive orientale du delta marécageux du Río Odiel, toutefois son rôle de premier plan dans l'épopée de Christophe Colomb y attire un grand nombre de visiteurs.

Le 3 août 1492, Colomb quitta Palos à bord de sa caravelle, la *Santa María*, suivi de la *Pinta* et la *Niña* commandées par Martín et Vicente Pinzón, deux frères originaires de Palos. Une statue de Martín Pinzón trône sur la place principale de Palos ; on a transformé sa maison en un petit musée de l'exploration, appelé **Casa Museo de Martín Alonso Pinzón**.

L'Iglesia San Jorge, de style gothico-mudéjar, date du XVe siècle. Elle possède un intéressant portail, que Colomb a franchi après avoir écouté la messe, avant de monter à bord de la *Santa María* et de lever l'ancre. La célèbre caravelle était à quai dans un bassin envasé depuis. Aujourd'hui, Palos doit sa prospérité à la culture des fraises qui se gorgent de soleil sur des milliers d'hectares.

**Casa Museo de Martín Alonso Pinzón**
Calle Colón 24. *959 35 01 99.* *du lun. au ven.*

## Moguer 9

Huelva. **Plan** A3. *13 000.* *Calle Andalucía 5. 959 37 23 77.* *jeu.*

Une éclatante blancheur caractérise Moguer. Ébloui, on explore son dédale de courettes ombragées et d'étroites ruelles ornées de fleurs. Cette petite cité possède un ermitage du XVIe siècle, **Nuestra Señora de Montemayor** et un hôtel de ville de style néo-classique.
Moguer possède deux autres monuments dignes d'intérêt, le Convento de Santa Clara, fondé au XIVe siècle, et le monastère de San Francisco. Les murs crénelés du couvent dissimulent un splendide cloître mudéjar en pierre finement ciselé. La cuisine, le réfectoire et le dortoir des religieuses évoquent assez fidèlement la vie qu'elles y mènent.

Le cloître du monastère de San Francisco est également à ne pas manquer ainsi que son église. Moguer est par ailleurs la ville natale du poète Juan Ramón Jimenez, lauréat du prix Nobel de littérature en 1956. On peut découvrir sa vie et son œuvre dans sa demeure transformée en musée.

Nuestra Señora de Montemayor (XVIe siècle), à Moguer

**Museo de Zenobia y Juan Ramón Jiménez**
Calle Juan Ramón Jiménez 10. *959 37 21 48.* *t.l.j.*

**Convento de Santa Clara**
Plaza de las Monjas. *959 37 01 07.* *du mar. au dim.* *jours fériés.*

La plage de Mazagón sur la Costa de la Luz

## Mazagón 10

Huelva. **Plan** A4. *3 000.* *Edificio Mancomunidad, Avda Descubridores s/n. 959 37 60 44.* *ven.*

Dissimulée au milieu des pins à 23 km au sud-est de Huelva, Mazagón est l'une des stations balnéaires les plus isolées de la Costa de la Luz. Presque déserte en hiver, elle est assaillie en été par une horde de vacanciers, espagnols pour la plupart, occupés à pêcher ou à faire de la voile. Mais la foule se fait vite oublier car on peut longer, à cet endroit, la côte atlantique sur des kilomètres ou errer dans les dunes de sable sans rencontrer âme qui vive.

La muraille maure de Niebla à El Condado

## El Condado ⓫

Huelva. **Plan** B3. *Palma del Condado.* *Avda Alemania 12, Huelva. 959 25 74 03.*

Les douces collines à l'est de Huelva produisent quelques-uns des meilleurs vins d'Andalousie. Le Condado est une région fertile couverte de vignobles, dont l'étendue couvre approximativement les communes de Niebla, de Palma del Condado, de Bollulos del Condado et de Rociana del Condado. Niebla est d'origine très ancienne. Son pont est romain, mais ses solides murailles sont maures, ainsi que le **Castillo de los Guzmanes**, ruines d'un château du XIIe siècle.

Autour de Niebla, les vignobles s'étendent sur un terroir doucement vallonné, parsemé de villages qui se sont développés autour des principales *bodegas*. À Bollulos del Condado, on trouve la plus grande coopérative vinicole de toute l'Andalousie ainsi que la **Casa del Vino**. On peut y apprendre beaucoup de choses sur les techniques de vinification, goûter une vaste sélection de vins de la région et en acheter. Bollulos et Palma del Condado produisent des vins blancs très agréables au palais.

**Castillo de los Guzmanes**
*C/ Castillo, Niebla. 959 36 22 70. du lun. au sam. Visite sur rendez-vous.*

**Casa del Vino**
Avda 28 de Febrero s/n, Bollullos del Condado. *959 41 08 00. du lun. au ven. Visite sur rendez-vous.*

## El Rocío ⓬

Huelva. **Plan** B4. *1 200.* *Centro Ecoturístico, Avda de la Canaliega s/n. 959 44 26 84.* *mar.*

Situé à la limite des marais de Doñana *(p. 126-127)*, El Rocío est, durant la plus grande partie de l'année, une paisible bourgade qui n'attire guère les visiteurs.

Toutefois, pour la Romería del Rocío en mai *(p. 36-37)*, près d'un million de personnes convergent vers le village. La plupart sont des pèlerins venus de toute l'Espagne en car, en voiture, à cheval, en char à bœufs ou à pied. Leur but est l'**Ermita de Nuestra Señora del Rocío**, dont la staue miraculeuse remonte à 1280. Outre les pèlerins, on voit arriver une foule de curieux attirés par l'atmosphère de kermesse qui règne alors dans le village.

## Matalascañas ⓭

Huelva. **Plan** B4. *1 100.* *Avenida de las Adelfas s/n. 959 43 00 86.* *jeu.*

Matalascañas bénéficie d'un isolement naturel. D'un côté, les dunes et les forêts s'étendent jusqu'à Mazagón, de l'autre côté, elle profite de la tranquillité du parc national de Doñana *(p. 126-127)*.

Matalascañas est la plus grande station balnéaire à l'ouest du Guadalquivir. Des milliers de vacanciers y séjournent en été, passant la journée à prendre le soleil, à faire de l'équitation ou du ski nautique. Pendant la Romería del Rocío, la station est littéralement envahie.

Iglesia Nuestra Señora del Rocío

# Le parc national del Coto Doñana ⓮

**L'observation des oiseaux**

Le parc national de Coto Doñana est l'une des plus vastes étendues marécageuses d'Europe. L'ensemble du parc et des zones protégées depuis 1969 couvre une superficie de 75 000 hectares de marais et de dunes de sable. Cette ancienne réserve de chasse des ducs de Medina Sidonia n'a jamais été favorable à l'installation de l'homme. En revanche, une faune très variée s'y épanouit librement, et des milliers d'oiseaux migrateurs y font halte en hiver, lorsque les marais sont à nouveau inondés après plusieurs mois de sécheresse.

**La végétation arbustive**
*Derrière les dunes, on trouve un épais tapis de lavande, de cistes et d'autres arbustes nains.*

**Le pin parasol**
*Cette variété de pin* (Pinus pinea) *prospère dans les dunes, enfonçant profondément ses racines dans le sable ou s'y enfouissant.*

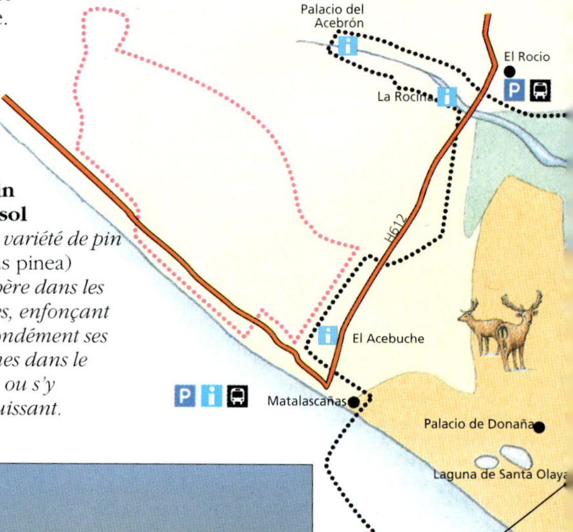


L'étendue boisée de **Monte de Doñana** offre un refuge aux lynx, aux cerfs et aux sangliers.

**Les dunes côtières**
*Les dunes blanches, pouvant atteindre 30 m de haut, bordent la côte du parc. Poussées par les vents dominants de l'Atlantique, elles avancent continuellement.*

**Visite guidée**
*Au cours de la visite guidée sur des pistes accidentées, des guides chevronnés vous signalent les animaux difficiles à repérer tout en s'efforçant de préserver l'environnement.*

**LÉGENDES**

- Marais
- Dunes
- Limites du parc national
- Zones protégées
- Route
- Point de vue
- Information touristique
- Parc de stationnement
- Arrêt d'autocar

**Les cervidés**
*Le daim* (Dama dama) *et le cerf élaphe* (Cervus elaphas) *vivent en liberté. Les cerfs engagent des luttes acharnées à la fin de l'été, saison des accouplements.*

> **MODE D'EMPLOI**
>
> Huelva et Sevilla. **Plan** B4. **Extérieur du parc** *t.l.j.* *25 déc., 1er janv., 6 janv. et Pentecôte.* ***La Rocina.*** *959 44 23 40 ;* ***Palacio del Acebrón*** *: exposition « l'Homme et Doñana » de 10 h à 21 h ;* ***El Acebuche*** *: accueil, exposition audiovisuelle, café, boutique. de 8 h à 21 h 959 44 87 11.* ***Randonnées individuelles*** *: La Rocina et Charco de la Boca (90 mn) ; El Acebrón depuis Palacio del Acebrón (45 mn) ; Laguna del Acebuche depuis Acebuche (45 mn).* **Intérieur du parc en été** *du lun. au sam. ; hiver du mar. au dim. Réservations* *959 43 04 32.*

**L'aigle impérial ibérique**
*Cet aigle très rare* (Aquila heliaca adalberti) *s'attaque aux petits mammifères.*

**Le flamant rose**
*Pendant les mois d'hiver, les lacs salés et les marais fournissent aux flamants roses* (Phoenicopterus ruber) *leurs aliments favoris : les crustacés.*

> **LE DERNIER REFUGE DU LYNX**
>
> Le lynx est l'un des mammifères les plus rares d'Europe. Environ soixante couples de lynx espagnols (*Lynx pardinus*) ont trouvé refuge à Doñana. Leur pelage brun-jaune est tacheté de brun foncé. Cet animal timide a tendance à rester caché dans les broussailles. Il chasse principalement lièvres et canards.
>
> 
>
> **Le lynx est très difficile à surprendre**

**Les toits de tuiles rouges de Lebrija**

## Lebrija ⓯

Sevilla. **Plan** B4. *24 000.* *Casa de Cultura, calle Tetuán, 15. 95 597 40 68.* *mar.*

La ville fortifiée de Lebrija offre une splendide vue sur le vignoble d'où provient le célèbre xérès de la région de Jerez (*p. 214*).

D'étroites rues pavées mènent à l'**Iglesia Santa María de la Oliva**, une mosquée almohade du XIIe siècle transformée en église par Alphonse X (*p. 46*).

## Itálica ⓰

Sevilla. **Plan** B3. *Plaza de Armas, Séville.* *95 599 73 76.* *d'avr. à sept. : de 9 h à 20 h du mar. au sam., de 9 h à 15 h dim. ; d'oct. à mars : de 9 h à 17 h 30 du mar. au sam., de 10 h à 16 h dim.*

Itálica, l'une des premières cités romaines d'Espagne, a été fondée en 206 av. J.-C. par Scipion l'Africain et a connu une expansion rapide. L'agglomération constituait un centre stratégique et un foyer culturel comptant plusieurs milliers d'habitants. Les empereurs Trajan et Hadrien y sont nés. Le second, qui régna au IIe siècle apr. J.-C., fit bénéficier sa ville natale de ses largesses en y édifiant d'élégants monuments de marbre.

**Mosaïque romaine**

Les archéologues supposent que le déclin d'Itálica est, en partie, lié au changement de cours du Guadalquivir. La ville a certainement lentement dépéri après la chute de l'Empire romain, alors que Séville s'est développée à cette époque.

Au cœur du site, on découvre les ruines d'un amphithéâtre et quelques vestiges sont exposés sur place, mais la plupart des trésors se trouvent au Museo Arqueológico de Séville (*p. 195*). On peut suivre les anciennes rues à la recherche des pavements de mosaïque des villas. Il reste peu de choses des temples et des thermes de la ville qui a été pillée au cours des siècles.

Le village de Santiponce est tout proche. On y a mis au jour des vestiges romains bien mieux conservés que ceux d'Itálica, en particulier des thermes et un théâtre.

## Sierra Norte ⓱

Sevilla. **Plan** B3. *Estación de Cazalla y Constantina.* *Constantina ; Cazalla.* *El Robledo. 95 588 15 97.*

Au nord, la province de Sevilla est limitée par une chaîne de montagnes à l'aspect austère. Baptisée Sierra Norte de Sevilla, elle s'intègre à l'ensemble de la Sierra Morena qui constitue une frontière naturelle entre l'Andalousie et les plaines de la Manche et de l'Estrémadure. La région, faiblement peuplée, est silonnée par de nombreux torrents. En été, on apprécie sa relative fraîcheur après l'implacable fournaise de Séville. En hiver, on y croise occasionnellement un chasseur.

Curieusement, la principale ville de la région, **Cazalla de la Sierra**, est assez animée car c'est l'un des endroits les plus appréciés des jeunes *Sevillanos* durant le week-end. Cazalla s'enorgueillit d'une création originale, la liquor de Guindas, un curieux breuvage à base de liqueur de cerise et d'anis au goût assez déconcertant. **Constantina**, à l'est, est plus paisible et jouit d'une vue superbe sur la campagne. Une aura romantique entoure le château en ruine, qui domine la ville de très haut.

**Les espaces peu fréquentés de la Sierra Norte de Séville**

## Carmona ⓲

Sevilla. **Plan** B3. *25 000.* *Arco de la Puerta de sevilla s/n. 95 419 09 55.* *lun. et jeu.*

Dominant une plaine fertile, Carmona est la première ville importante que l'on rencontre à l'est de Séville en suivant la N IV/E5. Une enceinte maure sépare nettement la vieille ville des faubourgs. Après avoir franchi l'antique **Puerta de Sevilla**, on découvre au gré d'un lacis de ruelles tortueuses une étonnante concentration de palais et d'églises mudéjares.

L'élégante Plaza de San Fernando sert d'écrin à la façade Renaissance de l'ancien hôtel de ville. L'**Ayuntamiento** moderne, tout proche, date du XVIIIe siècle et sa cour abrite de

**Tombe de Servilla, Necrópolis Romana, Carmona**

belles mosaïques romaines. Non loin se dresse la plus belle église de Carmona, **Santa María la Mayor**, construite au xv$^{e}$ siècle sur l'emplacement d'une mosquée dont le patio existe toujours. Ancienne résidence du roi Pierre I$^{er}$, surnommé Pierre le Cruel (*p. 46*), les imposants vestiges de l'**Alcázar del Rey Don Pedro** dominent la ville. De nos jours, une partie du palais a été transformée en parador (*p. 202*).

À la sortie de Carmona, on peut explorer les vestiges d'un vaste cimetière romain, la **Necrópolis Romana**. Un musée local présente des statues, du verre, des bijoux, des urnes mortuaires.

### Ayuntamiento

Calle Salvador 2. *95 414 00 11.* *du lun. au ven.* *jours fériés.*

### Necrópolis Romana

Avenida Jorge Bonsor 9. *95 414 08 11.* *du mar. au dim.* *jours fériés.*

## Écija 19

Sevilla. **Plan** C3. *38 000.* *Palacio de Benameii, 95 590 29 33* *jeu.*

Écija est surnommée la « poêle à frire de l'Andalousie » en raison de son climat particulièrement torride. La Plaza de España, ombragée par des palmiers, constitue le centre de la vie sociale. Une foule s'y presse pour prendre le café, flâner sur ses bancs ou s'y promener jusque tard dans la nuit.

Écija présente avec fierté onze clochers baroques, presque tous décorés d'*azulejos* éclatants (*p. 74*). L'élégante façade du Palacio de Peñaflor est, elle aussi, baroque. Son portail de marbre rose est surmonté de colonnes torsadées, et un beau balcon de fer forgé court sur toute la façade. L'ornementation de l'église **Santa María**, sur la **Plaza de España**, est fort exubérante. Sa rivale la plus proche, l'Iglesia de **San Juan**, montre quant à elle un magnifique clocher.

### Palacio de Peñaflor

C/ Caballeros 32. *95 483 02 73.* *t.l.j (seulement la cour).*

## Osuna 20

Sevilla. **Plan** C4. *17 500.* *Plaza Major. 95 582 14 00.* *lun.*

Osuna fut une importante ville de garnison romaine, avant de décliner à l'époque médiévale. Toutefois, au xvi$^{e}$ siècle, les puissants ducs d'Osuna rendirent sa prospérité à la ville. Dans les années 1530, ils fondèrent une grande église collégiale, la **Colegiata de Santa María**. On peut y voir un retable baroque et des tableaux de José de Ribera. Les ducs d'Osuna ont également fondé l'**Universidad,** agrémentée d'un charmant patio.

**Statue, Iglesia del Carmen**

Quelques palais témoignent aussi de la gloire passée de cette ville, en particulier le **Palacio del Marqués de la Gomera**, de style baroque.

## Estepa 21

Sevilla. **Plan** C4. *12 000.* *Avenida Andalucia, 95 591 39 36.* *lun., mer. et ven.*

Selon la légende, les habitants d'Estepa auraient préféré se suicider collectivement plutôt que de se rendre aux assiégeants romains en 207 av. J.-C. C'est aujourd'hui une paisible petite ville du sud-est de la province de Sevilla. Sa principale activité, qui en fait aussi la renommée, est la production de biscuits réputés : les *mantecados* et les *polvorones* (*p. 213*). On prend plaisir à parcourir ses rues étroites aux palais ornés de grilles en fer forgé et à s'asseoir un moment sur la grand-place, pour contempler l'**Iglesia del Carmen** baroque .

**Peinture murale sur la façade baroque du Palacio de Peñaflor, Écija**

# Cordoue et Jaén

*Avec sa célèbre mosquée et ses patios abondamment fleuris, Cordoue est, sans conteste, la perle du nord de l'Andalousie. Mais sa province permet également de découvrir les centres vinicoles de Montilla et Moriles et la splendeur baroque de Priego de Córdoba. Enfin la région montagneuse de Jaén abrite les villes Renaissance d'Úbeda et de Baeza et de magnifiques réserves naturelles.*

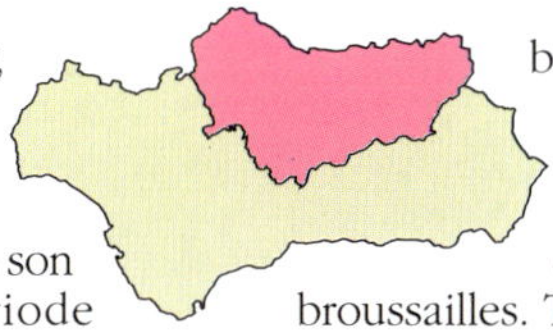

Située sur le Guadalquivir, le grand fleuve de l'Andalousie, Cordoue était un municipe romain il y a deux mille ans. Mais son âge d'or date de la période islamique : au xe siècle, elle était la capitale occidentale de l'empire arabe et rivalisait avec Bagdad. Aujourd'hui encore, elle porte les trace d'une histoire longue et glorieuse et on y perçoit un mélange très particulier d'Islam et de Chrétienté.

La campagne proche de Cordoue est parsemée de monuments évoquant son passé arabe,comme le palais du calife à Medina az-Zahra. Au sud, la Campiña est une campagne fertile couverte d'oliviers et de vignes ou de tournesols et de blé. Ici et là, on rencontre un village blanc ou un château en ruine sur un piton rocheux. La Sierra Morena borne les provinces de Cordoue et de Jaén, au nord. Des cerfs et des sangliers trouvent refuge dans ses forêts et ses broussailles. Tel un torrent à truites, le Guadalquivir naît dans la Sierra de Cazorla, une région sauvage et escarpée de l'est de la province de Jaén. Au cours de l'histoire, les caravanes de marchands, les voleurs de grand chemin et les armées ont franchi les défilés de la Sierra Morena pour passer de Castille en Andalousie.

D'anciens châteaux perchés sur des hauteurs, qui contrôlaient autrefois des points stratégiques à la frontière entre musulmans et chrétiens, dominent aujourd'hui de paisibles oliveraies ponctuées de villes qui abritent des joyaux d'architecture postérieurs à la période de la Reconquista.

**La ville de Jaén et sa cathédrale au premier plan**

◁ **Le Mihrab de la mosquée de Cordoue orné d'admirables mosaïques byzantines (xe siècle)**

# À la découverte de Cordoue et de Jaén

La vallée fertile du Guadalquivir délimite deux milieux naturels distincts : au nord, la chaîne de la Sierra Morena, sauvage et déserte ; au sud, un paysage de campagnes fertiles parsemées de villes historiques comme Priego de Córdoba. Cordoue et sa célèbre Mezquita se trouvent sur la rive nord du fleuve. Plus à l'est, les oliveraies de Jaén abritent deux joyaux de la Renaissance, Baeza et Úbeda. Ces villes peuvent constituer le point de départ d'une visite de la réserve naturelle de Cazorla, où cerfs et sangliers vivent dans un magnifique décor naturel.

La grand-rue de Cabra endormie

Les oliveraies s'étendent à perte de vue

## La région d'un coup d'œil

**Cazorla, à la lisière de la réserve naturelle**

### Légende

- Route principale
- Route secondaire
- Parcours pittoresque
- Cours d'eau
- Point de vue

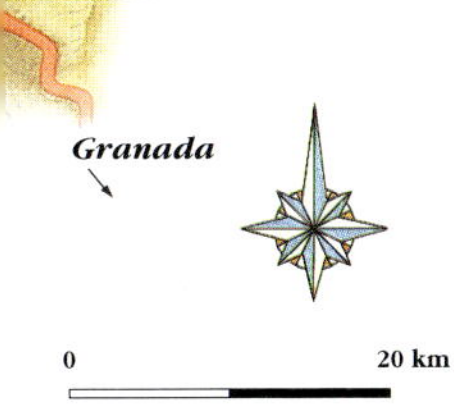


### Circuler

Pour explorer la région à fond, il est nécessaire d'avoir une voiture. La N IV, la principale autoroute d'Andalousie, suit la vallée du Guadalquivir. Au Nord, les transports en commun sont rares, mais le Sud est bien desservi par autocar. Il est facile de se rendre à Cordoue en train ; l'AVE, le train à grande vitesse, offre même des liaisons rapides entre Séville et Madrid. En revanche, un seul train direct quotidien relie Jaén à Cordoue.

## Palma del Río ❷

Cordoue. **Plan** C3. *19 000.* *Cardenal Portocarrero, 957 64 43 70.* *mar.*

Les vieilles murailles almohades du XIIe siècle rappellent le passé de ville frontière de ce paisible bourg agricole, fondé par les Romains il y a plus de deux mille ans, sur la voie reliant Cordoue à Itálica (*p. 128*). L'Iglesia de la Asunción (XVIIIe siècle) est de style baroque. Le monastère de San Francisco est devenu un charmant hôtel (*p. 207*) dont l'ancien réfectoire des franciscains date du XVe siècle. Palma del Río est la ville natale d'El Cordobés, l'un des plus célèbres toreros espagnols. Dans sa jeunesse, il s'échappait dans les pâturages alentour pour s'entraîner avec les taureaux. Sa biographie, *Ou tu porteras mon deuil*, évoque très fidèlement la vie à Palma après la guerre civile.

**Clocher, La Asunción**

## Castillo del Almodóvar del Río ❸

Cordoue. **Plan** C3. *957 63 51 16.* *uniquement visites guidées.*

L'arrivée à Almodóvar del Río est impressionnante : on voit soudain l'une des silhouettes les plus pittoresques de l'Andalousie se détacher sur la ligne d'horizon. Le château mauresque, dont les parties les plus anciennes remontent au VIIIe siècle, surplombe la ville blanche.

**Détail d'un panneau de bois sculpté de Medina az-Zahra**

## Medina az-Zahra ❹

Cordoue. **Plan** C3. *957 32 91 30.* *été : 10 h-14 h t.l.j., 18 h-20 h 30 lun.-sam. ; hiver : 10 h-14 h et 16 h-18 h 30 mar.-dim.*

Ce palais fut élevé au Xe siècle par le Calife Abd ar-Rahman III qui lui donna le nom de son épouse favorite, Zahra. Rien ne fut

## Excursion dans la Sierra Morena ❶

L'âpre chaîne de la Sierra Morena couvre tout le nord de l'Andalousie. Cette excursion d'une journée, à partir de Cordoue, dans la partie la moins peuplée de la province vous permettra d'explorer une région de collines couvertes de chênes et de pins, où l'on chasse le cerf et le sanglier, et la plaine de los Pedroches, où les cigognes nichent sur les clochers. Cet itinéraire permet une approche différente, peut-être plus austère, de l'Andalousie.

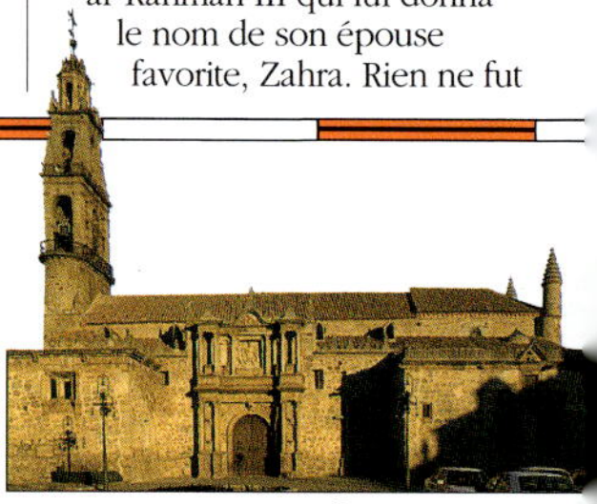

**Hinojosa del Duque** ④
Appelée « Cathédrale de la Sierra », une imposante église gothico-Renaissance du XVe siècle, San Juan Bautista, abrite un retable baroque.

### ÉMEUTE À FUENTE OVEJUNA

**Lope de Vega (1562–1635)**

Le 23 avril 1476, les habitants du village prirent d'assaut le palais de Don Fernando Gómez de Guzmán, un seigneur détesté. Il fut précipité par la fenêtre. Quand le juge demanda qui l'avait tué, ils répondirent « Fuente Ovejuna, Monsieur ! » Et personne ne fut puni, du moins si l'on en croit la célèbre pièce de Lope de Vega qui porte le nom du village.

**Peñarroya-Pueblonuevo** ②
C'était autrefois un important centre d'extraction du fer et du cuivre.

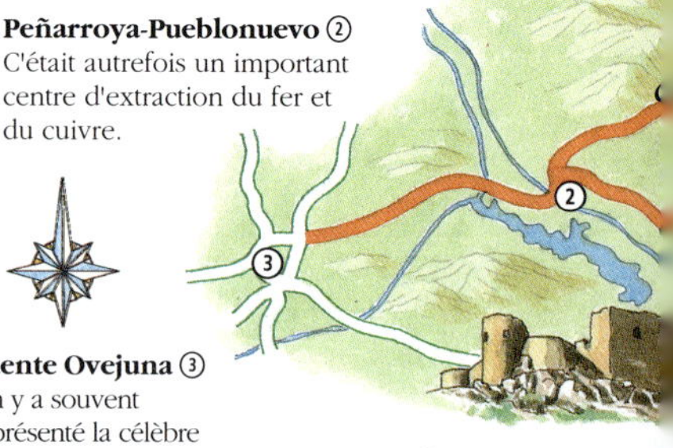


**Fuente Ovejuna** ③
On y a souvent représenté la célèbre pièce de Lope de Vega. Sur la place qui porte son nom, l'église Nuestra Señora del Castillo date du XVe siècle.

**Bélmez** ①
Les ruines d'un château du XIIIe siècle couronnent une colline.

trop précieux pour l'édifier et il fallut plus de 15 000 mules, 4 000 chameaux et 10 000 ouvriers pour transporter les matériaux provenant de toute l'Andalousie et même du Maghreb.

Le palais, construit sur trois niveaux, comportait une mosquée, la résidence du calife et de splendides jardins. Les somptueuses salles étaient ornées d'albâtre, d'ébène, de jaspe et de marbre.

Hélas, sa gloire fut de courte durée. Après avoir été mis à sac par les Berbères en 1010, il servit pendant des siècles de carrière où l'on puisa des matériaux de construction. Mais les vestiges ne donnent qu'un faible aperçu de l'ancienne splendeur du palais, que l'on tente de restaurer peu à peu.

## Cordoue (Córdoba) ❺

*Voir p. 136-142.*

## Montoro ❻

Cordoue. **Plan** D3. 9 600. *Plaza de España 8. 957 16 00 89.* *mar.*

Site privilégié sur un coude du Guadalquivir, Montoro existait déjà à l'époque des Grecs et des Phéniciens. Les ruelles escarpées ont un caractère typiquement andalou. Le pont massif, construit par Enrique de Egas, a été commencé sous le règne des Rois Catholiques (*p. 46-47*) et il a fallu plus de cinquante ans pour l'achever. Pour y parvenir, les femmes de la ville ont dû vendre leurs bijoux ; c'est pourquoi on l'a baptisé **Puente de las Donadoras** (pont des Donatrices).

Sur la Plaza de España, on découvre la façade plateresque de l'**Ayuntamiento**, autrefois palais des ducs d'Albe, et l'église gothico-mudéjare de **San Bartolomé**. Si, aujourd'hui, la culture de l'olivier est la principale activité économique, on y fabrique également des sacs de cuir et d'autres articles de maroquinerie.

**Un pont du XVIe siècle franchit le Guadalquivir à Montoro**

**Belalcázar** ⑤
Une immense tour, unique vestige d'un château construit en 1466, domine l'horizon. Sebastián de Belalcázar, le conquérant du Nicaragua, y est né vers 1480.

**Añora** ⑥
Cette ville maintient la coutume des *Cruces de Mayo* (fête des Croix de mai, *p. 36*).

**Pozoblanco** ⑧
Le 26 septembre 1984, le matador Paquiri y a été mortellement encorné par un taureau.

### CARNET DE ROUTE

***Itinéraire :*** *190 km*
***Où faire une halte :*** *de nombreux points ombragés permettent de s'arrêter en chemin pour pique-niquer. Restaurants et bars dans certains villages, notamment à Fuente Ovejuna.*

**Pedroche** ⑦
Un clocher de granit de 56 m de haut, dangereusement lézardé, domine le village.

**LÉGENDE**

- Circuit recommandé
- Autre route
- ▲ Sommet montagneux

# Cordoue pas à pas ❺

**Statue de Maimónides**

Le cœur de Cordoue est la Judería, l'ancien quartier juif proche de la mosquée. On a l'impression que le temps s'y est arrêté il y a mille ans, lorsque Cordoue était l'une des grandes villes d'Occident, avec ses étroites rues pavées inaccessibles aux voitures, ses recoins secrets, ses grilles de fer forgé, ses minuscules ateliers d'orfèvres. La plupart des édifices dignes d'intérêt se trouvent dans cette partie de la ville. Mais à quelques pas de la Grande Mosquée, les voitures passent sans s'arrêter devant la noria reconstituée sur le quai du Guadalquivir. On retrouve alors l'animation de la grande ville moderne, dont le centre est la Plaza de las Tendillas.

**Sinagoga**
*Des inscriptions hébraïques ornent l'intérieur de cette synagogue médiévale, la seule qui subsiste en Andalousie.*

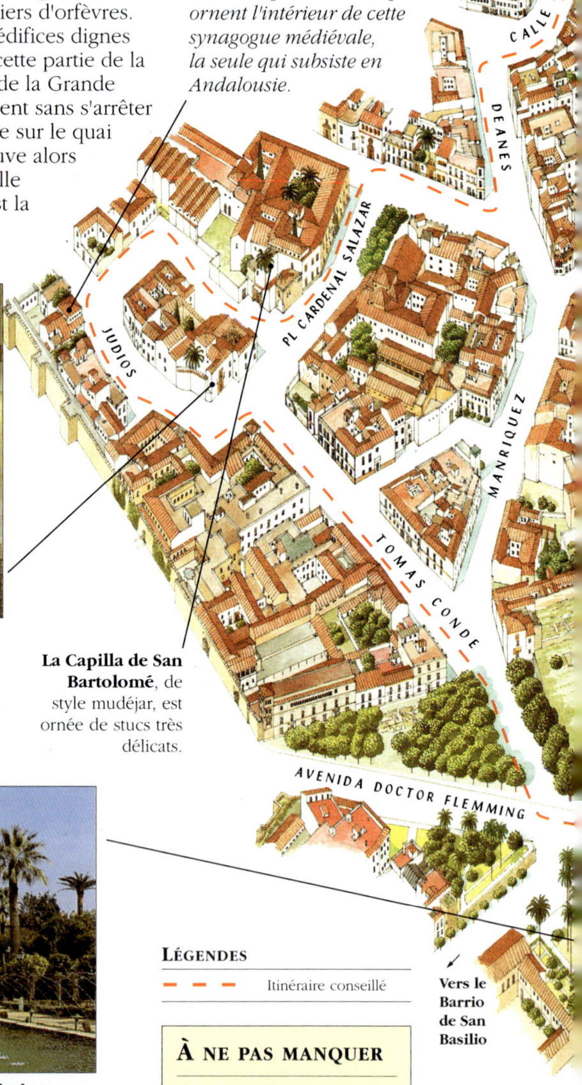

**Museo Taurino**
*Ce musée de la Tauromachie présente un moulage de la tombe du célèbre matador Manolete et la peau du taureau qui lui fut fatal* (p. 25).

**La Capilla de San Bartolomé**, de style mudéjar, est ornée de stucs très délicats.

**★ Alcázar de los Reyes Cristianos**
*Les bassins et les fontaines créent l'atmosphère paisible des jardins du palais-forteresse des rois chrétiens, élevé au XIVe siècle.*

**LÉGENDES**

– – – Itinéraire conseillé

**Vers le Barrio de San Basilio**

**À NE PAS MANQUER**

- **★ La Mezquita**
- **★ L'Alcázar de los Reyes Cristianos**

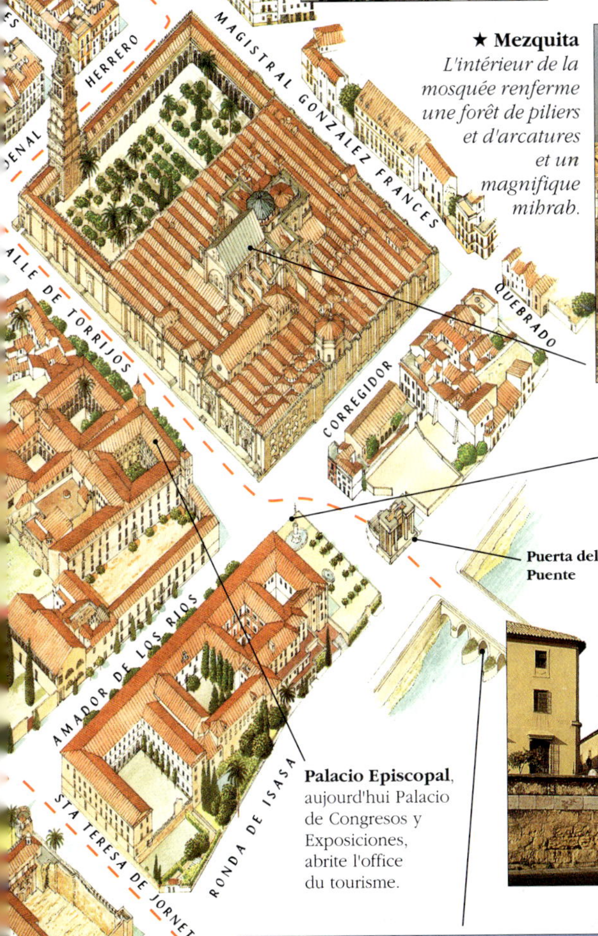


**Callejón de las Flores**
*Les couleurs vives des géraniums tranchent sur les murs blancs des maisons de cette étroite ruelle.*

### Mode d'emploi

Cordoue. **Plan** C3. *310 000. Glorieta de las Tres Culturas. 957 40 02 02. Avenida Medina az-Zahra 29. 957 23 64 74. Palacio de Congresos y Exposiciones, Calle Torrijos 10. 957 47 12 35. t.l.j. Carnaval (fév.) ; Semaine sainte (Pâques) ; Cruces de Mayo, festival des Patios, Feria (mai).*

**★ Mezquita**
*L'intérieur de la mosquée renferme une forêt de piliers et d'arcatures et un magnifique mihrab.*

**Triunfo de San Rafael**
*Une statue du XVIIIe siècle honore saint Raphaël, le patron la ville. La Puerta del Puente est une ancienne porte de la ville.*

**Palacio Episcopal**, aujourd'hui Palacio de Congresos y Exposiciones, abrite l'office du tourisme.

**Puente Romano**
*Les Romains furent les premiers à construire un pont à cet endroit. Enjambant le Guadalquivir, il repose sur ses fondations d'origine.*

# À la découverte de Cordoue

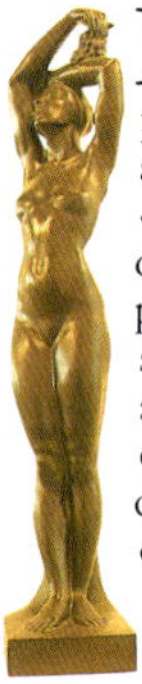
Sculpture de Mateo Inurria

La vieille ville serrée autour de la Mosquée constitue le cœur de Cordoue. La cité a probablement été fondée par les Carthaginois et son nom pourrait dériver de Kartuba, qui signifie « cité riche et précieuse » en phénicien. Elle devint ensuite un municipe romain où naquit le philosophe Sénèque. Mais son âge d'or se situe, sous le règne d'Abd ar-Rahman III, au xe siècle, avec la création d'un califat indépendant dont elle était la capitale. Empire économique et culturel où musulmans, juifs et chrétiens cohabitaient harmonieusement, son influence s'étendit sur le monde occidental. Une guerre civile (*p. 44-45*) mit fin au califat, et la cité déclina après avoir été conquise par Fernando III en 1236, bien que l'on ait encore construit quelques beaux édifices depuis lors.

### Mezquita

*Voir pages 140-141.*

### Alcázar de los Reyes Cristianos

C/ Caballerizas Reales s/n. *957 42 01 51.* *du mar. au dim.*

Ce palais-forteresse a été édifié en 1328 par Alfonso XI. Fernando II et Isabel y ont résidé lors de leur séjour à Cordoue pendant la guerre contre les Maures de Grenade (*p. 46*). Ensuite, l'Alcázar devint le siège de l'Inquisition (*p. 49*), puis une prison. Les bassins et les fontaines des splendides jardins ont été restaurés au cours des années 50. Les remparts offrent un beau point de vue sur le Guadalquivir. Le palais, devenu un musée, abrite un sarcophage romain datant du IIIe siècle apr. J.-C.

### Sinagoga

Calle Judíos 10. *957 20 29 28.* *du mar. au dim.*

C'est l'une des trois seules synagogues de cette période qui subsiste en Espagne. Les deux autres se trouvent à Tolède. L'intérieur de ce petit édifice de style mudéjar, construit vers 1315, est orné de beaux stucs et d'inscriptions hébraïques.

La synagogue se trouve dans la Judería, l'ancien quartier juif, qui a peu changé depuis l'époque médiévale. C'est un labyrinthe d'étroites ruelles. Sur une place proche, une statue honore la mémoire de Maimónides, un médecin et philosophe juif né à Cordoue au XIIe siècle.

### Museo Taurino

Plaza Maimónides 1. *957 20 10 56.* *du mar. au dim.*

Ce musée présente des affiches anciennes, des têtes naturalisées de taureaux célèbres et d'autres reliques liées à la corrida (*p. 24-25*). Une salle est consacrée aux idoles locales Lagartijo, Machaquito et surtout Manolete, un matador entré dans la légende.

### Museo Julio Romero de Torres

Plaza del Potro 1. *957 49 19 09.* *du mar. au dim.*

Généralement présenté comme étant le peintre ayant le mieux su rendre « l'âme de Cordoue et la beauté de ses femmes », Julio Romero de Torres (1874-1930) a beaucoup peint de nus dans des poses souvent affectées qui n'échappent pas toujours à la sentimentalité ou au macabre. Mais un certain humour transparaît dans l'étude intitulée *Naranjas y Limones*, (Oranges et Citrons, 1928 ).

***Naranjas y Limones*, au Museo Julio Romero de Torres**

### Museo de Bellas Artes

Plaza del Potro 1. *957 47 33 45.* *du mar. au dim.*

Logé dans un ancien hospice de charité, ce musée n'est séparé du Museo Julio Romero de Torres que par un patio. On peut y voir des œuvres de Mateo Inurria (1867-1924) ainsi que des toiles de peintres de l'École de Séville (*p. 64*) comme Murillo, Valdés Leal et Zurbarán.

### Plaza de la Corredera

Devenue, aujourd'hui, la place du Marché, cette belle place à arcades de style castillan, construite au

**Un marché quotidien se tient Plaza de la Corredera**

XVIIe siècle, a servi de cadre à des corridas ou à d'autres manifestations publiques. On la restaure progressivement.

### Palacio de Viana

Plaza Don Gome 2. 957 48 01 34. *du jeu. au mar.* *1er-15 juin.*

Achetée par une caisse d'épargne en 1981, l'ancienne demeure de la famille Viana a conservé son aspect du XVIIe siècle. Ce palais recèle une profusion de tapisseries, de meubles, de tableaux et de porcelaines d'origine. En plus de quatorze beaux patios, il possède un délicieux jardin planté de citronniers.

**Fontaine centrale du jardin du Palacio de Viana (XVIIe siècle)**

### Museo Arqueológico

Plaza Jerónimo Páez 7. 957 47 40 11. *du mar. au dim.*

Ce palais Renaissance présente des antiquités romaines, dont des mosaïques, des poteries et des bas-reliefs mais aussi de très beaux objets de la période islamique, comme le cerf de bronze niellé (Xe siècle) découvert à Medina az-Zahra (*p. 134*).

### Puente Romano

Ce pont romain a été reconstruit par les Arabes. Face à la mosquée, se dresse la Puerta del Puente, érigée par l'architecte Hernán Ruiz en 1571.

**Cerf de bronze hispano-arabe, Museo Arqueológico**

### Torre de la Calahorra

Cette tour défensive a été construite au XIVe siècle pour verrouiller le Puente Romano. Elle abrite un très intéressant petit musée qui évoque, à l'aide de maquettes et de montages audiovisuels, la vie quotidienne à Cordoue au Xe siècle.

## LE CENTRE DE CORDOUE

Alcázar de los Reyes Cristianos ③
Mezquita ⑥
Museo Arqueológico ⑦
Museo Julio Romero de Torres et Museo Provincial de Bellas Artes ⑧
Museo Taurino ②
Plaza de la Corredera ⑨
Puente Romano ④
Sinagoga ①
Torre de la Calahorra ⑤

# La Mezquita de Cordoue

La Grande Mosquée de Cordoue est le symbole le plus éclatant de la domination musulmane en Espagne. Abd ar-Rahman Ier (*p. 44*) a construit la mosquée originelle entre 785 et 787. Puis l'édifice a été remanié et agrandi au cours des siècles. Au xe siècle, al-Hakam II (*p. 44*) a réalisé certains des aménagements les plus remarquables, comme le superbe *mihrab* (niche orientée vers La Mecque) et la *maqsura* (espace réservé au calife). Finalement, au XVIe siècle, on construisit une cathédrale au centre de la mosquée.

**Patio de los Naranjos**
*Les fidèles y procédaient à leurs ablutions avant de prier.*

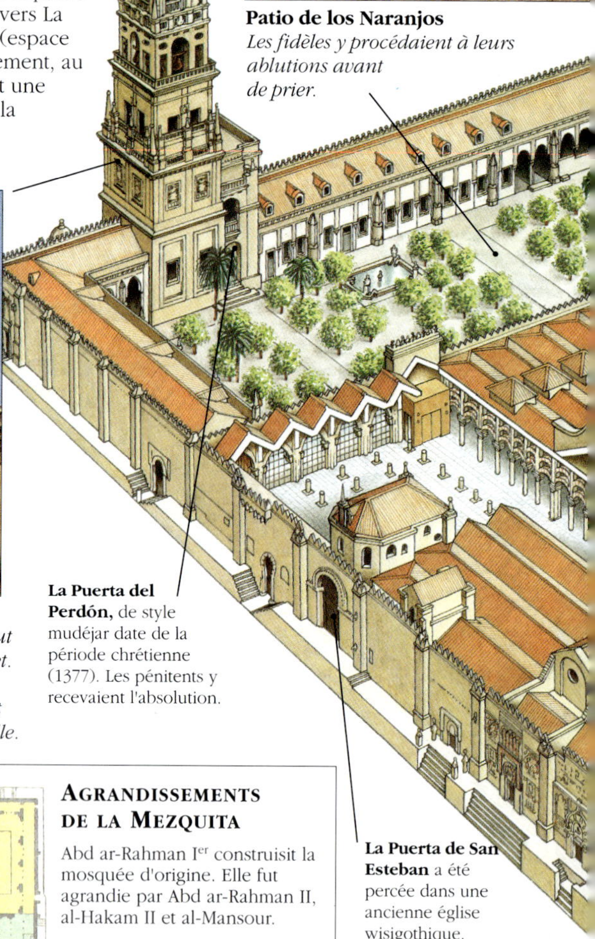

**Torre del Alminar**
*Ce clocher de 93 m de haut renferme l'ancien minaret. Des marches mènent au sommet qui offre un point de vue splendide sur la ville.*

**La Puerta del Perdón,** de style mudéjar date de la période chrétienne (1377). Les pénitents y recevaient l'absolution.

**La Puerta de San Esteban** a été percée dans une ancienne église wisigothique.

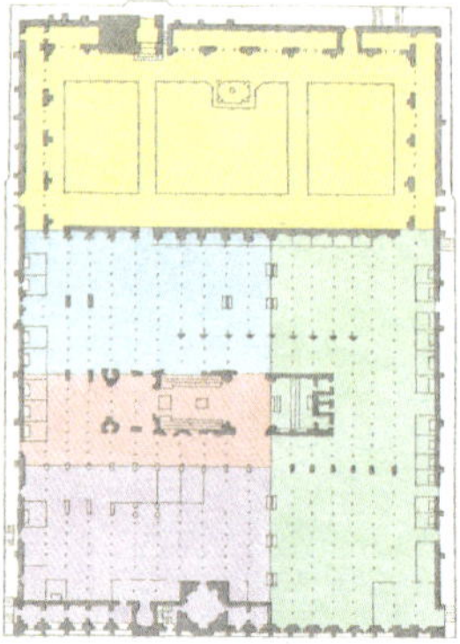

### Agrandissements de la Mezquita

Abd ar-Rahman Ier construisit la mosquée d'origine. Elle fut agrandie par Abd ar-Rahman II, al-Hakam II et al-Mansour.

**Légende**

- Mosquée de Abd ar-Rahman Ier
- Agrandissement par Abd ar-Rahman II
- Agrandissement par al-Hakam II
- Agrandissement par al-Mansour
- Patio de los Naranjos

### À ne pas manquer

- ★ **Le Mihrab**
- ★ **La Capilla de Villaviciosa**
- ★ **Les arcs et les piliers**

**La cathédrale**
*La cathédrale, commencée en 1523, est caractérisée par un dôme italianisant. Elle est en grande partie l'œuvre de la famille d'Hernán Ruiz.*

**MODE D'EMPLOI**

*Calle Torrijos 10. ☎ 957 47 05 12. ◯ de 10 h à 19 h 30 du lun. au sam. ; de 14 h à 19 h 30 dim. (ferme 2 h av. pdt. la haute saison). ✝ 9 h 30 du lun. au sam. ; 11 h, midi et 13 h dim. et jours fériés.*

**★ Les arcs et les piliers**
*Le toit repose sur plus de 850 colonnes wisigothiques ou romaines de granit, de jaspe et de marbre. L'effet visuel est extraordinaire.*

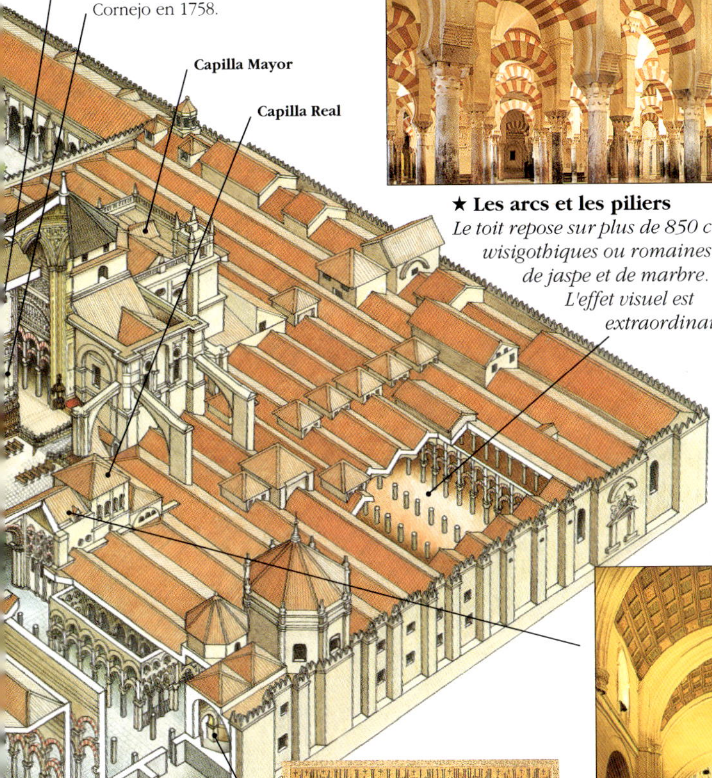

**La cathédrale** renferme des stalles churrigueresques sculptées par Pedro Duque Cornejo en 1758.

**Capilla Mayor**

**Capilla Real**

**★ Mihrab**
*Cette niche à prière, richement ornée, abritait une précieuse copie du Coran. L'usure des dalles indique l'endroit où les fidèle tournaient sept fois à genoux.*

**★ La Capilla de Villaviciosa**
*Première chapelle chrétienne construite dans la mosquée en 1371 (admirables arcs polylobés)*

# Les patios de Cordoue

Depuis la nuit des temps, la vie familiale et sociale des Andalous est centrée sur le patio, qui constitue le cœur de l'habitation traditionnelle. Le patio permet à l'air et à la lumière de s'introduire dans la demeure. De plus, les orangers, les citronniers et les fleurs en pots qui l'envahissent en font une oasis de fraîcheur et un paisible lieu de retraite. On le décore d'arcades de brique, de tuiles de couleurs vives, d'éléments en fer forgé. Cordoue est fière de ses patios, quelles qu'en soient la taille et l'ornementation. Les plus beaux se trouvent dans les quartiers de San Lorenzo et de la Judería et dans le quartier de San Basilio, à l'ouest de la mosquée.

**Poterie locale ornant un patio**

Murs blanchis à la chaux

Effigie d'un saint

Orangers

***Le festival des Patios*** *se déroule début mai* (p. 36-37). *Des dizaines de patios sont alors ouverts au public. Les mieux décorés remportent un prix très recherché.*

**PATIO ANDALOU**
Ce tableau de García Rodríguez (1863-1925) évoque un type de patio encore très répandu en Andalousie. Ses murs d'un blanc immaculé font particulièrement ressortir les couleurs vives des géraniums dans des pots en terre cuite. Le jasmin ajoute une douce note parfumée.

***Des lampes de style mauresque****, à présent électriques, éclairent le patio en fin de soirée.*

***Des azulejos****, autre héritage maure, ornent de nombreux patios, leur donnant de vives couleurs.*

*De belles* ***grilles de fer forgé*** *séparent l'espace privé du patio de la rue.*

*Traditionnellement, au centre du patio, une* ***fontaine*** *ou un puits fournissait l'eau.*

## Montilla 7

Cordoue. **Plan** C3. *24 000.* *Calle Capitan Alonso de Vargas 3. 957 65 24 62.* *ven.*

Montilla est le centre d'une importante région vinicole. Son excellent vin blanc est élaboré de la même façon que le xérès (*p. 28-29*) et son goût est pratiquement identique. Des bodegas comme **Alvear** et **Pérez Barquero** accueillent des visiteurs sur rendez-vous.

Le **Convento de Santa Clara,** mudéjar, date de 1512 et le **château** du XVIIIe siècle. La bibliothèque municipale est située dans la **Casa del Inca**, ainsi baptisée parce que Garcilaso de la Vega, descendant des Incas du Pérou et auteur d'un des premiers livres sur le sujet, y vécut au XVIe siècle.

**Le blason historique de la Bodega Pérez Barquero**

**Bodega Alvear**
Avenida María Auxiliadora 1. *957 66 40 14.* *t.l.j. (visite sur rendez-vous).* *jours fériés.*

**Bodega Pérez Barquero**
Avenida de Andalucía. *957 65 05 00.* *du lun. au ven. (visite sur rendez-vous).* *jours fériés.*

## Aguilar 8

Cordoue. **Plan** C3. *13 000.* *Ayuntamiento, Plaza San José 1. 957 66 00 00.* *ven.*

Aguilar, déjà peuplé à l'époque romaine, se distingue par une production intensive de vin, d'huile d'olive et de céramique. On peut y découvrir plusieurs demeures seigneuriales, mais sa principale curiosité est la **Plaza de San José**, une place octogonale, conçue en 1810.

## Lucena 9

Cordoue. **Plan** D3. *40 000.* *Plaza del Coso Castillo del Moral, 957 51 32 82.* *mer.*

Lucena, petite ville prospère, produit des meubles, des objets de cuivre et une céramique intéressante. À l'époque des califes de Cordoue (*p. 44*), c'était un important centre intellectuel et commercial où prospérait une communauté juive dynamique.

L'**Iglesia de Santiago** a été bâtie en 1503 sur l'emplacement d'une ancienne synagogue. La **Torre del Moral** est l'unique vestige d'un château maure. Capturé au cours d'une bataille, le dernier sultan de Grenade, Boabdil, y fut incarcéré en 1483. Non loin, l'**Iglesia San Mateo**, du XVe siècle, renferme une remarquable sacristie baroque.

Le premier dimanche de mai, Lucena voit se dérouler une cérémonie complexe en l'honneur de la Virgen de Araceli.

## Cabra 10

Cordoue. **Plan** D3. *21 000.* *Calle Santa Rosalia 2, 957 67 19 46.* *lun.*

Situé au milieu des champs et d'immenses oliveraies, ce petit bourg fut au IIIe siècle le siège d'un évêché. L'ancien château a été converti en école.

**Statue de saint Dominique, église de Santo Domingo à Cabra**

On peut voir à Cabra quelques nobles demeures et l'**Iglesia Santo Domingo**, qui possède une intéressante façade baroque.

À la sortie de la ville, la **Fuente del Río**, source du Río Cabra, est un lieu agréablement ombragé, idéal pour pique-niquer.

## Baena 11

Cordoue. **Plan** D3. *20 000.* *Plaza de España 9, 957 67 19 46.* *jeu.*

L'huile d'olive de Baena est appréciée depuis l'époque romaine. L'**Iglesia Santa María la Mayor** domine cette petite ville blanche. Sur la Plaza de la Constitución, le bel hôtel de ville moderne jouxte la **Casa del Monte**, un palais à arcades du XVIIIe siècle. Durant les célébrations de la Semaine sainte, des milliers de joueurs de tambour envahissent les rues (*p. 32*).

**La façade de la Casa del Monte (XVIIIe siècle) à Baena**

# Jaén ⓮

Crucifix de bambou, Santa Clara

Les Arabes l'appelaient « Djayyan », le « lieu de passage des caravanes ». Le Castillo de Santa Catalina, une ancienne forteresse mauresque qui la domine, rappelle l'importance stratégique de Jaén qui contrôlait la principale route entre l'Andalousie et la Castille. Pendant des siècles, la région a servi de champ de bataille aux Maures et aux chrétiens (*p. 46-47*). C'est la vieille ville qui recèle le plus d'édifices intéressants : on peut y admirer un grand nombre de belles demeures seigneuriales aux alentours de la cathédrale et dans le Barrio de San Juan, et on y trouve aussi d'élégantes boutiques. Le soir, les bars des rues proches de la Plaza de la Constitución sont bondés.

Les puissants remparts du Castillo de Santa Catalina

## Castillo de Santa Catalina

Carretera al Castillo. ☎ *953 21 91 16 (parador).* ○ *du jeu. au mar.*

On dit qu'Hannibal aurait érigé une tour sur la cime rocheuse qui surplombe la ville. Plus tard, les Maures y édifièrent une forteresse. Le roi Ferdinand III s'en empara en 1246 et fit bâtir un imposant château aux énormes remparts. Ce dernier a été restauré et on a construit à côté un *parador* (*p. 202-203*) de style médiéval.

On ne saurait trop recommander d'emprunter la route sinueuse qui monte vers la Torre del Homenaje et la chapelle du château. D'en haut, on jouit en effet d'une large vue de la ville, des montagnes et des oliviers en rangs serrés.

## L'huile d'olive

Introduit en Andalousie par les Phéniciens, ou peut-être par les Grecs, l'olivier y a prospéré, et Jaén produit actuellement plus de 200 000 tonnes d'huile par an. La récolte des olives, en grande partie manuelle, commence en décembre. La qualité de l'huile est strictement contrôlée et une réglementation de *Denominación de Origen Controlada* a été mise en place. L'huile d'olive vierge, la meilleure, résulte de la première pression à froid : elle conserve donc intégralement sa saveur, ses vitamines et ses éléments nutritifs.

La récolte des olives en Andalousie

## Catedral

La cathédrale a été édifiée au XVI^e siècle par Andrés de Vandelvira, à qui l'on doit plusieurs édifices remarquables à Úbeda (*p. 150-151*). On a ajouté deux belles tours à la façade ouest au XVII^e siècle. Les stalles du chœur sont magnifiquement ouvragées, et le petit musée abrite des pièces d'orfèvrerie de grande valeur.

Chaque vendredi saint, entre 11 h 30 et 12 h 45, les fidèles peuvent vénérer le le Linge de la Sainte Face. Sainte Véronique aurait utilisé ce linge pour essuyer le visage du Christ dont les traits se seraient imprimés sur le tissu.

Statue de la faça de la cathédral

## Baños Arabes

Palacio Villardompardo, Plaza Santa Luisa de Marillac. ☎ *953 23 62 92.* ○ *du mar. au dim.* ● *jours fériés.*

Ces bains du XI^e siècle, parfois baptisés « thermes d'Ali », du nom d'un chef maure, ont été restaurés au cours des années 80. Ils présentent des arcs outrepassés, des plafonds percés de verrières minuscules en forme d'étoile, un dôme hémisphérique et deux vasques de faïence dans lesquelles on se baignait autrefois. On y accède par le Palacio de Villardompardo, qui abrite aussi un musée d'art naïf et un musée d'arts et traditions populaires.

Des arcs outrepassés supportent le dôme des Baños Arabes

**L'autel de la Virgen de la Cupilla dans l'Iglesia de San Ildefonso**

### Capilla de San Andrés

Cette chapelle mudéjare, cachée dans une étroite ruelle, a été édifiée au XVIe siècle, sans doute sur l'emplacement d'une synagogue. Son fondateur, Gutiérrez González, était le trésorier du pape Léon X et jouissait d'énormes privilèges. On y remarque en particulier une magnifique grille dorée, œuvre de Maestro Bartolomé de Jaén.

### Iglesia de San Ildefonso

Cette église gothique présente des façades de styles différents. La première est gothique, ornée d'une mosaïque représentant la Vierge veillant sur Jaén pendant le siège de 1430 par les Maures ; la deuxième est plateresque (*p. 23*) et la troisième, néo-classique, a été édifiée par Ventura Rodríguez à la fin du XVIIIe siècle. Une chapelle est consacrée à la Virgen de la Capilla, la patronne de Jaén, à laquelle est dédié le musée voisin.

### Real Monasterio de Santa Clara

Fondé au XIIIe siècle, juste après la reconquête de la ville par les chrétiens, c'est l'un des plus anciens monastères de Jaén. Son beau cloître a été construit vers 1581. L'église possède un magnifique plafond à caissons (*artesonado*) et abrite une curieuse effigie du Christ en bambou, originaire de l'Equateur. On peut y acheter d'excellentes pâtisseries préparées par les religieuses.

### Mode d'emploi

*Jaén.* **Plan** D3. *110 000.* *Paseo de la Estación. 953 27 02 02.* *Plaza Coca de la Piñera 6. 953 25 01 06.* *Calle Arquitecto Berges 1. 953 22 27 37.* *jeu.* *Semaine sainte (Pâques) ; Festividad de Nuestra Señora de la Capilla (11 juin) ; Feria de San Lucas (18 oct.) ; Romería de Santa Catalina (25 nov.).*

### Museo Provincial

Paseo de la Estación 27. *953 25 06 00.* *du mar. au dim.* *jours fériés.*

Le bâtiment englobe une partie des vestiges de l'église San Miguel et la façade d'un grenier à blé du XVIe siècle. On peut y voir notamment un ensemble de sculptures et de céramiques ibères, grecques et romaines.

À deux pas du musée, le mémorial de la Plaza de las Batallas évoque deux défaites : celle des Maures à Las Navas de Tolosa en 1212 (*p. 46*) et celle des troupes napoléoniennes à Bailén en 1808 (*p. 51*).

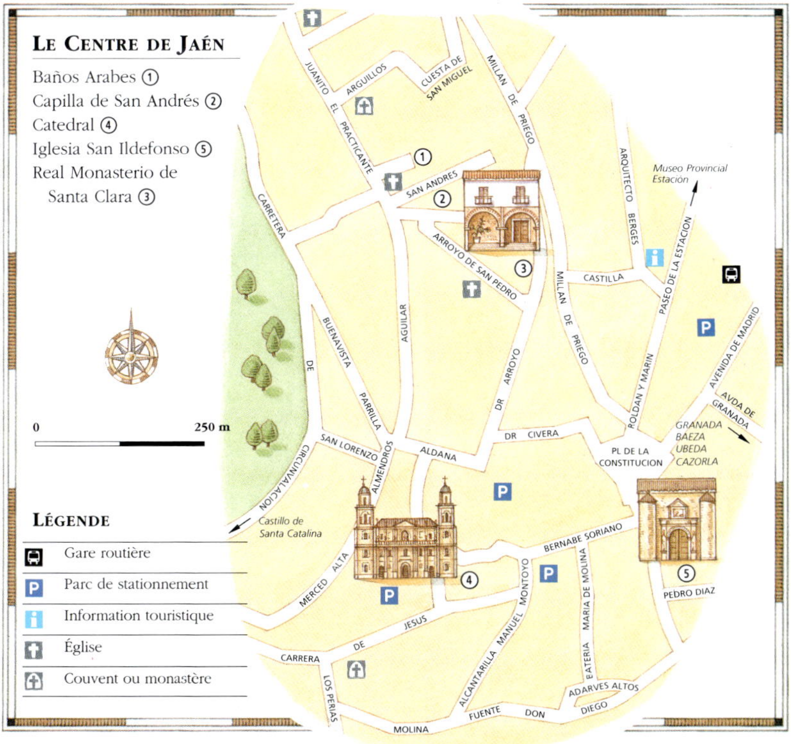

**Un château maure et une église en ruine couronnent la colline qui domine Alcalá la Real**

## Priego de Córdoba ⓬

Cordoue. **Plan** D3. *22 000.* *Calle del Río 33. 957 70 06 25.* *sam.*

À l'écart des grands axes, Priego de Córdoba est une petite ville sans prétention située au milieu d'une plaine fertile, au pied de La Tiñosa, le plus haut sommet de la province. Elle revendique toutefois le titre de capitale baroque de la région. On le lui concède bien volontiers à la vue des œuvres splendides créées par ses sculpteurs sur bois, ses doreurs et ses ferronniers.

La vieille ville a conservé son tracé labyrinthique de l'époque maure. Mais l'âge d'or de Priego fut le XVIIIe siècle. Il est lié à la création de la manufacture de soie. La ville a alors connu une véritable fièvre de construction, se couvrant d'élégantes demeures et de belles églises baroques.

Une porte fortifiée maure récemment restaurée, bâtie sur des fondations romaines donne accès au quartier médiéval, le **Barrio de la Villa**. Des maisons parfaitement blanchies à la chaux bordent ses rues étroites et ses places fleuries. Le Paseo Colombia débouche sur l'Adarve, l'ancien chemin de ronde, qui propose un magnifique point de vue sur la campagne voisine.

La belle **Iglesia de l'Asunción** se trouve non loin. Gothique à l'origine, elle fut convertie en église baroque au XVIIIe siècle par Jerónimo Sánchez de Rueda. Sa partie la plus remarquable est la chapelle du Sagrario, réalisée en 1784 par un artiste de Priego, Francisco Javier Pedrajas. Elle est couverte d'une profusion de sculptures, de volutes et autres ornements de stuc. En revanche le maître-autel est de style plateresque *(p. 23)*.

L'**église** baroque **Nuestra Señora de la Aurora** est le siège d'une confrérie. Chaque samedi, à minuit, ses membres, vêtus d'une grande cape, défilent dans les rues en chantant des hymnes et en recueillant des aumônes.

**Statues du XVIe siècle ornant la Fuente del Rey à Priego de Córdoba.**

Les marchands de soie ont construit la plupart des belles demeures qui bordent la Calle del Río. Niceto Alcalá Zamora y est né en 1877, au n° 33. En 1931, ce brillant orateur devint président de la République espagnole, mais la guerre civile le contraignit à s'exiler. Sa maison natale abrite aujourd'hui l'office du tourisme.

À l'extrémité de cette rue, la **Fuente del Rey** – fontaine du Roi – exprime sans retenue toute l'exubérance du baroque, avec ses trois bassins.

## Alcalá la Real ⓭

Jaén. **Plan** D3. *23 000.* *Calle Real 48. 953 58 22 17.* *mar.*

Pendant la *Reconquista* *(p. 46-47)*, Alcalá était un point stratégique tenu par l'Ordre militaire de Calatrava. Aujourd'hui, sa grand-place s'orne de beaux monuments comme le **Palacio Abacial,** Renaissance, et la Fuente de Carlo V (**fontaine de Charles Quint**). Un **château maure**, construit par les souverains de Grenade au XIVe siècle, domine la colline de la Mota. Le sommet offre un panorama splendide sur la vieille ville et la campagne environnante.

## Jaén ⓮

*Voir p. 144-145.*

## Andújar ⓯

Jaén. **Plan** D3. 38 000. *Torre del Reloj Plaza de Santa Maria s/n. 953 50 49 59.* *mar.*

Andújar fut autrefois la cité ibère d'Iliturgi, détruite par Scipion l'Africain au cours des guerres puniques (*p. 42*). Un pont romain à quinze arches franchit toujours le Guadalquivir.

L'église gothique San Miguel, sur la grand-place, abrite des tableaux d'Alonso Cano. L'**Iglesia Santa María la Mayor** a une façade Renaissance et un beau clocher mudéjar. À l'intérieur, on peut voir le célèbre *Christ au Jardin des Oliviers*, peint par le Greco vers 1605.

La renommée d'Andújar repose également sur sa production de céramiques traditionnelles et d'huile d'olive (*p. 144*), qui constitue la base de la cuisine locale.

Un pont romain franchit le Guadalquivir à Andújar

## Santuario Virgen de la Cabeza ⓰

Padres Trinitarios. **Plan** D2. *953 54 90 15.* *de 8 h à 20 h t.l.j.*

Ce sanctuaire se trouve au nord d'Andújar, au milieu des chênes et des étendues sauvages de la Sierra Morena consacrées à l'élevage des taureaux. Le sévère bâtiment de pierre, fondé au XIII^e siècle abrite une statue de la Vierge très vénérée. Une tradition veut qu'elle ait été envoyée en Espagne par saint Pierre en personne.

Au cours de la guerre civile (*p. 52-53*), pendant neuf mois, 230 gardes civils barricadés dans le sanctuaire ont résisté à près de 20 000 soldats républicains. Le bâtiment a fini par être la proie des flammes.

Chaque année, le dernier dimanche d'avril, plusieurs milliers de pèlerins se rendent au sanctuaire pour honorer la Virgen de la Cabeza (*p. 37*).

L'actuelle statue de la Vierge, Santuario de la Cabeza

## Baños de la Encina ⓱

Jaén. **Plan** D2. *de Linares & Bailén.* *Callejon del Castillo 1. 953 61 41 85.* *t.l.j.*

Le calife al-Hakam II (*p. 44*) fit construire cette forteresse sur les contreforts de la Sierra Morena en 967. Sa puissante silhouette, avec ses quinze tours et ses hauts remparts, domine le village.

Pendant la foire de printemps, une romería (*p. 36*) se déroule à la chapelle de la Virgen de la Encina. Selon une tradition locale, la Vierge serait apparue miraculeusement sur un chêne vert (*encina*, en espagnol).

## La Carolina ⓲

Jaén. **Plan** E2. 15 000. *Carretera Madrid-Cádiz km 269. 953 68 08 82.* *mar. et ven.*

Fondée en 1767 par Charles III, La Carolina fut peuplée de colons originaires d'Allemagne et des Flandres. L'objectif du souverain était de favoriser le développement de la région et d'accroître la sécurité des voyageurs qui la traversaient. Son ministre, Pablo de Olavide, se fit construire un palais sur la grand-place. À la sortie de la ville, un monument évoque la bataille de Las Navas de Tolosa. Le roi Alphonse VIII de Castille se fit guider par un berger entre les collines de Las Navas et y écrasa les Maures en 1212.

Façade du palais de Pablo de Olavide

## Desfiladero de Despeñaperros ⓳

Jaén. **Plan** E2. *La Carolina. 953 68 08 82.*

Cette large brèche dans la Sierra Morena est la principale voie d'accès à l'Andalousie. Dans le passé, les armées, les caravanes et les brigands l'ont empruntée.

Traversé par une autoroute à quatre voies et une ligne de chemin de fer, le défilé présente d'intéressantes formations rocheuses comme *Los Organos* (les orgues) et le *Salto del Fraile* (le saut du moine).

# Baeza pas à pas 20

Blason, Casa del Pópulo

Nichée au milieu des oliveraies si caractéristiques de la plus grande partie de la province de Jaén, cette petite ville se distingue par la richesse de ses édifices Renaissance. Appelée Beatia par les Romains, elle fut plus tard la capitale d'une principauté maure, avant d'être conquise, en 1227, par Ferdinand III. Première ville d'Andalousie définitivement reprise aux Maures, elle fut alors peuplée de chevaliers castillans. Une période de splendeur s'ensuivit, dont l'apogée se situe au XVIe siècle, avec la reconstruction de la cathédrale par Andrés de Vandelvira. Au début du XXe siècle, Antonio Machado, l'un des plus grands poètes de sa génération, y vécut quelques années.

**★ Palacio de Jabalquinto**
*Ce magnifique palais gothique possède une façade de style isabélin* (p. 22) *flanquée de beaux contreforts arrondis.*

**Antigua Universidad**
*De 1542 à 1825, cet édifice Renaissance et baroque a été le siège de l'une des premières universités espagnoles.*

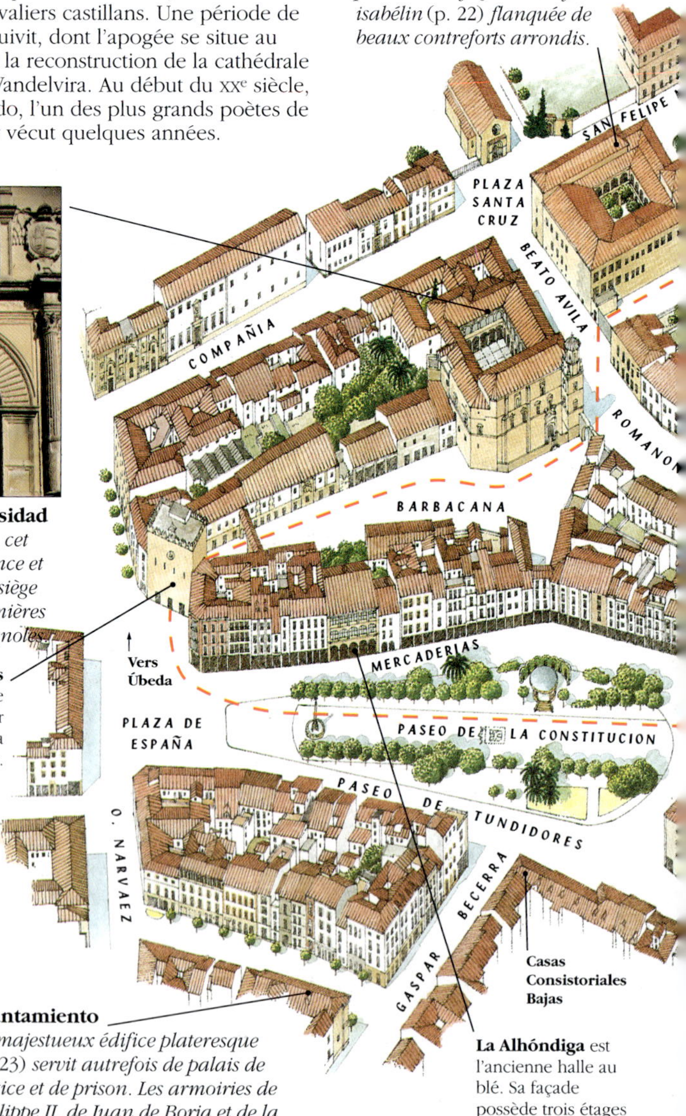



**La Torre de los Aliatares** est une tour construite par les Maures il y a mille ans.

**Casas Consistoriales Bajas**

**La Alhóndiga** est l'ancienne halle au blé. Sa façade possède trois étages d'arcades.

**Ayuntamiento**
*Ce majestueux édifice plateresque* (p. 23) *servit autrefois de palais de justice et de prison. Les armoiries de Philippe II, de Juan de Borja et de la ville de Baeza ornent sa façade.*

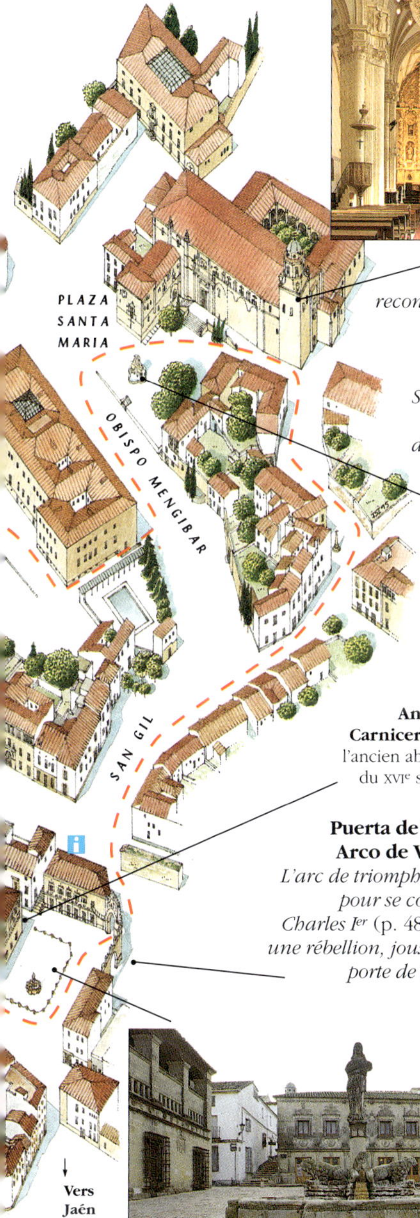


### MODE D'EMPLOI

Jaén. **Plan** E3. *19 000.* *Linares-Baeza 13 km 953 65 02 02.* *Avda Alcalde Puche Pardo. 953 74 04 68.* *Plaza del Pópulo s/n. 953 74 04 44.* *mar.* *Semaine sainte (Pâques) ; Feria (mi-août) ; Romería de la Yedra (début sept.).*

**★ Catedral**
*Elle a été reconstruite en 1567 par Andrés de Vandelvira. Sa Capilla Sagrario possède une belle grille due à Bartolomé de Jaén.*

**Fuente de Santa María**
*Cette fontaine en forme d'arc de triomphe, achevée en 1564, est l'œuvre de l'architecte sculpteur Ginés Martínez, de Baeza.*

**Antigua Carnicería** est l'ancien abattoir du XVIe siècle.

**Puerta de Jaén y Arco de Villalar**
*L'arc de triomphe, érigé pour se concilier Charles Ier (p. 48) après une rébellion, jouxte une porte de la ville.*

**★ Plaza del Pópulo**
*La Casa del Pópulo, un bel édifice plateresque qui abrite maintenant l'office du tourisme, domine une fontaine ornée d'une statue ibéro-romaine entourée de lions.*

0 — 75 m

**LÉGENDE**

- Information touristique
- Itinéraire conseillé

**À NE PAS MANQUER**

- ★ Le Palacio de Jabalquinto
- ★ La Catedral
- ★ La Plaza del Pópulo

# Úbeda ㉑

**Hospital de Santiago, détail**

Perchée sur une crête, Úbeda est un véritable musée de l'architecture de la Renaissance. Grâce au mécénat de quelques-uns des hommes les plus influents de l'Espagne du XVI^e^ siècle, comme le secrétaire d'État Francisco de las Cobos et son petit neveu, Juan Vázquez de Molina, la ville est dotée d'un remarquable ensemble monumental dont le joyau est sans conteste la Plaza de Vázquez de Molina, bordée de palais et d'églises d'une grande élégance. La partie moderne d'Úbeda, qui s'est développée au nord de la Plaza de Andalucía, contraste vivement avec la vieille ville aux rues étroites.

**Capilla del Salvador : la grille de Maestro Bartolomé**

### Capilla del Salvador

Cette église était la chapelle privée de Francisco de los Cobos, qui est enterré dans la crypte.

Trois artistes ont pris part à la réalisation de ce chef-d'œuvre du XVI^e^ siècle : Andrés de Vandelvira et Diego de Siloé ainsi que le sculpteur Esteban Jamete.

Bien que la chapelle ait été saccagée durant la guerre civile (*p. 52-53*), elle a conservé de nombreux trésors, en particulier un fragment d'un retable d'Alonso de Berruguete –, la grille du chœur de Maestro Bartolomé de Jaén et la sacristie de Vandelvira.

Derrière la chapelle se trouvent deux autres édifices du XVI^e^ siècle, les ruines du palais de la famille Cobos, doté d'une façade Renaissance, et l'Hospital de los Honrados Viejos.

La Baja del Salvador mène à la Plaza de Santa Lucía d'où part la Redonda de Miradores, une promenade qui suit l'ancien chemin de ronde et offre une superbe vue sur la campagne environnante.

### Palacio de las Cadenas

Pl de Vázquez de Molina.

953 75 04 40. *du lun. au sam.*
*Jours fériés.*

Deux lions de pierre montent la garde devant l'hôtel de ville qui occupe ce palais, construit par Vandelvira, au milieu du XVI^e^ siècle pour Vázquez de Molina. Le nom de l'édifice vient des chaînes (*cadenas*) autrefois fixées aux colonnes de l'entrée principale. D'élégants lanternons de pierre surmontent les angles de la façade classique. Au rez-de-chaussée, un musée de la céramique locale et un beau patio ainsi que l'office du tourisme.

### Parador de Úbeda

Plaza de Vázquez de Molina s/n.

*953 75 03 45.* **Patio** *t.l.j. aux non-résidents. Voir aussi p. 203.*

Ce palais, construit au XVI^e^ siècle et remanié au XVII^e^ siècle, était la résidence de Fernando Ortega Salido, doyen du chapitre de Málaga et chapelain d'El Salvador. L'austère palais, doté d'un beau patio, s'est désormais métamorphosé en hôtel qui a été baptisé « Parador del Condestable Dávalos », en l'honneur d'un célèbre héros de la *Reconquista* (*p. 46-47*).

### Santa María de los Reales Alcázares

Construite sur l'emplacement d'une ancienne mosquée, cette église qui date en partie du XIII^e^ siècle est en cours de restauration. Elle possède une belle grille due à Maestro Bartolomé. Le cloître gothique présente un porche roman.

La Cárcel del Obispo (prison de l'Évêque) jouxte l'église. Elle est ainsi nommée parce que les nonnes, punies par l'évêque, y étaient recluses. C'est aujourd'hui le palais de justice.

**Des lions de pierre montent la garde devant le Palacio de las Cadenas**

**Statue du portail principal de l'église San Pablo**

### Iglesia de San Pablo

Cette église possède trois portails : l'entrée principale est de style gothique tardif, les deux autres sont en style roman de transition et en style isabélin. L'intérieur renferme une abside du XIIIe siècle et une belle chapelle du XVIe siècle due à Vandelvira. Un clocher plateresque de 1537 domine l'église.

À deux pas, sur la Plaza del 1° de Mayo, un monument honore le poète mystique San Juan de la Cruz.

### Museo Arqueológico

*Casa Mudéjar, C/ Cervantes s/n.*
*953 75 37 02. du mar. au dim.*

Ce musée présente des vestiges du Néolithique à la période islamique. On y découvre, entre autres, des pierres tombales du Ier siècle apr. J.-C., des œuvres maures et mudéjares en bois et en stuc. Le musée est aménagé dans la Casa Mudéjar (XVe siècle), au milieu des palais, des églises et des couvents qui bordent les rues tortueuses de la vieille ville.

### Hospital de Santiago

*Calle Obispo Cobos 2. 953 75 08 42. t.l.j.*

Créé à l'initiative de l'évêque de Jaén vers 1562, cet immense hôpital désaffecté a été réalisé par Vandelvira. Sa façade est flanquée de deux tours carrées, dont l'une est couverte de tuiles bleue et blanche très caractéristiques. Une effigie de Santiago (saint Jacques) surmonte l'entrée. Une fontaine agrémente le patio orné de colonnes de marbre. Un grand escalier mène à une galerie couverte au plafond orné de fresques.

De nos jours l'édifice abrite le Palacio de Congresos y Exposiciones, où l'on trouve un bureau d'information à l'entrée.

Situées à deux pas, les arènes d'Úbeda sont utilisées pendant la *fiesta*.

#### MODE D'EMPLOI

*Jaén.* **Plan** *D3. 34 000. vers Linares-Baeza 953 65 02 02, puis bus. Calle San José s/n. 953 75 21 57. Hospital de Santiago Auda Cristo Rey 2. 953 75 08 97. ven. Semaine sainte (Pâques) ; Fiestas de San Miguel (28 sept. - 4 oct.).*

**Les tours caractéristiques de l'Hospital de Santiago**

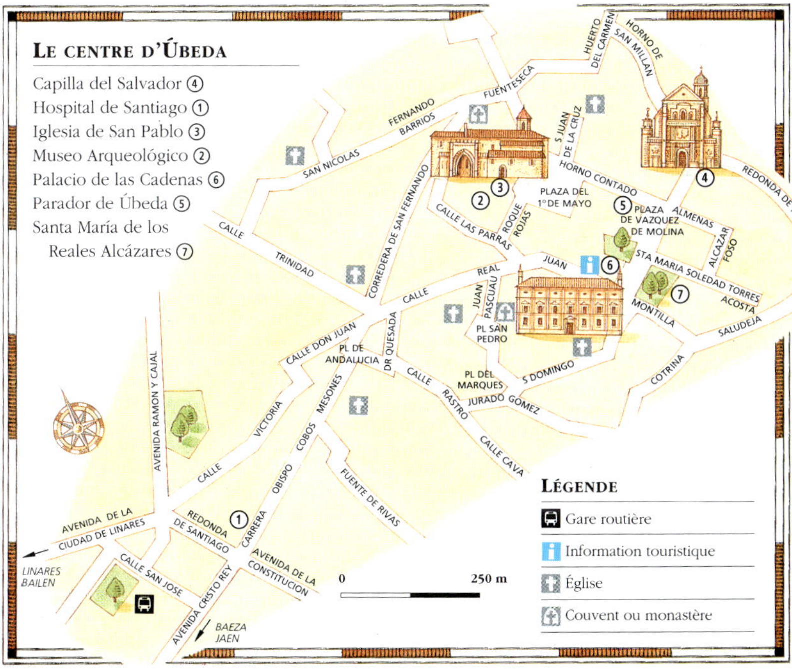

Les ruines spectaculaires de La Iruela dominent la route à la sortie de Cazorla

## Cazorla 22

Jaén. **Plan** E3. *10 000.* *Paseo del Santo Cristo 17 953 71 01 02.* *lun. et sam.*

Cazorla était prospère à l'époque où les Romains prospectaient les montagnes voisines pour y trouver de l'argent. De nos jours elle n'est guère fréquentée que par les visiteurs du Parque Natural de Cazorla, Segura y Las Villas.

Malgré l'invasion des bâtiments modernes, ses ruelles sinueuses invitent toujours à la flânerie entre la Plaza de la Corredera et la Plaza Santa María où se trouve l'église Santa María. Au-dessus de la ville surgit l'imposant château maure **Castillo de la Yedra**, qui abrite un musée folklorique.

Sur la route du parc, on rencontre les vestiges de **La Iruela**, une forteresse bâtie sur un éperon rocheux, très appréciée des photographes. Le 14 mai, les habitants de Cazorla fêtent saint Isicio, l'un des sept apôtres qui ont diffusé le christianisme en Espagne avant l'arrivée des Maures.

**Castillo de la Yedra**
*953 71 00 39.* *du mar. au sam.* *jours fériés.*

## Parque Natural de Cazorla, Segura y Las Villas 23

Jaén. **Plan** E3. *Cazorla.* *Quercus Sociedad Cooperativa Andaluza, Calle Juan Domingo 2, Cazorla. 953 72 01 15.*

Les visiteurs qui viennent pour la première fois sont étonnés par la beauté et la richesse de cette réserve naturelle de 214 336 hectares, avec ses bois touffus, ses torrents fougueux, sa faune variée. Les montagnes escarpées culminent à 2 000 mètres au-dessus de la source du Guadalquivir.

Les voitures sont admises sur la route principale mais les chemins forestiers leur sont interdits. On peut explorer le parc à pied ou louer des chevaux ou des VTT au **centre d'accueil** (**Centro de Recepción e Interpretación de la Naturaleza**) situé dans la réserve. Le Centre procure également des guides. Il est possible de chasser et de pêcher à la ligne.

**Centro de Recepción e Interpretación de la Naturaleza**
Carretera del Tranco km 48, Torre del Vinagre. *953 71 30 40.* *du mar. au sam.*

## Segura de la Sierra 24

Jaén. **Plan** E2. *2 200.* *Ayuntamiento, Calle Regidor Juan de Isla 1. (953) 48 02 80.*

Ce minuscule village, à 1 200 mètres d'altitude, est dominé par un **château maure** (pour le visiter, demandez la clé au village). En contrebas, on aperçoit des arènes en partie taillées dans le roc, utilisées surtout pendant la *fiesta* de la première semaine d'octobre.

L'huile d'olive de la région de Segura de la Sierra est l'une des quatre seules en Espagne à bénéficier de la *Denominación de Origen Controlada* (*p. 144*).

Le château maure de Segura de la Sierra, au milieu des oliveraies

# La faune du Parc de Cazorla, Segura et Las Villas

La réserve naturelle de la Sierra de Cazorla accueille une faune très variée, surtout originaire de la région. Mais certaines espèces ont été introduites ou réintroduites récemment. Les ornithologues y dénombrent plus d'une centaine d'espèces d'oiseaux, dont certains sont très rares, comme le gypaète barbu. La forêt abrite un vaste éventail d'espèces végétales, telles que la *Viola cazorlenzis* (*p. 19*), d'origine indigène, qui pousse au milieu des rochers.

**Mouflon**
***(Ovis musimon)***

***Le majestueux aigle royal*** (Aquila chrysaetus) *se nourrit de petits mammifères vivant dans la réserve.*

***Le vautour fauve*** (Gyps fulvus) *se laisse tomber comme une flèche quand il aperçoit une proie.*

***Le gypaète barbu*** (Gypaetus barbatus) *jette les os sur les rochers pour les briser afin d'en manger la moelle.*

## Les paysages

Le charme de la région émane des sommets escarpés. L'eau en jaillit pour former les lacs et les ruisseaux de la vallée. La végétation dense constitue l'habitat idéal d'une faune très variée.

*En automne, on rencontre très souvent le **cerf élaphe*** (Cervus elaphus), *réintroduit dans la région.*

*Le **bouquetin*** (Capra pyrenaica) *est incroyablement agile sur les rochers. Mais les rares survivants ne sortent qu'au crépuscule.*

*La **loutre*** (Lutra lutra) *vit autour des lacs et des torrents et est active à l'aube et au crépuscule.*

*Le **sanglier*** (Sus scrofa) *attend dans les bois pendant la journée et sort la nuit en quête de glands, de racines ou d'œufs d'oiseaux nichant sur le sol.*

# Cadix et Málaga

*Le sud de l'Andalousie est la patrie des villages blancs perchés sur les hauteurs. L'arrière-pays de Malaga recèle des montagnes boisées et le splendide site naturel de Garganta del Chorro. La région, qui s'étend au-delà des stations balnéaires de la Costa del Sol, abrite une faune variée qui vit en liberté dans la Serranía de Ronda. De Gibraltar à Cadix, la Costa de la Luz présente un littoral plus sauvage proche de la région du xérès.*

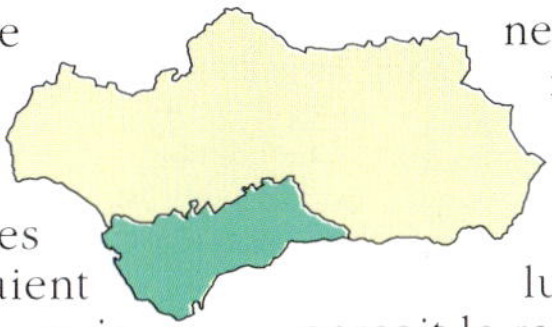

Dans la province de Málaga, les montagnes abruptes semblent plonger dans la Méditerranée. Au XIXe siècle, des voyageurs anglais venaient passer l'hiver à Málaga ; puis dans les années 1960, l'industrie du tourisme naissante a baptisé cette étroite bande côtière « Costa del Sol » (la côte du soleil) y attirant un nombre croissant de visiteurs.

La construction anarchique d'immeubles a ainsi rapidement fait de Torremolinos un symbole des excès du tourisme de masse. Pendant ce temps, à Marbella, plus à l'ouest, s'est développé un lieu de villégiature huppé pour stars du cinéma et émirs du pétrole.

Gibraltar, sorte de singularité géographique, borne de façon bien nette la Costa del Sol. Les montagnes du Maghreb surgissent au-delà du détroit et à, Tarifa ou à Cadix, villes baignées de lumière africaine, on perçoit le raffinement de la culture hispano-maghrébine. À l'ouest de Gibraltar s'étend la Costa de la Luz, ou côte de la lumière (*p. 30*), dont une partie borde la province de Huelva. Peu fréquentée, elle est caractérisée par de longues plages de sable balayées par le vent, appréciées par les gens de la région.

Des collines couvertes de vignobles s'étendent au nord de Cadix : c'est la patrie du xérès. Pour y goûter, il faut visiter Jerez de la Frontera dont le nom évoque le rôle qu'elle avait à l'époque des guerres entre Maures et chrétiens.

**À Ronda, le Puente Nuevo (XVIIIe siècle) franchit le río Guadalevín**

**◁ La plage de Nerja, à l'est de Málaga, une station balnéaire très prisée de la Costa del Sol**

# Découvrir Cadix et Málaga

Un excellent réseau routier permet de visiter aisément les montagnes de la province de Málaga. Marbella ou Torremolinos sont des points de départ pour effectuer des excursions d'une journée dans les superbes Montes de Málaga ou dans les réserves naturelles de Grazalema et de la Serranía de Ronda. L'idéal est de déjeuner dans l'un des pittoresques *pueblos blancos*. Située en altitude, au cœur de cette région, la ville de Ronda bénéficie d'une lumière très pure qui magnifie son héritage monumental.

Plus à l'ouest, sur la côte atlantique où les promoteurs sont plus discrets, Cadix – ville portuaire autrefois importante – et les petits ports comme Puerto de Santa María, Chipiona et Sanlúcar de Barrameda offrent d'excellentes bases pour découvrir la contrée du xérès.

**Une terrasse de restaurant près de la cathédrale de Málaga**

## La région d'un coup d'œil

Algésiras 9
Álora 19
Antequera 22
Archidona 24
Arcos de la Frontera 15
*Cadix p. 160-161* 5
Carratraca 18
Chipiona 2
Costa de la Luz 7
Estepona 33
Fuengirola 30
Fuente de Piedra 21
Garganta del Chorro 20
*Gibraltar p. 164-165* 11
Jerez de la Frontera 3
La Línea de la Concepción 12
Málaga 28
Marbella 31
Medina Sidonia 6
Montes de Málaga 27
Nerja 25
El Puerto de Santa María 4
*Ronda p. 168-169* 17
Ronda la Vieja 16
Sanlúcar de Barrameda 1
San Pedro de Alcántara 32
Sotogrande 13
*Tanger p. 162-163* 10
Tarifa 8
El Torcal 23
Torremolinos 29
Vélez Málaga 26

**Excursion**
Pueblos Blancos 14

## Circuler

L'aéroport international de Málaga (*p. 246*) est le plus fréquenté d'Andalousie. De là, la quatre voies rapide N 340 suit la côte jusqu'à Algésiras (Algeciras) en contournant Torremolinos, Fuengirola et Marbella. Après Algésiras, elle devient plus étroite et continue vers Cadix. La nouvelle nationale C 339 qui relie San Pedro de Alcántara à Ronda est splendide. La N 342 traverse le nord des deux provinces entre Jerez et Antequera. Elle devient alors une route à quatre voies, la A 92, qui mène à Grenade. Sur la côte, le chemin de fer relie Málaga, Torremolinos et Fuengirola et, vers le nord, une autre ligne au départ de Málaga s'arrête à Alora, El Chorro et Fuente de Piedra. Un réseau de cars assez dense dessert les points les plus éloignés des deux provinces, mais il faut s'armer de patience.

**La plage de Nerja, au pied de la Sierra de Almijara, Costa del Sol**

**Entrée des bodegas Barbadillo à Sanlúcar de Barrameda**

## Sanlúcar de Barrameda ❶

Cadix. **Plan** B4. *61 000.* *Calzada del Ejército s/n. 956 36 61 10.* *mer.*

Ce port de pêche, dominé par le **Castillo de Santiago**, est situé à l'embouchure du Guadalquivir. De là, on peut rejoindre en bateau le Parque National de Doñana (*p. 126-127*). Christophe Colomb est parti de Sanlúcar en 1498, pour accomplir son troisième voyage vers les Amériques, ainsi que Magellan en 1519, pour réaliser le premier tour du monde.

Mais aujourd'hui, Sanlúcar est surtout connu pour le *manzanilla* (*p. 28*), un xérès sec et léger produit, entre autres, par les **Bodegas Barbadillo**.

Les visiteurs et les amateurs de vin viennent du monde entier pour déguster une *copita* (un petit verre) de manzanilla à petites gorgées et les grosses crevettes *(langostinos)*. L'église Santa María de la O (*p. 22*) possède de magnifiques plafonds mudéjars.

**Bodegas Barbadillo**
C/ Luis de Eguilaz 11. *956 36 08 94.* *jeudi (sur rendez-vous).*

## Chipiona ❷

Cadix. **Plan** B4. *15 600.* *Plaza Andalucia 956 37 28 28.* *lun.*

Cette petite station balnéaire est entourée de vignobles. Elle possède une très belle plage, et, en été, quand les Espagnols s'y pressent, il y règne une joyeuse atmosphère de vacances renforcée par la présence de calèches et d'artistes de rue. La grand-rue de la vieille ville offre de nombreux cafés et glaciers (*heladerías*) qui restent ouverts tard dans la nuit. À 2 km, le monastère **Nuestra Señora de Regla** possède une source naturelle qui alimente une fontaine. Son cloître est décoré d'azulejos du XVIIe siècle.

## Jerez de la Frontera ❸

Cadix. **Plan** B4. *190 000.* *Calle Larga, 39. 956 33 11 50.* *lun.*

Jerez, la capitale du xérès, est entourée à perte de vue de vigne plantée en rangs serrés. Depuis des siècles, des dynasties anglo-andalouses ont participé à la fabrication et au transport du xérès – comme Gonzáles-Byan ou Sanderman –, françaises comme Domecq –, dont on peut voir les blasons au-dessus de l'entrée des bodegas. La visite des caves sombres d'une de ces bodegas, où les barriques sont ordonnées selon le système de la *solera* (*p. 29*), permet aux visiteurs d'apprendre à distinguer un xérès *fino* d'un *amontillado* ou d'un *oloroso* (*p. 28*).

La renommée internationale de Jerez repose également sur sa **Real Escuela Andaluza de Arte Ecuestre** – l'École royale d'art équestre. Tous les jeudis, on peut admirer le magnifique spectacle des chevaux andalous qui dansent. Les autres jours, les visiteurs peuvent assister à des séances de dressage.

À proximité, le **Museo de Relojes** présente l'une des plus riches collections d'horloges d'Europe.

Les murs de la vieille ville limitent le Barrio de Santiago. Sur la Plaza de San Juan, le **Palacio de Pemartín**, du XVIIIe siècle, est le siège du **Centro Andaluz de Flamenco**. Il propose des expositions et des montages audiovisuels. Une intéressante église gothique, l'**Iglesia San Mateo** (XVIe siècle) se dresse non loin.

L'**Alcázar,** du XIe siècle, à demi-restauré comprend une mosquée almohade transformée en église. Au nord de l'Alcázar, la sacristie de la **Catedral del Salvador** abrite un chef-d'œuvre de Zurbarán, la *Vierge enfant endormie.*

**Real Escuela Andaluza de Arte Ecuestre**
Avenida Duque de Abrantes s/n. *956 31 11 11.* *du lun. au ven.* *jours fériés.*

**Alcázar**
Alameda Vieja s/n. *956 31 97 98 (office du tourisme).* *du lun. au dim.* *jours fériés.*

**Museo de Relojes**
Calle Cervantes 3. *956 18 21 00.* *du lun. au sam.* *jours fériés.*

**Palacio de Pemartín**
Centro Andaluz de Flamenco, Plaza de San Juan 1. *956 34 92 65.* *du lun. au ven.* *jours fériés.*

**Horloge ancienne du Museo de Relojes, Jerez de la Frontera**

## El Puerto de Santa María ❹

Cadix. **Plan** B4. 74 000. Calle Guadalete 1. 956 54 24 13. mar.

Cette petite ville tranquille est l'un des grands ports d'exportation du xérès. On peut donc y visiter un certain nombre de bodegas où des producteurs comme **Terry** et **Osborne** proposent des dégustations.

La ville possède également quelques édifices dignes d'intérêt, comme le **Castillo San Marcos** du XIIIe siècle et les arènes qui sont parmi les plus grandes et les plus célèbres d'Espagne. Sur la Plaza Mayor, l'**Iglesia Mayor Prioral**, une église gothique du XVIe siècle, possède un chœur qui mérite une visite. Enfin, un certain nombre de beaux palais ou de demeures majestueuses sont disséminés dans la ville, ornés des blasons des puissantes familles qui se sont enrichies grâce au commerce colonial.

Le front de mer offre une série d'excellents restaurants de fruits de mer, parmi lesquels La Resaca (La gueule de bois) où, le soir, des gitans font découvrir un flamenco plein de fougue.

**Castillo San Marcos**
Plaza del Castillo X, El Sabio. *sam.*

**Plaza de Toros**
Plaza de Toros s/n. 956 54 15 78 *(office du tourisme).* *du mar. au dim.* *fermé les jours fériés et lors des corridas aux personnes sans billets.*

**Bodegas Osborne**
Calle de los Moros. 956 85 52 11. *du lun. au ven. (tél. pour rés.)* *août, jours fériés.*

**Bodegas Terry**
Calle Santísima Trinidad. 956 48 30 00. *du lun. au ven. (tél. pour rés.)* *août, jours fériés.*

**Le Castillo San Marcos (XIIIe siècle) à El Puerto de Santa María**

### Les bodegas de Jerez

La visite des bodegas constitue le principal attrait de Jerez. Sur place, l'office du tourisme peut vous fournir une liste des bodegas et leurs horaires. Les visites les plus complètes sont proposées par González Byass, Pedro Domecq et Sandeman.

0 500 m

**Légende**

- Bodega
- Parc de stationnement
- Information touristique

**Une *solera* (p. 29) de tonneaux de xérès**

# Cadix (Cádiz) ❺

**Masque égyptien, Museo de Cádiz**

Construite sur un rocher presque entièrement cerné par la mer, Cadix aurait été fondée par Hercule. C'est certainement l'une des plus vieilles cités d'Europe, créée en 1100 av. J.-C. par les Phéniciens sous le nom de Gadir. Occupée ensuite successivement par les Carthaginois, les Romains et les Maures, la ville resta prospère après la *Reconquista* (*p. 46-47*) grâce au commerce avec le Nouveau Monde. Enfin, en 1812, Cadix devint pendant quelque temps la capitale de l'Espagne, où l'on promulgua la première Constitution du pays *(p. 50)*.

***Saint Bruno en extase,* de Zurbarán, Museo de Cádix**

### À la découverte de Cadix

Cadix a toujours suscité le lyrisme des écrivains. En 1809, Lord Byron la décrivait ainsi : « Cadix [...] est la ville la plus charmante que j'aie jamais vue [...] et peuplée des plus belles femmes d'Espagne. » Il faut pourtant aujourd'hui traverser des faubourgs sans intérêt avant d'atteindre la vieille ville où les maisons de style mauresque semblent édifiées au hasard.

Pour apprécier la cité, flânez d'abord sur les quais aux jardins bien entretenus et aux places ouvertes sur la mer avant de vous faufiler dans le centre.

Le cœur de Cadix est un dédale d'étroites ruelles délabrées où des fleurs poussent dans des boîtes de conserve accrochées aux murs à côté de figures religieuses peintes sur faïence. Des marchés très animés se tiennent sur des placettes. Des marchands ambulants y proposent des cornets d'alléchantes crevettes roses.

La fierté de Cadix est son Carnaval (*p. 37*), qui donne lieu à une extraordinaire explosion de joie.

### ⛪ Catedral

fermée pour restauration.
Baptisée « Nouvelle Cathédrale » parce qu'elle a été bâtie pour en remplacer une autre plus ancienne, c'est l'une des plus grandes d'Espagne. De style baroque et néo-classique, elle possède un dôme couvert de tuiles jaunes ; à distance, il brille au soleil comme de l'or. L'intérieur est clair et frais en été. Les stalles sculptées proviennent d'un monastère de chartreux. L'une des gloires de Cadix, le compositeur Manuel de Falla (1876-1946), est enterré dans la crypte.

Le trésor de la cathédrale est conservé dans le musée adjacent. On peut y voir des ostensoirs en argent incrustés de pierreries.

### 🏛 Museo de Cádiz

*Plaza de Mina s/n. ☎ 956 21 22 81.*
*◯ du mar. au dim. ● jours fériés.* ♿
Le rez-de-chaussée de ce musée consacré à l'histoire de Cadix présente des vestiges archéologiques tels que des sarcophages phéniciens et des statues romaines, dont celle de Trajan. Au premier étage, l'un des plus grands musées de peinture d'Andalousie

### La cathédrale de Cadix

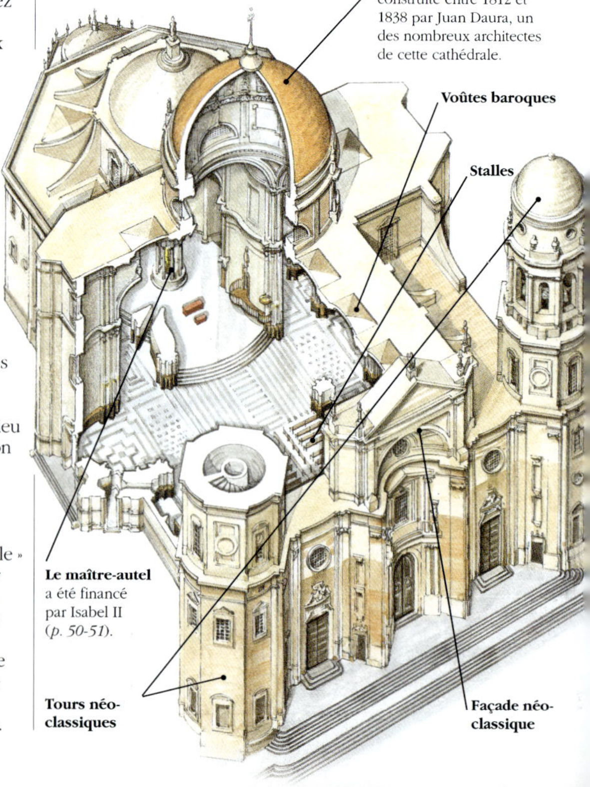

**MODE D'EMPLOI**

Cadix. **Plan** B4. *160 000.* *Plaza de Sevilla s/n. 956 25 43 01.* *Plaza de la Hispanidad. 956 21 17 63.* *Calle Calderón de la Barca 1. 956 21 13 13.* *lun.* *Carnaval (fév.), Semaine sainte (Pâques), Día de la Patrona (7 oct).*

expose notamment des œuvres de Rubens, de Murillo et de Zurbarán. Au troisième étage, on peut voir une collection de marionnettes satiriques d'hommes politiques contemporains réalisées pour les fiestas de villages.

**Plaques commémoratives, Oratorio de San Felipe Neri**

### Oratorio de San Felipe Neri

Calle Santa Inés s/n. *956 21 16 12.* *t.l.j.*

Cette église du XVIIIe siècle est liée à un événement survenu en 1812, pendant l'occupation française. Le gouvernement provisoire espagnol réfugié à Cadix a alors promulgué une constitution libérale (*p. 50*). Depuis, l'oratoire est un lieu de pèlerinage du libéralisme.

### Museo Municipal

Calle Santa Inés s/n. *956 22 17 88.* *en restauration.*

Le texte original de la déclaration de 1812 y est reproduit sur une peinture murale. Le musée expose également une maquette de Cadix du XVIIIe siècle.

### Torre Tavira

Calle Marqués del Real Tesoro 10. *956 21 29 10.* *t.l.j.*

Horloge officielle de la ville au XVIIIe siècle, cette tour offre une magifique vue.

## Medina Sidonia ❻

Cadix. **Plan** B5. *11 000.* *Plaza Iglesia Mayor s/n. 956 41 24 04.* *lun.*

Sur la N 440, entre Algésiras et Jerez, apparaîssent brusquement, au sommet d'une colline, les contours éclatants de blancheur de Medina Sidonia. Le roi Alphonse X l'a reprise aux Maures en 1264 puis au XVe siècle, les Guzmán ont été faits ducs de Medina Sidonia pour assurer la défense de tout le territoire allant jusqu'à la baie de Cadix. Après la *Reconquista* (*p. 46-47*), la famille Guzmán s'est enrichie grâce aux colonies d'Amérique.

Des ruelles pavées se serrent à l'ombre de la muraille médiévale dont une grande partie subsiste.

L'**Iglesia Santa María la Coronada** est l'édifice le plus important de la ville. Bâtie au XVe siècle sur les fondations d'un ancien château, c'est un intéressant exemple de gothique andalou. L'intérieur abrite une belle collection d'œuvres d'art sacré datant de la Renaissance, qui comprend des tableaux et un charmant retable aux panneaux merveilleusement sculptés.

**Retable sculpté, église Santa María la Coronada à Medina Sidonia**

## Costa de la Luz ❼

Cadix. **Plan** B5. *Cadix.* *Cadix, Tarifa.* *2nd étage place de San Antonio 3, Cadix. 956 80 70 61.*

La Costa de la Luz, entre Cadix et Tarifa, est une longue côte sauvage battue par les vents. Son nom provient de la pureté de la lumière qui caractérise cette région. La Sierra del Cabrito, à l'ouest d'Algésiras (*p. 162*), procure de beaux points de vue sur le détroit de Gibraltar. Par temps clair, on distingue au loin la silhouette de Tanger (*p. 162-163*) et le paysage aride du Maroc – qui diffère peu de la Costa de la Luz – dominé par le massif du Rif.

À partir de la N 340, une longue route étroite traverse une étendue sauvage parsemée de cactus, de tournesols et de rares chênes-lièges pour mener à **Zahara de las Atunes**, une petite station balnéaire qui possède quelques hôtels.

À l'ouest, séparé de Zahara par un vaste domaine militaire, **Conil de la Frontera** est une station plus fréquentée, tournée vers le tourisme populaire.

Cette côte possède d'autres belles plages, comme Caños de Meca et Bolonia (*p. 30-31*).

**Bateaux de pêche sur la plage de Zahara de los Atunes, Costa de la Luz**

## Tarifa ❽

Cadix. **Plan** B5. *15 000.* *Paseo de la Alameda s/n. 956 68 09 93.* *mar.*

Tarifa, la capitale du surf en Europe (*p. 30*) doit son nom à Tarif ben Maluk, un des chefs de guerre de la conquête musulmane (*p. 44-45*), qui débarqua à cet endroit au VIIIe siècle.

Le **Castillo de Guzmán el Bueno** du Xe siècle est lié à un sombre récit héroïque. En 1292, Guzmán défendait Tarifa assiégée par les Maures. Sommé de se rendre contre la vie de son fils prisonnier, il préféra lancer son poignard pour qu'on l'égorge.

### Castillo de Guzmán el Bueno

Pl Santa María *s/n.* *956 68 09 93 (Ayuntamiento).* *mar.-dim.*

**Castillo de Guzmán el Bueno**

## Algésiras ❾

Cadix. **Plan** C5. *200 000.* *Calle Juan de Cierva s/n. 956 57 26 36.* *mar.*

Franco avait décidé de transformer Algésiras en un centre industriel pour mettre fin à la domination économique de Gibraltar sur la région. Le but était d'asphyxier la colonie anglaise pour la récupérer sans devoir recourir à des moyens militaires. En 1969, on ferma ainsi la frontière et on investit massivement à Algésiras. En dehors de ceux qui se rendent au Maroc, les voyageurs évitent désormais autant que possible la concentration d'usines et de raffineries qui caractérise la cité.

## Tanger ❿

**Porteur d'eau, Grand Socco**

Tanger se trouve à deux heures environ d'Algésiras, et on peut facilement s'y rendre en ferry pour la journée. En dépit de sa proximité des côtes espagnoles, ce port fondé par les Berbères vers 1000 av. J.-C. procure un vif dépaysement. Tanger vibre des mille couleurs de l'Orient et des rumeurs de sa médina. Dans leurs ateliers situés dans des ruelles cachées, ses artisans fabriquent des objets traditionnels vendus dans les boutiques et sur les éventaires des rues commerçantes. À deux pas, des grilles de fer forgé laissent entrevoir des cours fraîches et paisibles.

### Dar El Makhzen

Place de la Casbah. *09 93 20 97.* *du mer. au lun.*

Le sultan Moulay Ismaïl, qui a unifié le Maroc au XVIIe siècle, fit construire ce palais dans la Casbah. Les sultans y vécurent jusqu'en 1912. Il abrite aujourd'hui un musée qui présente les produits de l'artisanat traditionnel marocain : tapis, céramiques, broderie et fer forgé. Les salles d'exposition aux murs ornés de faïence et aux plafonds de cèdre sculpté, sont disposées autour d'une cour centrale aux piliers finement ciselés. Enfin, la salle de Fez, précédée par une autre cour qui évoque les jardins maures d'Andalousie, expose des corans enluminés.

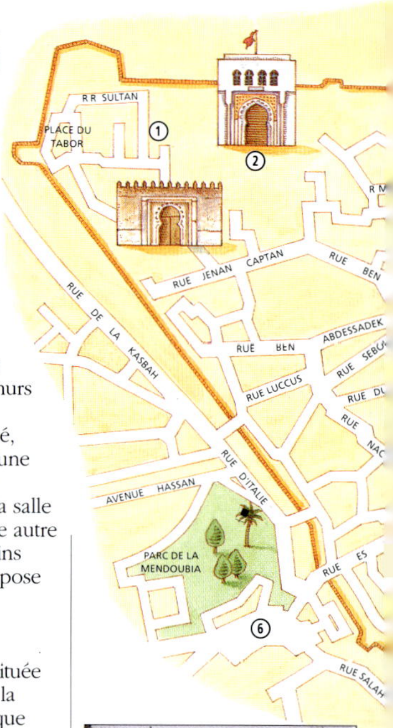


### Casbah

La Casbah, ou citadelle, située au point le plus élevé de la Médina, remonte à l'époque romaine. Les sultans y vivaient avec leur cour, à l'abri de ses solides murailles et de ses quatre portes massives. Des remparts, on découvre un beau point de vue sur la Médina, le port et le détroit de Gibraltar.

Le Dar el-Makhzen et d'autres palais, le trésor, l'ancienne prison et les cours de justice groupées autour de la place Méchouar sont tous situés dans l'enceinte de la Casbah. C'était également le cas des villas où vivaient autrefois des Européens ou des Américains célèbres, comme Paul Bowles, l'auteur du *Réveillon à Tanger* et d'*Un thé au Sahara.*

**Façade du Dar El Makhzen, le musée des Arts traditionnels marocains**

**Le dédale de la Médina vu du Grand Socco**

### Légation américaine

8, Zankat America. ☎ *09 93 53 17.*
*lun., mer. et jeu. ou sur rendez-vous.*

Ce palais, offert par le sultan Moulay Slimane en 1821, a abrité la mission diplomatique des États-Unis jusqu'en 1961. C'est aujourd'hui un musée des Beaux-Arts qui organise régulièrement des expositions.

### Hôtel Continental

Rue Dar El Baroud. ☎ *09 93 10 24.*
*t.l.j.*

De nombreuses intrigues se sont nouées dans cet hôtel. C'est toujours un endroit rêvé pour y boire un thé à la menthe.

### Rue es-Siaghin

C'est la principale artère de la Médina qui offre une profusion extraordinaire de marchandises ; les propriétaires des boutiques sont très habiles.

**MODE D'EMPLOI**

Maroc. **Plan** B5.
*315 000. d'Algésiras par Transmediterránea 956 66 52 00 (ferry et hydrofoil) ; de Gibraltar par TourAfrica 350 77 666.* *29, boulevard Pasteur. 09 94 80 50.*
**Langues :** *arabe ; français.*
**Devises :** *dirham.* **Visa :** *les détenteurs d'un passeport français, belge, suisse ou canadien, en cours de validité n'en ont pas besoin pour un séjour de moins de 90 jours.*

**La façade richement ornée de la Grande Mosquée**

0 100 m

**LÉGENDE**

- Anciens murs de la ville
- Église
- Mosquée

**LA VILLE D'UN COUP D'ŒIL**

Légation americaine ⑦
Dar El Makhzen ①
Grande Mosquée ④
Grand Socco ⑥
Hôtel Continental ③
Casbah ②
Rue es-Siaghin ⑤

### Grande Mosquée

Des minarets vert et blanc dominent cet édifice massif, construit au XVII^e siècle par le sultan Moulay Ismaïl. Une porte admirablement ornée laisse imaginer qu'elle renferme des trésors. Mais les non-musulmans n'y sont pas admis.

### Grand Socco

Les habitants des montagnes du Rif viennent troquer leurs produits sur cette grand-place très animée. Son nom officiel, place du 9-avril-1947, commémore une visite du sultan Mohammed V.

**L'ÈRE DE LA ZONE INTERNATIONALE**

De 1932 à son incorporation au Maroc en 1956, Tanger a été une zone internationale, exempte de droits de douane et contrôlée par un comité de trente pays. Pendant cette période, la ville fut un vrai paradis pour les espions et les contrebandiers. Mais Tanger a également attiré des artistes célèbres comme Henri Matisse, Joseph Kessel, Camille Saint-Saëns, Paul Morand, Kees Van Dongen, Jack Kerouac ou Orson Welles.

**Orson Welles hanta autrefois les rues de Tanger**

# Gibraltar ⓫

**Un magot de Gibraltar**

La Grande-Bretagne s'est emparée de Gibraltar en 1704, au cours de la guerre de Succession d'Espagne (*p. 50*). Neuf ans plus tard, le Rocher lui a été attribué « à perpétuité » par le traité d'Utrecht ; depuis, elle invoque toujours cette clause face aux prétentions de l'Espagne. Véritable verrou de la Méditerranée, Gibraltar a joué un rôle essentiel à l'époque coloniale. Chaque année, près de 4 millions de personnes passent la frontière à La Línea pour visiter ce petit morceau d'Angleterre greffé au flanc de l'Andalousie, avec ses pubs, ses *fish and chips*, sa livre sterling et ses *bobbies*. La plupart des visiteurs sont des Espagnols attirés par les boutiques hors-taxe.

**Le Donjon**
*La partie basse de ce château maure bâti au VIIIᵉ siècle sert toujours de prison.*

**Galeries du Siège**
*Les casernes souterraines occupent 80 km de galeries.*

**Frontière espagnole**

**La piste de l'aéroport** de Gibraltar enjambe la route de La Línea.

**Téléphérique**
*Un téléphérique fonctionne du centre de la ville au sommet du Rocher. Culminant à 425 m d'altitude, il est souvent noyé dans la brume.*

**Grotte de St Michael**
*Durant la Seconde Guerre mondiale, ces grottes abritaient un hôpital militaire. On y donne aujourd'hui des concerts.*

**MODE D'EMPLOI**

*Royaume-Uni.* **Plan** C5. *31 500. Gibraltar. Gare de Waterport. Square de la cathédrale, maison du duc de Kent. 9567 74 950. mer., sam. Fête nationale (10 sept.).* **Gibraltar Museum** *du lun. au sam. jours fériés.* **Donjon, tunnels, grotte de St Michael's, ravin** *t.l.j. Noël, jour de l'an.* **Devise :** *livre de Gibraltar, livre sterling.* **Visa :** *non requis pour les ressortissants de l'Union européenne, de la Suisse et du Canada.*

**Le ravin des Singes** abrite les singes sans queue de Gibraltar. On prétend que les Anglais conserveront le Rocher tant que les singes y vivront.

À l'extrême sud, **Europa Point** regarde au-delà du détroit, vers le Maghreb.

Il fallait deux heures pour charger **ce canon** installé en 1884, qui pouvait tirer des obus de 910 kg.

**Station de téléphérique**

**Le Gibraltar Museum**
*Construit sur les fondations d'un bain maure, ce musée présente l'histoire de Gibraltar sous l'autorité britannique.*

**La Línea de la Concepción**

## La Línea de la Concepción ⓬

Cadix. **Plan** C5. *70 000. Avenida de 20 Abril s/n. 956 76 99 50. mer.*

La Línea est la ville située du côté espagnol de la frontière. Son nom évoque l'ancien mur de démarcation, démoli lors de l'invasion napoléonienne pour empêcher les Français de l'utiliser. C'est maintenant une ville très animée, et ses nombreux hôtels attirent les visiteurs, car ils proposent des prix bien plus intéressants que ceux de Gibraltar.

**L'élégante marina de Sotogrande**

## Sotogrande ⓭

Cadix. **Plan** C5. *2 600. San Roque. Ayuntamiento, Plaza de Armas 13, San Roque. 956 78 01 06. dim.*

Les citoyens aisés de Gibraltar résident dans les belles villas à Sotogrande, une élégante localité résidentielle située au nord de Gibraltar, sur la Costa del Sol. Ils disposent d'un port de plaisance, rempli de yachts splendides. Les terrains de golf sont impeccablement entretenus et les restaurants ne manquent pas (*p. 30*).

# Découvrir les pueblos blancos ⓮

Dans cette région de l'Andalousie, s'installer dans les plaines signifiait être à la merci des razzias. C'est pourquoi les habitants préféraient vivre dans des villages fortifiés. L'aspect de ces *pueblos blancos* – ainsi nommés en raison de leurs maisons blanches, fidèles à la tradition mauresque – semble être resté inchangé depuis des siècles. Ce circuit vous donnera l'impression de traverser l'histoire mais ces villages pittoresques sont aujourd'hui avant tout des bourgs agricoles très actifs.

**Zahara de la Sierra** ③ Ce beau « *village blanc* », accroché au flanc d'une colline et dominé par les ruines d'un château, a été classé monument national.

**Ubrique** ② Nichée au pied de la Sierra de Ubrique, la ville est maintenant un centre prospère spécialisé dans la maroquinerie.

**Grazalema** ④ Situé au cœur du parc naturel de la Sierra de Grazalema, ce village détient le record pluviométrique d'Espagne.

**Arcos de la Frontera** ① Située en un point stratégique, cette ville est fortifiée depuis des siècles. Elle offre des vues plongeant sur la vallée du Guadalete.

**Jimena de la Frontera** ⑧ Le village est entouré de collines couvertes de chênes-lièges et d'oliviers, où les taureaux paissent en liberté. Un château maure en ruine – ouvert au public – le domine.

**Gaucín** ⑦ On y découvre un panorama sans équivalent embrassant la Méditerranée, l'Atlantique, le rocher de Gibraltar et, au-delà du détroit, les montagnes du Rif au Maroc.

**Setenil** ⑤
Ce village blanc, en partie troglodytique, est construit au flanc d'une gorge creusée dans le tuf par le río Trejo.

**Ronda** ⑥
Efficacement protégée par la gorge du Tajo, Ronda fut l'une des dernières villes reprises aux Maures. C'est le berceau de la tauromachie (*p. 168-169*).

**Légende**

Itinéraire proposé

Autres routes

**Carnet de route**

***Itinéraire :*** *205 km.*
***Où faire une pause ?*** *Ronda offre un vaste choix d'hôtels* (p. 208) *et de restaurants* (p. 220). *Arcos de la Frontera possède un parador* (p. 207), *des hôtels et des restaurants. Gaucín, Jimena de la Frontera et Zahara de la Sierra possèdent également plusieurs hôtels et restaurants. Grazalema et Setenil possèdent un hôtel, ainsi qu'Ubrique.*

## Arcos de la Frontera 15

Cadix. **Plan** B4. 30 000. *Plaza del Cabíldo s/n. 956 70 22 64.* *ven.*

Le site d'Arcos est habité depuis la préhistoire. Sa position stratégique a favorisé l'implantation, de la ville romaine d'Arcobriga, puis, plus tard, de la citadelle de Medina Arkosh, sous le califat de Cordoue (*p. 44*). La ville a été prise en 1264 par les troupes d'Alphonse X (*p. 46*).

Arcos semble être l'archétype de la ville blanche d'origine maure, avec son dédale de ruelles qui serpentent vers un château médiéval. Son cœur est constitué par la Plaza de España dont l'un des côtés offre un splendide point de vue sur la plaine brûlée par le soleil. La place est bordée par un superbe **parador** (*p. 207*) et par l'**Iglesia de Santa María de la Asunción**, un édifice de style gothique tardif et baroque qui possède des stalles et un retable dignes d'intérêt ; un petit musée abrite le trésor de l'église. **San Pedro** est une église gothique massive bâtie près de la falaise. De son clocher trapu, on peut contempler l'à-pic et le Guadalete qui coule au fond de la gorge. À côté, le **Palacio del Mayorazgo** possède une façade Renaissance très décorée. L'**Ayuntamiento** présente de beaux plafonds mudéjars.

**Palacio del Mayorazgo**
Calle San Pedro 2. *956 70 30 13 (Casa de Cultura).* *du lun. au ven.* *jours fériés.*

**Ayuntamiento**
*Plaza del Cabíldo 1.* *956 70 00 02.* *sur demande.* *jours fériés.*

**Le théâtre romain, au cœur des ruines d'Acinipo (Ronda la Vieja)**

## Ronda la Vieja 16

Málaga. **Plan** C4. *Ronda.* *95 287 12 72* *Plaza España 1.* *11 h-17 h mar.-sam., 11 h-15 h dim.*

Ronda la Vieja est le nom donné aux vestiges de la cité romaine d'Acinipo, à 12 km au nord-ouest de Ronda (*p. 168-169*). Prospère au Ier siècle apr. J.-C., elle déclina ensuite, sans doute parce que sa position la rendait plus difficile à défendre que sa voisine Arunda, l'actuelle Ronda, qui se développa alors.

Les ruines sont magnifiquement situées à flanc de colline. Le monument le plus important est le théâtre, mais, en parcourant le site, on peut encore distinguer les fondations des maisons, du forum et des autres édifices.

À 22 km de Ronda la Vieja, en suivant la C 339, les **Cuevas de la Pileta** renferment de belles peintures rupestres datées de 25000 av. J.-C. (*p. 41*).

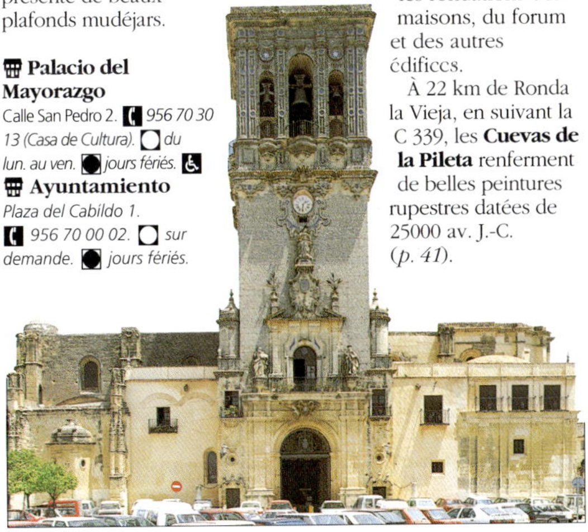

**L'église baroque Santa María de la Asunción**

# Ronda pas à pas ⓱

Assiette peinte à la main, Ronda

Ronda est bâtie sur un plateau entaillé par une gorge profonde. Véritable nid d'aigle, la ville fut l'un des derniers bastions musulmans en Andalousie : les Chrétiens ne s'en emparèrent qu'en 1485. La vieille ville maure est perchée au sud de la faille. C'est un *pueblo blanco* caractéristique (*p. 166*), aux murs d'une blancheur aveuglante, aux ruelles pavées de galets, aux fenêtres protégées de grilles de fer forgé. De l'autre côté de la gorge, la ville moderne, El Mercadillo, possède la plus ancienne plaza de Toros d'Espagne.

**★ Puente Nuevo**
*À la fin du XVIII^e siècle, la construction de ce pont qui enjambe la gorge constitua un véritable exploit technique.*

**Casa del Rey Moro**
*De ce palais du XVIII^e siècle construit sur les fondations d'un palais maure, 365 marches mènent à la rivière.*

**Vers El Mercadillo, les arènes et le Parador de Ronda (*p. 208*)**

**Le Convento de Santo Domingo** était le siège local de l'Inquisition.

**Mirador El Campillo**

**★ Palacio Mondragón**
*Ce palais a été en grande partie reconstruit après la Reconquista* (p. 46-47), *mais son patio à arcades est orné de mosaïques et de stucs maures d'origine.*

**À NE PAS MANQUER**

**★ Le Palacio Mondragón**

**★ Le Puente Nuevo**

**Palacio del Marqués de Salvatierra**
*D'étranges représentations de scènes bibliques et d'Indiens d'Amérique ornent la façade de ce palais de style Renaissance construit au* XVIII*e s.*

### MODE D'EMPLOI

Málaga. **Plan** C4. *40 000. Avda Andalucía s/n. 95 287 16 73. Pl Concesión García Redondo. 95 287 22 62. Plaza de España 1. 95 287 12 72. dim. Virgen de la Paz (24 janv.), Semaine sainte (Pâques), Feria du printemps (21 mai), Feria de Pedro Romero (sept.).* **Casa del Rey Moro** *jardins seult.* **Palacio del Marqués de Salvatierra** *du lun. au mer., ven., sam. 25 juil-15 sept.* **Palacio Mondragón** *t.l.j.* **Plaza de Toros and Museo Taurino** *t.l.j.*

**Santa María la Mayor**
*Le minaret et le mihrab de la mosquée du* XIII*e siècle qui se trouvait jadis à la place de cette église ont subsisté.*

**Ayuntamiento**
*L'hôtel de ville composite a été remanié au* XX*e siècle. Il présente une façade à deux étages d'arcades et possède un plafond mudéjar.*

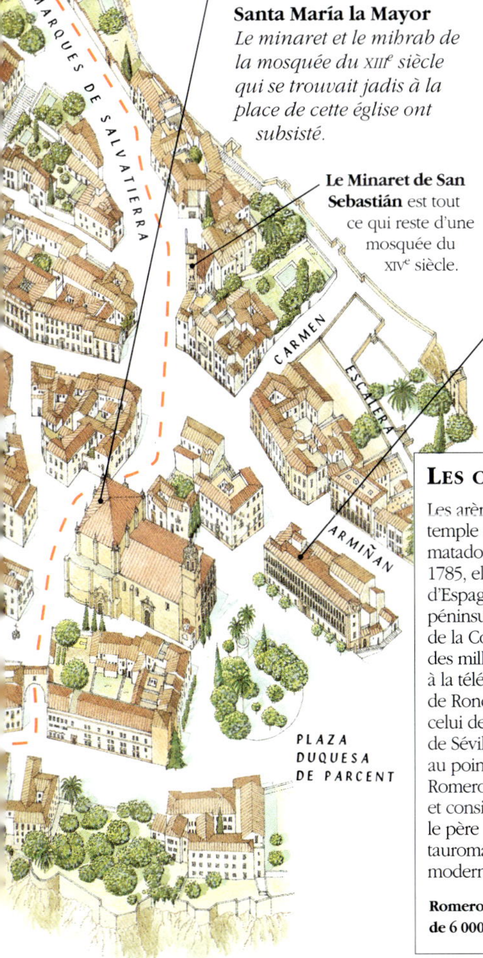


**Vers le Puente Viejo, et les Baños Arabes**

**Le Minaret de San Sebastián** est tout ce qui reste d'une mosquée du XIVe siècle.

**LÉGENDE**

— — — Itinéraire conseillé

### LES CORRIDAS À RONDA

Les arènes de Ronda sont considérées comme le temple de la tauromachie et chaque aspirant matador rêve de s'y produire. Inaugurées en 1785, elles sont parmi les plus importantes d'Espagne. Des *aficionados* viennent de toute la péninsule pour jouir de l'atmosphère singulière de la Corrida Goyesca (*p. 34*), que des millions de personnes suivent à la télévision. Le style classique de Ronda, plus austère que celui de l'exubérante école de Séville, a été mis au point par Pedro Romero, né en 1754 et considéré comme le père de la tauromachie moderne.

**Romero, qui tua plus de 6 000 taureaux**

## Carratraca 18

Málaga. **Plan** C4. *900.*
*Glorieta 1. 95 245 80 16.*
*sam.*

Une route de montagne sinueuse mène à ce petit village qui, au siècle dernier, attirait l'élite de la société européenne et les membres des familles régnantes. Alexandre Dumas et l'impératrice Eugénie y ont séjourné. Toutes ces célébrités venaient à Carratraca pour les vertus de ses eaux sulfureuses.

Aujourd'hui, avec son relent de gloire passée, son casino fermé depuis longtemps et son Hostal el Príncipe vide – alors qu'il regorgeait autrefois de curistes –, le village semble être à l'abandon. Pourtant, la pénétrante odeur de soufre qui flotte dans l'air atteste que la source n'est pas tarie. L'eau continue à jaillir du flanc de la montagne, avec un débit de 700 litres par minute. Les installations thermales extérieures sont toujours en service.

**Les thermes de Carratraca : source chaude en plein air**

## Álora 19

Málaga. **Plan** C4. *13 000.*
*Avenida Constitución s/n. 95 249 83 80.* *lun.*

*Pueblo blanco* caractéristique (*p. 166-167*) de la vallée du río Guadalhorce, Álora est un gros bourg agricole. Il domine un paysage de champs de blé et de vergers plantés d'agrumes.

Ses ruelles pavées de galets rayonnent à partir de l'**Iglesia de la Encarnación**, qui date du XVIIIe siècle. Chaque semaine, un marché animé envahit les rues voisines. Sur la plus haute des collines qui dominent Álora se trouve le **Castillo** et un cimetière bien entretenu.

**Castillo**
Calle Ancha. *95 249 83 80 (office du tourisme).* *t.l.j.*

**La Garganta del Chorro, le profond cañon creusé par le río Guadalhorce**

## Garganta del Chorro 20

Málaga. **Plan** C4. *El Chorro.* *Parque Ardales.* *Avenida Constitución s/n. 95 249 83 80.*

À 12 km en amont d'Álora, la vallée fertile du Guadalhorce recèle une des merveilles naturelles de l'Espagne. La gorge du Chorro est une immense brèche de 180 m de profondeur, taillée dans la roche calcaire. À certains endroits, elle mesure à peine 10 mètres de large et le torrent impétueux chargé d'écume blanche s'y engouffre en mugissant. Toutefois, la centrale hydroélectrique qui a été implantée à la sortie du cañon jure quelque peu avec la nature sauvage du lieu.

Le **Camino del Rey** permet de bien apprécier les dimensions vertigineuses de la gorge. Ce sentier à pic doit son nom au roi Alphonse XIII, qui l'a inauguré en 1924. Accroché à la paroi rocheuse, il passe d'un côté du cañon à l'autre en empruntant un pont précaire. On y accède par le village d'**El Chorro**.

## Fuente de Piedra 21

Málaga. **Plan** C4.
*Antequera. 95 211 17 15.*

La Laguna de la Fuente de Piedra est le plus grand des lacs qui se sont formés dans cette région de marais, au nord d'Antequera. Il abrite une foule d'oiseaux, notamment des flamants roses : chaque année, en mars, jusqu'à 25 000 spécimens viennent s'y reproduire. Ensuite, ils regagnent l'Afrique de l'Ouest pour y passer l'hiver. On peut également y voir des grues, des hérons, des guêpiers, des aigrettes gazette, ainsi que plusieurs variétés de canards et d'oies. Leur nombre a augmenté considérablement depuis que la région est devenue une réserve naturelle et que l'on a instauré des lois pour les protéger et interdire de les chasser.

Une route transversale partant de la N 334 mène au bord du lac, où l'on peut observer à loisir les oiseaux. Attention, il est interdit de pénétrer dans l'eau !

**Arco de los Gigantes (XVIe siècle) à Antequera**

## Antequera 22

Málaga. **Plan** D4. *40 000.* *Plaza San Sebastián 7. 95 270 25 05.* *mar.*

L'ancienne Anticaria des Romains est une ville commerçante de la vallée du Guadalhorce, au marché animé. Elle joua autrefois un rôle stratégique : c'était une ville fortifiée maure qui participait à la défense du royaume de Grenade.

Antequera possède de nombreuses églises, dont celle de **Nuestra Señora del Carmen** qui renferme un exubérant retable baroque. À l'ouest de la ville, la **Plaza de Toros** du XIXe siècle abrite également un musée de la tauromachie. Perché sur une colline qui domine la cité, le **Castillo Arabe**, l'ancienne forteresse maure, a été bâti au XIIIe siècle sur le site d'un ancien fort romain. On ne peut pas y pénétrer, mais on peut suivre sa muraille, après être passé sous l'**Arco de los Gigantes**, édifié au XVIe siècle. Le **Palacio de Nájera** abrite le Musée municipal ; parmi les œuvres présentées, la plus remarquable est une statue de bronze romaine qui représente un éphèbe.

**Formations rocheuses calcaires du Parc naturel du Torcal**

On peut voir d'énormes dolmens préhistoriques à la sortie nord-est de la ville. On pense qu'ils ont entre 3 800 et 4 500 ans et qu'ils ont probablement servi de chambres funéraires aux chefs des premières tribus installées dans la région.

**Plaza de Toros**
Crta de Sevilla s/n. *95 284 58 85.* *du mar. au dim.* **Museo Taurino** *sam, dim., jours fériés.*

**Palacio de Nájera**
Coso Viejo s/n. *95 270 40 51.* *du mar. au dim.* *jours fériés.*

## El Torcal 23

Málaga. **Plan** D4. *Antequera.* *Antequera. 95 270 25 05.*

Le **Parque Naturale del Torcal** est une énorme butte de calcaire exposée au vent et à la pluie, lesquels ont donné ses formes bizarres. Il offre un vaste réseau de sentiers à partir d'un centre d'accueil. Les promenades de moins de deux heures sont jalonnées de flèches jaunes ; les circuits plus longs sont marqués de rouge. Dans le parc naturel, on peut découvrir des gorges, des grottes, des rochers en forme de champignon et de nombreuses autres curiosités géologiques. Les amateurs de faune peuvent également y rencontrer des renards, des belettes, des aigles, des faucons et des vautours.

## Archidona 24

Málaga. **Plan** D4. *11 000.* *Plaza Ochavada 2. 95 271 64 79.* *lun.*

Cette petite ville mérite que l'on s'y arrête pour voir son extraordinaire **Plaza Ochavada**, une place octogonale construite au XVIIIe siècle dans un style français, qui reprend certains éléments andalous traditionnels.

L'**Ermita Virgen de Gracia** offre un beau point de vue sur la campagne environnante.

**La place octogonale Ochavada (XVIIIe siècle) à Archidona**

## Nerja ㉕

Málaga. **Plan** D4. 15 000. *Calle Puerta del Mar 2. 95 252 15 31.* *mar.*

Cette station à la mode, située à l'extrémité orientale de la Costa del Sol, au pied de la belle Sierra de Almijara, est perchée sur une falaise qui surplombe une succession d'anses sablonneuses. La partie la plus animée de la cité est une promenade aménagée le long du promontoire rocheux baptisé **El Balcón de Europa** (le Balcon de l'Europe). Elle est bordée d'une série de cafés et de restaurants dont les terrasses offrent une belle vue d'ensemble sur la côte. À la périphérie de Nerja, on construit de plus en plus de résidences de vacances, aussi bien des villas, dotées pour la plupart d'une piscine privée,

La ville de Nerja domine la mer depuis le Balcón de Europa

et d'une pelouse verdoyante, que des immeubles en copropriété.

En 1959, on a découvert au nord-est de la ville une série de grottes d'un grand intérêt archéologique, les **Cuevas de Nerja**. Les peintures rupestres *(p. 40)* qu'elles abritent ont environ 20 000 ans.

Seules quelques-unes des immenses salles sont ouvertes au public. L'une d'elles a été transformée en un étonnant auditorium souterrain.

**Cuevas de Nerja**
Carretera de las Cuevas de Nerja.
*95 252 95 20.* *t.l.j.*

## Málaga ㉘

Málaga. **Plan** D4. *600 000.* *Pasaje de Chinitas 4. 95 221 34 45.* *dim.*

Port prospère, Málaga est la deuxième ville d'Andalousie. La première impression du visiteur est peu flatteuse, à la vue de ses laides banlieues, de ses piètres tours d'habitation et de ses grues rouillées. Pourtant, Málaga est une ville chargée d'histoire, qui exprime bien l'âme vibrante de l'Andalousie.

La ville phénicienne de Malaca *(p. 40-41)* était un important comptoir commercial de la péninsule ibérique. Après la victoire de Rome sur Carthage en 206 av. J.-C. *(p. 42)*, elle devint un port romain très actif qui commerçait avec Byzance. Mais l'âge d'or de Málaga se situe après 711 : les Maures en firent le principal débouché maritime de Grenade. Puis la ville fut prise par les chrétiens en 1487 après un siège sanglant. Les derniers Maures furent expulsés *(p. 48-49)* après s'être révoltés sans succès.

Après un long déclin, la ville a retrouvé une certaine prospérité au XIXe siècle, grâce à son vin apprécié dans toute l'Europe. Malheureusement, le phylloxéra, la terrible maladie de la vigne qui faisait alors des ravages, atteignit Málaga, ruinant ses vignobles.

Cathédrale de Málaga, détail de la façade

La cathédrale, véritable cœur de la vieille ville, a été commencée en 1528 par Diego de Siloé, mais elle présente un curieux mélange de styles. Sa construction a été interrompue par un tremblement de terre en 1680. Puis en 1765 on a renoncé à achever la seconde tour, car les fonds manquaient. C'est pourquoi elle est surnommée La Manquita (la Manchote).

Le **Museo de Bellas Artes** possède quelques belles toiles de Murillo, de Ribera, de Zurbarán et de Morales et un certain nombre d'œuvres de jeunesse de Pablo Picasso

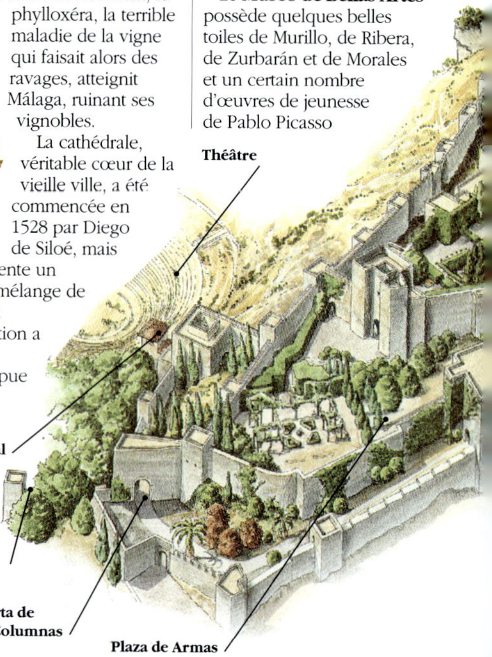

## Vélez Málaga ㉖

Málaga. **Plan** D4. 55 000.
*Avda Andalucia 119, Torre del Mar. 95 254 11 04.* *jeu.*

À 5 km de Torre del Mar, à l'intérieur des terres se trouve le bourg commerçant de Vélez Malaga, situé dans la vallée fertile du río Vélez. Sa partie moderne est industrielle, mais la vieille ville maure est dominée par la **Fortaleza de Vélez**, une forteresse dont une tour restaurée se découpe de façon spectaculaire au sommet d'un affleurement rocheux.

Juste en dessous du château, le **quartier** médiéval de **San Sebastián** présente des ruelles pavées de galets sombres et des fenêtres ornées de grilles de fer forgé. Vélez possède deux églises dignes d'intérêt, **Santa María la Mayor**, qui a conservé un minaret maure d'origine et **Nuestra Señora de la Encarnación**, qui fut une église wisigothique puis une mosquée.

### Fortaleza de Vélez

Vélez Málaga Alta. *t.l.j.*

**Une rue étroite du Barrio de San Sebastián, Vélez Málaga**

## Montes de Málaga ㉗

Málaga. **Plan** D4. *vers Colmenar.*
*Consejeria de Medio Ambiante. 95 204 11 00.*

Au nord et à l'est de Málaga s'étendent les belles collines des Montes de Málaga. Elles forment le **Parque Natural de Montes de Málaga** où la faune prospère dans les broussailles parfumées de lavande et d'autres plantes aromatiques sauvages. De temps en temps, on aperçoit des chats sauvages et des oiseaux de proie.

Les randonneurs peuvent suivre des chemins balisés. Une ferme a été restaurée et convertie en musée ethnologique. Entre Málaga et le parc, la C 345 offre de magnifiques points de vue sur la mer située en contrebas.

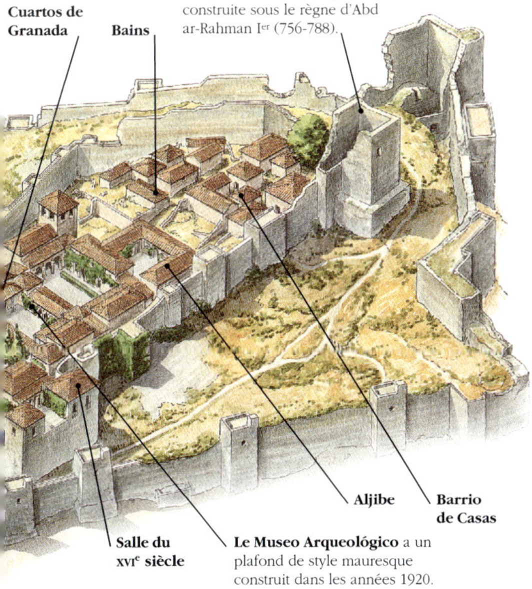


**L'Alcazaba de Málaga**

*La vaste forteresse de Málaga a été édifiée entre le VIIIe et le XIVe siècle, sur le site d'une ville romaine. En 1951, on a découvert un théâtre du Ier s. apr. J.-C. – qui n'a été que partiellement mis au jour – juste devant l'entrée de l'Alcazaba. Le Museo Arqueológico est vraiment digne d'intérêt : il abrite une collection d'objets phéniciens, romains et maures, entre autres de belles céramiques.*

*(p. 52)*, qui est né à Málaga. La **Casa Natal de Picasso**, où le célèbre peintre a passé ses premières années, est désormais le siège de la Fondation Picasso.

Le **Castillo de Gibralfaro**, un château maure en ruine du XIVe siècle, se trouve sur la colline située juste derrière l'Alcazaba. On découvre alors un beau point de vue sur la vieille ville, le port et les arènes de Málaga, situés juste en dessous. La route du Parador mène elle aussi au sommet de la colline et offre également de belles échappées sur la ville.

À l'est de Málaga, sur la route de Vélez Málaga, se trouve la plage familiale de Rincón de la Victoria *(p.31)*.

### Museo de Bellas Artes

Calle San Agustín 8. *95 221 83 82.* *pdt déménagement.*

### Casa Natal de Picasso

Plaza de la Merced 15. *95 221 50 05.* *t.l.j.*

### Castillo de Gibralfaro

*t.l.j.*

### Alcazaba

Calle Alcazabilla s/n. *95 221 60 05.* *du mer. au lun.* *(inclus le Museo Arqueológico).*

### Museo Arqueológico

Calle Alcazabilla. *95 221 60 05.* *du mer. au lun.*

**Torremolinos, la capitale touristique tapageuse de la Costa del Sol**

## Torremolinos ㉙

Málaga. **Plan** D4. 36 000.
Plaza Blas Infante 1. 95 237 95 51.
*jeu.*

Torremolinos a joué un rôle pionnier dans le développement du tourisme de masse sur cette partie de la côte espagnole. Jusqu'au milieu des années 70, la station a connu un franc succès. Par la suite, elle a été victime de sa propre fortune, symbolisant les excès d'une croissance anarchique.

L'ancien village des années 50 est devenue une véritable ville hérissée de grands immeubles. Située sur un promontoire qui sépare deux plages, elle est l'une des stations les plus fréquentées et les plus tapageuses de la Costa del Sol, où une clientèle essentiellement britannique, allemande et scandinave venait passer des vacances à bon marché. Récemment, la ville a bénéficié de transformations : on a dépensé des fortunes pour élargir les plages en répandant des millions de tonnes de fin sable doré, pour aménager des places, une promenade et des espaces verts.

Les bars anglais sont toujours nombreux à Torremolinos, mais l'atmosphère de la station est de moins en moins turbulente, en particulier sur la plage de Carihuela, proche de la station voisine de Benalmádena. La plage de Bajondillo, elle, jouxte le centre animé de la ville. Comme le reste de la Costa del Sol, Torremolinos est aussi fréquenté en hiver qu'en été.

## Fuengirola ㉚

Málaga. **Plan** C4. 43 000.
*Avda Jesús Santos Rein 6. 95 246 74 57.* *mar., sam. et dim.*

Allongée au pied des montagnes grises et ocres de la Serranía de Ronda, Fuengirola est situé dans un site magnifique. On peut y voir les ruines du château que fit construire Abd ar-Rahman III au bord du fleuve. Avec 6 800 m de plages, la ville est devenue une station balnéaire destinée au tourisme de masse. Toutefois, au cours des dernières années, certains des éléments les plus excentriques de sa clientèle principalement britannique ont émigré vers d'autres cieux. Aujourd'hui, c'est surtout un public familial qui vient y passer les vacances d'été. On peut assister à des fêtes locales.

**Caisses de poisson frais, Fuengirola**

## Marbella ㉛

Málaga. **Plan** C4. 80 000.
*Glorieta de la Fontanilla s/n. 95 277 14 42.* *lun.*

Offrant un vif contraste avec Torremolinos et Fuengirola, Marbella est l'une des stations balnéaires les plus huppées d'Europe. Les familles royales, les stars de cinéma et d'autres membres de la jet set internationale y passent leurs vacances dans des villas élégantes ou

**Yachts et vedettes à moteur dans la marina très fermée de Marbella – lieu de villégiature très huppé**

Lithographie représentant le port de Málaga au XIXe siècle

### VIVRE AU SOLEIL

On imagine souvent que la Costa del Sol était habitée par des pêcheurs au rythme de vie harmonieux. Il est vrai que l'invasion du tourisme a ruiné l'économie traditionnelle, basée sur la pêche et l'agriculture, et la beauté naturelle de la côte. Mais la réalité décrite en 1936 par l'écrivain anglais Laurie Lee était moins idyllique : il se souvient « [...] des villages de pêcheurs où des hommes à la poitrine étroite, dans leur haine de la mer, maudissaient leur place au soleil ». Aujourd'hui, les Andalous ne maudissent guère leur prospérité.

séjournent dans l'un de ses luxueux hôtels cinq étoiles. En hiver, la principale distraction locale est le golf (*p. 30-31*). À quelques pas des hôtels les plus élégants, la vieille ville, aux ruelles, aux places et aux cours d'une propreté immaculée, regorge de restaurants mondains. Le plus chic est de manger en terrasse sur la **Plaza de los Naranjos**. L'**Ayuntamiento** (l'hôtel de ville), qui donne sur la place, possède un beau plafond mudéjar à caissons. Non loin, l'**église Nuestra Señora de la Encarnación** est un havre de paix et de fraîcheur. Les admirateurs de Picasso peuvent aller voir certaines de ses gravures les moins connues, exposées au **Museo del Grabado Español Contemporáneo** (musée de gravure espagnole contemporaine).

**Museo del Grabado Español Contemporáneo**
C/ Hospital Bazan s/n. *95 282 50 35.* *du dim. au ven.* *jours fériés.*

**Ayuntamiento**
Plaza de los Naranjos 1. *95 276 11 00.* *du lun. au ven.*

## San Pedro de Alcántara 32

Málaga. **Plan** D4. *28 000.* *Avda Marques del Duero, 69. 95 278 52 52.* *jeu.*

San Pedro est une petite station assez élégante et paisible qui vit dans l'orbite de Marbella. Son atmosphère est sereine, en particulier sur la Plaza de la Iglesia, située en retrait du port de plaisance. La plupart de ses élégantes résidences de vacances sont implantées à la lisière de la ville, au milieu des terrains de golf (*p. 30-31*), au pied de la Sierra Blanca.

## Estepona 33

Málaga. **Plan** C5. *40 000.* *Avda San Lorenzo 1. 95 280 09 13.* *mer. et dim.*

Cet ancien village de pêcheurs situé à mi-chemin entre Marbella et Gibraltar ne semble pas particulièrement séduisant à première vue, avec ses grands hôtels et ses immeubles longeant la côte, mais on peut noter son caractère typiquement espagnol : des orangers bordent les rues et les paisibles **Plaza Arce** et **Plaza de las Flores**, où des hommes âgés lisent le journal assis sur les bancs, pendant que des enfants jouent au football autour d'eux. Estepona possède aussi quelques bons restaurants de poisson et des bars à tapas relativement bon marché. La plage est assez agréable et les soirées de cette petite station sont plutôt tranquilles. C'est pourquoi elle est fréquentée par des familles accompagnées de jeunes enfants.

Toutefois près d'Estepona, on trouve une plage nudiste à la mode, la Costa Natura (*p. 30-31*).

La place ombragée de las Flores, cachée au cœur d'Estepona

Moment de détente à San Pedro de Alcántara

# GRENADE ET ALMERÍA

*L'est de l'Andalousie est dominé par la Sierra Nevada, la plus haute montagne de la péninsule Ibérique. À ses pieds s'étend Grenade, l'ancienne capitale d'un royaume maure dont le palais, l'Alhambra, semble sorti tout droit des* Mille et Une nuits. *La province de Grenade est parsemée de forteresses en ruine, témoins d'un passé guerrier. Quant à l'intérieur aride de la province d'Almería, les réalisateurs de cinéma l'utilisent aujourd'hui pour y tourner des westerns.*

L'ancienne cité de Grenade, fondée par les Ibères, est située à la jonction de la Sierra Nevada et de la plaine. Pendant plus de deux siècles, elle a été la capitale d'un royaume maure qui comprenait aussi les provinces d'Almería et de Málaga. Sur une crête qui domine la ville se dresse la citadelle royale de l'Alhambra, un splendide ensemble de palais et de jardins.

L'intérieur de la province de Grenade est très montagneux. Sur le flanc sud de la Sierra Nevada, les villages des Alpujarras, entourés de champs en terrasses, semblent se cramponner aux roches escarpées au milieu des ravins.

La province de Grenade jouit d'un climat subtropical qui permet de cultiver des avocatiers et des chérimoliers *(p. 34)*. On y trouve un grand nombre d'hôtels et de résidences de vacances. À l'est de Grenade, le paysage est plus aride. Autour de Guadix, fondée par les Phéniciens, des milliers de gens vivent encore dans des maisons troglodytiques. On a retrouvé à Baza une statue de déesse ibérique antérieure à la conquête romaine et à Los Millares, près d'Almería, les traces d'une implantation humaine vieille de 4 000 ans.

Port prospère à l'époque maure, Almería revit aujourd'hui grâce à une forme originale d'agriculture : de nouvelles serres de plastique vert, permettent de cultiver des fruits et des légumes tout au long de l'année.

Sur la côte peu peuplée du Cabo de Gata, des villages et des baies isolées sommeillent toute l'année au soleil.

**Le château Renaissance de Lacalahorra, au pied de la Sierra Nevada**

◁ **La fontaine de la cour des Lions, à l'Alhambra de Grenade, repose sur le dos de douze lions**

# À la découverte de Grenade et d'Almería

Grenade et l'Alhambra constituent sans doute le principal attrait de la région. Mais celle-ci possède bien d'autres atouts. Grâce à un bon réseau routier, la Sierra Nevada enneigée ou la Costa Tropical aux eaux claires sont à quelques heures de Grenade, ainsi que de jolies villes anciennes dans des sites spectaculaires, comme Montefrío et Alhama de Grenade. En partant d'Almería, on peut aisément se rendre dans la région de Tabernas, qui ressemble à l'Arizona et où l'on a tourné de nombreux « westerns spaghetti », ou encore sur les plages isolées du Parque Natural de Cabo de Gata. Les villages aux murs blancs possèdent tous un charme particulier.

**L'Alhambra, avec les sommets enneigés de la Sierra Nevada à l'arrière-plan**

## La région d'un coup d'œil

Alhama de Grenada 3
*Almería p. 192-193* 18
Almuñécar 6
Baza 14
*Grenade p. 182-189* 5
Guadix 13
Lacalahorra 12
Lanjarón 8
Laujar de Andarax 11
Loja 2
Macael 16
Mojácar 23
Montefrío 1
Níjar 21
Parque Natural de Cabo de Gata 19
Salobreña 7
San José 20
Santa Fé 4
Sierra Nevada 9
Sorbas 22
Tabernas 17
Vélez Blanco 15

**Excursion**
Las Alpujarras 10

**Légende**

- Route principale
- Route secondaire
- Route pittoresque
- Cours d'eau
- Point de vue

**Avenida de Andalucía, la rue principale de Lanjarón**

**Décor typique des « westerns spaghetti », près de Tabernas**

## Circuler

Passant par Grenade la N 342 (Autovía A 92) traverse le nord de la province de Grenade vers l'est de la province d'Almería. La N 340 suit la côte en traversant Almería et la Costa Tropical. La N 323 relie Grenade à la côte de sa province et la C 332 mène aux villages des Alpujarras.

Trois trains par jour circulent entre Grenade et Almería, mais aucune ligne ne dessert la côte. Les autocars, fréquents sur les grands axes à partir de ces deux villes, sont plus rares pour les localités les plus éloignées.

**Les maisons blanches d'Alhama de Granada perchées au bord de la gorge, au milieu des oliviers**

## Montefrío ❶

Grenade. **Plan** D3. *7 500.* *Plaza de España 1. 958 33 60 04.* *lun.*

Quand on arrive à Montefrío par la route, en venant du sud, on découvre un splendide panorama : une théorie de toits de tuiles rouges et de maisons aux murs blancs montant à l'assaut d'un rocher escarpé. Le village est dominé par les vestiges d'une forteresse maure et par l'**église de la Villa**, qui date du XVIe siècle. L'**église** néo-classique **de la Encarnación**, au centre de la ville, serait l'œuvre de l'architecte Ventura Rodríguez (1717-1785). Montefrío est également renommé pour son excellente charcuterie.

**Clocher du Templo de San Gabriel à Loja**

## Loja ❷

Grenade. **Plan** D4. *20 000.* *Plaza Joaquín Costa s/n. 958 32 39 49.* *lun.*

Une forteresse maure en ruine se dresse au-dessus de la vieille ville de Loja, qui avait été érigée en un point stratégique, au bord du *río* Genil. La façade Renaissance du **Templo de San Gabriel** (1566) est l'œuvre de Diego de Siloé. Surnommée la « ville de l'eau », Loja possède plusieurs belles fontaines. À l'est de la ville, l'impétueux *río* Genil pénètre dans les **gorges de Los Infiernos**. À **Riofrío**, plusieurs restaurants servent la truite locale.

## Alhama de Granada ❸

Grenade. **Plan** D4. *6000.* *Calle Vendederas s/n. 958 36 06 86.* *ven.*

Les Arabes appelaient la ville al-Hamma (la source chaude). On peut encore voir d'anciens bains à l'**Hotel Balneario**, à la sortie de la ville. La cuisante défaite subie par les Maures lors de la prise d'Alhama par les chrétiens en 1482 allait mener à brève échéance à l'humiliation finale du royaume nasride de Grenade en 1492 *(p. 46)*.

Le dôme de l'**Iglesia de Carmen**, du XVIe siècle, présente de belles peintures, mais il a été très endommagé durant la guerre civile (*p. 52-53*). D'étroites rues bordées de maisons d'un blanc immaculé mènent à l'**Iglesia de la Encarnación**, fondée par les Rois Catholiques (*p. 46-47*) au XVIe siècle. On dit que certains ornements sacerdotaux encore portés de nos jours ont été brodés par la reine Isabel. L'église possède un remarquable clocher Renaissance construit par Diego de Siloé. À proximité, l'**Hospital de la Reina**, du XVIe siècle, abrite maintenant une bibliothèque et présente un beau plafond à caissons en *(arte sonado)*.

**Hotel Balneario**
Calle Balneario. 958 35 00 11.
10 juin-10 oct.

**Hospital de la Reina**
Calle Vendederas s/n. 958 36 06 86 (off. du tourisme). du lun. au sam.

## Santa Fé ❹

Grenade. **Plan** D4. *12 500.* *Plaza España 2. 958 44 00 00.* *jeu.*

L'armée des Rois Catholiques établit son camp à cet endroit quand elle mit le siège devant Grenade *(p. 46)*. La tente de la reine Isabelle brûla et le roi Ferdinand ordonna alors de construire une ville. Son nom, « Sainte Foi », fut choisi par la reine qui était dévote. C'est à Santa Fé que les Maures présentèrent leur reddition en novembre 1491 et que Christophe Colomb reçut, quelques mois plus tard, l'accord des deux monarques pour effectuer son célèbre voyage (*p. 123*). Une tête coupée de Maure orne symboliquement la flèche de l'église paroissiale.

**Flèche de l'église, Santa Fé**

## Grenade (Granada) ❺

*Voir pages 182-188.*

## Almuñécar ❻

Grenade. **Plan** D4. *21 000.* *Avenida Europa s/n. 958 63 11 25.* *ven.*

Almuñecar se trouve sur la côte la plus spectaculaire du sud de l'Espagne, où l'on cultive la canne à sucre depuis mille ans, la **Costa Tropical** *(p. 30)*. Les Phéniciens y ont fondé un comptoir appelé Sexi, puis les Romains y ont construit un aqueduc qui est toujours en fonction. En 1936, l'écrivain anglais Laurie Lee effectua un long voyage en Espagne. Il décrivit ainsi Almuñecar dans son livre intitulé *Un beau matin d'été :* « Ce petit village proche de la ruine venait mourir le long d'une bande de sable gris qui un jour, certains au moins l'espéraient, attirerait les touristes. »

Almuñecar est effectivement devenu une station balnéaire et des immeubles bordent maintenant ses plages. Le **Castillo de San Miguel** domine la vieille ville. On peut voir dans les environs d'Almuñecar un jardin botanique, le **Parque Ornitológico** et une ancienne fabrique romaine où l'on faisait sécher le poisson. Le **Museo Arqueológico** expose des objets phéniciens.

**Le Castillo de San Miguel domine le village d'Almuñecar**

**Castillo de San Miguel**
*du mar. au dim.*

**Parque Ornitológico**
Plaza de Abderraman s/n. *958 63 11 25.* *t.l.j.*

**Museo Arqueológico Cueva de Siete Palacios**
*Casco Antiguo.* *du mar. au dim.*

## Salobreña ❼

Grenade. **Plan** E4. *10 500.* *Plaza de Goya s/n. 958 61 03 14.* *mar. et ven.*

Vu de loin, Salobreña ressemble à un paquebot blanc voguant sur une mer ondoyante de canne à sucre. Ses étroites ruelles aux maisons blanches grimpent vers la colline fortifiée d'abord par les Phéniciens, puis par les Maures. Du **Castillo Arabe**, qui a été restauré, on peut contempler les pics de la Sierra Nevada *(p. 189)*. La très longue plage de la station est partiellement bordée de constructions modernes.

**Castillo Arabe**
Calle Castillo. *958 61 03 14 (office du tourisme).* *du mar. au dim.*

**Le village de Salobreña au milieu des champs de canne à sucre**

## Lanjarón ❽

Grenade. **Plan** E4. *24 000.* *Ayuntamiento, Plaza de la Constitución. 958 77 00 02.* *mar. et ven.*

De nombreuses sources alimentées par la fonte des neiges dévalent les pentes de la Sierra Nevada et la petite ville thermale de Lanjarón, située au seuil des Alpujarras *(p. 190-191)*, est fréquentée depuis longtemps par les curistes. De juin à octobre, on vient prendre ses eaux réputées. L'eau de Lanjarón est également mise en bouteille et vendue dans toute l'Espagne.

Bien que Lanjarón occupe un site agréable, son atmosphère est en général plutôt mélancolique. La station ne s'anime qu'au début du festival de San Juan *(p. 33)*. On se livre alors à une bataille d'eau très mouvementée. Tous ceux qui osent s'aventurer dans les rues à ce moment-là sont généreusement arrosés.

**Balneario**
Balneario de Lanjarón. *958 77 01 37.* *de mai à oct. t.l.j.*

# Grenade 5

Relief, Museo Arqueológico

Pour le guitariste Andrés Segovia (1893-1987), Grenade était un « lieu de rêve, où le Seigneur a déposé la semence de la musique dans mon âme ». La ville a été la capitale de la dynastie nasride (*p. 46-47*) de 1238 à 1492, date à laquelle les Rois Catholiques s'en sont emparés. À l'époque des Maures, grâce à ses érudits et à ses savants, Grenade était réputée pour être un brillant foyer de culture. Puis, sous la domination chrétienne, la ville s'est couverte d'édifices Renaissance. Après avoir connu une période de déclin au XIXe siècle, Grenade suscite un regain d'intérêt et on s'efforce de faire revivre sa prestigieuse histoire.

Entrée du mihrab du Palacio de la Madraza

### Alhambra et Generalife

*Voir pages 186-188.*

Façade de la cathédrale

### Catedral

Enrique de Egas commença la construction de la cathédrale en 1523. Diego de Siloé, un maître de la Renaissance, poursuivit la construction à partir de 1528 et conçut notamment sa façade. Le magnifique chœur circulaire s'appuie sur de belles colonnes corinthiennes. Sous son dôme, des vitraux du XVIe siècle, de Juan del Campo, représentent la Passion. La façade occidentale est d'Alonso Cano, un artiste baroque né à Grenade et enterré dans la cathédrale, qui abrite un grand nombre de ses œuvres, en particulier dans le chœur des peintures illustrant la vie de la Vierge.

### Capilla Real

La chapelle royale a été érigée entre 1505 et 1507 par Enrique de Egas à l'intention des Rois Catholiques. Une magnifique grille de Maître Bartolomé de Jaén isole les mausolées et le maître-autel. Sur le retable du sculpteur Felipe de Vigarney une scène représente la chute de Grenade (*p. 46-47*). Les gisants en marbre de Carrare de Ferdinand et d'Isabelle ont été sculptés en 1517 par Domenico Fancelli, ceux de leur fille Jeanne la Folle et de son époux Philippe le Beau par Bartolomé Ordóñez.

La sacristie abrite d'autres statues des Rois Catholiques et un grand nombre de trésors artistiques, comme des tableaux de Van der Weyden et de Botticelli, provenant de la collection de la reine Isabelle. La couronne d'Isabelle, l'épée de Ferdinand et les bannières de leurs armées sont exposées dans des vitrines.

### Palacio de la Madraza

Calle Oficios 14. *958 22 34 47.* *du lun. au sam.(r.-d.-ch.)* *août.*

Cet édifice dont la façade date du XVIIIe siècle fut une université arabe, avant de devenir l'hôtel de ville. Il renferme un oratoire du XIVe siècle avec un mihrab finement décoré.

### Corral del Carbón

Calle Mariana Pineda s/n. *958 22 59 90.* *t.l.j.*

Cette cour entourée de portiques était à l'époque maure un caravansérail animé, fréquenté par les marchands. Après la conquête, elle a servi de théâtre, puis de bourse au charbon. Elle abrite aujourd'hui l'office du tourisme central.

### Casa de los Tiros

Calle Pavaneras.

*958 22 10 72.* *au public.*

Ce palais forteresse de style Renaissance, édifié au XVIe siècle, était la demeure d'une grande famille qui avait reçu le Generalife en partage après la chute de Grenade (*p. 46-47*). Elle possédait une épée ayant appartenu à Boabdil (*p. 47*). Elle est représentée sur la façade ornée des statues de Mercure, d'Hercule, de Thésée, d'Hector et de Jason. L'édifice doit son nom aux mousquets qui garnissaient ses créneaux – *tiros* signifie « coup de feu » en espagnol.

Grille de Maître Bartolomé de Jaén fermant le chœur de la Capilla Real

### Mirador de San Nicolás

Cette place est l'endroit idéal pour admirer le coucher du soleil et le spectacle étonnant des toits de tuile dégringolant jusqu'au *río* Darro ; sur l'autre rive, l'Alhambra se dresse sur fond de la Sierra Nevada.

### El Bañuelo

Carrera del Darro 31. ☎ *958 22 59 90.*
*du mar. au sam.* *jours fériés.*
Situés près du río Darro, ces bains maures du XIe siècle possèdent des voûtes de brique, et leurs colonnes incorporent des chapiteaux d'origine romaine, wisigothique et arabe.

### Museo Arqueológico

Carrera del Darro 43. ☎ *958 22 56 40.*
*du mar. au dim.* *jours fériés.*
Le Museo Arqueológico est logé dans la Casa de Castril, un élégant palais Renaissance. Des antiquités ibères, phéniciennes et romaines découvertes dans la province de Grenade y sont présentées.

**Coupole de l'église du Monasterio de la Cartuja**

### Palacio Carlos V

Alhambra. ☎ *958 22 62 79.*
*du mar. au dim.*
*jours fériés.*
Ce palais de Charles Quint, situé dans l'enceinte de l'Alhambra, abrite le Museo Hispano-Musulmán et le très beau Museo de Bellas Artes. Le magnifique vase de l'Alhambra est la pièce maîtresse des collections.

### Monasterio de la Cartuja

Cette chartreuse, fondée en 1516, a été élevée sur un terrain cédé par Gonzalve de Cordoue, le « Gran Capitan ». Une admirable coupole d'Antonio Palomino couronne le sanctuaire. La sacristie churrigueresque (*p. 23*) à l'extraordinaire ornementation est l'œuvre de Luis de Arévalo et du sculpteur Luis Cabello.

# L'Albaicín pas à pas

**Plaque d'une maison d'Albaicín**

C'est dans ce quartier accroché au flanc de la colline opposée à l'Alhambra que l'on retrouve le plus les origines maures de Grenade. L'Albaicín possédait plus de trente mosquées dont on peut encore déceler quelques traces. Les étroites ruelles pavées sont bordées de villas à la décoration mauresque, aux jardins isolés du monde extérieur par de hauts murs. Le soir, quand le parfum du jasmin se répand dans l'air, montez donc au Mirador de San Nicolás. La vision des toits de tuiles et de l'Alhambra rougeoyant au soleil couchant est féerique.

**Rue de l'Albaicín**
*Escarpées, les rues de l'Albaicín forment un labyrinthe. Bien des rues portent le nom de* Cuesta, *qui signifie « montée ».*

**Real Chancillería**
*Organisé par les Rois Catholiques, la chancellerie royale fut achevée en 1587. Son patio est attribué à Siloé.*

**La Casa de los Pisa** expose des œuvres appartenant à l'ordre des Frères hospitaliers, fondé par saint Jean de Dieu au XVIe s.

**★ Iglesia de Santa Ana**
*Sur la plaza Nueva, cette église mudéjare en brique datant du XVIe siècle possède un élégant portail platéresque et un plafond à caissons.*

**À NE PAS MANQUER**

- ★ El Bañuelo
- ★ Museo Arqueológico
- ★ Iglesia de Santa Ana

**Carrera del Darro**
*La voie qui suit le río Darro révèle de belles façades. Tout en haut, la terrasse d'un café offre une vue superbe sur l'Alhambra.*

**★ Museo Arqueológico**
*La façade du musée est ornée de sculptures platéresques, notamment de figures mythologiques.*

## Mode d'emploi

Grenade. **Plan** D4. *250 000.* *12 km sud-est de la ville.* *Avenida de los Andaluces s/n. 958 27 12 72.* *Carretera de Jaen s/n, 958 18 50 10.* *Corral de Carbón. C/ Mariana Pineda s/n. 958 22 59 90.* *sam. et dim.* *Semaine sainte (Pâques), Jour de la croix (3 mai), Corpus Christi (mai/juin).*

**Légende**

Itinéraire conseillé

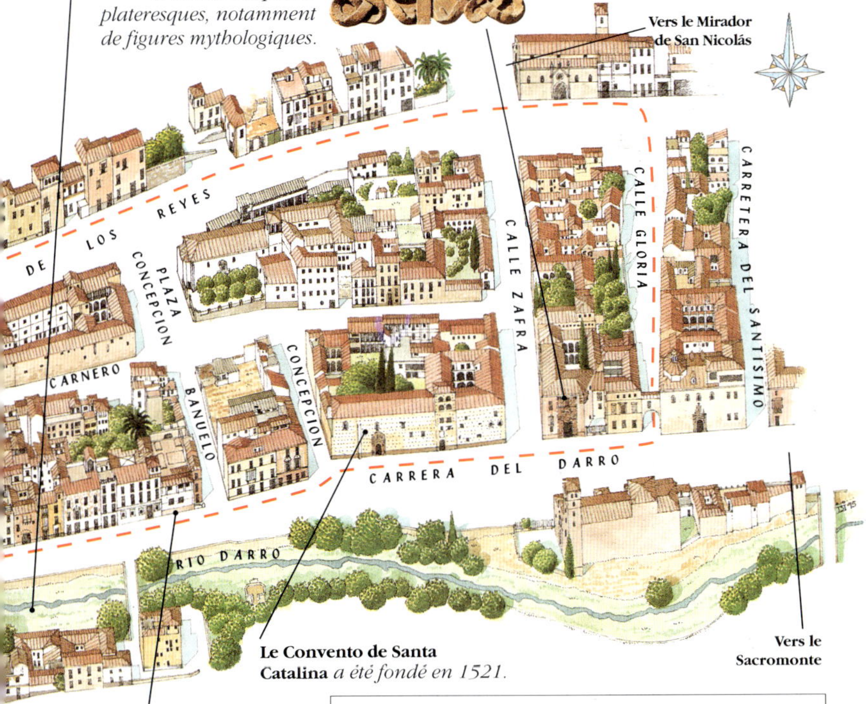


**Le Convento de Santa Catalina** *a été fondé en 1521.*

**★ El Bañuelo**
*De petites ouvertures en forme d'étoile laissent pénétrer la lumière dans ces bains maures du XI^e siècle, bien conservés.*

## Sacromonte

Les gitans de Grenade vivaient autrefois dans les grottes de cette colline. Les voyageurs du siècle dernier pouvaient alors assister à des démonstrations spontanées de flamenco. De nos jours, presque tous les gitans sont partis, mais le soir on y propose, à l'intention des touristes, des spectacles de flamenco de qualité inégale (*p. 230*). Une abbaye bénédictine, l'**Abadía del Sacromonte**, couronne la colline ; elle conserve les reliques de San Cecilio, le saint patron de Grenade.

**Gitans dansant le flamenco, XIX^e siècle**

# L'Alhambra de Grenade

Grâce à une subtile utilisation de l'espace, de l'eau et de l'ornementation, l'Alhambra (la Rouge en arabe) présente un aspect quelque peu immatériel. Cet ensemble de palais a été construit sous la dynastie nasride. Pour exorciser la triste réalité à laquelle ils étaient confrontés – celle d'un pouvoir sur le déclin –, les émirs ont cherché à créer une sorte de paradis sur terre en utilisant, avec un art consommé, des matériaux modestes (de la céramique, du stuc et du bois). Soumis aux injures du temps et au pillage, l'Alhambra a été restaurée avec soin, et cet ensemble reste incomparable.

**★ Salón de Embajadores**
*Le plafond de cette somptueuse salle des Ambassadeurs, construite entre 1334 et 1354, représente les sept ciels de la cosmogonie musulmane.*

**★ Patio de Arrayanes**
*Le bassin de la cour des Myrtes bordé de légères arcades reflète la lumière dans les salles voisines.*

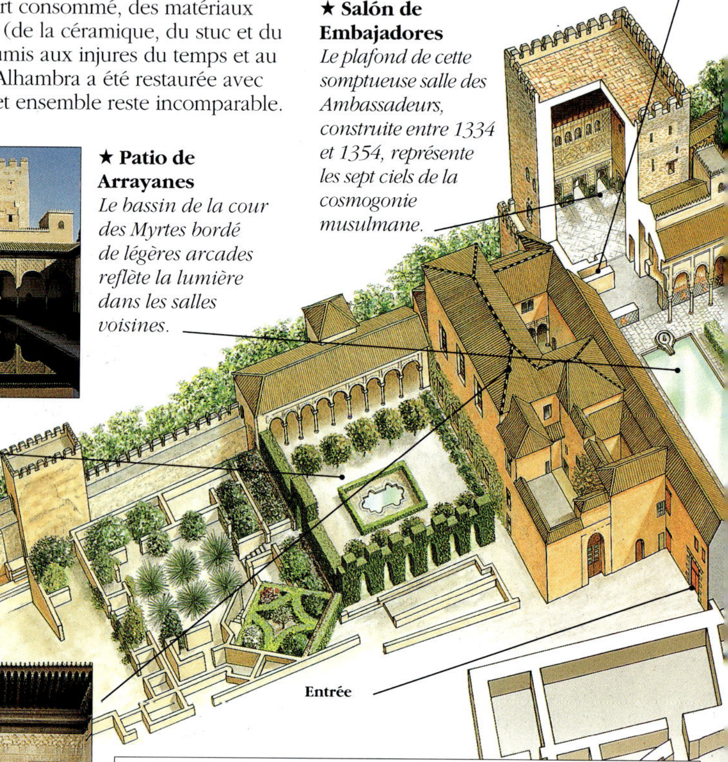

**Patio del Mexuar**
*C'est dans cette salle du Conseil, achevée en 1365, que l'émir écoutait les suppliques de ses sujets et réunissait ses ministres.*

## Plan de l'Alhambra

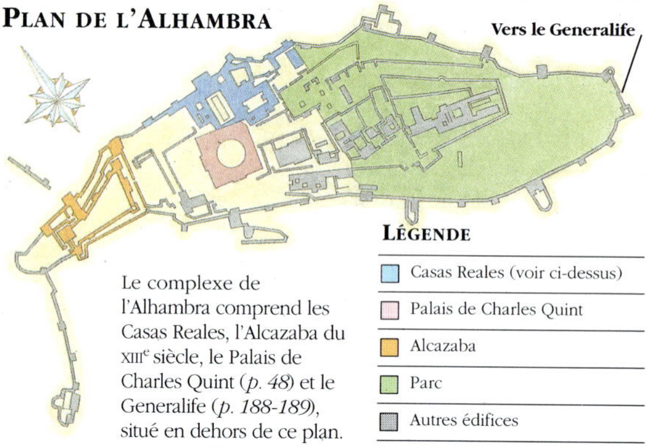


Le complexe de l'Alhambra comprend les Casas Reales, l'Alcazaba du XIII^e siècle, le Palais de Charles Quint (*p. 48*) et le Generalife (*p. 188-189*), situé en dehors de ce plan.

**Légende**

- Casas Reales (voir ci-dessus)
- Palais de Charles Quint
- Alcazaba
- Parc
- Autres édifices

**Palacio del Partal**
*Une tour et son pavillon, avec un portique à cinq arches, sont tout ce qui reste du plus ancien palais de l'Alhambra.*

### Mode d'emploi

*Pour l'Alhambra et le Generalife* ☎ *958 22 04 45.* **Réservations pour les groupes** ☎ *958 22 09 12.* 🚌 🚉 *2.* ○ *été : de 9 h à 20 h du lun. au sam., de 9 h à 18 h dim. ; hiver : de 9 h à 18 h du lun. au dim.* **Dernière entrée :** *15 mn avant la fermeture.* **Nocturnes :** *été : de 22 h à 24 h mar., jeu. et sam. ; hiver : de 20 h à 22 h sam.*

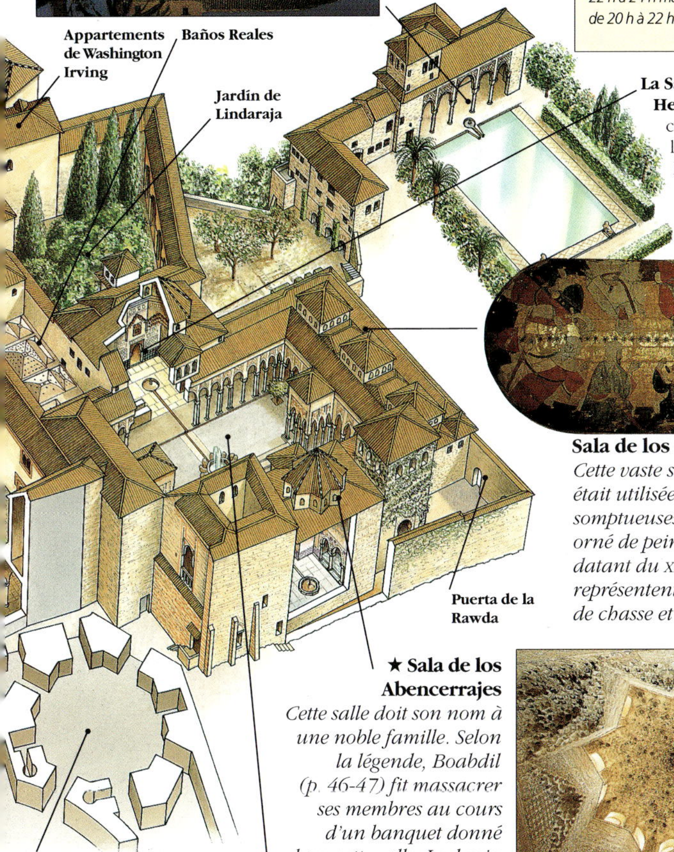

**Appartements de Washington Irving**

**Baños Reales**

**Jardín de Lindaraja**

**La Sala de las Dos Hermanas** est considérée comme l'ultime éclat de l'architecture musulmane d'Espagne.

**Sala de los Reyes**
*Cette vaste salle de banquets était utilisée lors de fêtes somptueuses. Le plafond est orné de peintures sur cuir, datant du XIV^e siècle, qui représentent des scènes de chasse et de chevalerie.*

**Puerta de la Rawda**

**★ Sala de los Abencerrajes**
*Cette salle doit son nom à une noble famille. Selon la légende, Boabdil (p. 46-47) fit massacrer ses membres au cours d'un banquet donné dans cette salle. Le dessin de la coupole à stalactites s'inspire du théorème de Pythagore.*

**Le Palais de Charles Quint** (*p. 48*), un bel édifice Renaissance, a été ajouté à l'Alhambra à partir de 1526.

**★ Patio de los Leones**
*La cour des Lions bordée d'arcades qui reposent sur 124 fines colonnes de marbre. 12 lions de marbre portent la vasque de la fontaine.*

### À ne pas manquer

- ★ Salón de Embajadores
- ★ Patio de Arrayanes
- ★ Patio de los Leones
- ★ Sala de los Abencerrajes

# Grenade : le Generalife

Situé au nord de l'Alhambra, le Generalife ou Djannat al-Arif en arabe, servait de résidence d'été aux souverains nasrides. Ils pouvaient se soustraire aux vicissitudes de la vie quotidienne dans la quiétude de ce lieu plus proche du ciel que de la ville. Parmi les diverses étymologies retenues pour son nom, la plus séduisante est sans doute celle de « jardin du paradis suprême ». À l'origine, au XIII^e siècle, les jardins comportaient des vergers et des pâturages, mais ils ont subi de nombreux remaniements. Le Generalife prête chaque année un cadre féerique au Festival international de musique et de danse *(p. 33)*.

**Patio de la Acequía**
*Ce jardin oriental clos est conçu autour d'un long bassin central agrémenté de toute une série de jets d'eau en gracieux arceaux.*

**Sala Regia**

**Jardines Altos (jardins suspendus)**

**L'Escaler**[a] **del Agua** es descendu par u[n] filet d'eau courante

Dans le **Patio de los Cipreses**, ou Patio de la Sultane, Zoraya, épouse de l'émir Abu al-Hassan, rencontrait secrètement son amant, le chef des Abencerajes.

**Entrée**

Le **patio de Polo** était la cour où les visiteurs, venus au palais à cheval, laissaient leur monture.

**Patio del Generalife**
*Les Jardines Bajos (jardins d'en bas) s'insèrent entre l'Alhambra et le Generalife. Le Patio del Generalife les surplombe, juste avant l'enceinte principale.*

Les sommets majestueux de la Sierra Nevada culminent par endroit à plus de 3 000 m au-dessus du niveau de la mer

## Sierra Nevada ❾

Grenade. **Plan** E4. *depuis Grenade.* *Plaza Andalucía s/n, Cetursa Sierra Nevada. 958 24 91 19.*

La Sierra Nevada compte quatorze sommets culminant à plus de 3 000 m. La neige tient jusqu'en juillet et recommence à tomber en automne. La route la plus haute d'Europe dessert la station de sports d'hiver en pleine expansion de Solynieve, à 2 100 m d'altitude, et passe au pied des deux plus hauts sommets, le **Pico Veleta** (3 398 m) et le **Mulhacén** (3 482 m). L'altitude et la proximité de la Méditerranée expliquent la grande diversité de la faune et de la flore.

Pour explorer la Sierra Nevada, il faut observer un minimum de précautions. Ainsi, n'oubliez pas de toujours signaler à quelqu'un où vous comptez vous rendre. Enfin, bien qu'il y ait de nombreux refuges de montagne, il est plus prudent d'emporter une tente, de la nourriture et un équipement adéquat, en cas de brusque changement de temps.

**Peinture, la Encarnación**

## Las Alpujarras ❿

*Voir pages 190-191.*

## Laujar de Andarax ⓫

Almería. **Plan** E4. *1 900.* *Carretera Laujar-Berja km 1. 950 51 35 48.* *le 3 et le 17 de chaque mois.*

Situé dans des collines arides, au pied de la Sierra Nevada, Láujar regarde par-delà la vallée d'Andarax, en direction de la Sierra de Gádor. Cette région cultive surtout du raisin de table, mais Láujar produit un robuste vin rouge. Au XVI^e^ siècle, le chef d'une rébellion des Morisques (*p. 48*), Aben Humeya, fixa sa capitale à Láujar. Les troupes chrétiennes réprimèrent durement la révolte et Aben Humeya fut assassiné par un transfuge. Puis les Morisques furent expulsés.

L'**Iglesia de la Encarnación**, qui date du XVII^e^ siècle, possède une peinture de la Vierge de l'artiste grenadin Alonso Cano. Sur la fontaine située à côté de l'Ayuntamiento baroque du XVIII^e^ siècle, on a gravé quelques vers du poète Francisco Villespesa, né dans ce village en 1877 :

« Mon village a six fontaines
Et celui qui boit de leur eau,
Jamais il ne les oubliera,
Tant leur saveur est divine. »

À El Nacimiento, à l'est de la ville, un beau parc avec une aire de pique-nique a été aménagé.

## Lacalahorra ⓬

Grenade. **Plan** E4. *Guadix.* *958 67 70 98.* *mer.*

Un mur austère flanqué de tours cylindriques entoure le château de Lacalahorra, perché au-dessus du village. Rodrigo de Mendoza, fils du cardinal Mendoza, le fit construire entre 1509 et 1512 pour son épouse ; il appela pour cela des architectes et des artisans d'Italie. À l'intérieur, on trouve un patio Renaissance agrémenté d'un escalier et de piliers sculptés en marbre de Carrare.

Le château de Lacalahorra domine le village du même nom

**Habitations troglodytiques à Guadix**

## Guadix ⓭

Grenade. **Plan** E4. *21 000.* 
*Avda Mariana Pineda s/n. 958 66 26 65.* *sam.*

Le quartier troglodytique, avec ses 2 000 grottes habitées depuis des siècles, est la principale attraction de Guadix. Ses habitants affirment qu'ils préfèrent vivre là parce qu'ils jouissent ainsi toute l'année d'une température constante. Le Cueva-Museo (musée des Grottes) présente leur mode de vie.

Il y a près de deux mille ans, Guadix exploitait des mines de fer, de cuivre et d'argent aux alentours. Prospère à l'époque des Maures et juste après la Reconquista (*p. 46-47*), la ville a décliné au XVIIIe siècle.

Diego de Siloé travailla à la cathédrale, à partir du XVe s., qui ne fut achevée qu'au XVIIIe s. par Gaspar Cayón et Vicente de Acero. Non loin de l'**Alcazaba** du IXe siècle, l'**église** mudéjare **de Santiago** conserve un beau plafond à caissons. Le **Palacio de Peñaflor**, du XVIe siècle, est en cours de restauration.

**Cueva-Museo**
Plaza de la Ermita Nueva s/n.
*t.l.j.*

## Baza ⓮

Grenade. **Plan** E3. *16 000.* 
*Casa de Cultura, Arco de la Magdalena s/n. 958 70 06 91.*
*mer.*

En fouillant une nécropole en 1971, on a découvert une grande figure féminine assise qui atteste l'ancienneté des

## Excursion dans les Alpujarras ❿

La région des Alpujarras se situe sur le versant sud de la Sierra Nevada, couvert de chênes et de noyers. Ses maisons à toit plat ne se rencontrent nulle part ailleurs en Andalousie. La spécialité locale, assez rustique, est le *plato alpujarreño*, à base de filet de porc, de boudin et de saucisse ; on l'accompagne du vin rosé de la Sierra de Contraviesa. L'artisanat local propose des petits tapis (*p. 228*) tissés à la main et des rideaux aux motifs d'influence mauresque.

**Trevélez** ④
Bâti à l'ombre du Mulhacén, ce village typique des Alpujarras est fameux pour son jambon séché.

**Orgiva** ①
C'est la principale ville de la région ; on y trouve une église baroque et un marché animé le jeudi.

**Vallée de Poqueira** ②
Trois villages typiques des Alpujarras se nichent dans cette pittoresque vallée : Capileira, Bubión et Pampaneira.

**Fuente Agria** ③
Les gens viennent de loin pour boire l'eau minérale gazeuse et riche en fer de Fuente Agria.

cultures de la région de Baza. Baptisée « La Dame de Baza » (*p. 41*), elle représente sans doute une déesse ibère et a environ 2 400 ans. Bien que l'original se trouve à Madrid, le **Museo Arqueológico** de Baza en possède une copie.

La **Colegiata de Santa María**, de style Renaissance, possède un porche plateresque et un beau clocher du XVIII<sup>e</sup> siècle.

Une fête haute en couleur a lieu début septembre (*p. 34*) : la ville voisine de Guadix dépêche à Baza un émissaire, El Cascamorras, pour essayer d'en ramener l'effigie convoitée de la Vierge du **Convento de la Merced**. À Baza, on l'asperge d'huile et il est pourchassé jusqu'à Guadix par des jeunes enduits d'huile eux aussi. Arrivé à Guadix, on le conspue alors pour être revenu les mains vides.

**Museo Arqueológico**
Plaza Mayor s/n. *sur rendez-vous pris avec la Casa de Cultura 958 70 06 91.*

## Vélez Blanco ⓯

Almería. **Plan** F3. *2 400.* *Vélez Rubio.* *Ayuntamiento, Calle Corredera 38. 950 41 50 01.* *mer.*

Ce charmant petit village est dominé par le puissant **Castillo de Vélez Blanco**, construit entre 1506 et 1513 par le premier marquis de Los Vélez. L'intérieur du château a été richement décoré par des artisans italiens. Malheureusement pour les visiteurs, son splendide patio Renaissance a été cédé au Metropolitan Museum de New York.

**Le village de Vélez Blanco dominé par son château du XVI<sup>e</sup> s.**

L'**Iglesia de Santiago**, située dans l'artère principale du village, associe des éléments gothiques, Renaissance et mudéjars.

Près de Vélez Blanco, la **Cueva de los Letreros** renferme des peintures rupestres qui datent de 4000 av. J.-C. environ. Une des figures représente un homme cornu portant une faucille ; une autre représente l'Indalo, sans doute un être surnaturel doté de pouvoirs magiques, qui est toujours le symbole d'Almería.

**Castillo de Vélez Blanco**
*950 41 50 01 (Ayuntamiento).*
*t.l.j.*

**Cueva de los Letreros**
Camino de la Cueva de los Letreros.
*950 41 50 01 (Ayuntamiento).*
*t.l.j.*

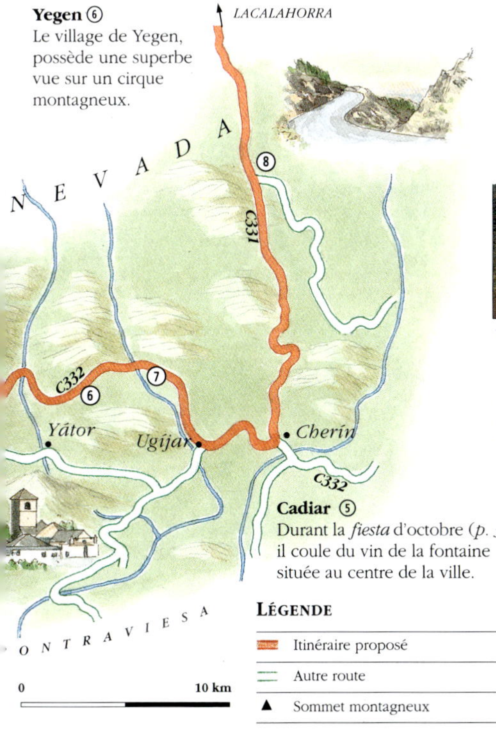


**Yegen** ⑥
Le village de Yegen, possède une superbe vue sur un cirque montagneux.

**Puerto de la Ragua** ⑧
Ce col, à près de 2 000 m d'altitude, mène à Guadix ; il est souvent enneigé en hiver.

**Válor** ⑦
Aben Humeya, qui dirigea une révolte des Morisques (*p. 48*), naquit dans ce village. On y mime chaque année à la mi-septembre une bataille entre Maures et chrétiens (*p. 34*).

**Cadiar** ⑤
Durant la *fiesta* d'octobre (*p. 34*), il coule du vin de la fontaine située au centre de la ville.

**LÉGENDE**

- Itinéraire proposé
- Autre route
- ▲ Sommet montagneux

**CARNET DE ROUTE**

***Itinéraire :*** *85 km.* ***Où faire une pause ?*** *Orjiva et Trevélez offrent des bars, des restaurants et des hôtels (p. 209). On trouve à Bubión des hôtels et un bon restaurant (p. 221). La pompe à essence d'Orjiva est la dernière avant Cadiar.*

Moment de repos sur la Plaza Vieja

# Almería ⓲

L'ancienne al Mariyat (le miroir de la mer) était l'un des principaux ports du califat de Cordoue et un centre commercial actif qui exportait les tissus de soie, de coton et de brocart qu'il fabriquait. Après la prise de la ville par les Rois Catholiques, elle connut trois siècles de déclin. Au XIXe siècle et au début du XXe siècle, l'industrie minière et la construction d'un nouveau port ramenèrent la prospérité, mais elle prit brusquement fin avec le déclenchement de la Guerre civile (*p. 52-53*). De nos jours, Almería présente toujours des influences nord-africaines, avec ses maisons à toits plats, ses environs désertiques et ses palmiers. Un service de ferry assure la liaison avec le Maroc.

**Détail du portail Renaissance de la cathédrale d'Almería**

**L'Alcazaba du xe siècle domine la vieille ville d'Almería**

### Alcazaba

*C/ Almanzor s/n.* ☎ *(950) 27 16 17.*
○ *t.l.j.* ● *25 déc., 1er jan.*

Cette forteresse arabe vieille d'un millier d'années offre un magnifique point de vue sur la ville. Elle a été restaurée récemment et ses murs renferment de beaux jardins et une chapelle mudéjare. C'est la plus grande forteresse jamais construite par les Maures : elle couvre une superficie de plus de 2,5 ha et sa muraille mesure 430 m de long. Abd ar-Rahman III entreprit sa construction en 955, mais elle subit de nombreux remaniements par la suite. L'Alcazaba résista à deux grands sièges, mais elle finit par être prise par les Rois Catholiques (*p. 46-47*) en 1489. On peut voir leur blason sur la Torre del Homenaje, qui a été édifiée sous leur règne.

Autrefois, on sonnait la cloche de l'Alcazaba pour indiquer aux fermiers des campagnes voisines le moment d'irriguer les champs.

### Catedral

Des pirates barbaresques ont souvent effectué des offensives sur Almería. C'est pourquoi la cathédrale ressemble plus à une forteresse qu'à un lieu de prière, avec ses quatre tours, ses murs épais et ses étroites fenêtres. La mosquée qui s'élevait à cet endroit fut transformée en église, mais le tremblement de terre de 1522 la détruisit. Diego de Siloé commença à bâtir l'édifice actuel en 1524. La façade Renaissance est l'œuvre de Juan de Orea, qui sculpta également les magnifiques stalles de noyer. Les nefs et le maître-autel sont gothiques.

### Templo San Juan

Cette église a été construite à la place d'une ancienne mosquée d'Almería, dont on peut encore voir des vestiges : un des murs exterieurs et, à l'intérieur, un beau mihrab à coupole du XIIe siècle. Assez endommagée durant la guerre civile, l'église a été abandonnée jusqu'en 1979, puis restaurée depuis.

### Plaza Vieja

Également nommée Plaza de la Constitución, c'est une place à arcades datant du XVIIe siècle. L'Ayuntamiento, un bel édifice à la façade crème et rose, édifié en 1899 donne sur la place.

**La Plaza Vieja (XVIIe siècle) est entourée d'élégantes arcades**

**Puerta de Purchena**
Aujourd'hui située au cœur de la ville, c'était autrefois l'une des principales portes d'Almería. Elle est entourée de rues commerçantes, comme l'ample Paseo de Almería bordé d'arbres. Cette artère est le centre vital d'Almería, avec ses cafés, son Teatro Cervantès et le marché tout proche.

**Centro Rescate de la Fauna Sahariana**
C/ General Segura 1. 950 27 64 00 *(téléphoner pour prendre rendez-vous).*
Situé derrière l'Alcazaba, ce centre de protection abrite des espèces menacées originaires du Sahara, notamment des gazelles. Bien acclimatés, quelques animaux ont déjà été expédiés pour aider à repeupler des réserves africaines.

**La Chanca**
Le quartier des gitans et des pêcheurs jouxte l'Alcazaba. De nombreuses familles vivent dans des grottes ornées de fleurs, aux façades peintes de couleurs vives (mais leur aménagement intérieur est moderne). Le lundi se tient un marché très animé. Bien que ce quartier soit très pittoresque, sa population est extrêmement pauvre.

**Entrée bigarrée d'une grotte gitane dans le quartier de La Chanca**

**Gazelle du Sahara**

**Aux environs : Los Millares,** à 17 km au nord d'Almería, est l'un des sites les plus importants de l'âge du bronze découverts en Europe. Près de 2 000 personnes y ont vécu entre 2700 et 1800 av. J.-C. environ (*p. 40-41*). Les fouilles ont mis au jour des vestiges d'habitations, des structures défensives et une nécropole qui contient plus d'une centaine de tombes.

Ses habitants vivaient de l'agriculture et savaient aussi forger des outils en cuivre qu'ils extrayaient dans la Sierra de Gádor toute proche.

**Los Millares**
Carretera Santa Fé de Mondújar.
950 95 70 65. du mer. au dim.

**MODE D'EMPLOI**

Almería. **Plan** 4F.
170 000. *Plaza de la Estación. 950 25 11 35.*
*Plaza Barcelona. 950 21 00 29.*
*Parque Nicolás Salmerón s/n. 950 27 43 55.* *mar., ven. et sam.* *Fête d'hiver (déc.-début jan.), Semaine sainte (Pâques), Feria d'Almería (dernière sem. d'août).*

*Et pour quelques dollars de plus* de Sergio Leone

### LES « WESTERNS SPAGHETTI »

On trouve deux villes du Far West à l'ouest de Tabernas, à deux pas de la nationale N 340. Ces *poblados del Oeste*, où des cascadeurs simulent aujourd'hui des attaques de banque ou des rixes de saloon, datent des années 60 et 70. La région, avec son paysage qui évoque l'Arizona, ses coûts avantageux et son soleil perpétuel, était le lieu idéal pour y tourner des westerns spaghetti. Pour réaliser *Le Bon, la Brute et le Truand*, Sergio Leone a fait édifier un ranch, puis des plateaux de tournage ont surgi dans le désert. Les gitans des environs interprétaient les Indiens ou les Mexicains. De temps à autre, on vient encore y tourner.

## Macael ⓰

Almería. **Plan** F3. 6 500. *Ayuntamiento, Plaza de la Constitución 1. 950 12 81 13.* *ven.*

L'extraction et le polissage du marbre sont les deux principales activités de Macael. Son marbre blanc, veiné de gris ou vert a été employé pour orner de beaux édifices, notamment l'Alhambra de Grenade (*p. 186-187*). Au nord-est, les vestiges d'un château maure dominent Purchena. Mais la petite ville est surtout célèbre pour son plat traditionnel, *la fritada* de Purchena, mélange de tomates et de poivrons frits qui accompagne merveilleusement les plats de viande.

## Tabernas ⓱

Almería. **Plan** F4. 3 500. *Ayuntamiento, Plaza del Pueblo 1. 950 36 50 02.* *mer.*

Une forteresse maure perchée sur une colline domine la ville de Tabernas et le paysage semi-désertique qui l'entoure. Cette région a servi de décor à de nombreux westerns spaghetti.

Dans les environs de Tabernas, un centre de recherche consacré à l'énergie solaire met à profit l'exceptionnel ensoleillement du sud de l'Andalousie.

## Almería ⓲

*Voir pages 192-193.*

## Parque Natural de Cabo de Gata ⓳

Almería. **Plan** F4. *vers San José.* *Centro de Visitante de las Amoladeras, Carretera Cabo de Gata km 6. 950 16 04 35.*

À l'intérieur des 29 000 ha du parc naturel du Cabo de Gata, on découvre de hautes falaises de roche volcanique, des dunes de sable, des étendues salées et quelques jolis petits villages de pêcheurs. Un phare signale la pointe du cap, près du récif des Sirènes (Arrecife de las Sirenas). Le parc comprend une bande de fond marin de 2 km de large, où la flore et la faune sous-marines sont également protégées ; l'eau limpide attire les amateurs de plongée sous-marine.

La zone de dunes et de trous d'eau saumâtre qui s'étend entre le cap et la Playa de San Miguel est l'habitat naturel de jujubiers épineux. Parmi les 170 espèces d'oiseaux recensées dans le parc, on y trouve le flamant rose, l'avocette, le sirli de Dupont et le vautour fauve. On tente de réintroduire le phoque moine, qui s'est éteint dans les années 70. La limite nord du parc, où l'on trouve une zone de pêche des cormorans, est marquée par la Punta de los Muertas (pointe des Morts) ; on dit que les corps des marins naufragés étaient rejetés à cet endroit-là.

## San José ⓴

Almería. **Plan** F4. 200. *Plaza Génova. 950 38 02 99.* *dim. (Pâques et été).*

À l'intérieur du parc naturel, dans une belle anse sablonneuse, la petite station balnéaire de San José, en pleine expansion, est dominée par l'aride Sierra de Cabo de Gata. À proximité, on trouve la

**Le phare surplombant la falaise du parc naturel du Cabo de Gata**

Le port du village de pêcheurs de La Isleta

Playa de los Genoveses (*p. 31*). Le long de la côte, on rencontre encore Rodalquilar, un bourg autrefois important car on y extrayait de l'or, et La Isleta, un hameau de pêcheurs.

## Níjar 21

Almería. **Plan** F4. *14 000.* *Calle Maestros 1. 950 38 02 99.* *mer.*

Níjar se trouve au milieu d'une oasis où poussent les agrumes, à la limite de la sévère Sierra de Alhamilla. Sa renommée provient de la poterie très colorée et des *jarapas*, des petit tapis et des couvertures tissés à la main, que l'on y fabrique. La vieille ville est typiquement andalouse, avec ses étroites ruelles et ses balcons de fer forgé ornés de fleurs.

L'église **Nuestra Señora de la Anunciación**, du XVIe siècle, présente un plafond mudéjar à caissons, délicatement marqueté. La plaine aride située entre Níjar et la mer a commencé à se développer récemment grâce à l'irrigation.

Dans la mémoire des Espagnols, le nom de Níjar est étroitement associé à un violent fait divers qui s'y est produit dans les années 20.

## Sorbas 22

Almería. **Plan** F4. *3 000.* *Ayuntamiento, Calle Terraplen s/n. 950 36 44 81.* *jeu.*

Sorbas est perché au bord d'un profond ravin au fond duquel coule le *río* de Aguas. Deux édifices de ce village méritent une visite, l'église Santa María, du XVIe siècle, et un palais du XVIIe siècle qui, selon une tradition, aurait été une résidence d'été du duc d'Albe.

Enfin, la poterie traditionnelle assez rustique de Sorbas ne manque pas d'intérêt.

Non loin de Sorbas, la réserve naturelle de Yesos de Sorbas est une zone très particulière. Il s'agit d'une région karstique, où l'action de l'eau a creusé des centaines de galeries et de salles souterraines dans les couches de gypse et de calcaire. Pour être autorisés à explorer les grottes, les spéléologues doivent demander l'autorisation aux services de l'environnement andalous. À la surface, le sillon vert de la vallée fertile du *río* de Aguas traverse des collines érodées et arides. Dans la région vivent des tortues et des faucons pèlerins.

## Mojácar 23

Almería. **Plan** F4. *5 000.* *Plaza Nueva s/n. 950 47 51 62.* *mer. et dim.*

De loin, le village de Mojácar, avec ses maisons blanches, miroite comme un mirage. Les chrétiens se sont emparés du village en 1488 et les Maures ont été expulsés par la suite. Après la guerre civile (*p. 52-53*), la bourgade est tombée en ruine car la plupart de ses habitants avaient émigré. Dans les années 60, les touristes ont découvert Mojácar, ce qui a déclenché une nouvelle ère de prospérité. La porte de la muraille est le seul élément d'origine, car Mojácar a été entièrement reconstruit.

Façade d'une *pensión* pittoresque à Mojácar

### Noces de sang à Níjar

*Bodas de Sangre* (Noces de Sang), une pièce de Federico García Lorca (*p. 53*), est inspirée d'un fait divers survenu à Níjar en 1928. Sous la pression de sa sœur, Paquita la Coja avait accepté d'épouser un nommé Casimiro. Mais elle s'enfuit avec son cousin quelques heures avant la cérémonie. Casimiro en fut humilié et la sœur dépitée, car elle avait conçu des espoirs sur la dot. On retrouva le cousin tué par balle et Paquita à moitié étranglée. Le crime fut imputé à la sœur et à son mari – le frère de Casimiro. Déshonorée par cette terrible aventure, Paquita vécut en recluse jusqu'à sa mort en 1987. Lorca n'a jamais visité Níjar, il a écrit sa pièce en se fondant sur les comptes rendus des journaux.

L'auteur dramatique Federico García Lorca (1899-1936)

LLEVE 3
Y PAGUE 2
Cruzcampo

# LES BONNES ADRESSES

# HÉBERGEMENT

De toute l'Espagne, c'est certainement l'Andalousie qui offre les hébergements les plus charmants : château restauré ou pension familiale, palace somptueux ou ferme perdue dans la campagne. Les voyageurs au budget limité apprécieront les pensions et les auberges de jeunesse, tandis que les refuges de montagne feront le bonheur des randonneurs. À la campagne, les chambres d'hôte sont de plus en plus répandues. Dans toute l'Andalousie, maisons et appartements peuvent se louer à la semaine. Le climat andalou se prête aussi fort bien au camping, qui constitue une solution bon marché.

**Portier de l'Hotel Alfonso XIII**

Les tableaux p. 205-209 recensent les meilleurs hôtels de la région, du plus simple au plus luxueux.

**L'Hospedería de San Francisco, Palma del Río (*p. 207*)**

## CHOISIR UN HÔTEL

À Séville, les hébergements les plus intéressants se situent dans le centre-ville, notamment à Santa Cruz (*p. 68-81*). Comme dans la plupart des villes, les hôtels les moins chers se trouvent autour de la gare. Le stationnement peut s'avérer toutefois difficile, c'est pourquoi il est préférable de loger dans les faubourgs pour trouver un hôtel avec un garage ou un parking privé. Les localités des environs de Séville, comme Carmona (*p.128-129*), constituent une solution intéressante.

À Grenade, les hôtels sont concentrés dans deux quartiers : celui de l'Alhambra (*p. 186-187*), assez calme, et le quartier du centre, plus animé et meilleur marché. Si vous désirez sortir le soir, optez pour les hôtels du centre.

À Cordoue, le quartier recommandé aux visiteurs qui se déplacent à pied est la Judería (*p. 136-137*).

Sur la côte andalouse, les hôtels appartiennent pour la plupart à des chaînes modernes, qui accueillent des voyages organisés. Si vous êtes en quête de repos, vous trouverez d'excellents petits hôtels un peu à l'intérieur des terres ; la campagne en regorge, notamment dans les villages blancs entre Arcos de la Frontera (*p. 167*) et Ronda (*p. 168-169*), et autour de Cazorla (*p. 152*).

## LE CLASSEMENT DES HÔTELS ET LES SERVICES

En Andalousie, les hôtels sont classés en catégories et possèdent des étoiles, qui leur sont délivrées par les autorités touristiques régionales. Les hôtels (abréviation : H) sont dotés de une à cinq étoiles, les pensions (P) de une à deux. Les étoiles sont attribuées davantage en fonction des prestations de l'hôtel (ascenseur, climatisation, etc.) que de la qualité du service. La plupart des hôtels possèdent des restaurants, ouverts aux non-résidents. En revanche, les Hotel-Residencias (HR) n'ont pas de restaurant, mais ils servent parfois le petit déjeuner.

## LES PARADORS

Les paradors sont des hôtels de trois à cinq étoiles, qui dépendent du ministère du Tourisme. Les plus beaux sont installés dans des édifices historiques : châteaux, monastères, palais et pavillons

**La terrasse de l'Alhambra Palace (*p. 209*), avec une vue superbe sur Grenade**

**◁ Bar de la Calle Gerona, Séville**

de chasse, mais certains occupent aussi des bâtiments récents dans des sites superbes. Bien que le parador ne soit pas nécessairement le meilleur hôtel de la ville, on est assuré d'y trouver un niveau certain de confort : les chambres sont souvent spacieuses. Leur restaurant propose toujours des plats régionaux et variés.

Pour loger dans un parador durant la haute saison, ou dans un établissement plus petit (petit parador), il est vivement recommandé de réserver (*p. 201*).

**Piscine de l'Hotel Alfaros, Cordoue (*p. 207*)**

## Le prix des hôtels

Les hôtels sont tenus d'afficher leurs tarifs à la réception et dans les chambres. En règle générale, les prix sont fonction du nombre d'étoiles. Pour une chambre double, il faut compter de 1 500 pesetas par nuit dans la pension une étoile la moins chère, à 30 000 pesetas dans un hôtel cinq étoiles.

À la campagne, les hôtels sont généralement moins chers qu'en ville. Les prix indiqués p. 205-209 sont ceux pratiqués en moyenne saison ou haute saison. La haute saison s'étend de juillet à août, mais elle peut aller d'avril jusqu'à octobre. En ville, les hôtels majorent leurs prix durant les grandes *fiestas*, comme la Semana Santa (*p. 36*) à Séville.

**Restaurant cinq étoiles**

La plupart des tarifs sont indiqués par chambre, et les prix des repas par personne, hors *IVA* (TVA).

## Réservation et enregistrement

Hors saison, les réservations ne sont pas indispensables à la campagne, sauf si vous souhaitez loger dans un hôtel de votre choix. En revanche, en haute saison, il est nécessaire de réserver, par téléphone ou par l'intermédiaire d'une agence. De même pour obtenir une chambre répondant à certains critères : au rez-de-chaussée, au calme ou avec un grand lit (les lits jumeaux sont la norme). Dans beaucoup de stations balnéaires, les hôtels ferment entre l'automne et le printemps : avant votre départ, vérifiez si les établissements où vous prévoyez de loger sont bien ouverts. En pleine saison, pour un long séjour, certains hôtels vous demanderont de verser 20-25 % du prix à la réservation. Envoyez le montant par virement en Espagne, ou par chèque bancaire de l'étranger. En cas d'annulation, il est préférable de s'y prendre au moins une semaine à l'avance. Sinon, l'hôtel risque de conserver une partie ou la totalité des sommes versées. Habituellement, une chambre réservée n'est pas gardée au-delà de 20 h. Pensez donc à prévenir si vous prévoyez d'arriver plus tard.

À l'enregistrement, on vous demandera votre passeport ou votre carte d'identité

## Comment payer

Les établissements qui acceptent les cartes de crédit sont indiqués dans le tableau *p. 205-209*. Certains grands hôtels demandent parfois aux clients de signer un reçu de carte de crédit en blanc à leur arrivée. Cette pratique est totalement illégale et vous êtes en droit de refuser de signer.

Certains établissements acceptent les Eurochèques, mais aucun hôtel ne prend de chèque bancaire ordinaire, même s'il est émis par une banque espagnole.

Il est d'usage, dans les hôtels, de laisser un pourboire au porteur et à la femme de chambre. Donnez 200 ou 300 pesetas. Dans les restaurants, le service est compris mais on peut arrondir l'addition.

**Le superbe Hotel San Gil à Séville (*p. 205*), dans une demeure ancienne**

Hostal de San José, Aguilar

## Les locations

La Costa del Sol et la côte de Grenade et d'Almería regorgent de villas et d'appartements qu'il est possible de louer à la semaine. À l'intérieur des terres, un nombre croissant de maisons et de fermes sont proposées en location. En France, beaucoup d'agences de voyages, comme **Iberica voyages**, permettent de réserver des appartements et des villas. De nombreuses agences travaillent avec le **RAAR** (Red Andaluza de Alojamientos Rurales, réseau de logements ruraux andalous).

Les prix des locations varient en fonction de l'emplacement, de la saison et du type de logement. Ainsi, une villa pour quatre personnes avec piscine ne coûte que 40 000 pesetas par semaine si elle est située à l'intérieur des terres, mais peut dépasser 160 000 pesetas la semaine dans une station balnéaire cotée. Mi-hôtel, mi-appartement de vacances, le *villa turística* (village de vacances) constitue une alternative intéressante. Les chambres sont équipées de cuisines.

## Les chambres d'hôte

En Andalousie, une vingtaine de *casas rurales* proposent des chambres d'hôte, allant du majestueux *cortijo* (manoir) à la petite ferme « bio ». Les services offerts ne sont pas nombreux, mais l'accueil chaleureux, et la cuisine maison délicieuse.

Les réservations pour les chambres d'hôte peuvent s'effectuer par le **RAAR** ou bien directement auprès des propriétaires.

## Auberges de jeunesse et refuges de montagne

Pour profiter du vaste réseau andalou d'*albergues juveniles* (auberges de jeunesse), vous devrez acheter une carte internationale si vous ne possédez pas de carte équivalente de votre pays. Les tarifs pour l'hébergement et le petit déjeuner vont de 1 100 à 1 500 pesetas par personne. Les réservations s'effectuent directement auprès de l'auberge, ou par le bureau central d'Inturjoven – **Central de Reservas de Inturjoven.**

Dans des régions de montagne reculées, les randonneurs pourront loger dans les refuges qui sont des abris avec cuisine et dortoirs. Les refuges figurent sur les cartes détaillées des montagnes et des parcs nationaux. Ils sont gérés par la **Federación Andaluza de Montañismo**.

## Carnet d'adresses

### Hôtels

**Asociación de Hoteles de Sevilla**
Calle San Pablo 1, Casa A Bajo, 41001 Séville.
Tél. *95 422 15 38.*

**Asociación de Hoteles Rurales de Andalucía (AHRA)**
Calle Cristo Rey 2, 23400 Ubeda, Jaen.
Tél. *953 75 58 67.*
FAX *953 75 60 99.*

### Paradors

**Central de Reservas (Reservations)**
Calle Requena 3, 28013 Madrid.
Tél. *91 516 66 66.*
FAX *91 516 66 57.*

**P. P. Représentation**
4, rue du Faubourg-Montmarte, 75009 Paris.
Tél. *01 53 34 40 14.*
FAX *01 53 34 40 16.*

### Locations et chambres d'hôte

**RAAR**
Apto 2035, 04080 Almería.
Tél. *950 26 50 18.*
FAX *950 27 04 31.*

**Iberica Voyages**
14, bd Beaumarchais, 75011 Paris.
Tél. *01 48 06 26 26.*
FAX *01 43 55 12 27.*

### Auberges de jeunesse

**Central de Reservas de Inturjoven**
Calle Miño 24, 41011 Séville. **Plan** 3 A4.
Tél. *95 455 82 93.*
FAX *95 455 82 92.*

### Refuges de montagne

**Federación Andaluza de Montañismo,**
Camino de Ronda 101, edificio Atalaya 1° oficina 7G, 18003 Grenade.
Tél. *958 29 13 40*
*(du lun. au jeu. de 7 h 30 à 21 h 30).*

### Campings

**Club de Camping y Caravanning de Andalucía**
Calle Francisco Carrión Mejias 13, 41003 Séville.
Tél. *95 422 77 66.*

### Voyageurs handicapés

**Viajes 2000**
Paseo de la Castellana 228-30, 28046 Madrid.
Tél. *91 323 10 29.*
FAX *91 314 84 08.*

**IHD**
boîte postale 62, 83480 Puget-sur-Argens, France.
Tél. *04 94 81 61 51.*
FAX *04 94 81 61 43.*

### Informations générales

**Dirección General de Fomento y Promocion Turistica de la Junta de Andalucía**
C/Juan Antonio de Vizarrón s/n, 41071 Séville.
Tél. *95 446 46 17.*
FAX *95 446 47 44.*

L'auberge de jeunesse rustique de Cazorla, près de la réserve naturelle

### Légende des tableaux

Les hôtels figurant p. 204-209 sont classés par région en fonction de leur prix. Les symboles résument les prestations offertes.

- toutes les chambres avec bain et/ou douche
- 1 chambres pour une personne
- chambres pour deux personnes ou plus
- TV télévision dans toutes les chambres
- climatisation dans toutes les chambres
- hôtel avec piscine
- accès fauteuil roulant
- ascenseur
- P parc de stationnement
- restaurant
- cartes bancaires acceptées

Les **catégories de prix** s'appliquent pour une chambre pour deux personnes, petit déjeuner, taxes et service compris :

- (Pts) moins de 8 000 ptas
- (Pts)(Pts) 8 000 à 12 000 ptas
- (Pts)(Pts)(Pts) 12 000 à 16 000 ptas
- (Pts)(Pts)(Pts)(Pts) de 16 000 à 20 000 ptas
- (Pts)(Pts)(Pts)(Pts)(Pts) plus de 20 000 ptas

## Terrains de camping

L'Andalousie compte plus de 110 campings, dont beaucoup sont concentrés sur la côte, mais aussi à l'extérieur des grandes villes et à la campagne. Ils sont généralement bien équipés.

La carte de camping est utile. Elle peut être utilisée au moment de l'enregistrement dans le camping et comprend aussi une assurance responsabilité civile. Les cartes sont émises par les clubs de camping et de caravaning.

La **Dirección General de Fomento y Promocion Turistica de la Junta de Andalucía,** l'office du tourisme régional, publie une carte des campings de la région intitulée *Campings en Andalucía.*

Logo d'un hôtel cinq étoiles

## Voyageurs handicapés

Peu d'hôtels sont équipés pour accueillir des personnes handicapées. En revanche, quelques auberges de jeunesse le sont.

Le **CNRH** (Comité national français de liaison et pour la réadaptation des handicapés) (*p. 239*) à Paris dispose d'informations précieuses pour les handicapés souhaitant voyager à l'étranger.

En Espagne, la Confederación Coordinadora Estatal de Minusválidos Fisicos de España, aussi appelée **Servi-COCEMFE** (*p. 239*), et **Viajes 2000** possèdent des informations sur les hôtels équipés pour accueillir des handicapés en Andalousie.

L'association **IHD** propose hébergement, transport, soins et autres services aux personnes handicapées qui passent leurs vacances sur la Costal del Sol.

## Autres informations

Tous les ans, la **Dirección General de Turismo** d'Andalousie publie le *Guía de Hoteles, Pensiones, Apartamentos, Campings y Agencias de Viajes.* Ce guide recense le nombre d'étoiles et les prestations de tous les hôtels, pensions, campings et auberges de jeunesse de la région.

Lorsque vous aurez choisi le type d'hébergement qui vous convient et la région, il est recommandé d'envoyer un fax ou de téléphoner pour obtenir les informations récentes sur les prestations et les prix. Les hôtels de la liste (*p. 204-209*) ont été répertoriés selon les tarifs les plus élevés. Par conséquent, à certaines dates, les prix des chambres, des appartements et des pensions peuvent être moins élevés.

El Nacimiento, chambre d'hôte, Almería (*p. 209*)

# Les meilleurs paradors d'Andalousie

Parador est un ancien mot espagnol désignant un hébergement qui accueille des voyageurs de rang respectable. À la fin des années 20, un réseau national d'hôtels d'État, appelés paradors, a vu le jour en Espagne. Beaucoup sont installés dans des châteaux, des palais ou des monastères, d'autres dans des édifices récents sur des sites touristiques. Ils sont généralement bien signalés et faciles à trouver. Tous offrent un grand confort et proposent une cuisine régionale.

**Parador de Ronda**
*Ce parador surplombe les gorges du Tage, en face de la vieille ville de Ronda. Certaines chambres ont une vue superbe* (p. 208).

**Parador de Carmona**
*Installé dans le palais de Pierre le Cruel, le parador mauresque de Carmona, constitue une excellente base pour découvrir Séville* (p. 206).

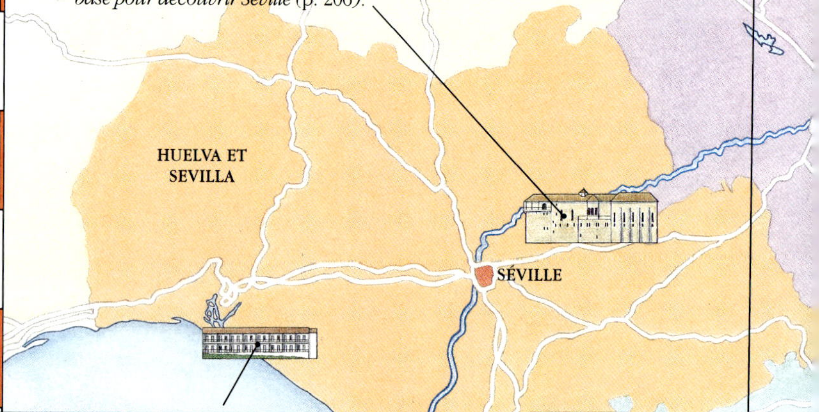

**Parador de Mazagón**
*Ce parador récent, agréablement situé près d'une longue plage de sable, est un bon point de départ pour découvrir le parc de Coto Doñana* (p. 206).

**Parador de Arcos de la Frontera**
*Situé dans l'un des superbes* pueblos blancos, *ce parador possède une vaste terrasse d'où la vue porte loin sur le Guadalete* (p. 207).

**Parador de Jaén**
*Cette forteresse reconstruite, avec ses fenêtres en arc et ses salles voûtées, se dresse au sommet d'une colline dominant la ville* (p. 207).

**Parador de Cazorla**
*Cette résidence de montagne retirée est blottie dans la forêt de l'une des plus grandes réserves naturelles d'Andalousie, non loin des sources du Guadalquivir* (p. 206).

**Parador de Úbeda**
*L'établissement, installé dans l'un des nombreux édifices Renaissance d'Úbeda, possède un superbe patio* (p. 207).

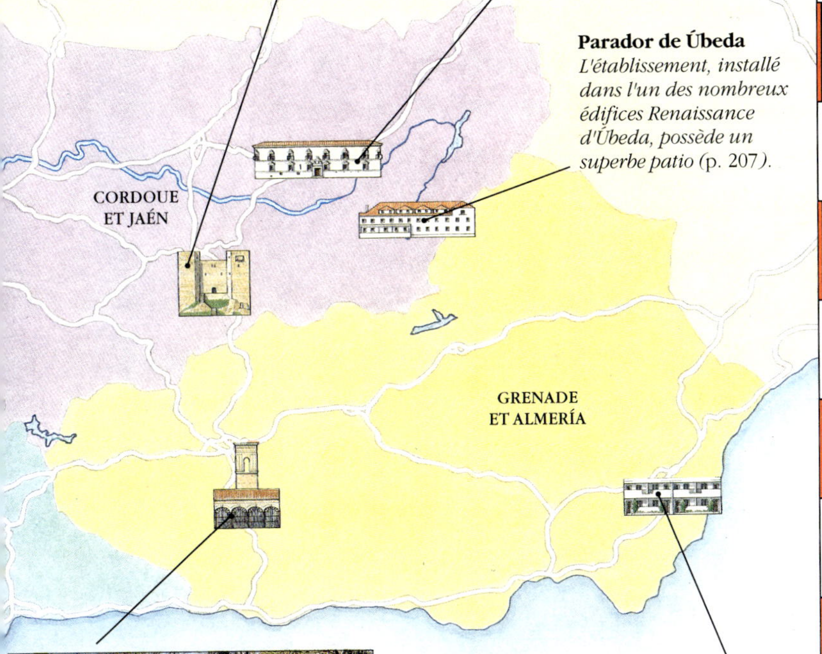

**Parador de Granada**
*Les réservations sont indispensables pour loger dans ce superbe couvent du XV*e *siècle, construit par les Rois Catholiques dans les jardins de l'Alhambra* (p. 209).

**Parador de Mojácar**
*Non loin de la plage, cet édifice blanc moderne, qui possède une vaste terrasse, est inspiré du style cubique de l'architecture de Mojácar* (p. 209).

# Choisir un hôtel

Ce tableau présente une sélection rapide d'hôtels à Séville, Cordoue et Grenade, et les meilleurs paradors d'Andalousie. Ces établissements, et d'autres hôtels de la région, sont décrits plus en détail dans les pages suivantes. Ils offrent une vaste gamme de prix et de prestations, adaptés à tous les besoins et tous les budgets. Pour d'autres formes d'hébergements, reportez-vous p. 198-201.

| | Prix | Nombre de chambres | Grandes chambres | Parc de stationnement | Restaurant | Piscine | Chambres avec vue | Situation calme |
|---|---|---|---|---|---|---|---|---|
| **Séville centre-ville** *(p. 205)* | | | | | | | | |
| Hostal Goya | Ⓟ | 20 | ● | | | | | ■ |
| Hotel Simón | ⓅⓅ | 31 | ● | | ● | | | |
| Las Casas de la Judería | ⓅⓅⓅ | 57 | ● | ■ | | | | ■ |
| Hostería del Laurel | ⓅⓅⓅ | 21 | ● | | ● | | | ■ |
| Hotel Baco | ⓅⓅⓅ | 25 | ● | | | | | |
| Hotel San Gil | ⓅⓅⓅⓅ | 39 | ● | ■ | | ■ | | ■ |
| Alfonso XIII | ⓅⓅⓅⓅⓅ | 146 | ● | ■ | ● | ■ | | ■ |
| Ciudad de Sevilla | ⓅⓅⓅⓅⓅ | 94 | ● | ■ | ● | ■ | | ■ |
| Hotel Doña María | ⓅⓅⓅⓅⓅ | 68 | ● | ■ | | ■ | ● | ■ |
| Taberna del Alabardero | ⓅⓅⓅⓅⓅ | 7 | ● | ■ | ● | | ● | ■ |
| **Cordoue** *(p. 206-207)* | | | | | | | | |
| Hotel Maestre | Ⓟ | 26 | | ■ | | | | ■ |
| Alfaros | ⓅⓅⓅⓅ | 133 | ● | ■ | ● | ■ | | |
| Occidental | ⓅⓅⓅⓅ | 153 | ● | ■ | ● | ■ | | ■ |
| **Grenade** *(p. 208-209)* | | | | | | | | |
| Hotel América | ⓅⓅⓅ | 13 | ● | | ● | | | ■ |
| Reina Cristina | ⓅⓅⓅ | 42 | ● | ■ | ● | | | |
| Washington Irving | ⓅⓅⓅⓅ | 19 | ● | ■ | ● | | ● | |
| Alhambra Palace | ⓅⓅⓅⓅⓅ | 137 | ● | | ● | | ● | ■ |
| **Paradors** | | | | | | | | |
| Parador de Arcos de la Frontera *(p. 207)* | ⓅⓅⓅⓅ | 24 | ● | | ● | | ● | |
| Parador de Carmona *(p. 206)* | ⓅⓅⓅⓅ | 63 | ● | ■ | ● | ■ | ● | ■ |
| Parador de Cazorla *(p. 206)* | ⓅⓅⓅⓅ | 33 | ● | ■ | ● | ■ | ● | ■ |
| Parador de Jaén *(p. 207)* | ⓅⓅⓅⓅ | 45 | ● | ■ | ● | ■ | ● | |
| Parador de Mojácar *(p. 209)* | ⓅⓅⓅⓅ | 98 | ● | ■ | ● | ■ | | |
| Parador de Úbeda *(p. 207)* | ⓅⓅⓅⓅ | 31 | ● | ■ | ● | | | |
| Parador de Granada *(p. 209)* | ⓅⓅⓅⓅⓅ | 35 | ● | ■ | ● | | ● | ■ |
| Parador de Mazagón *(p. 206)* | ⓅⓅⓅⓅⓅ | 43 | ● | ■ | ● | ■ | ● | ■ |

**Les prix** sont indiqués par nuit pour une chambre double, petit déjeuner et taxes compris :
Ⓟ moins de 8 000 ptas
ⓅⓅ de 8 000 à 12 000 ptas
ⓅⓅⓅ de 12 000 à 16 000 ptas
ⓅⓅⓅⓅ de 16 000 à 20 000 ptas
ⓅⓅⓅⓅⓅ plus de 20 000 ptas

**Restaurant**
L'hôtel possède un restaurant servant le petit déjeuner, le déjeuner et le dîner. Les clients extérieurs sont les bienvenus, mais il arrive que l'établissement donne la priorité à ses hôtes en cas d'affluence. Presque tous les hôtels répertoriés servent le petit déjeuner, mais mieux vaut vérifier.

**Piscines**
À quelques exceptions près, les piscines sont découvertes. Il se peut donc qu'elles ne soient ouvertes que durant l'été.

**Grandes chambres**
L'hôtel propose des chambres pour plus de deux personnes, ou la possibilité d'ajouter un ou des lits dans une chambre.

# SÉVILLE

## CENTRE-VILLE

### Hostal Goya

C/ Mateos Gago 31, 41004. **Plan** 3 C2 (6 E4). *95 421 11 70.* FAX *95 456 29 88. 20* **Ch.**

L'Hostal Goya se trouve dans le quartier le plus visité de la ville. Le confort est rudimentaire, mais c'est une base bon marché pour découvrir la ville, même pendant la Semana Santa et la *feria* d'avril (*p. 36*).

### Hotel Simón

Calle García de Vinuesa 19, 41001. **Plan** 3 B2 (5 C4). 95 422 66 60. FAX *95 456 22 41. 29* **Ch.** *AE, DC, MC, V.*

Installé dans une demeure du XVIII^e^ siècle, cet hôtel bien situé entoure un joli patio regorgeant de fougères. Certaines chambres, de taille et de confort variables, possèdent des balcons surplombant la rue.

### Las Casas de la Judería

Callejón de Dos Hermanas 7, 41004. **Plan** 4 D2 (6 E4). *95 441 51 50.* FAX *95 442 21 70. 57* **Ch.** *AE, DC, MC, V.*

Ce labyrinthe de suites, dont certaines avec terrasse privée, est un endroit paisible, à l'écart de l'agitation de la ville. L'hôtel est apprécié des hommes d'affaires.

### Hostería del Laurel

Plaza de los Venerables 5, 41004. **Plan** 3 C2 (6 D4). *95 422 02 95.* FAX *95 421 04 50. 21* **Ch.** *AE, DC, MC, V.*

L'hôtel se dresse sur une petite place près de l'Hospital de los Venerables (*p. 79*). La réception se trouve dans une petite cour couverte, au fond d'une auberge où sèchent jambons et tresses d'ail. Chambres meublées simplement mais spacieuses.

### Hotel Baco

Plaza Ponce de León 15, 41003. **Plan** 2 E5 (6 E2). *95 456 50 50.* FAX *95 456 36 54. 25* **Ch.** *AE, MC, V.*

Cette maison ancienne a été aménagée en hôtel moderne, dans le style sévillan typique. Un escalier en colimaçon mène aux étages supérieurs. Les chambres les plus calmes, à l'écart de la rue, donnent sur de ravissantes petites cours, ornées de plantes et de céramiques.

### Hotel San Gil

Calle Parras 28, 41002. **Plan** 2 D3. *95 490 68 11.* FAX *95 490 69 39. 39* **Ch.** *AE, DC, MC, V.*

L'Hotel San Gil est installé dans une belle demeure classée du début du siècle, qui compte parmi les 100 plus beaux édifices de la ville. Le jardin paisible abrite des palmiers et un vieux cyprès. Superbes céramiques à l'intérieur. Chambres calmes et joliment meublées.

### Alfonso XIII

Calle San Fernando 2, 41004. **Plan** 3 C3 (6 D5). *95 422 28 50.* FAX *95 421 60 33. 146* **Ch.** *AE, DC, MC, V.*

Le plus célèbre palace de Séville (*p. 94*), entouré de palmiers, accueille quelques-uns des événements mondains les plus prestigieux de la ville. L'hôtel de style andalou est orné de chandeliers en cristal, tableaux, statues et sols de marbre. Service irréprochable, luxe garanti.

### Ciudad de Sevilla

Avenida Manuel Siurot 25, 41013. **Carte** B3. *95 423 05 05.* FAX *95 423 85 39. 94* **Ch.** *AE, DC, MC, V.*

Derrière sa façade ancienne, cet hôtel, à l'écart du centre-ville, cache des aménagements modernes. Une piscine est installée sur le toit.

### Hotel Doña María

Calle Don Remondo 19, 41004. **Plan** 3 C2 (6 D4). *95 422 49 90.* FAX *95 421 95 46. 68* **Ch.** *AE, DC, MC, V.*

L'hôtel borde une rue proche du Palacio Arzobispal ; sa terrasse et sa piscine donnent sur la Giralda. Le hall est agrémenté de plantes exotiques. Les clients peuvent choisir entre des chambres de styles très différents.

### Taberna del Alabardero

C/ Zaragoza 20, 41001. **Plan** 3 B1 (5 B3). *95 456 06 37.* FAX *95 456 36 66. 7* **Ch.** *AE, DC, MC, V.*

Ce restaurant qui propose aussi des chambres est installé dans une demeure du XIX^e^ siècle, construite autour d'une cour centrale surmontée d'une verrière. L'étage abrite des chambres confortables, et le rez-de-chaussée compte cinq salles à manger privées, très prisées.

# HUELVA ET SEVILLA

## ALCALÁ DE GUADAIRA

### Hotel Oromana

Sevilla. **Carte** 3B. Avda de Portugal, 41500. *95 568 64 00.* FAX *95 568 64 00. 30* **Ch.** *AE, DC, MC, V.*

L'Oromana occupe un emplacement frais et ombragé entouré de pins, en bordure de la ville, non loin de Séville. L'hôtel est tenu par une équipe de femmes qui sont aux petits soins avec les familles avec enfants et les handicapés. Le week-end, des bals sont organisés dans l'hôtel.

## ARACENA

### Sierra de Aracena

Huelva. **Carte** A3. Gran Vía 21, 21200. *959 12 61 75.* FAX *959 12 62 18. 42* **Ch.** *AE, DC, MC, V.*

Cet hôtel calme au centre de la jolie localité d'Aracena constitue une étape agréable pour visiter la Gruta de las Maravillas (*p. 122*), non loin de là. Les chambres à l'arrière donnent sur le château.

### Finca Buen Vino

Huelva. **Carte** A3. Los Marines, 21293. *959 12 40 34.* FAX *959 50 10 29. 4* **Ch.** *AE, DC, MC, V.*

Cette élégante villa moderne est une maison privée accueillant des hôtes. Elle se dresse au sommet d'une colline, au cœur d'une réserve naturelle boisée. Les chambres, décorées avec goût, offrent une vue superbe. L'atmosphère est détendue. Le soir, dîners gastronomiques, à la lueur de chandelles.

## AYAMONTE

### Riu Canela

Huelva. **Carte** A4. Paseo de los Gavilanes, Playa de Isla Canela, 21470. *959 47 71 24.* FAX *959 47 71 70. 347* **Ch.** *AE, DC, MC, V.*

Le Riu Canela tient davantage du centre de vacances que de l'hôtel. Il possède trois piscines, dont une réservée aux enfants. L'établissement borde une plage sur Isla Canela, non loin de la frontière du Portugal.

Légende des symboles *p. 201*

## Carmona

### Parador de Carmona

Sevilla. **Carte** B3. Calle Alcázar, 41410. *95 414 10 10.* FAX *95 414 17 12. 63* **Ch.** AE, DC, MC, V. Ⓟ Ⓟ Ⓟ Ⓟ

Ancienne forteresse maure qui abrita le palais de Pierre le Cruel (*p. 46-47*), ce parador historique perché sur les falaises offre une vue superbe sur la plaine. La localité historique de Carmona est une base intéressante pour découvrir Séville.

### Casa de Carmona

Sevilla. **Carte** B3. Plaza de Lasso 1, 41410. *95 414 33 00.* FAX *95 414 37 52. 30* **Ch.** AE, DC, MC, V. Ⓟ Ⓟ Ⓟ Ⓟ Ⓟ

Ce palais du XVIe siècle, où les styles d'époque et le moderne se marient harmonieusement, a figuré dans des revues de décoration. Il se dresse sur deux étages et possède un patio à portique et un ravissant jardin intérieur.

## Castilleja de la Cuesta

### Hacienda de San Ygnacio

Sevilla. **Carte** B3. Calle Real 190, 41950. *95 416 04 30.* FAX *95 416 14 37. 12* **Ch.** AE, DC, MC, V. Ⓟ Ⓟ Ⓟ Ⓟ

Cette ferme du XVIIe siècle, aux ferronneries et aux poutres d'origine, entoure un vaste patio orné de palmiers. La salle à manger est installée dans un pressoir à huile. Proche de Séville, Castilleja de la Cuesta est une excellente base pour visiter la région, loin de la chaleur et du bruit de la ville.

## Cazalla de la Sierra

### Las Navazuelas

Sevilla. **Carte** B3. Apartado 14, 41370. *95 488 47 64.* FAX *95 488 47 64. 10* **Ch.** MC, V. Ⓟ

Les chambres de cette charmante ferme familiale sont ornées de tissus artisanaux, qui leur donnent une touche chaleureuse. Ici, les visiteurs auront l'occasion exceptionnelle de loger dans un authentique *cortijo* (ferme) andalou.

### Hospedería La Cartuja

Sevilla. **Carte** B3. Carretera Cazalla-Constantina km 2,5. 41370. *95 488 45 16.* FAX *95 488 47 07. 12* **Ch.** MC, V. Ⓟ Ⓟ Ⓟ

Les amateurs d'art adoreront cet ancien monastère, aménagé avec excentricité par son propriétaire comme lieu d'accueil pour des artistes. Les murs sont tapissés de peintures, exposées ou à vendre. Les produits biologiques de la ferme sont servis au dîner.

## El Rócio

### Puente del Rey

Huelva. **Carte** B4. Avenida de Canaliega. *95 947 71 24.* FAX *95 947 71 70. 347* **Ch.** AE, DC, MC, V. Ⓟ Ⓟ Ⓟ Ⓟ Ⓟ

Cet hôtel moderne est situé dans le village qui accueille au mois de mai la Romería del Rócio (*voir p. 36*). Durant le reste de l'année, l'endroit est paisible et l'hôtel organise des activités comme monter à cheval ou bien des jeux pour les enfants.

## Mazagón

### Parador de Mazagón

Huelva. **Carte** A4. Carretera San Juan de Puerto-Matalascañas km 30. 21130. *959 53 63 00.* FAX *959 53 62 28. 43* **Ch.** AE, DC, MC, V. Ⓟ Ⓟ Ⓟ Ⓟ Ⓟ

Ce parador moderne sur la côte d'Huelva est situé entre une vaste plage de sable et une forêt de pins. C'est une bonne base pour visiter le Parque Natural de Coto Doñana (*p. 126-127*), non loin.

## Sanlúcar la Mayor

### Hacienda de Benazuza

Sevilla. **Carte** B3. Virgen de las Nieves, 41800. *95 570 33 44.* FAX *95 570 34 10. 44* **Ch.** AE, DC, MC, V. Ⓟ Ⓟ Ⓟ Ⓟ Ⓟ

Perchée au sommet d'une colline, cette maison campagnarde datant du Xe siècle regorge de superbes meubles mauresques et andalous. Transformé en luxueux hôtel, on y a aménagé de nombreuses suites, trois restaurants, une chapelle, un parc à gibier privé et un héliport.

# Cordoue et Jaén

## Baena

### Hotel El Zambudio

Cordoue. **Carte** D3. Carretera Baena-Zuheros km 2.5, 14850. *957 67 08 37.* FAX *957 67 08 37. 11* **Ch.** AE, V. Ⓟ

Non loin du joli village de Zuheros, cet hôtel-restaurant installé sur une colline des environs de Baena offre une belle vue sur la Sierra Subbética. Confortable, calme, bon rapport qualité-prix.

## Cazorla

### Molino de la Farraga

Jaén. **Carte** E3. Apartado de Correos 1, 23470. *953 72 12 49. 7.* **Ch.** Ⓟ

Ce moulin construit voici deux siècles vient d'être rénové. Proche de la Plaza Santa María, c'est un hébergement reposant. Une annexe est louée comme appartement.

### Parador de Cazorla

Jaén. **Carte** E3. Cazorla 23470. *953 72 70 75.* FAX *953 72 70 77. 33* **Ch.** AE, DC, MC, V. Ⓟ Ⓟ Ⓟ Ⓟ

Les forêts et montagnes de la Sierra de Cazorla blotties dans une vaste réserve naturelle (*p. 152*) offrent un cadre superbe, dans lequel se dresse ce parador moderne.

## Cordoue

### Hotel Maestre

Cordoue. **Carte** C3. C/ Romero Barros 4–6, 14003. *957 47 24 10.* FAX *957 47 53 95. 26* **Ch.** AE, MC, V. Ⓟ

Près de la Mezquita (*p. 140-141*) au centre de Cordoue, cet hôtel simple et très bon marché propose des chambres modernes.

### Alfaros

Cordoue. **Carte** C3. Calle Alfaros 18, 14001. *957 49 19 20.* FAX *957 49 22 10. 133* **Ch.** AE, DC, MC, V. Ⓟ Ⓟ Ⓟ Ⓟ

Situé dans une rue animée, l'hôtel est cependant calme. L'édifice de style néo-mudéjar compte trois jolies cours, dont une avec piscine.

## Occidental

Cordoue. **Carte** C3. Calle Poeta Alonso Bonilla 7, 14012. *957 40 04 40.* FAX *957 40 04 39. 153* ***Ch.*** *AE, DC, MC, V.*

Cet hôtel moderne installé dans un faubourg résidentiel du nord de la ville est décoré de plafonds à caissons, de miroirs, de tissus précieux.

### JAÉN

## Parador de Jaén

Jaén. **Carte** D3. Carretera Castillo Santa Catalina s/n, 23001. *953 23 00 00.* FAX *953 23 09 30. 45* ***Ch.*** *AE, DC, MC, V.*

Ce château surplombant Jaén offre une vue superbe sur la ville et la Sierra Morena. La décoration recrée une ambiance de château, avec des couloirs faiblement éclairés, d'étroites fenêtres en arcs et d'immenses portes, aux imposants verrous. Les armures et les tapisseries contribuent à l'ambiance. Le parador se dresse près d'une forteresse maure, conquise en 1246 par Fernando III, qui la réaménagea.

### MONTILLA

## Don Gonzalo

Cordoue. **Carte** C3. Carretera Córdoba-Málaga km 47, 14550. *957 65 06 58.* FAX *957 65 06 66. 29* ***Ch.*** *AE, DC, MC, V.*

Cet hôtel confortable et bien tenu est situé en bord de route, en dehors d'une ville renommée pour ses producteurs de *fino*. L'établissement est une halte agréable pour les automobilistes en route de Cordoue vers la côte. Discothèque.

### PALMA DEL RÍO

## Hospedería de San Francisco

Cordoue. **Carte** C3. Avenida Pío XII 35, 14700. *957 71 01 83.* FAX *957 71 01 83. 22* ***Ch.*** *MC, V.*

Quelques-unes des chambres de cet ancien monastère franciscain du XV^e siècle sont d'anciennes cellules de moines (*p. 143*). Très fonctionnelles, elles possèdent néanmoins beaucoup de charme, avec des couvre-lits tissés par les nonnes.

### ÚBEDA

## Palacio de la Rambla

Jaén. **Carte** E3. Pl del Marqués 1, 23400. *953 75 01 96.* FAX *953 75 02 67. 8* ***Ch.*** *AE, V.*

Les propriétaires des lieux ont fait de cette demeure du XVII^e siècle un petit hôtel élégant et central. Les chambres, meublées d'antiquités, entourent un patio Renaissance, qui serait dû à Vandelvira.

## Parador de Úbeda

Jaén. **Carte** E3. Plaza Vázquez de Molina 1, 23400. *953 75 03 45.* FAX *953 75 12 59. 36* ***Ch.*** *AE, DC, MC, V.*

Dominant la place monumentale au centre d'Úbeda, ce parador est installé dans une ancienne résidence aristocratique du XVI^e siècle. C'est l'un des principaux points d'intérêt de la ville (*p. 150*). On peut profiter de son ravissant patio, et ses murs sont tapissés de carreaux bleu et blanc.

# CADIX ET MÁLAGA

### ARCOS DE LA FRONTERA

## Cortijo Faín

Cadix. **Carte** B4. Ctra de Algar km 3, 11630. & FAX *956 23 13 96. 10* ***Ch.*** *AE, DC, MC, V.*

Cette ferme du XVII^e siècle blanchie à la chaux se dresse dans une propriété plantée d'oliviers cachant une piscine. Des meubles anciens ornent les chambres, dont beaucoup abritent de superbes lits en fer ou en cuivre.

## Parador de Arcos de la Frontera

Cadix. **Carte** B4. Plaza del Cabíldo, 11630. *956 70 05 00.* FAX *956 70 11 16. 24* ***Ch.*** *AE, DC, MC, V.*

Ce parador est installé dans une jolie demeure blanche, ancienne résidence d'un magistrat, sur la place principale au sommet de la localité. Perchée au bord d'un précipice, la terrasse offre une vue superbe sur la ville et la plaine. C'est une bonne base pour visiter Jerez de la Frontera (*p. 158*).

### BENAOJÁN

## Molino del Santo

Málaga. **Carte** C4. Calle Barriada Estación, 29370. *95 216 71 51.* FAX *95 216 73 27. 14* ***Ch.*** *AE, DC, MC, V.*

Dans les collines de Ronda, cet ancien moulin à eau est un lieu reposant avec une piscine où il fait bon profiter du soleil. Les propriétaires sont une véritable mine de renseignements. Ils louent aussi des VTT aux clients de l'hôtel.

### CASTELLAR DE LA FRONTERA

## Casa Convento La Almoraima

Cadix. **Carte** C5. Finca la Almoraima, 11350. *956 69 30 02.* FAX *956 69 32 14. 17* ***Ch.*** *AE, DC, MC, V.*

La demeure se dresse dans un vaste domaine qui appartient à l'État. Construite au XVII^e siècle par les ducs de Medinaceli, elle fit office de pavillon de chasse. Les salles communes comptent notamment une salle de billard, et il y règne une ambiance de château.

### GIBRALTAR

## The Rock

**Carte** C5. 3 Europa Road. *956 77 30 00.* FAX *956 77 35 13. 104* ***Ch.*** *AE, DC, MC, V.*

Renommé pour son style colonial suranné, le premier hôtel cinq étoiles de Gibraltar surplombe la ville et le port, offrant une vue superbe sur la baie. Quantité de personnalités célèbres y ont séjourné.

### MÁLAGA

## Don Curro

Málaga. **Carte** D4. Calle Sancha de Lara 7, 29015. *95 222 72 00.* FAX *95 221 59 46. 118* ***Ch.*** *AE, DC, MC, V.*

L'extérieur n'est peut-être pas particulièrement attrayant, mais à l'intérieur les propriétaires mettent un point d'honneur à améliorer sans cesse les installations. Atmosphère chaleureuse et accueillante.

Légende des symboles *p. 201*

## Marbella

### El Fuerte

Málaga. **Carte** C4. Avenida El Fuerte, 29600. *95 286 15 00.* FAX *95 282 44 11. 263* **Ch.** *AE, DC, MC, V.*

El Fuerte, l'un des premiers hôtels construits à Marbella, reste toujours l'un des meilleurs. Les chambres sont spacieuses et élégantes. Certaines ont vue sur les montagnes, d'autres sur la mer. Piscine chauffée vitrée et centre de remise en forme avec gymnase.

### Marbella Club Hotel

Málaga. **Carte** C4. Bulevar Príncipe Alfonso von Hohenlohe, 29600. *95 282 22 11.* FAX *95 282 98 84. 135* **Ch.** *AE, DC, MC, V.*

Ce complexe élégant, en bord de mer, est situé entre Marbella et Puerto Banús. Les jardins subtropicaux invitent à la détente. L'hôtel possède en outre deux piscines, dont une couverte.

## Nerja

### Hostal Avalón

Málaga. **Carte** D4. Urbanización Punta Lara, 29780. & FAX *95 252 06 98. 8* **Ch.**

Ce petit hôtel accueillant, surplombant la route côtière à l'extérieur de Nerja, est une alternative agréable aux hôtels accueillant des voyages organisés sur la Costa del Sol. Les chambres possèdent presque toutes un balcon avec vue sur la mer. Dans le salon principal, vous trouverez plusieurs canapés confortables, avec une sélection de romans.

## Prado del Rey

### Cortijo Huerta Dorotea

Cadix. **Carte** BC4. Carretera Villamartín-Ubrique km 12, 11660. *956 72 42 91.* FAX *956 72 42 89. 7* **Ch.** *AE, MC, V.*

Près du village blanc de Prado del Rey, cet hôtel, géré par une coopérative, se dresse sur une colline entourée d'oliviers. Hébergement en chambre ou en maisonnette. Les amateurs d'équitation y trouveront leur bonheur.

## El Puerto de Santa María

### Monasterio San Miguel

Cadix. **Carte** B4. Calle Larga 27, 11500. *956 54 04 40.* FAX *956 54 26 04. 150* **Ch.** *AE, DC, MC, V.*

Un hôtel élégant et frais, bien situé pour visiter Cadix et Jerez de la Frontera. Il y règne une atmosphère légèrement monastique, vestige du passé de cet édifice baroque.

## Ronda

### Hotel Reina Victoria

Málaga. **Carte** C4. Calle Jerez 25, 29400. *95 287 12 40.* FAX *95 287 10 75. 89* **Ch.** *AE, DC, MC, V.*

Perché sur le bord d'une falaise, le Reina Victoria offre un panorama superbe. Cet ancien palace est aujourd'hui moins guindé.

### Parador de Ronda

Málaga. **Carte** C4. Plaza España, 29400. *95 287 75 00.* FAX *95 287 81 88. 78* **Ch.** *AE, DC, MC, V.*

Sur les célèbres falaises de Ronda, non loin du centre-ville, ce parador moderne offre une vue à couper le souffle sur les gorges, surtout depuis les suites du dernier étage.

## Sanlúcar de Barrameda

### Hotel Los Helechos

Cadix. **Carte** B4. Plaza Madre de Dios 9, 11540. *956 36 13 49.* FAX *956 36 96 50. 56* **Ch.** *AE, DC, MC, V.*

Orné de céramiques et de plantes, Los Helechos est un hôtel élégant et reposant. Des visites de Coto Doñana (*p. 126-127*) sont possibles.

## Tarifa

### Hotel Hurricane

Cádiz. **Carte** B5. Carretera Nacional 340 km 77, 11380. *956 68 49 19.* FAX *956 68 03 29. 33* **Ch.** *AE, DC, MC, V.*

À Tarifa, paradis de la planche à voile, le Hurricane est entièrement dédié au sport et à la remise en forme. Ce bâtiment original, cerné de jardins subtropicaux, offre une belle vue sur l'Afrique.

## Torremolinos

### Hotel Miami

Málaga. **Carte** D4. Calle Aladino 14, 29620. *95 238 52 55. 26* **Ch.**

Entre Torremolinos et Málaga, le Miami offre un répit agréable sur cette côte surexploitée. Murs blanchis à la chaux, carreaux de céramique, fer forgé, balcons et plantes.

# Grenade et Almería

## Almería

### Torreluz IV

Almería. **Carte** F4. Plaza Flores 5, 04001. & FAX *950 23 49 99. 105* **Ch.** *AE, DC, MC, V.*

Cet hôtel élégant du centre-ville possède un bel escalier en colimaçon ainsi qu'une piscine sur le toit.

## Bubión

### Villa Turística de Bubión

Grenade. **Carte** E4. C/ Barrio Alto, 18412. *958 76 31 11.* FAX *958 76 31 36. 43* **Ch.** *AE, DC, MC, V.*

Mini-village dans le style des Alpujarras, avec des toits plats et de hautes cheminées. Excursions à cheval et randonnées avec un guide.

## Dúrcal

### Cortijo la Solana

Grenade. **Carte** E4. Apartado de Correos 43, La Solana Alta 3, 18650. *958 78 05 75.* FAX *958 78 05 75. 4* **Ch.**

Chambres d'hôte à la campagne, dans une vallée peu connue des montagnes de Grenade. Son principal attrait réside dans son vaste terrain.

## GRENADE

### Hotel Guadalupe

Grenade. **Carte** D4. Paseo de la Sabica s/n, 18009. *958 22 34 23.* FAX *958 22 37 98. 58* ***Ch.*** *AE, DC, MC, V.*

Ce charmant hôtel est très bien situé au centre de Grenade dans un immeuble typique du style andaloux. Certaines chambres ont une vue sur l'Alhambra *(voir p. 186-187)*. Faites votre réservation assez tôt pour en avoir une.

### Hotel América

Grenade. **Carte** D4. Calle Real de la Alhambra 53, 18009. *958 22 74 71.* FAX *958 22 74 70. 13.* ***Ch.*** *AE, DC, MC, V.*

Confortable et abordable, cet hôtel tenu par une famille se dresse près de l'Alhambra. En été, une cuisine de qualité est servie dans la cour agréable, ornée de plantes. Établissement très prisé, réservations conseillées.

### Reina Cristina

Grenade. **Carte** D4. C/ Tablas 4, 18002. *958 25 32 11.* FAX *958 25 57 28. 42* ***Ch.*** *AE, DC, MC, V.*

La cour originale surmontée d'une verrière et la jolie balustrade ont été préservées dans cette demeure du XIXe siècle, qui fut l'une des dernières cachettes du poète García Lorca (*p. 53*). Petites chambres meublées avec simplicité et confortables. Atmosphère accueillante.

### Alhambra Palace

Grenade. **Carte** D4. Calle Peña Partida 24, 18009. *958 22 14 68.* FAX *958 22 64 04. 137* ***Ch.*** *AE, DC, MC, V.*

Ce superbe édifice mauresque, très kitsch, se dresse sur la même colline que l'Alhambra (*p. 186-187*). Terrasse avec jolie vue sur l'un des plus vieux quartiers de la ville.

### Parador de Granada

Grenade. **Carte** D4. Calle Real de la Alhambra, 18009. *958 22 14 40.* FAX *958 22 22 64. 36* ***Ch.*** *AE, DC, MC, V.*

Ce parador élégant situé dans les jardins de l'Alhambra est un ancien couvent. Pour loger à un emplacement aussi privilégié, réservez plusieurs mois à l'avance.

## LOJA

### La Bobadilla

Grenade. **Carte** D4. Finca La Bobadilla, 18300. *958 32 18 61.* FAX *958 32 18 10. 60* ***Ch.*** *AE, DC, MC, V.*

Cet établissement très luxueux, véritable village andalou labyrinthien, se dresse dans un joli domaine. Il compte parmi les hôtels les plus prestigieux d'Europe. Quantité de sports et d'activités.

## MOJÁCAR

### Parador de Mojácar

Almería. **Carte** F4. Avenida Mediterraneo s/n, 04638. *950 47 82 50.* FAX *950 958 47 81 83. 98* ***Ch.*** *AE, DC, MC, V.*

L'architecture de ce parador moderne qui se dresse sur la côte aride et ensoleillée d'Almería fait écho aux maisons blanches carrées de Mojácar, non loin de là (*p. 159*). Divers sports nautiques.

## ORGIVA

### Taray Alpujarra

Grenade. **Carte** E4. Carretera Tablate-Albuñol km 18.5, 18400. *958 78 45 25.* FAX *958 78 45 31. 27* ***Ch.*** *AE, DC, MC, V.*

L'hôtel est installé dans un jardin agrémenté de pelouses, d'oliviers et d'orangers, ponctué d'un étang. Les chambres, très spacieuses, sont quasiment de petits appartements. L'établissement compte deux restaurants. Les environs se prêtent à la randonnée, et l'hôtel organise des excursions à cheval.

## PECHINA

### Balneario de Sierra Alhamilla

Almería. **Carte** F4. Pechina, 04259. *950 31 74 13.* FAX *950 16 02 57. 20* ***Ch.*** *AE, MC, V.*

Cet hôtel de cure, situé dans des collines paisibles mais arides, a retrouvé sa gloire du XVIIIe siècle. Le sous-sol abrite des bains romains, et l'hôtel possède une piscine à l'eau chaude naturelle. C'est un endroit agréable d'où rayonner pour découvrir les environs.

## PINOS GENIL

### La Bella María

Grenade. **Carte** E4. Carretera Sierra Nevada km 8.2, 18191. *958 48 87 46.* FAX *958 48 87 26. 24* ***Ch.*** *AE, DC, MC, V.*

Non loin de Grenade, cet hôtel moderne est bien situé pour découvrir la ville et la Sierra Nevada. Chambres confortables et claires. Certaines sont assez spacieuses pour accueillir une famille de quatre personnes.

## SAN JOSÉ

### San José

Almería. **Carte** F4. Calle Correo, 04118. *950 38 01 16.* FAX *950 38 00 02. 8* ***Ch.*** *MC, V.*

Couleurs vives et meubles excentriques caractérisent cet établissement situé près de la plage, dans une petite station balnéaire en expansion, non loin du Parque Natural de Cabo de Gata (*p. 194*).

## TREVÉLEZ

### Mesón la Fragua

Grenade. **Carte** E4. Calle San Antonio 4 18417. *958 85 86 26.* FAX *958 85 86 14. 14* ***Ch.*** *MC, V.*

Cette *mesón* est située dans le village qui passe pour le plus élevé d'Espagne. Sur le toit, terrasse avec un panorama superbe sur la vallée. Chambres de tous types.

## TURRE

### Finca Listonero

Almería. **Carte** F4. Cortijo Grande, 04639. *950 47 90 94.* FAX *950 47 90 94. 5* ***Ch.*** *MC, V.*

L'hôtel est installé dans une ancienne ferme rénovée, non loin de Mojácar. Petit déjeuner copieux. Légumes de la ferme.

### El Nacimiento

Almería. **Carte** F4. Cortijo El Nacimiento, 04639. *950 52 80 90. 4* ***Ch.***

Cette adorable maison ancienne reculée est tenue par un jeune couple, qui en a fait des chambres d'hôte bon marché.

Légende des symboles *p. 201*

# RESTAURANTS, CAFÉS ET BARS

En Andalousie, une sortie au restaurant est un véritable événement. Famille et amis, souvent accompagnés d'enfants, commencent à déguster des tapas en début de soirée, pour rester à table au-delà de minuit. Les meilleurs restaurants sont en fait des tavernes et des bars à tapas servant des produits frais. Les établissements p. 216-221 ont été sélectionnés pour leur cuisine et leur ambiance. Vous trouverez les bars à tapas et un glossaire gastronomique p. 222-223, une présentation des spécialités p. 212-215.

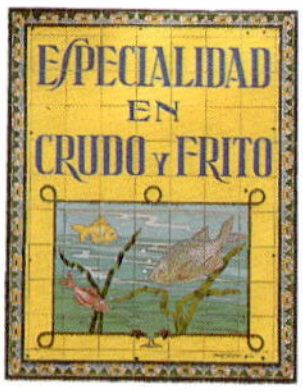


**Spécialités de la maison**

**Salle du restaurant El Churrasco, Cordoue (*p. 218*)**

## LA CUISINE ANDALOUSE

L'Andalousie possède deux types de cuisines, celle de la côte et celle de l'intérieur des terres. Sur les huit provinces andalouses, cinq sont baignées par la mer, et une sixième, Séville, compte un grand fleuve. La cuisine des côtes se distingue par sa grande diversité de poissons et de crustacés. Le plus célèbre plat de poisson est le *pesca'ito frito* (poisson frit).

À l'intérieur des terres, on mange des ragoûts consistants, à base de jambon et de saucisses, et des plats de gibier, de porc, d'agneau et de poulet. Les salades et les légumes sont délicieux, tout comme le gazpacho, la spécialité andalouse à base de tomates. L'Andalousie est le premier producteur mondial d'huile d'olive, qui parfume sa cuisine.

## QUAND MANGER

Les Espagnols prennent deux petits déjeuners, ou *desayuno*. Le premier est un repas léger, souvent composé de pain grillé accompagné d'huile d'olive ou de beurre, de confiture et de *café con leche* (café au lait).

Le second, plus consistant, se prend entre 10 h et 11 h, parfois dans un café : un *bocadillo* ou *mollete* (sandwich ou petit pain blanc), avec du jambon, de la saucisse ou du fromage ; une tranche épaisse de *tortilla de patatas* (omelette de pomme de terre) ou un *suizo* ou *torta de aceite* (brioche). Les *churros* (longs beignets) s'achètent surtout dans la rue. Ce repas est accompagné de café, jus de fruit ou bière.

**Dégustation de tapas**

Vers 13 h, les bars commencent à s'animer, les clients viennent prendre une bière ou une *copa* de vin avec des tapas. Vers 13 h 30 ou 14 h, les bureaux et les magasins ferment pour la *comida* (déjeuner), le repas principal de la journée, qui se prend vers 14 h et 15 h, suivi par la *siesta*. Vers 17 h 30 ou 18 h, les cafés, *salones de té* (salons de thé) et les *pastellerías* (pâtisseries) se remplissent pour la *merienda* (goûter) : pâtisseries, gâteaux et sandwiches accompagnés de café, thé ou jus de fruits.

## COMMENT S'HABILLER

Bien que la tenue de ville (veste et cravate) soit rarement exigée, les Espagnols s'habillent élégamment pour sortir. Partout ailleurs, les tenus sont décontractées.

## LIRE LE MENU

En espagnol, le menu se dit la *carta*. Le mot *menú* désigne exclusivement le menu du jour. Certains restaurants plus élégants proposent un *menú de degustación*, qui permet de goûter à six ou sept spécialités du chef. Les plats du jour sont souvent inscrits sur un tableau noir, ou ajoutés au menu.

La *carta* commence par les *sopas* (soupes), *ensaladas* (salades), *entremeses* (hors-d'œuvres), *huevos y tortillas* (œufs et omelettes), et

**Bar sur la Calle Gerona, derrière l'Iglesia de Santa Catalina (*p. 89*), Séville**

*verduras y legumbres* (plats de légumes).

Parmi les légumes, salades et plats à base d'œufs, certains conviennent aux végétariens, mais d'autres peuvent être servis avec des morceaux de jambon. Mieux vaut se renseigner lors de la commande.

Parmi les plats principaux, citons les *pescados y mariscos* (poissons et fruits de mer) et *carnes y aves* (viande et volaille). La paella et autres plats de riz figurent souvent parmi les entrées.

## Les enfants

Les enfants sont généralement les bienvenus dans les restaurants, qui sont toutefois rarement dotés d'équipements spéciaux à l'exception des *ventas* (*p. 223*).

## Fumeurs, non-fumeurs

Les restaurants élégants proposent souvent une sélection de *puros* (cigares). Les espaces non-fumeurs sont très rares en Espagne.

## Accès en fauteuil roulant

Il est préférable de téléphoner (ou de demander à votre hôtel de se renseigner) pour réserver et demander si l'accès est possible.

**L'élégante salle à manger de l'Egaña Oriza à Séville (*p. 217*)**

## Vins

Les vins fino secs se marient parfaitement aux fruits de mer, au jambon *serrano*, aux olives, soupes et entrées. Les vins accompagnant les repas proviennent généralement de Ribera del Duero, Rioja, Navarra ou Penedés. Les bars à tapas servent parfois des vins de Valdepeñas ou La Mancha. Les *olorosos* se boivent souvent en digestif.

## Combien payer

Les bars à tapas et les petits restaurants familiaux (*bar-restaurantes*) constituent la solution la plus économique. La plupart des restaurants proposent un *menú del día*, souvent composé de trois plats, dont le prix est nettement inférieur au choix à la carte.

En mangeant à *la carta*, l'addition peut rapidement dépasser le prix moyen, surtout si vous choisissez des plats chers, comme le jambon *ibérico*, et des fruits de mer. Si l'espadon, la sole, le colin et d'autres poissons sont bon marché, ils sont probablement surgelés. Les crustacés, comme le homard et les langoustines, et certains poissons (bar, dorade, etc.) sont souvent facturés au poids. L'addition (*la cuenta*) comprend le service, et parfois un petit supplément pour le couvert. Les prix sur le menu ne comprennent généralement par les 6 % d'*IVA* (TVA), ajoutés au moment de l'addition. Le pourboire est laissé à l'appréciation du client. Les Espagnols laissent rarement plus de 5 % de pourboire et se contentent souvent d'arrondir le montant de l'addition.

**Ambiance conviviale au Manolo Bar, dans le Parque María Luisa (*p. 96-97*), Séville**

### Légende des tableaux

Symboles des tableaux des pages 216-221

- ouvert
- fermé
- menu à prix fixe
- tables en terrasse
- accessible en fauteuil roulant
- tenue de ville
- zone non-fumeurs
- climatisation
- cave exceptionnelle
- cartes bancaires acceptées

*AE* American Express
*MC* Mastercard
*DC* Diners Club
*V* Visa

**Catégories de prix** par personne, pour un dîner avec entrée et dessert, avec une demi-bouteille de vin de la maison, couvert, taxes et service compris :

- Ⓟ moins de 3 000 ptas
- ⓅⓅ de 3 000 ptas à 4 500 ptas
- ⓅⓅⓅ de 4 500 ptas à 6 000 ptas
- ⓅⓅⓅⓅ plus de 6 000 ptas

# Que manger en Andalousie

L'Andalousie assure plus de 20 % de la production mondiale d'huile d'olive (*aceite de oliva*), utilisée pour frire le poisson ou comme ingrédient dans quantité de recettes, tel le gazpacho (soupe froide). En été, les repas sont légers : gazpacho (et sa variante blanche, l'*ajo blanco*), salades, viandes et poissons grillés, pour devenir consistants en hiver : soupes et ragoûts (*sopa, puchero, estofado, cocido, potaje*) avec des saucisses et des légumes secs.

***Churros* frits et chocolat chaud**

**Tostada con aceite**
*Une tranche épaisse de pain grillé avec de l'huile d'olive.*

***Jamón ibérico* (jambon séché)**

***Huevos rellenos* (œufs farcis au thon)**

***Boquerones al natural* (anchois marinés)**

***Gambas al ajillo* (gambas à l'ail)**

***Albóndigas* (boulettes)**

***Chorizo* (saucisson épicé)**

***Soldaditos de pavía* (beignets de morue)**

***Salchichón* (saucisse de porc)**

***Morcilla* (boudin)**

***Aceitunas* (olives)**

## TAPAS

Les tapas (*p. 222-223*) sont des amuse-gueule, qui accompagnent généralement un apéritif, comme du vin, de la bière ou du *fino* (*p. 214*). Ils peuvent se composer de poissons et de fruits de mer, de morceaux de viande ou de poulet en sauce, de saucisses épicées, d'olives, ou, un pur délice, de jamón ibérico.

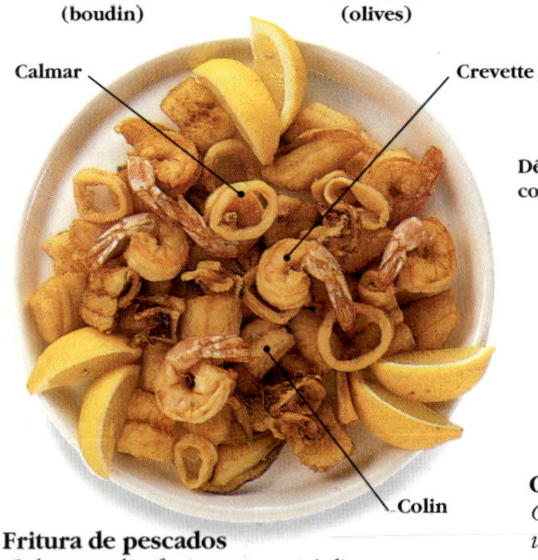


**Fritura de pescados**
*Calmar, colin frais et quantité d'autres poissons frits sont servis en assortiment.*

**Gazpacho**
*Ce grand classique de la cuisine andalouse est une soupe froide à base de tomates bien mûres, de pain, d'ail et d'huile d'olive. Il est souvent servi avec des dés de pain frit.*

**Tortilla de patatas**
*Omelette souvent servie avec des haricots ou des asperges sauvages.*

**Rabo de toro**
*La queue de bœuf braisée dans une sauce au paprika est un plat typique d'Andalousie.*

**Pollo al ajillo**
*Poulet sauté à l'huile, avec beaucoup d'ail, et une touche de xérès.*

**Pescado a la sal**
*Le poisson entier est cuit dans une épaisse croûte de sel. Puis on ôte le sel avec la peau, et on le déguste avec différentes sauces.*

**Cazuela de arroz con mariscos**
*Le riz au safran est servi dans un grand récipient plat, avec un assortiment de poissons et de crustacés.*

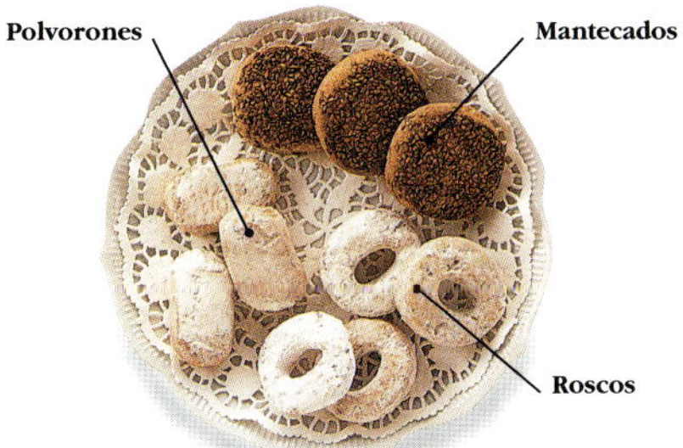

**Tocino de Cielo**
*Ce riche dessert à la crème et aux fraises est généralement confectionné par des nonnes.*

**Mantecados, polvorones et roscos**
*Traditionnellement servis à Noël, ces petits gâteaux sont parfumés à l'anis, au sésame, aux amandes et à la cannelle.*

**FRUITS**
Les restaurants proposent des *postres* (desserts) comme des *flan* (crème caramel) ou *natillas* (crème aux œufs), mais les fruits frais constituent le dessert le plus courant. L'Andalousie offre un vaste choix de fruits exotiques.

# Que boire en Andalousie

**Pichet de *sangría***

Troisième région vinicole d'Espagne, l'Andalousie produit des boissons renommées, comme le xérès (*p. 28-29*). Des festivals célébrant la *vendimia* (les vendanges) se tiennent dans toute la région (*p. 34*). Bars et cafés sont des institutions, et une grande partie de la vie publique se déroule autour d'une tasse de café. Commencez la journée par un café au comptoir, buvez du xérès ou de la bière à midi, prenez du vin à table et terminez vos repas par un café et une *copa* de digestif.

**Les vendanges, *vendimia*, sont fêtées dans toute l'Andalousie**

***Fino* de Jerez**

**Manzanilla de Sanlúcar**

***Fino* de Montilla**

## Le fino

Le *fino* est la boisson andalouse par excellence. Commandez un fino, ou une *copa de vino fino*. En fonction de l'établissement, on vous servira un xérès pâle et sec de Jerez de la Frontera (*p. 158*), un montilla-moriles sec de la province de Cordoue, ou un manzanilla sec, qui est un xérès de Sanlúcar de Barrameda (*p. 158*). Vous pouvez aussi demander une marque précise, par exemple un Tío Pepe, un xérès de la bodega González Byass à Jerez, un Gran Barquero, de Montilla (*p. 143*) ou un Solear, un Manzanilla de la bodega Barbadillo à Sanlúcar. Le Manzanilla est la boisson fétiche de la Feria de Abril à Séville (*p. 36*).

Le *fino* est fortifié, ce qui signifie qu'il contient plus d'alcool qu'un vin de table (environ 15 °). Ce vin, qui se boit légèrement frais, est souvent servi dans un verre à pied court, dont le haut est plus étroit que le bas (le verre se tient par la base, pas au milieu). Toutefois, dans certains bars rustiques, le *fino* est servi dans un grand verre droit, appelé *copita* ou *vasito*.

Le *fino* accompagne souvent des entrées et des tapas, et son goût sec se marie parfaitement au *jamón serrano* et aux *aceitunas aliñadas* (*p. 222-223*).

## Les vins

L'Andalousie donne quelques jeunes vins blancs de table, comme le Castillo de San Diego, le Marqués de la Sierra et des vins d'El Condado (*p. 125*). La plupart des vins de table – *tinto* (rouge), *blanco* (blanc) et *rosado* (rosé) – proviennent d'autres régions d'Espagne. Les établissements plus élégants servent du rioja, du ribera del duero, du navarra et du penedés. Regardez sur l'étiquette la *denominación de origen* (indiquant l'origine et la qualité). Les *cosecha*, assez jeunes, sont les moins chers ; les *crianza* et *reserva* sont plus vieux et plus coûteux. Les vins pétillants, *cava*, fabriqués selon la méthode champenoise, proviennent souvent de Catalogne.

Les vins ordinaires de Valdepeñas et de La Mancha sont servis dans les bars à tapas. Ils sont parfois additionnés de *gaseosa*, une limonade pétillante légèrement sucrée : le mélange est très rafraîchissant.

**Castillo de San Diego**

## La Bière

Plusieurs bières blondes sont brassées en Andalousie. Toutes sont vendues en bouteille, et certaines sont aussi disponibles à la pression. La bière pression accompagne souvent les tapas, surtout en été. Demandez *una caña*. La Cruz Campo est une excellente bière locale. La San Miguel est quelquefois plus connue à l'étranger.

***Una caña de cerveza***

**Cruz Campo en bouteille**

Eau-de-vie anisée (*aguardiente*)

*Moscatel* de Málaga

*Coñac* Lepanto de Jerez

## Autres apéritifs et digestifs

L'alcool anisé est souvent appelé *aguardiente*, terme qui désigne tous les alcools distillés. Il peut être doux ou sec. On le boit du petit déjeuner *(desayuno)* jusqu'au thé *(la merienda)*, souvent accompagné de petits gâteaux, surtout durant les fêtes. Il se prend aussi en digestif, après dîner.

Boisson estivale, le *tinto de verano* est un mélange de vin rouge, de glace et de *gaseosa*. La *sangría* est un punch de vin rouge, avec des fruits. Avec les tapas, goûtez aussi aux vins apéritifs veloutés, comme l'*amontillado*, l'*oloroso* ou le *palo cortado* (*p. 29*), produits à Jerez et Montilla. Avec le dessert, essayez un *moscatel* ; le plus connu est le vin de Málaga de cépages Pedro Ximénez ou muscatel. Goûtez aussi un xérès « cream » de Jerez. Après dîner, essayez une eau-de-vie avec le café. Les eaux-de-vie espagnoles, qui viennent essentiellement des *bodegas* à xérès de Jerez, sont appelées *coñac* dans les bars. La plupart des bodegas produisent au moins trois marques, à des prix différents, souvent placées sur des étagères dont la hauteur correspond au niveau de qualité. Le Magno est une bonne eau-de-vie milieu de gamme ; les marques haut de gamme sont le Lepanto et Larios 1886.

On peut également goûter au rhum produit sur la côte Sud où sont cultivées des cannes à sucre.

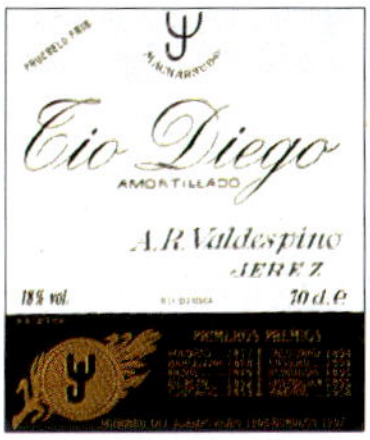


*Amontillado* de Jerez, vin apéritif

## Le café

Le matin, les Espagnols prennent souvent du *café con leche* (une moitié de lait chaud, une moitié de café), fréquemment servi dans un verre. Les enfants et les insomniaques préfèreront un *sombra* : beaucoup de lait chaud, avec un «nuage» de café. Le *cortado* est un café avec un peu de lait. Après dîner, vous pourrez prendre un *café solo*, proche de l'expresso, servi dans une petite tasse ou un petit verre.

*Café con leche*

*Café solo*

Le café espagnol se fait dans des percolateurs avec du café torréfié (*torrefacto*) et un peu de sucre.

## Autres boissons

La plupart des bars et cafés servent des infusions (*infusiones*). Les meilleures sont : *poleo-menta* (menthe), *manzanilla* (camomille) et *tila* (tilleul). Le *zumo de naranja natural* (orange pressée), délicieux mais assez cher, n'est pas disponible partout. Le *mosto* est du jus de raisin. Dans toute l'Espagne, l'eau du robinet est potable, mais les Andalous préfèrent l'eau minérale, comme celle de Lanjarón (*p. 181*). Elle est soit *sin gas* (plate), soit *con gas* (pétillante). Dans la plupart des villages, on trouve aussi du lait de chèvre frais.

Eau minérale de Lanjarón

Orange pressée

Camomille (manzanilla)

## Chocolat chaud

Originaire du Mexique, le chocolat a été importé en Europe par les *conquistadores*. Les Aztèques buvaient du *tchocolatl*, une boisson amère poivrée à base de cacao, durant leurs célébrations sacrées. Les religieuses vivant aux colonies ajoutèrent du sucre au cacao, créant une boisson plus conforme au goût européen. Au cours du XVIe siècle, le chocolat gagna en popularité. L'Espagne détenait le monopole de l'exportation des graines de cacao, et la « formule » du chocolat resta un secret d'État durant plus d'un siècle. Vers 1830, un écrivain anglais estimait que le chocolat était aux Espagnols ce que le thé est aux Anglais.

Chocolat chaud

Préparation du *tchocolatl*

# SÉVILLE

## CENTRE-VILLE

### Jamón Real

Calle Lopez de Arenas 5. **Plan** 3 B1 (5 B4). *95 456 39 98. de 11 h à 16 h 30, de 20 h à minuit du mar. au dim.* *AE, DC, MC, V.*

Ce minuscule café-restaurant propose des produits exceptionnels : jambons, olives, fromages, miel, et cuisine paysanne de l'Extrémadure. Ici, on peut *chuparse los dedos* – se lécher les doigts. Commandez un plat de jambon *ibérico* et de saucisse, ou de neuf fromages.

### Las Meninas

Calle Santo Tomás 3. **Plan** 3 D1 (5 D4). *95 422 62 26. de 7 h à 19 h du lun. au ven, de 8 h à 19 h sam., de 9 h à 16 h dim.*

Très apprécié des étudiants et des hommes d'affaires, pour ses plats copieux et ses prix. Au menu, une sélection des spécialités sévillanes : queue de taureau braisée en sauce, soupe de pois chiche et de morue et gazpacho.

### Bodegón Torre del Oro

Calle Santander 15. **Plan** 3 B2 (5 C5). *95 422 08 80. de 12 h à minuit t.l.j.* *AE, DC, MC, V.*

Spécialité de *raciones* (p. 222). Goûtez les *garbanzos con espinacas* (pois chiche aux épinards), les *puntillitas* (petites seiches grillées) ou la *punta de solomillo* (pointe de filet).

### Casa Robles

Calle Alvarez Quintero 58. **Plan** 3 C1 (6 D3). *95 456 32 72. de 13 h à 17 h, de 20 h30 à 1 h t.l.j.* *AE, DC, MC, V.*

Au cœur de Séville, cet établissement animé compte trois petites salles à manger, derrière le bar à tapas. Spécialités de poisson – frit, au four ou avec du riz. Tous les jours, grand choix de crustacés frais. La viande, les tapas et les *emparedados* (petits sandwichs) sont excellents.

### Corral del Agua

Callejón del Agua 6. **Plan** 3 C2 (6 E5). *95 422 48 41. de 12 h à 16 h, de 20 h à minuit du lun. au sam.* *AE, DC, MC, V.*

Ce restaurant jouxtant les jardins des Reales Alcázares permet de dîner dans un patio agréable, tapissé de vigne. Le menu met l'accent sur les spécialités saisonnières, cuisinées et servies avec raffinement.

### Hostería del Laurel

Plaza de los Venerables 5. **Plan** 3 C2 (6 D4). *95 422 02 95. de minuit à 16h, de 19 h30 à minuit t.l.j.* *AE, DC, MC, V.*

De style rustique avec des fûts de bois et des carreaux de céramique, ce bar-restaurant est situé à Santa Cruz, au fond d'un labyrinthe de passages couverts (*p. 70-71*). Au déjeuner, commandez du jambon *serrano*, des olives de Séville et une *tortilla de patatas*.

### Mesón Casa Luciano

Calle Paraíso 3. **Plan** 3 B3. *95 427 37 59. de 13 h à 17 h, de 20 h30 à 1 h t.l.j.* *AE, DC, MC, V.*

De succulents jambons *ibérico* sont suspendus aux poutres. C'est une spécialité de ce restaurant-taverne accueillant. Bœuf, agneau et porc grillés figurent également au menu. Les crèmes renversées maison sont délicieuses.

### Mesón Don Raimundo

Calle Argote de Molina 26. **Plan** 3 C1 (6 D4). *95 422 33 55 ou 95 421 29 25. de 12 h à 17 h, de 19 h à minuit t.l.j.* *AE, DC, MC, V.*

Dans un couvent du XVII^e siècle, ce restaurant est un véritable musée, avec ses céramiques anciennes, ses tapisseries et ses ustensiles en cuivre. On y sert une cuisine andalouse traditionnelle, avec du canard sauvage, du lièvre et du perdreau des Marismas du Guadalquivir, ainsi que des fruits de mer, comme la soupe de palourdes aux pignons. Le vin de table est excellent, et l'établissement possède une *bodega* avec des vins *reserva* exceptionnels.

### Río Grande

Calle Betis. **Plan** 3 B3 (5 B5). *95 427 83 71. de 13 h à 17 h, de 20 h à minuit t.l.j.* *AE, DC, MC, V.*

Très prisé des touristes pour son emplacement sur les rives du Guadalquivir – on peut dîner sur la terrasse donnant sur l'autre rive. Le gazpacho et le *rabo de toro* (queue de taureau braisée) sont délicieux.

### Enrique Becerra

Calle Gamazo 2. **Plan** 3 B1 (5 C4). *95 421 30 49. de 13 h à 17 h, de 20 h à minuit du lun. au sam.* *AE, DC, MC, V.*

Ce bar-restaurant élégant, près de l'Ayuntamiento, est le rendez-vous des riches Sévillans. Excellente sélection de poissons et de viandes, et plats du jour, puisés dans la cuisine familiale andalouse.

### La Albahaca

Pl de Santa Cruz 12. **Plan** 3 D2 (6 E4). *95 422 07 14. de 12 h à 16 h, de 20 h à minuit du lun. au sam.* *AE, DC, MC, V.*

Installée dans un cadre charmant, sur la Plaza Santa Cruz, cette demeure des années 20 meublée d'antiquités du XVII^e siècle est un lieu très agréable. Le restaurant sert une nourriture mâtinée de cuisine basque, avec une note moderne. Le menu change au fil des saisons.

### El Burladero

Hotel Colón, Calle Canalejas 1. **Plan** 3 B1 (5 B3). *95 422 29 00. de 13 h 30 à 16 h, de 21 h à minuit t.l.j.* *AE, DC, MC, V.*

Ambiance raffinée dans ce haut-lieu de Séville, où les toreros viennent revêtir leur habit de lumière avant les corridas. Le restaurant, rempli d'objets de corrida, tient son nom du *burladero*, la barrière intérieure de l'arène. Sur le menu, caviar et filet mignon côtoient des plats sévillans traditionnels, comme le *puchero* (plat complet) et la queue de taureau.

### El Giraldillo

Plaza Virgen de los Reyes 2. **Plan** 3 C2 (6 D4). *95 421 45 25. de 12 h à minuit t.l.j.* *DC, MC, V.*

Malgré la proximité de La Giralda et de la cathédrale, ce restaurant est au calme. Goûtez la paella andalouse, le poisson frit et le filet de porc *ibérico*.

### La Isla

Calle Arfe 25. **Plan** 3 B2 (5 C4). *95 421 26 31 ou 95 421 53 76* FAX *95 456 2219. de 12 h à 16 h, de 20 h à minuit t.l.j. août.* *AE, DC, MC, V.*

Au cœur de la ville, ce restaurant propose de délicieux fruits de mer : turbot, brème, rouget-barbet, bar, espadon, et des mets délicats comme les *percebes* (bernaches). Prix élevés, mais la qualité et le service sont irréprochables.

### La Judería

Calle Cano y Cueto 13. **Plan** 4 D2 (6 E4). *95 441 20 52. de 12 h 30 à 17 h, de 19 h 30 à 12 h 30 t.l.j.* *AE, DC, MC, V.*

Superbe restaurant dans le quartier juif médiéval, avec des arcs en brique et un sol en terre cuite. Au menu, fruits de mer, et gibier en saison. *La cazuela de arroz,* ragoût de riz pour deux personnes, au homard ou aux crevettes, est un délice.

### Ox's

Calle Betis 61. **Plan** 3 B3 (5 B5). *95 427 62 75.* *de 13 h à 17 h, de 20 h 30 à minuit du mar. au dim.* AE, DC, MC, V

Les grillades sont la spécialité de ce petit *asador* (grill-room) intime, mais les plats de poisson sont tout aussi délicieux. Les palourdes aux artichauts et les *angulas* (minuscules anguilles) sont succulentes.

### Egaña Oriza

Calle San Fernando 41. **Plan** 3 C3 (6 D5). *95 422 72 11.* *de 13 h 30 à 16 h, de 21 h à minuit du lun. au ven. ; de 21 h à minuit sam.* AE, DC, MC, V.

Blotti contre les murs des jardins de l'Alcázar, ce restaurant lumineux est très élégant. José María Egaña, le chef et propriétaire des lieux, prépare une cuisine basque, avec des accents andalous. Les poissons, comme le *lomo de merluza en salsa verde* (filet de colin en sauce verte), sont la spécialité.

## Les environs de Séville

### Jamaica

Calle Jamaica 16 (Heliopolis). **Carte** B3. *95 461 12 44.* *de 13 h à minuit du lun. au sam.* AE, DC, MC, V.

Le Jamaica est installé dans une villa privée d'Heliopolis, un faubourg de Séville. Excellente sélection de plats de viande et de poissons, préparés avec raffinement. Gibier en saison. Excellente carte des vins.

### Al-Mutamid

Calle Alfonso XI (Gran Plaza). **Carte** B3. *95 492 55 04.* *de 13 h à 17 h, de 20 h 30 à 12 h 30 t.l.j.* AE, DC, MC, V.

Commencez par prendre un verre à la *bodega*, en goûtant l'un des excellents vins *reserva*, ou *cavas*. Dans le restaurant élégant, les fruits de mer sont en vedette (30 plats), mais les amateurs de viande trouveront aussi leur bonheur. En dessert, goûtez une confiserie sévillane traditionnelle, les *yemas*, à base de jaune d'œuf et de sucre.

# HUELVA ET SEVILLA

## Aljaraque

### Las Candelas

Huelva. **Carte** A4. Avenida de Huelva s/n, 21110. *959 31 84 33.* *de 13 h à 16 h 30, de 9 h à 11 h 30 du lun. au sam.* AE, DC, MC, V.

Dans un cadre rustique, le menu est équitablement partagé entre les fruits de mer locaux, excellents, et de succulents plats de viande.

## Huelva

### El Estero

Huelva. **Carte** A3. Avda Martín Alonso Pinzón 13. *959 25 65 72.* *de 13 h à 16 h, de 20 h à minuit du lun. au sam.* AE, DC, MC, V.

C'est probablement le meilleur restaurant du centre de Huelva. La cuisine est traditionnelle : *chocos con habas* (seiches aux fèves), *raya en pimentón* (raie au poivron), sole farcie aux huîtres et filet de porc *ibérico* aux herbes.

## Isla Cristina

### Casa Rufino

Huelva. **Carte** A4. Avenida de la Playa. *959 33 08 10.* *de juin à sept. : de 13 h à 16 h 30, de 20 h à 12 h 30 t.l.j. ; d'oct. à mai : de 13 h à 16 h 30 du jeu. au mar.* *Nov.* AE, DC, MC, V.

Installée sur la plage, la Casa Rufino est très fréquentée en été. Le menu *el tonteo* (pour quatre) réunit huit poissons avec huit sauces (lotte de mer avec une sauce aux raisins).

## Jabugo

### Mesón Sánchez Romero Carvajal

Huelva. **Carte** A3. Carretera San Juan del Puerto. *959 12 15 15.* *de 13 h à 16 h 30, de 21 h à 23 h 30 t.l.j.* V.

Romero Carvajal produit d'excellents *jabugo*, et le bar-restaurant est une excellente adresse pour les déguster. Outre les plats à base de jambon et de saucisse, goûtez aux mets de porc *ibérico*, comme la *presa de paletilla al mesón.*

## La Rábida

### Hostería de La Rábida

Huelva. **Carte** A4. Paraje de la Rábida. *959 35 03 12.* *de 9 h à 23 h t.l.j.* MC, V.

Christophe Colomb séjourna à La Rábida, le monastère du XIVe siècle qui jouxte le restaurant. Spécialités de poissons et de fruits de mer.

## Sanlúcar la Mayor

### La Alquería

Sevilla. **Carte** B3. Hacienda Benazuza, Calle Virgen de las Nieves s/n. *95 570 33 44.* *de 14 h à 16 h ; de 21 h à minuit t.l.j.* AE, DC, MC, V.

À 15 minutes de route de Séville, les anciennes écuries de cette magnifique hacienda abritent un restaurant. Le chef, Sergio Ruiz, a réussi le juste équilibre, avec des plats novateurs et simples à base de produits de qualité. La cuisine est à la hauteur de sa réputation.

# CORDOUE ET JAÉN

## Baeza

### Juanito

Jaén. **Carte** E3. Avenida Arca del Agua. *953 74 00 40.* *de 13 h à 16 h, de 20 h à 23 h 30 du mar. au sam ; de 20 h à 23 h 30 dim. et lun.* V.

Quand Juanito ouvrit une *taberna* en 1954, c'est sa femme, Luisa, qui était aux fourneaux. L'établissement s'est agrandi, mais elle dirige toujours la cuisine. Au menu : ragoût d'épinards, plats de morue et pâté de perdreau à l'huile d'olive de Jaén.

### Andrés de Vandelvira

Jaén. **Carte** E3. Calle San Francisco 14. *953 74 81 72.* *de midi à 17 h, de 20 h 30 à 23 h du mar. au sam. ; de midi à 17 h dim.* AE, DC, MC, V.

Ce restaurant est installé dans un monastère du XVIe siècle, joliment rénové, dû à Andrés de Vandelvira, célèbre architecte Renaissance de Jaén. Il est décoré avec goût de meubles anciens. Cuisine typique de la région : salade de perdreau, ragoût de morue salée, et *cardos* en sauce à la crème (cardons).

Légende des symboles *p. 211*

## Bailén

### Zodíaco

Jaén. **Carte** D3. Ctra Madrid– Cádiz km 294. *953 67 10 58. de 13 h à 16 h, de 20 h à minuit t.l.j.* *AE, DC, MC, V.*

Excellente adresse. En été, le menu propose des soupes froides, comme l'*ajo blanco* (ail blanc) aux amandes blanches. Les spécialités sont le *revuelto* (œufs brouillés au jambon, aux asperges, aux crevettes et aux civelles) et le perdreau.

## Cordoue

### Federación de Peñas

Cordoue. **Carte** C3. Calle Conde y Luque 8. *957 47 54 27. de 13 h à 16 h, de 20 h à 23 h. du 15 jan. au 15 fév.* *AE, MC, V.*

Ce restaurant-coopérative, avec un patio, sert une cuisine locale bon marché. Goûtez les *cardos* (cardons) aux palourdes. Spécialité : *rabo de toro* (queue de taureau).

### Almudaina

Cordoue. **Carte** C3. Jardines de los Santos Mártires 1. *957 47 43 42. de 12 h 30 à 16 h, de 20 h 30 à 23 h 30 t.l.j. juil.-août : dim. ; hiver : dim. soir.* *AE, DC, MC, V.*

Au XVI^e siècle, cette demeure était la résidence de Léopold d'Autriche. Elle possède sept salles à manger et un joli patio aux murs de brique. Au menu, du gibier et du sanglier de la Sierra Morena.

### El Churrasco

Cordoue. **Carte** C3. Calle Romero 16. *957 29 08 19. de 13 h à 16 h, de 20 h à minuit t.l.j. août* *AE, DC, MC, V.*

Steaks, côtes d'agneau, steaks de poisson et anchois frais sont exposés à l'entrée. Les grillades au feu de bois sont la spécialité, mais les plats comme le *salmorejo*, crème de tomate épaisse servie avec des gaufrettes croustillantes d'aubergines frites, sont un régal. Prenez l'apéritif dans les caves à vin (parmi les meilleures du pays).

### Taberna Pepe de la Judería

Cordoue. **Carte** C3. Calle Romero 1. *957 20 07 44. t.l.j. de 12 h à 16 h 30, de 19 h 30 à minuit. 24 et 31 déc.* *AE, DC, MC, V.*

Le restaurant se dresse à l'emplacement d'une taverne ouverte en 1930 par Pepe. Les murs des salles à manger sont tapissés de photos de torreros et autres notables. Les spécialités sont le gazpacho, servi toute l'année, et le *flamenquín* (rouleaux frits au veau et au jambon).

### El Blasón

Cordoue. **Carte** C3. Calle José Zorilla 11. *957 48 06 25. de 13 h à 15 h, de 20 h à minuit t.l.j. 24 déc.* *AE, MC, V.*

Le bar-café au rez-de-chaussée de cette charmante maison ancienne, proche du quartier commerçant de Cordoue, est parfait pour un repas léger. À l'étage, dans une salle plus classique, on propose une cuisine cordouanne traditionnelle avec quelques touches inventives telles que le *gazpacho de melón*. La cave de l'établissement est recommandée.

### Caballo Rojo

Cordoue. **Carte** C3. Calle Cardenal Herrero 28. *957 47 53 75. t.l.j. de 12 h à 17 h, de 20 h à minuit. 24 déc.* *AE, DC, MC, V.*

Cet adorable restaurant se cache derrière la Mezquita (*p. 140-141*). Au menu, cuisine traditionnelle, avec de nombreux plats maures et sépharades. Goûtez l'agneau au miel, le poisson au raisin et aux pignons, ou la salade sépharade aux champignons sauvages, aux asperges, aux poivrons grillés et à la morue salée. Le restaurant est assez cher, mais les prix sont justifiés.

## Jaén

### Casa Vicente

Jaén. **Carte** D3. Calle Francisco Martin Mora 1. *953 23 28 16. de 13 h à 16 h 30, de 21 h à minuit du lun. au sam. ; 13 h à 16 h 30 dim.* *DC, MC, V.*

Près de la cathédrale, on y mange des plats *jienense* typiques : ragoût d'agneau, ragoût d'épinards, artichauts en sauce, dans un cadre classique avec un patio central.

## Palma del Río

### Hospedería de San Francisco

Cordoue. **Carte** C3. Avda Pio XII 35. *957 71 01 83. de 13 h 30 à 16 h t.l.j., de 20 h 30 à 23 h du lun. au sam. août.* *MC, V.*

La cuisine de ce monastère du XV^e siècle est exceptionnelle. Le restaurant reçoit des personnalités politiques et des hommes d'affaires.

# Cadix et Málaga

## Antequera

### La Espuela

Málaga. **Carte** D4. Plaza de Toros. *952 70 34 24. de 13 h à 16 h, de 20 h 30 à 23 h 30 t.l.j.* *DC, MC, V.*

Plats andalous typiques : perdreau, sanglier en saison, et la spécialité locale, la *porra* (épais gazpacho).

## Cadix

### La Costera

Cadix. **Carte** B4. Calle Dr Fleming 8. *956 27 34 88. de 11 h à 16 h, de 19 h à minuit t.l.j.* *AE, DC, MC, V.*

La décoration, tout comme la cuisine, est d'inspiration marine. Le menu compte aussi de la viande, notamment du poisson et sa sauce à la viande. Tapas au bar ou sur la terrasse.

### Ventorillo del Chato

Cadix. **Carte** B4. Ctra Cádiz– San Fernando km 684. *956 25 00 25. de 12 h 30 à 16 h 30, de 20 h 30 à 12 h 30 lun. au sam.* *AE, DC, MC, V.*

Cette auberge rustique qui a plus deux siècles aurait accueilli Fernando VII pendant la guerre d'Espagne. Au menu, fruits de mer, gibier et un plat-dégustation, comme la *berza* (ragoût de légumes et de saucisse) ou le *menudo* (tripes). La cave est intéressante, proposant du xérès ainsi que différents vins blancs andalous.

### El Faro

Cadix. **Carte** B4. Calle San Felix 15. *956 21 10 68. de 12 h 30 à 16 h 30, de 20 h 30 à 12 h 30 t.l.j.* *AE, DC, MC, V.*

Ce restaurant, ouvert en 1966, est un classique. Au menu, un mariage réussi entre cuisine moderne et tradition, avec des ingrédients de première fraîcheur. Ambiance chaleureuse dans un décor de poutres en bois et de murs blanchis à la chaux. Menu varié où le poisson et les fruits de mer sont toujours en vedette. Goûtez les *tortillitas de camarones* (beignets croustillants de petites crevettes).

## ESTEPONA

### La Alborada

Málaga. **Carte** C5. Puerto Deportivo de Estepona. *95 280 20 47.* *de 12 h à 16 h, de 20 h à minuit du jeu. à mar.* *nov.-fév. : sam. et dim. seult.* *AE, DC, MC, V.*

Célèbre pour sa paella. Autres plats de riz, comme l'*arroz a banda* et la *fideua* (paella aux pâtes), du poisson et des steaks. Comptez environ trente minutes pour les paellas.

## FUENGIROLA

### Portofino

Málaga. **Carte** C4. Edificio Perla 1, Paseo Marítimo 29. *95 247 06 43.* *de 13 h à 15 h 30, de 19 h à 23 h mar. au dim. (fermé à 12 h en été).* *AE, DC, MC, V.*

Les clients apprécient la cuisine italienne et le service accueillant. Excellente brochette de poisson et de crustacés.

## JEREZ DE LA FRONTERA

### Gaitán

Cadix. **Carte** B4. Calle Gaitán 3. *956 34 58 59.* *de 13 h à 16 h 30, de 20 h 30 à 23 h 30 lun.au sam. ; de 13 h à 16 h 30 dim.* *AE, DC, MC, V.*

Le chef du Gaitán, très imaginatif, marie des influences basques et andalouses. Au menu, du turbot au thym de montagne, du confit de colin aux légumes et au laurier, et de poitrine de poulet au foie gras et aux pignons.

### La Mesa Redonda

Cadix. **Carte** B4. Calle Manuel de la Quintana 3. *956 34 00 69.* *de 13 h à 16 h; de 21 h à minuit du lun. au sam.* *jours fériés.* *AE, DC, MC, V.*

Véritable temple de la bonne cuisine, ce charmant petit restaurant est tenu par des membres de la dynastie des viticulteurs. Laissez-vous tenter par la *mojama* (thon) en entrée.

## LOS BARRIOS

### Mesón El Copo

Cadix. **Carte** C5. Autovia Cadix-Málaga, Salida 111/112, Palmones. *956 67 77 10.* *de 13 h 15 à 17 h, de 20 h 30 à minuit du lun. au sam.* *AE, DC, MC, V.*

Dans un décor de filets de pêche et d'aquariums, vous dégusterez d'excellents fruits de mer, à un prix abordable. Tous les jour, 40 plats différents, qui vont des anchois frits bon marché aux homards, au bar et aux palourdes, nettement plus chers. Commandez trois ou quatres plats de crustacés *para picar* (à partager en entrée), puis poursuivez avec une *dorada al horno* (dorade en ragoût aux pommes de terre).

## MÁLAGA

### Marisquería Santa Paula

Málaga. **Carte** D4. Avenida de los Guindos, Barriada Santa Paula. *95 223 65 57.* *de 6 h à 2 h du matin.* *AE, DC, MC, V.*

Le Santa Paula, excellent bar à fruits de mer, sert une délicieuse *fritura* (poissons frits mélangés) et une *mariscada* (sélection de fruits de mer). Très familial le week-end.

### Mesón Astorga

Málaga. **Carte** D4. C/ Gerona 11. *95 234 68 32.* *de 13 h à 16 h 30, de 20 h à minuit lun. au sam.* *AE, DC, MC, V.*

De délicieux produits locaux associés à un grand talent culinaire font de ce restaurant une excellente adresse. Essayez les aubergines frites nappées de mélasse, la mousse de lotte de mer, ou la salade de thon frais avec sa sauce au vinaigre de xérès. Bar à tapas très animé.

## MANILVA

### Macues

Málaga. **Carte** C5. Puerto de la Duquesa. *95 289 03 95.* *de 19 h 30 à 12 h 30 du mar. au dim. (de sept. à juin : de 13 h à 15 h 30 sam. et dim.)* *fév.* *AE, DC, MC, V.*

Ici, on vous présentera votre poisson avant la cuisson. Terrasse couverte donnant sur le port de plaisance. Dégustez la spécialité de la maison : poissons cuits au sel, mais la viande est également délicieuse.

## MARBELLA

### Triana

Málaga. **Carte** C4. C/ Gloria 11. *95 277 99 62.* *de 13 h 30 à 16 h, de 20 h 30 à minuit du mar. au dim.* *AE, DC, MC, V.*

Au cœur du vieux Marbella, ce restaurant chaleureux est spécialisé dans les plats de riz à la valencienne. Outre la paella, vous y trouverez du riz noir, du *caldoso con langosta* (riz au homard) et la *fideua* (sorte de paella où les pâtes remplacent le riz).

### Santiago

Málaga. **Carte** C4. Calle Duque de Ahumada 5. *95 277 43 39.* *t.l.j. de 13 h à 17 h, de 19 h à 1 h* *nov.* *AE, DC, MC, V.*

Certainement le meilleur restaurant de fruits de mer sur la Costa del Sol. En 1957, Santiago Domínguez a transformé une cabane de plage en restaurant servant les classiques de la cuisine espagnole. Il vous propose tous les jours, 40 à 50 plats de poissons et de fruits de mer, y compris de la paella. Les amateurs de viande goûteront au cochon de lait et à l'agneau. La vaste *bodega* recèle quelque 120 000 vins *reserva*. La belle salle à manger s'ouvre sur la plage.

### Toni Dalli

Málaga. **Carte** C4. El Oasis, Ctra Cádiz km 176. *95 277 00 35.* *t.l.j. de 20 h à 1 h* *AE, DC, MC, V.*

Dans un splendide palais blanc flanqué de palmiers, sur la plage, ce restaurant est une institution. La cuisine a un parfum d'Italie. Musique *live*, parfois assurée par Toni Dalli en personne. Spécialités : *pastas* maison, *osso buco*, *carpaccio* de viande ou de poisson.

### La Hacienda

Málaga. **Carte** C4. Urbanización Hacienda Las Chapas, Ctra Cádiz km 193. *95 283 12 67.* *de sept. à janv. : de 13 h à 15 h 30, de 20 h à 23 h 30 du merc. au dim.; de juil. à août : de 20 h 30 à minuit t.l.j.* *de mi-nov. à mi-déc.* *AE, DC, MC, V.*

Dans une superbe villa, ce restaurant possède un jardin avec vue sur la mer. La cuisine propose de succulents plats andalous avec une touche de cuisine française. Spécialités : *torte* de saumon et de morue au basilique, pintade à la crème de raisins et gibier en saison.

Légende des symboles, *p. 211*

### La Meridiana

Málaga. **Carte** C4. Camino de la Cruz. *95 277 61 90. de 20 h 30 à minuit t.l.j. (hiver : 13 h 30-15 h 30 du mer. au dim.). janv.* *AE, DC, MC, V.*

La Meridiana, au cadre élégant, est un classique de la restauration à Marbella. La cuisine fait honneur à sa réputation. Situé sur les hauteurs, le restaurant possède un jardin couvert et un bar installé dans un patio adjacent. Au menu, *carpaccio* d'espadon, artichauts au foie gras, et gibier en saison.

## MIJAS

### El Castillo

Málaga. **Carte** C4. Pasaje de los Pescadores 2, Plaza de la Constitución. *95 248 53 48. de 10 h à 16 h, de 19 h à 23 h t.l.j.* *DC, MC, V.*

Ce restaurant de style rustique propose des plats andaloux et internationaux. Certains soirs, vous assisterez à un spectacle de flamenco qui rendra l'atmosphère vivante.

## EL PUERTO DE SANTA MARÍA

### Las Bóvedas

Cadix. **Carte** B4. Monasterio de San Miguel, Calle Larga 27. *956 54 04 40. de 14 h à 16 h, de 21 h à minuit t.l.j.* *AE, DC, MC, V.*

Ambiance raffinée dans cet ancien monastère. Le menu, lui, n'a rien de monastique. Le restaurant interprète l'excellente cuisine locale, avec de délicieux poissons et crustacés. Un dessert, le *tocino de cielo* (lard céleste), est tout à fait de circonstance. Les religieuses le confectionnent avec les jaunes d'œufs donnés par les *bodegas* des environs, qui utilisent les blancs pour la production du xérès.

### El Faro del Puerto

Cadix. **Carte** B4. Carretera de Rota km 0.5. *956 87 09 52. de 13 h à 16 h 30, de 21 h à minuit t.l.j (de sept. à janv. : fermé le dim. soir).* *AE, DC, MC, V.*

Succursale d'El Faro de Cádiz, l'établissement possède de petites salles à manger, autour d'un atrium où se déverse la lumière du jour. À recommander : les desserts, surtout la glace maison au xérès *oloroso.*

## RONDA

### Pedro Romero

Málaga. **Carte** C4. Calle Virgen de la Paz 18. *95 287 11 10. de 12 h 30 à 16 h 30, de 20 h à 23 h 30.* *AE, DC, MC, V.*

En face des superbes arènes de Ronda, ce restaurant sert une bonne cuisine campagnarde – lapin au thym, queue de taureau en sauce, haricots étuvés à la saucisse. Les murs lambrissés sont tapissés de portraits de toreros célèbres.

## SAN FERNANDO

### Venta Vargas

Cadix. **Carte** B4. Avda Puente Zuazo. *956 88 16 22. de 13 h à 17 h, de 20 h 30 à 1 h du mar. au dim.* *AE, MC, V.*

Il règne une atmosphère de flamenco dans ce restaurant populaire. Commandez des *raciones* des *patatas aliñadas* (salade de pommes de terre), des *lenguados de estero* (petites soles de l'estuaire de Cádiz) et des *berza* (légumes et ragoût de viande). Soirées flamenco.

## SAN ROQUE

### Los Remos en Villa Victoria

Cadix. **Carte** C5. Finca Villa Victoria Carretera Nacional 351, San Roque-Gibraltar Campamento. *956 69 84 12. de 13 h 30 à 16 h, de 20 h 30 à minuit du lun. au sam.* *AE, DC, MC, V.*

Autrefois installé dans une humble taverne, Los Remos se trouve aujourd'hui dans une demeure rénovée. Les plats succulents sont la création du propriétaire, Alejandro Fernández. Un menu « découverte » de huit plats réunit des beignets de crevettes et des croquettes de homard.

## SANLÚCAR DE BARRAMEDA

### Casa Bigote

Cadix. **Carte** B4. Bajo de Guía. *956 36 26 96. de 12 h 30 à 16 h, de 20 h à minuit du lun. au sam.* *AE, DC, MC, V.*

À l'embouchure du Guadalquivir, cette *taberna* de marin est une excellente adresse pour déguster des *langostinos* de *Sanlúcar* (langoustines rayées), du poisson frais du marché, des petites anguilles, ainsi que d'autres spécialités. En apéritif, prenez un verre de Manzanilla (xérès sec de Sanlúcar).

## TORREMOLINOS

### Casa Juan

Málaga. **Carte** D4. Calle Mar 14, La Carihuela. *95 238 41 06. de 13 h à 16 h, de 19 h 30 à minuit t.l.j. janv.* *AE, DC, MC, V.*

Plusieurs restaurants du front de mer servent d'excellents poissons. Celui-ci est l'un des plus fréquentés. Le poisson au sel et la *fritura malagueña* (friture de poissons) sont délicieux. La dorade au sel (*dorada a la sal*) est servie avec trois sauces.

### Frutos

Málaga. **Carte** D4. Urbanización Los Alamos; Carretera Cádiz km 228. *95 238 14 50. de 13 à 16 h, de 20 h à minuit t.l.j (d'oct. à janv. : fermé le dim. soir).* *AE, DC, MC, V.*

Entre Torremolinos et Málaga, cette « star » de la restauration sur la Costa del Sol sert de succulents plats de viande et de poisson – cochon de lait, poisson en ragoût – à une clientèle choisie. Terminez par l'*arroz con leche* (gâteau de riz).

# GRENADE ET ALMERÍA

## ALMERÍA

### Rincón de Juan Pedro

Almería. **Carte** F4. C/ Federico Castro 2. *950 23 58 19. de 13 h à 15 h 30, de 20 h à 23 h du mar. au dim.* *AE, DC, MC, V.*

Le « coin » de Juan Pedro propose des viandes et des fruits de mer, et des plats locaux, comme le *trigo a la cortijera*, un ragoût aux baies, à la viande et à la saucisse.

### Club de Mar

Almería. **Carte** F4. Calle Muelle 1. *950 23 50 48. de 13 h 30 à 16 h, de 20 h 30 à minuit t.l.j.* *AE, DC, V.*

Poissons frais et crustacés se dégustent en front de mer. Les spécialités sont la *bullabesa* (bouillabaisse espagnole) et la *fritura* (poissons frits mélangés).

### Bellavista

Almería. **Carte** F4. Calle Llanos del Alquián. *950 29 71 56. de 13 h à 17 h, de 20 h à minuit mar. au sam. ; de 13 h à 17 h dim. du 15 oct. au 1er nov.* AE, DC, MC, V.

Ce restaurant hors de la ville sert d'excellents poissons et crustacés, cuisinés de diverses manières. C'est l'occasion de goûter du chevreau. Commandez à l'avance pour certains plats, comme la *berza de trigo* (ragoût) ou la paella.

## ALMUÑÉCAR

### Playa Cotobro

Granada. **Carte** D4. Paseo Cotobro, Edificio Rio Playa. *958 63 18 02. de 13 h à 16 h, de 19 h 30 au 23 h mar. au dim. (été, t.l.j). 2 dern. sem. de nov.* MC, V.

La cuisine a une touche française. Tourte aux crevettes et au poireau, et gratin de lotte aux épinards.

## BUBIÓN

### Villa Turística de Bubión

Granada. **Carte** E4. Barrio Alto. *958 76 31 11. de 8 h à 11 h, de 1h à 15 h 30, de 20 à 23 h, du lun.au dim.* AE, DC, MC, V.

Ce restaurant des Alpujarras (*p. 190*) sert une cuisine montagnarde : *plato alpujarreño* (pommes de terre aux œufs, saucisses, jambon et morceaux de porc) et *choto al ajillo* (chevreau à l'ail).

## GRANADA

### Don Giovanni

Granada. **Carte** D4. Avenida de Cádiz Zaidin. *958 81 87 51 de midi à 16 h 30, de 20 h à minuit et demi du jeu. au mar. du 5 au 30 août.*

Difficile de trouver meilleur rapport qualité-prix que les pizzas de Don Giovanni, faites maison et cuites au four en argile. Bonne sélection de pâtes, de viandes et de salades.

### Carmen de San Miguel

Granada. **Carte** D4. Plaza Torres Bermejas 3, 18009. *958 22 67 23. de 13 h 30 à 16 h, de 20 h 30 à 23 h 30 du lun. au sam.* AE, DC, MC, V.

On recommande vivement ses spécialités comme la salade aux fruits de mer, l'agneau et les desserts à base d'amandes et de fraises. Vue sur l'Albaicín.

### Casa Bienvenido

Granada. **Carte** D4. Calle Cádiz–San José 1, Barrio de Monachil, Monachil. *958 50 05 03. de midi à 16 h, de 20 h à 22 h 30 du mar. au dim. (d'oct. à avril : fermé le dim. soir).* DC, MC, V.

Dans ce restaurant ouvert en 1948, la plupart des légumes et de la viande proviennent de la ferme, qui produit aussi des *embutidos* (saucisses) renommées. Un plat rustique différent est proposé tous les jours, comme le *cocido* (pot-au-feu) et les lentilles au riz et aux saucisses.

### Chikito

Granada. **Carte** D4. Plaza Campillo 9. *958 22 33 64. de 13 h à 16 h, de 19 h 30 à 23 h 30 du jeu. au mar. Noël et 1er jan.* AE, DC, MC, V.

L'ancêtre du Chikito est un café que fréquentaient Lorca, le compositeur de Falla et d'autres artistes. Bien qu'entièrement réaménagé, le restaurant a conservé son charme rustique qui attire nombre de célébrités. Les spécialités sont les fèves au jambon et l'omelette du Sacromonte. Délicieux *piononos* (gâteaux à l'anis).

### Mirador de Morayma

Granada. **Carte** D4. Calle Pianista García Carillo 2. *958 22 82 90. de 13 h 30 à 15 h 30, de 20 h 30 à 23 h du lun. au sam. ; de 13 h 30 à 15 h 30 dim.* AE, MC, V.

Sur un site romantique, dans l'Albaicín (*p. 184-185*), ce restaurant avec vue sur l'Alhambra tient son nom de l'épouse du dernier roi maure d'Espagne. Les plats traditionnels de Grenade sont la spécialité de la maison : *remojón* (salade d'oranges et de morue) et le chevreau frit à l'ail, appelé ici *choto albaicinero*.

### Velázquez

Granada. **Carte** D4. Calle Emilio Orozco 1. *958 28 01 09. de 13 h à 16 h, de 20 h à minuit du lun. au sam. août.* AE, DC, MC, V.

L'ambiance est élégante et chaleureuse. La cuisine propose des interprétations modernes de plats maures comme la *bostella* (tourte de viande aux amandes et aux pignons), la succulente soupe aux amandes et l'épaule d'agneau avec une sauce *mozárabe* aux raisins.

### Ruta del Veleta

Granada. **Carte** D4. Carretera Sierra Nevada 50, Cenes de la Vega. *958 48 61 34. de 13 h à 16 h 30, de 20 h à minuit du lun. au sam. ; de 13 h à 16 h 30 dim.* AE, DC, MC, V.

À 6 km de Grenade, sur la route qui mène à la Sierra Nevada, ce restaurant, né d'une simple *mesón*, est décoré avec des tissus des Alpujarras typiques, et des centaines de cruches en céramique suspendues aux poutres. Cuisine traditionnelle – rôti de chevreau, fèves au jambon, asperges aux champignons, fruits de mer – mais les prix sont aussi élevés que les montagnes avoisinantes. Un deuxième restaurant se trouve à Solynieve, la station de ski de la Sierra Nevada.

## LOJA

### La Finca

Granada. **Carte** D4. Hotel La Bobadilla, Autovía Granada-Sevilla, sortie Iznájar. *958 32 18 61. t.l.j de 14 h à 16 h, de 20 h 30 à 22 h 30* AE, DC, MC, V.

Le chef utilise avec créativité d'excellents produits du marché, proposant des légumes frais, du chapon succulent, du porc élevé à la *finca* (ferme), du gibier en saison et des fruits de mer.

## MOTRIL

### Tropical

Granada. **Carte** E4. Avenida Rodríguez Acosta 23. *958 60 04 50. de 13 h à 16 h, de 20 h à 23 h 30 du lun. au sam. janv.* AE, DC, MC, V.

Les spécialités du Tropical sont les fruits de mer, comme le bar à l'*ajo verde* (ail vert) et la viande, comme le *choto a la brasa* (rôti de chevreau).

## VERA

### Terraza Carmona

Almería. **Carte** F4. Calle Manuel Giménez 1. *950 39 07 60. de 14 h à 16 h 30, de 19 h à 23 h du mar. au dim. du 1er au 15 sept.* AE, DC, MC, V.

Excellents fruits de mer et plats régionaux originaux – *gurullos con conejo* (pâtes au lapin) et *guiso de pelotas* (boulettes à la farine de maïs).

# Les bars à tapas andalous

Les tapas sont bien plus que de simples en-cas. En Andalousie, terre natale du *tapeo* (circuit de bar en bar pour goûter un seul plat par établissement), c'est une véritable tradition. *Tapa* signifie couvercle. On pense que ce terme vient de l'habitude de grignoter en prenant un verre pour *tapar el apetito* (« couvrir l'appétit avant de manger ») – ou bien de l'habitude des barmans de couvrir les *copas* (verres) d'une soucoupe, ou *tapa*, pour les protéger des mouches. De là à poser de la saucisse, du fromage, ou quelques olives sur l'assiette, il n'y avait qu'un pas. Puis les lois du marché ont fait le reste, les bars servant les meilleures tapas vendant plus de vin. Autrefois, les tapas étaient servies gracieusement avec le vin. Cette pratique a aujourd'hui quasiment disparu.

## Manger des tapas

Partie intégrante de la culture espagnole, les tapas accompagnent généralement une boisson, souvent du xérès (*p. 214*), un vin fortifié dont la teneur en alcool est supérieure à celle des vins de table, dépassant les 15°. Une ou deux tapas rehaussent le goût de la boisson et ralentissent l'effet de l'alcool. Certains préfèrent boire de la bière ou du vin de table (*p. 214*), surtout en été. Si vous ne buvez pas d'alcool, demandez de l'eau minérale.

Vous pourrez découvrir les tapas dans les bars, *tascas* et *tabernas*, et dans quantité de cafés. En général, on va de bar en bar, pour y déguster les spécialités du lieu. Les tapas sont servies en très petites portions : vous pouvez en manger deux ou trois avant dîner, ou bien en faire un repas entier, en commandant des *raciones*, des portions plus importantes. Les tapas de *cocina* (de la cuisine) sont servies de 13 h à 15 h et de 19 h à 22 h.

Les tapas se prennent généralement debout, au comptoir. À table, un supplément est souvent ajouté. Certains bars proposent plusieurs dizaines de plats, d'autres seulement trois ou quatre spécialités. L'addition est parfois inscrite sur le comptoir.

## Où manger des tapas

Même les petits villages possèdent quelques bars où les habitants viennent prendre une *copa* et des tapas. Le dimanche et les jours fériés, les établissement les plus prisés sont bondés, accueillant des familles entières. À Séville, certains quartiers sont réputés pour le *tapeo*. Les environs de la cathédrale et notamment le Barrio Santa Cruz (*p. 68-81*) comptent quantité de bars à tapas très animés, de même que Triana, au-delà du fleuve (*p. 100-101*), sur la Calle Betis et les rues voisines. La ville compte une foule d'autres bars à tapas, n'hésitez pas à les tester. Outre les bars à tapas figurant dans notre tableau, les restaurants p. 216-221 possèdent souvent d'excellents bars.

## Bars à tapas

### Séville

**El Bacalao**
Plaza Ponce de León 15.
**Plan** 2 E5 (6 E2).

**Becerrita**
Calle Hernando Colón 1.
**Plan** 3 C1 (6 E4).

**Bodega la Albariza**
Calle Betis 6.
**Plan** 3 A2 (5 A4).

**Casa Manolo**
Calle San Jorge 16.
**Plan** 3 A2 (5 A4).

**Casa Omana**
Pl de los Venerables 1 (près de l'Hospital de los Venerables).
**Plan** 3 C2 (5 D4).

**La Estrella**
Calle Estrella 3 (vers Argote de Molina). **Plan** 3 C1 (6 D3).

**La Giralda**
Calle Mateos Gago 1.
**Plan** 3 C2 (6 E4).

**Kiosko de las Flores**
Plaza del Altozano.
**Plan** 3 A2 (5 A4).

**Mariscos Emilio**
Ronda de Capuchinos 2.
**Plan** 2 E4.
Calle Génova 1. **Plan** 3 B3.

**Modesto**
Calle Cano y Cueto.
**Plan** 4 D2 (6 E4).

**Quitapesares**
Plaza Padre Jerónimo de Córdoba 3.
**Plan** 2 E5 (6 E2).

**El Rinconcillo**
Calle Gerona 2.
**Plan** 2 D5 (6 E2).

**Sol y Sombra**
Calle Castilla 151 (Triana).

**Las Teresas**
Calle Santa Teresa 2.
**Plan** 4 D2 (6 E4).

**Toboso**
Gran Plaza 9.

### Grenade

**Las Copas**
Calle Navas.

**La Gaviota**
Avda Andalucía 2, Local 1.

**Los Manueles**
Calle Zaragoza 2.

**Sibari**
Plaza Nueva 34.

**Taberna Carmen**
Plaza Menorca.

### Cordoue

**Bar Santos "La Tortilla"**
Calle Magistral González Francés 3.

**Taberna de Bodegas Campos**
Calle de los Lineros 32.

**Taberna Chico Medina**
Calle Cruz Conde 3.

**Taberna San Miguel "Casa El Pisto"**
Plaza San Miguel 1.

### Málaga

**Antigua Casa Guardia**
Alameda Principal 18.

**Antigua Venta de Alfarnate**
Alfarnate (NE of Málaga).

**Café de Chinitas**
Pasaje de Chinitas.

**Lo Güeno**
Calle Marín García 11.

**El Malagueto**
Avenida Cánovas del Castillo 12.

**La Tasca**
Calle Marín García 12.

### Autres en-cas

Outre les bars à tapas, vous pourrez manger dans les *ventas*, restaurants de campagne ou de bord de route. Les *chiringuitos* et *merenderos* leur ressemblent, à ceci près qu'ils se trouvent sur la plage. Les *freidurías* proposent du poisson frit, et les *cocederos* des crustacés. Les ventas servent des plats rustiques, comme du poulet ou du lapin frits dans beaucoup d'ail, parfois du gibier ou des *potajes* (ragoût) de saucisses, de haricots et de légumes secs. Situés en montagne ou en bord de rivière, les *ventas* sont bondés le dimanche. *Les chiringuitos* étaient de simples cabanes de plage servant les produits des pêcheurs – comme les *espetones*, sardines fraîches grillées au feu de bois charrié par la mer, qui sont succulentes. La législation a contraint ces établissements à se transformer en restaurants propres, et bien sûr plus chers.

### Glossaire des tapas

Le vaste choix de tapas peut surprendre le visiteur, surtout si le serveur débite la liste à grande vitesse.
Ce glossaire détaille la plupart des tapas servies en Andalousie.
Les plus courants figurent p. 212-213.

### Jambon et saucisse

**Chorizo, morcilla, morcón, salchichón :** toutes sortes de saucisses rouge et noire.
**Jamón ibérico :** jambon salé de cochons nourris de glands, parfois appelés *pata negra* en raison de leurs sabots noirs. Très cher.
**Jamón serrano :** jambon salé, séché à l'air des montagnes.

### Olives

**Aceitunas aliñadas :** olives maison ; légèrement amères, parfumées à l'ail et au thym.
**Alcaparrones :** grosses câpres marinées.
**Manzanilla, gordal :** deux sortes d'olives de Séville – les olives *manzanilla* sont farcies d'anchois, d'amande ou de poivron.

### Salades et plats froids

**Campera :** salade de pommes de terre, avec du thon en conserve.
**Huevas :** œufs de poisson frais, pochés et assaisonnés à l'huile et au citron.
**Pimientos asados :** salade de poivrons grillés.
**Remojón :** salade d'oranges, d'oignons, d'olives et de morue.
**Salpicón :** tomates, poivrons et oignons hachés, avec des fruits de mer marinés dans une vinaigrette.

### Crustacés

**Calamares :** anneaux de calmar frits.
**Caracoles ; cabrillas** : escargots cuits dans une sauce aux herbes.
**Cazuela Tío Diego :** crevettes, champignons et jambon servis dans un plat en argile.
**Chocos con habas :** seiche cuite avec des fèves.
**Cigalas :** langoustines cuites à l'eau de mer.
**Coquinas a la marinera :** petites palourdes cuites au vin, à l'ail et au persil.
**Gambas al ajillo :** gambas pelées cuites à l'ail.
**Gambas a la plancha :** gambas grillées non décortiquées.
**Gambas rebozadas :** beignets de gambas.
**Langostinos de Sanlúcar :** langoustines rayées, généralement non décortiquées.
**Navajas :** palourdes grillées ; saveur proche de celle du calmar.
**Puntillitas :** très petites seiches, frites et croustillantes.
**Tigres :** moules farcies, panées et frites.
**Tortillitas de camarones :** beignets de petites crevettes.

### Œufs

**Huevos a la flamenca :** œufs cuits au jambon, aux asperges, aux pois et aux tomates.
**Huevos rellenos :** œufs farcis au thon.
**Revuelto de setas ; de ajetes ; de espárragos :** œufs brouillés aux champignons sauvages, à l'ail vert ou aux asperges sauvages.
**Tortilla de patatas :** omelette épaisse aux pommes de terre.

### Légumes

**Alcauciles rellenos :** artichaut farci.
**Berenjenas rebozadas :** aubergines frites à l'huile d'olive.
**Espinacas con garbanzos :** épinards et pois chiche mijotés.
**Habas con jamón :** fèves au jambon haché.

### Poisson

**Atún encebollado :** thon frais cuit avec des oignons.
**Boquerones al natural :** anchois frais marinés.
**Cazón en adobo :** dés de requin frais frits.
**Pescado en amarillo :** poisson braisé dans une sauce au vin et au safran.
**Pez espada a la plancha :** petits steaks d'espadon grillés.
**Soldaditos de pavía :** beignets de morue.

### Viande et volaille

**Albóndigas :** boulettes de viande, sauce aux amandes ou à la tomate.
**Caldereta de cordero :** ragoût d'agneau, au poivron et aux oignons.
**Estofado de ternera :** ragoût de veau ; souvent parfumé à la menthe.
**Flamenquines :** roulés au veau, au jambon et au fromage, frits et croustillants.
**Lomo en adobo :** filet de porc mariné.
**Menudo, callos :** ragoût de tripes.
**Pajaritos :** petits oiseaux, cuits au vin, et servis entiers.
**Pinchitos morunos :** brochettes épicées, souvent à la viande de porc.
**Pollo al ajillo :** poulet frit à l'ail. Existe aussi au lapin.
**Pringá :** viande hachée et graisse, servie sur du pain.

# Boutiques et marchés

En Andalousie, le lèche-vitrine est une activité des plus agréables, surtout lorsqu'elle est abordée à l'espagnole. Ici, les courses se font au rythme du temps qu'il fait et respectent toujours la sacro-sainte *siesta*. Cette activité, qui s'effectue sans précipitation aucune, est ponctuée de multiples pauses-café, de tapas et de thés.

Robe de flamenco à pois traditionnelle

Bien que des chaînes de magasins commencent à s'implanter aux quatre coins de l'Espagne, les villes et villages du Sud regorgent de boutiques et de magasins typiquement andalous. L'Andalousie est renommée pour son artisanat traditionnel de qualité, avec un vaste choix de céramique, maroquinerie, marqueterie, bijoux en argent en filigrane, et ses délicieuses confiseries. La meilleure façon de découvrir les nombreux vins consiste à visiter une *bodega*. Celles de Jerez, Montilla, Málaga et Sanlúcar de Barrameda proposent des vins réputés. Dans les magasins, peu de vendeurs parlent le français, mais ils sont en général très aimables.

Calle de las Sierpes, l'une des rues les plus animées de Séville

## Horaires d'ouverture

En Espagne, les magasins ferment généralement à l'heure de la sieste (à l'exception des grands magasins et des boutiques de souvenirs des grandes villes). La plupart ouvrent à 9 h 30 et ferment à 13 h 30, puis ouvrent à nouveau vers 16 h 30 ou 17 h pour fermer vers 20 h. Les boutiques de vêtements ouvrent rarement avant 10 h. Les horaires changent aussi pendant l'été, certains magasins ferment durant la canicule de l'après-midi, d'autres restent ouverts plus longtemps, pour les touristes.

Certains commerces – surtout dans les petites villes – ferment le samedi après-midi, mais cette habitude a tendance à disparaître.

Les soldes ont lieu en janvier et juillet, mais certains magasins proposent aussi des offres spéciales avant Noël ou bien commencent les soldes fin décembre.

## Comment payer

Les Espagnols continuent à régler la majeure partie de leurs achats en espèces. Beaucoup de commerces, surtout les plus grands, acceptent les cartes bancaires, mais rares sont ceux qui prennent le chèques de voyage.

Les articles achetés en soldes ne sont pas échangés. Les grands magasins ont tendance à délivrer des avoirs, plutôt que de rembourser leurs clients. Mieux vaut se renseigner sur les pratiques du magasin avant d'acheter.

L'un des styles d'assiettes de Séville

## Taxes et exemptions

Les visiteurs venant de pays hors UE peuvent récupérer les 15 % de TVA (qui se dit **IVA**, prononcez « iva ») sur les articles achetés dans les grands magasins, comme Cortefiel et El Corte Inglés. Pour chaque article dont le prix dépasse 15 000 pesetas, vous devrez demander un formulaire à la caisse principale du magasin. Ce document doit être tamponné en quittant l'Espagne, puis à nouveau lorsque vous rentrez dans votre pays. Il devra ensuite être renvoyé au magasin, qui vous fera parvenir un chèque correspondant à 15 % du prix de vos achats.

Profusion d'éventails chez Díaz, Calle de las Sierpes à Séville

**Élégants chapeaux de la Sombrerería Hermanos de J. Russi**

## LE SHOPPING À SÉVILLE

Avec son mélange exceptionnel d'artisanat régional traditionnel et de superbe design moderne, Séville est une ville très agréable pour y faire des achats.

Le quartier qui entoure la Calle Tetuán et la Calle de las Sierpes piétonne (*p. 72*), abrite des magasins traditionnels et modernes. C'est un quartier élégant aux rues animées regorgeant d'articles les plus divers : chaussures (**Sierpes Ochentaydos** et **Pineda** comptent parmi les meilleures adresses), articles andalous typiques, comme les éventails sophistiqués de **Diaz**, superbes chapeaux *cordobés* de Maquedano et magnifiques châles brodés main de **Foronda**.

**Vittorio & Lucchino** proposent des vêtements de style andalou, tandis que **Loewe** vend d'élégants bagages et sacs à main, dans de jolis coloris.

Les rues autour de la Plaza Nueva sont bordées de boutiques élégantes, comme **Tony Benítez** et **Marisa Martín**, et de magasins pittoresques vendant des objets religieux, comme **Casa Rodríguez** et **Velasco**, spécialisés dans les accessoires religieux. Pour les layettes élégantes, **Marco y Ana** est la meilleure adresse.

Le Barrio de Santa Cruz recèle quelques magasins intéressants. Non loin de La Giralda (*p. 76*) se trouve l'**Agua de Sevilla**, une boutique de parfum qui vend uniquement de l'eau de toilette au jasmin. La Calle Hernando Colón abrite plusieurs boutiques qui feront le bonheur des collectionneurs, par exemple de jouets anciens ou de timbres. **El Postigo** est un centre d'artisanat qui propose un choix intéressant d'articles. **Sevillarte**, non loin des Reales Alcázares (*p. 80-81*), et **Martián** vendent aussi bien de superbes céramiques que des objets moins luxueux et plus utilitaires. Pour les horloges en céramique, rendez-vous chez Esquivel.

Les amateurs de céramique se rendront à Triana (*p. 100*). Ne manquez pas **Cerámica Santa Ana, Antonio Campos** et les nombreux petits ateliers sur la Calle Covadonga.

**La Trinidad, verrerie bleue traditionnelle de Séville**

**Juan Osete** propose des accessoires de feria.

Les passionnés d'antiquités comme les collectionneurs trouveront leur bonheur chez **Antigüedades Angel Luis Friazza**, spécialiste de meubles anciens espagnols.

À la verrerie **La Trinidad**, le célèbre verre bleu de Séville est bien moins cher que dans les boutiques du centre-ville.

Sur la Calle de la Feria, **Muebles Ceballos** vend de la vannerie traditionnelle.

## CORDOUE

Pour les amateurs de shopping, Cordoue est un véritable paradis. Le quartier le plus fascinant est certainement celui des ruelles étroites de la Judería (*p. 136*). Ici, le **Zoco Municipal** gère une sélection d'ateliers réalisant des spécialités de la ville : bijoux en filigrane en argent, céramiques peintes à la main, maroquinerie et superbes masques peints.

Non loin se trouve **Artesanía Jesús Marquéz**, où vous pourrez admirer les céramiques, les bijoux, la verrerie et divers cadeaux.

Le quartier autour de la Mezquita *(p. 140)* regorge de boutiques de souvenirs qui, outre les incontournables bibelots touristiques, vendent aussi du bel artisanat. **Meryan** est notamment spécialisé dans les articles en cuir repoussé.

Dans l'atelier de guitare de **Manuel Reyes Maldonado,** où viennent s'approvisionner les grands noms de la musique, vous pourrez acheter de superbes guitares.

L'atelier de **Miguel Rodríguez** vend lui aussi d'excellentes guitares haut de gamme. Chez l'un des plus célèbres chapeliers du pays, la **Sombrerería Herederos de J. Russi**, les amateurs pourront faire l'acquisition d'un chapeau *cordóbes* typique, plat, bien moins cher qu'à Madrid ou à Séville.

**Manuel Reyes Maldonado dans son atelier de Cordoue**

**Artisan à l'ouvrage dans un atelier de marqueterie de Grenade**

## GRENADE

À Grenade, où les hivers sont froids, les magasins proposent chaussures et vêtements chauds et élégants. Chez **Julio Callejón**, vous trouverez des chaussures originales ; **Cortefiel** est un grand magasin haut de gamme spécialisé dans l'habillement. Comme la Sierra Nevada n'est pas loin, la plupart des magasins proposent des vêtements de ski.

Le **Mercado Arabe** est une longue galerie bordée de boutiques vendant des vêtements et des accessoires d'inspiration marocaine. **Miguel Laguna, Taller de Taracea**, est un magasin-atelier permettant de découvrir l'art de la marqueterie.

**Tienda La Victoria** offre un choix de gravures anciennes, de bibelots et de meubles. Les rues autour de la Gran Vía abritent de superbes *platerías* (belles boutiques d'argenterie).

**Vannerie de Alhama de Grenade**

## ANDALOUSIE

Les Andalous n'hésitent pas à se rendre spécialement dans un village pour y acheter la spécialité locale : huile d'olive, vin, tapis ou meubles. Les voyageurs qui ont tout leur temps pourront partir à la découverte des spécialités artisanales locales.

La meilleure huile d'olive vierge est celle de Baena (*p. 143*) et de Segura de la Sierra (*p. 152*). Dans la province de Séville, l'huile la plus savoureuse provient du village de Ginés. Nombre de monastères produisent et vendent des confiseries et des biscuits, qui feront des cadeaux originaux.

Plusieurs *bodegas* méritent une visite, notamment celles de Jerez (*p. 158*), Sanlúcar de Barrameda (*p. 158*), Montilla (*p. 43*) et Málaga (*p. 172*). Les *botijos* – cruches en céramique mouchetée – sont la spécialité de La Rambla, à 30 km au sud de Cordoue. Dans la province de Cordoue, Lucena (*p. 143*) est l'endroit rêvé pour acheter des céramiques et du fer forgé.

Ronda (*p. 168*) compte plusieurs magasins proposant des meubles rustiques. À Guarromán, dans la province de Jaén, **Trastos Viejos**, installé dans une vieille ferme, vend des meubles anciens.

**Marché aux fruits et aux légumes, Vélez Blanco (*p. 191*)**

Dans la province de Grenade, les villages de Las Alpujarras (*p. 190*) sont renommés pour les *jarapas* (tapis en bouts de tissu), la vannerie et les herbes médicinales. Au nord de Grenade, dans le petit village de Jún, Cerámica **Miguel Ruiz** expose et vend les plus beaux objets en céramique produits dans la région.

À Villamanrique de Condesa, en dehors de Séville, **Angeles Espinar** propose de magnifiques châles brodés main.

## LES MARCHÉS

Les marchés offrent l'occasion de découvrir les spécialités locales, comme les innombrables saucisses, fromages et jambons. La plupart des marchés proposent un assortiment hétéroclite. Séville compte quelques déballages spécialisés, comme le marché aux puces et la brocante qui a lieu tous les jeudis sur la Calle Feria.

Le dimanche, le marché aux animaux domestiques Los Pájaros se tient sur la Plaza del Alfalfa, tandis que la Plaza del Cabildo devient le rendez-vous des amateurs de timbres et de pièces. Le dimanche matin, un bric-à-brac se vend sur la Alameda de Hércules (*p. 86*) et un grand *rastro* (marché aux puces) se tient dans le Parque Alcosa, au nord-est du centre-ville. Les marchés de la Plaza de la Encarnación et d'El Arenal proposent de la nourriture d'excellente qualité.

**Poteries au marché de la Plaza de la Corredera, Cordoue**

## CARNET D'ADRESSES

### SÉVILLE

#### Grands magasins

**El Corte Inglés**
Pl Duque de la Victoria 10.
**Plan** 1 C5 (5 C2).
*95 422 09 31.*

#### Vêtements et accessoires

**El Caballo**
Calle Sauceda 3.
**Plan** 5 C2.
*95 422 4448.*

**Loewe**
Plaza Nueva 12.
**Plan** 3 B1 (5 C3).
*95 422 52 53.*

**Maquedano**
Calle de las Sierpes 40.
**Plan** 3 C1 (5 C3).
*95 456 47 71.*

**Marisa Martín**
C/ Argote de Molina 21.
**Plan** 4 C1 (6 D4).
*95 456 25 21.*

**Tony Benítez**
Calle Placentines 1.
**Plan** 3 C1 (6 D4).
*95 456 37 62.*

**Vittorio & Lucchino**
Calle de las Sierpes 87.
**Plan** 3 C1 (5 C3).
*95 422 79 51.*

#### Vêtements pour enfants

**Marco y Ana**
Calle Cuna 24.
**Plan** 4 C1 (6 D3).
*95 421 30 38.*

#### Chaussures

**Calzados Mayo**
Plaza del Alfalfa 2.
**Plan** 3 C1 (6 D3).
*95 422 55 55.*

**Pineda**
Plaza Nueva 12.
**Plan** 3 B1 (5 C3).
*95 456 42 49.*

**Sierpes Ochentaydos**
Calle de las Sierpes 82.
**Plan** 3 C1 (5 C3).
*95 422 46 99.*

#### Flamenco

**Díaz**
Calle de las Sierpes 71.
**Plan** 3 C1 (5 C3).
*95 422 81 02.*

**Foronda**
Calle de las Sierpes 67.
**Plan** 3 C1 (5 C3).
*95 422 17 27.*

**Juan Osete**
Calle Castilla 12.
**Plan** 3 A1.
*95 434 33 31.*

#### Parfums

**Agua de Sevilla**
Calle Rodrigo Caro 3 (vers Calle Mateos Gago).
**Plan** 3 C2 (6 E4).
*95 456 24 74.*

#### Objets religieux

**Casa Rodríguez**
Calle Francos 35.
**Plan** 3 C1 (6 D3).
*95 422 78 42.*

**Velasco**
Calle Chapineros 4 (vers Calle Francos).
**Plan** 3 C1 (6 D3).
*95 431 83 38.*

#### Artisanat

**Antonio Campos**
Calle Alfarería 22, Triana.
**Plan** 3 A2.
*95 434 33 04.*

**Cerámica Santa Ana**
Calle San Jorge 31, Triana.
**Plan** 3 A2 (5 A4).
*95 433 39 90.*

**Martián**
Calle de las Sierpes 74.
**Plan** 3 C1 (5 C3).
*95 421 34 13.*

**Muebles Ceballos**
Calle de la Feria 58 (vers Calle de Relator).
**Plan** 2 D4.
*95 438 18 15.*

**El Postigo**
Calle Arfe.
**Plan** 3 B2 (5 C4).
*95 456 00 13.*

**Sevillarte**
Calle Vida 13.
**Plan** 3 C2 (6 D5).
*95 456 29 45.*

**La Trinidad**
Avda de Miraflores 18–20 (vers Ronda de Capuchinos). **Plan** 2 F4.
*95 435 31 00.*

#### Art et antiquités

**Antigüedades Angel Luis Friazza**
Calle Zaragoza 48.
**Plan** 3 B1 (5 B3).
*95 422 35 67.*

#### Alimentation et boissons

**Convento de Santa Paula**
Calle Santa Paula.
**Plan** 2 E5 (6 F1).

**Hornos de Buenaventura**
Calle Carlos Cañal 28.
**Plan** 3 B1 (5 B3).
*95 422 33 72.*

**Tierras Nobles**
Calle Constancia 41.
**Plan** 3 A3.
*95 445 21 19.*

**El Torno**
Plaza del Cabildo.
**Plan** 3 C2 (5 C4).
*95 421 91 90.*

### CORDOUE

#### Vêtements

**Mango**
Calle Cruz Conde 23.
*957 48 84 09.*

#### Artisanat

**Artesanía Jesús Márquez**
Calle Tomás Conde 3.
*957 29 39 25.*

**Manuel Reyes Maldonado**
Calle Armas 4.
*957 47 91 16.*

**Meryan**
Calleja de las Flores 2.
*957 47 59 02.*

**Miguel Rodríguez**
Calle Alfaros 15.
*957 47 13 22.*

**Sombrerería Hermanos de J. Russi**
C/ Ambrosio de Morales 1.
*957 47 79 53.*

**Zoco Municipal**
Calle Judíos.
*957 29 05 75.*

### GRENADE

#### Vêtements, chaussures et accessoires

**Adolfo Dominguez**
Calle Mesones 57.
*958 52 13 32.*

**Centro Aliatar**
Calle Recogidas 2.
*958 26 19 84.*

**Cortefiel**
Gran Vía de Colón 1.
*958 22 93 99.*

**Julio Callejón**
Calle Mesones 36.
*958 25 87 74.*

#### Artisanat

**Francisco Rienda**
Cuesta del Chapiz 6.
*958 22 42 75.*

**Mercado Arabe**
La Alcaicería.

**Miguel Laguna, Taller de Taracea**
Real de la Alhambra 30.
*958 22 90 19.*

#### Antiquités et cadeaux

**Tienda La Victoria**
Calle Zacatín 21.
*958 22 23 47.*

#### Alimentation et boissons

**Flor y Nata**
Calle Mesones 51.
*958 26 68 39.*

### ANDALOUSIE

**Angeles Espinar**
Calle Pascual Márquez 8, Villamanrique de Condesa, Sevilla.
*95 575 56 20.*

**Cerámica Miguel Ruiz**
Camino Viejo de Jún, Jún, Grenade.
*958 41 40 77.*

**Trastos Viejos**
Autovía E5 km 280, Aldea de los Rios, Guarromán, Jaén.
*953 61 51 26.*

# Qu'acheter en Andalousie

**Bracelet en filigrane**

Les objets vendus dans les magasins et les marchés de la région reflètent les riches traditions artisanales andalouses. Les villes et villages d'Andalousie produisent de superbes articles, souvent faits main. Beaucoup de villes ont leur spécialité : Grenade est renommée pour sa marqueterie et ses céramiques peintes de style mauresque, Séville pour ses éventails et ses *mantillas*, Jerez, Montilla et Málaga pour leurs excellents vins. Quant à Cordoue, c'est la capitale des bijoux en filigrane d'argent, de la maroquinerie et des guitares.

**Récipients en terre cuite émaillée d'Úbeda (*p. 150-151*), province de Jaén**

## Les céramiques andalouses

Durant des siècles, le riche sol andalou a servi à façonner des objets en céramique décoratifs et utilitaires : des plats en terre cuite (*cazuelas*) aux cruches (*botijos*), en passant par des jarres (*tinajas*), des carreaux décoratifs peints (*azulejos*) et des plats de cuisine et de table. Les amateurs pourront en acheter dans les ateliers, ou bien, moins cher, sur les marchés.

**Plat de céramique, aux couleurs traditionnelles**

**Plat de Ronda, moucheté de vert et de bleu**

**Coupe de Cordoue, motifs traditionnels**

**Reproductions de carreaux du XVIII^e s. de Triana (*p. 100*)**

**Tapis**

*L'Andalousie s'enorgueillit d'un savoir-faire séculaire dans la fabrication des tapis. La région la plus renommée est celle des Alpujarras* (p. 190-191), *où l'on utilise le coton et la laine, dans des couleurs où prédominent les tons terre et le bleu.*

**Maroquinerie**

*Les articles de maroquinerie sacs et ceintures sont vendus dans toute l'Andalousie. Le cuir repoussé est la spécialité de Cordoue* (p. 136-142).

**Boîtes en marqueterie**

*La marqueterie est produite à Grenade* (p. 182-188). *Des artisans y réalisent notamment des boîtes incrustés d'ivoire et de bois de couleur, ornés de motifs maures*

**Castagnettes**
*Instrument de musique traditionnel du flamenco, les castagnettes existent en différentes tailles.*

**Éventails faits main**
*Souvenir andalou par excellence, les éventails les plus précieux sont en bois, gravés et peints à la main.*

**Guitares**
*Les guitares sont l'une des spécialités du pays du flamenco. À Cordoue, des ateliers fabriquent des guitares haut de gamme, dont beaucoup iront à des guitaristes célèbres.*

**Mantillas**
*Une mantille est une écharpe en dentelle qui se drape sur un grand peigne orné, en écaille ou en plastique.*

## Saveurs andalouses

La gastronomie andalouse est le reflet des produits locaux. Les visiteurs découvriront un choix étonnant d'huiles d'olive. Quant au raisin, il produit non seulement d'excellents vins (*p. 214*), mais aussi du vinaigre de xérès. La région offre aussi des confiseries à base d'amandes, comme le *turrón*.

**Huile d'olive des provinces de Cordoue et de Sevilla**

**Vinaigres de xérès produits par des *bodegas* à xérès**

***Yemas*, confiseries fabriquées par les sœurs du Convento de San Leandro (*p. 75*)**

**Confiture du Convento de Santa Paula (*p. 88*), Séville**

## Herbes et épices

Plus de huit siècles d'occupation maure ont laissé leur empreinte sur la cuisine andalouse. Beaucoup de plats sont parfumés d'épices importées d'Orient, comme le cumin, la coriandre, le paprika, et le safran. C'est sur les marchés que l'on trouve les meilleures épices exotiques et herbes cultivées en Andalousie, vendues en vrac.

**Filaments de safran**

**Pimentón (paprika)**

**Graines de coriandre**

**Graines de cumin**

# Se distraire en Andalousie

En Andalousie, la vie se déroule dans la rue. Le *paseo* et le *tapeo* font partie intégrante de la journée. Le sud de l'Espagne est aussi le pays des *fiestas* et des *ferias* (*p. 36-37*). À certaines époques de l'année, musique, chants et cris égayent l'atmosphère sans discontinuer.

Affiche d'un festival de danse à Itálica

La chaleur pouvant atteindre 45 °C dans la journée, les Andalous s'organisent de manière à profiter de la fraîcheur de la nuit : beaucoup de manifestations culturelles et de concerts débutent tardivement.

Séville impose son rythme à toute la région, et les élégants *Sevillanos* sont excessivement fiers de leur superbe ville et de leur réputation de noctambules. Capitale des arts, de la mode et du flamenco, Séville est aussi l'endroit idéal pour s'initier à la corrida et pour se consacrer au sport, activement ou en spectateur.

**Guitariste de flamenco jouant lors d'un festival au Teatro de la Maestranza, Séville**

## Informations pratiques

Les manifestations sont souvent annoncées par des affiches placardées dans les rues, surtout à Séville. Un mensuel, *El Giraldillo*, recense toutes les manifestations. Le vendredi, *Diario 16*, un journal national, publie un supplément régional donnant une liste des manifestations. Grenade possède son propre magazine de loisirs et spectacles, *Guía de Ocio* (*p. 245*).

## Réserver sa place

En général, les billets pour les manifestions sportives, l'opéra, les concerts et les festivals sont mis en vente à l'avance. Comme le football est extraordinairement populaire en Espagne, mieux vaut commencer à faire la queue très tôt pour les matchs importants. En effet, même les grandes manifestations sont souvent organisées au dernier moment.

## Le flamenco

À Séville, les amateurs pourront découvrir les multiples facettes du flamenco. Bien que les *tablaos* (bars à flamenco) du Barrio de Santa Cruz (*p. 68*) accueillent un public touristique, les spectacles proposés sont de grande qualité. Dans les bars gitans de Triana, les aficionados viennent écouter du *cante jondo*, véritables explosions de mélancolie poignantes. Quant à la Calle Salado, elle est bordée de bars où les clients viennent danser des *sevillanas*, danses très prisées des Andalous eux-mêmes. **El Patio Sevillano** est un *tablao* aux patios andalous traditionnels. Non loin, le **Buque « El Patio »**, amarré en face des arènes, embarque des noctambules pour des soirées flamenco au fil de l'eau.

À Grenade, les grottes des gitans de Sacromonte (*p. 185*), dans les faubourgs de la ville, abritent l'un des temples du flamenco. L'Andalousie accueille une foule de festivals et concours de flamenco (*p. 32-34*), comme le célèbre **Festival de la Guitarra** à Cordoue, où se produisent aussi des guitaristes classiques. La **Bienal de Arte Flamenco**, à Séville, est très renommée. À Cordoue, les marchés **El Zoco Municipal** et **La Posada del Potro** sont parfois le lieu de spectacles de flamenco.

## Au théâtre

Une soirée au théâtre, où vous côtoierez un parterre *d'Andaluces* élégants, est un véritable événement.

Les grandes scènes de Séville sont le **Teatro de la Maestranza** (*p. 66*) et le **Teatro Lope de Vega** (*p. 95*), qui proposent les plus grands spectacles. Sur l'Isla de la Cartuja (*p. 102*), El Auditorio, une salle en plein air, est également très renommée.

Le Festival Internacional de Teatro y Danza (*p. 36*) se tient fin mai début juin, au **Teatro de la Maestranza** à Séville.

Cordoue propose une programmation théâtrale de qualité, dont les spectacles se tiennent au **Gran Teatro**.

**Gran Teatro, Cordoue, l'une des grandes scènes de théâtre de la ville**

**Rosario Flores, star de la chanson andalouse, en concert**

## OPÉRA ET CONCERTS CLASSIQUES

Prisée des amateurs d'opéra, Séville est la ville où se déroulent l'action de *Carmen* de Bizet et celle du *Barbier de Séville* de Rossini.

La plupart des opéras, y compris ceux des grandes compagnies internationales, se déroulent soit à **El Auditorio**, bel édifice post-moderne de l'Isla de la Cartuja (*p. 102*), soit dans l'élégant **Teatro de la Maestranza** (*p. 66*).

La musique classique est à l'honneur au **Teatro Lope de Vega** (*p. 95*), au **Conservatorio Superior de Música Manuel Castillo** et à la cathédrale (*p. 76-77*).

L'Andalousie accueille plusieurs festivals de musique classique (*p. 32-34*), comme Sevilla en Otoño (octobre à février). En juin et juillet, Grenade reçoit le Festival Internacional de Música y Danza (*p. 33*) : les concerts se tiennent alors dans le superbe décor du Generalife (*p. 188*).

## MUSIQUE TRADITIONNELLE

Des troupes de troubadours (*la tuna*) jouant du luth et de la mandoline se produisent parfois en Andalousie. À Séville, le 8 décembre, la veille de la fête de l'Inmaculada Concepción (*p. 35*), *la tuna* joue et chante en l'honneur de la Vierge devant sa statue, sur la Plaza del Triunfo (*p. 78*).

## ROCK, POP ET JAZZ

De grands concerts se tiennent parfois au **Estadio Ramón Sánchez Pijuán**, ou à **El Auditorio**, scène en plein air sur l'Isla de la Cartuja. Séville devrait toutefois à l'avenir accueillir davantage de concerts internationaux. Quelques-uns des groupes de rock espagnols les plus célèbres sont andalous, surtout ceux qui jouent du flamenco pop, comme Ketama ou Rosario Flores.

Des festivals internationaux de jazz (*p. 34*) se tiennent à Séville et à Grenade. À Séville, les deux principales scènes qui accueillent du jazz tout au long de l'année sont le **Blue Moon Jazz Café** au nord-est du Barrio de Santa Cruz, et **El Sol Jazz Club**, un classique du centre-ville.

***La tuna*, chanteurs traditionnels, à Séville**

## LA VIE NOCTURNE

À Séville, les nuits sont longues. Tout l'art consiste à se trouver au bon endroit au bon moment. L'entrée est gratuite dans presque toutes les boîtes de nuit.

La Plaza del Alfalfa est le rendez-vous des jeunes noctambules, tandis que la Calle Reina Mercedes, près de l'université, est fréquentée par les étudiants. La Calle Mateos Gago, et surtout le **Bar Giralda,** à quelques pas de la Giralda *(p. 76)*, sont bondés le vendredi et le samedi soir. La ville compte aussi plusieurs bars très originaux, comme le **Bar Garlochi,** décoré d'effigies kitsch de la Vierge. Quelques bars commencent simplement à s'animer vraiment vers 3 h du matin. Essayez, tard dans la nuit, le **Catedral,** un bar à thème « ecclésiastique ».

À Grenade, le quartier autour de la cathédrale est particulièrement animé. Le **Cunini** est une excellente adresse pour déguster du vin, du champagne et des huîtres. Après dîner, le Paseo de los Tristes, dominé par l'Alhambra *(p. 186-187)*, est bordé de bars où vous pourrez écouter de la musique tzigane dans une ambiance chaleureuse.

À Cordoue, l'activité principale de la vie nocturne est le *tapeo (p. 222)*. La **Taberna San Miguel** est un bar classique, à quelques pas de la Plaza Tendillas. La Judería *(p. 136)* est un quartier très agréable pour boire un verre.

**Spectacle de flamenco dans un bar de Séville**

Real Escuela Andaluza de Arte Ecuestre, Jerez de la Frontera

## Les corridas

Pour les aficionados de tauromachie, les arènes de la Maestranza de Séville sont un véritable mythe. Elles accueillent quelques-unes des plus grandes corridas du pays, pendant la Feria de Abril *(p. 36)*. Ronda, Cordoue et Grenade comptent également parmi les hauts lieux de la corrida.

Il est indispensable de réserver à l'avance lorsque les matadors sont des célébrités. De toute façon, mieux vaut réserver pour avoir une place à l'ombre (*sombra*). Il est plus facile d'obtenir des billets pour les *novilladas*, où se produisent de jeunes matadors. Les billets sont en vente à la *taquillla* (guichet de réservations) des arènes.

## Les manifestations sportives

Le football est excessivement populaire en Espagne. Séville possède deux équipes rivales, le FC Sevilla, qui est basé au **Estadio Ramón Sánchez Pizjuán,** et le Betis, qui joue à l'**Estadio de Benito Villamarín**. Le basket (*baloncesto*) est aussi très apprécié, surtout à Séville. La principale équipe de la ville est le Caja de San Fernando, qui affronte souvent des équipes de niveau international au **Complejo Deportivo San Pablo**.

Céramique vantant le Betis

## Le golf

Le golf est très populaire en Andalousie, et la Costa del Sol est ponctuée d'une multitude de parcours *(p. 174)*. Séville et Jerez comptent également quelques très bons golfs. Seuls les clubs les plus chics accueillent exclusivement leurs membres. À Pâques et en automne, les réservations sont indispensables.

## Les sports équestres

Le cheval fait partie intégrante de la vie andalouse. La Feria de Abril *(p. 36)* en est la meilleure preuve. Toutefois, la capitale incontestée de l'équitation est Jerez de la Frontera *(p. 158)*, qui accueille en mai la Feria del Caballo (Semaine internationale du cheval) *(p. 32)*. Les chevaux jouent aussi un rôle important dans les fiestas locales célébrées en septembre et en octobre. La **Real Escuela Andaluza de Arte Ecuestre** *(p. 158)* présente d'extraordinaires spectacles de chevaux dansants.

Les randonnées équestres sont un excellent moyen de découvrir les paysages andalous, souvent accidentés. Plusieurs écoles, comme l'Hípica Puerta **Príncipe**, proposent des cours d'équitation dans les environs de Séville.

## Sports nautiques

La plupart des stations balnéaires proposent des sports nautiques. Tarifa est le paradis des véliplanchistes. À Séville, la planche à voile, le canoë-kayak et l'aviron sur le Guadalquivir font de nombreux adeptes. À l'est de la ville s'étend le Guadalpark, un centre aquatique en plein air.

## Le ski

La Sierra Nevada *(p. 189)* est le domaine skiable le plus méridional d'Europe. Son unique station, Solynieve, peut accueillir jusqu'à 30 000 skieurs. La saison commence tard (de mi- à fin décembre) mais elle dure parfois jusqu'au mois de mai. En 1996, les Championnats du monde de ski se sont tenus à Solynieve, faisant de la Sierra Nevada une destination très prisée.

Skieurs à Solynieve, dans la Sierra Nevada

## CARNET D'ADRESSES

### FLAMENCO

**Séville**

**Bienal de Arte Flamenco**
*(festivals tous les 2 ans : 1996, 1998, etc.)*
*95 422 14 04.*

**Buque « El Patio »**
Paseo Marques de Contadero.
**Plan** 3 B2 (5 B5).
*95 421 38 36.*

**Corazón de Triana**
*(sevillanas)*
Calle de la Pureza 118.
**Plan** 3 B2 (5 B5).

**Los Gallos**
Plaza de Santa Cruz 11.
**Plan** 4 D2 (6 E4).
*95 421 69 81.*

**El Patio Sevillano**
Po de Cristóbal Colón 11a.
**Plan** 3 B2 (5 C5).
*95 421 41 20.*

**Grenade**

**Jardines Neptuno**
Calle Arabia.
*958 25 20 50.*

**La Reina Mora**
Mirador de San Cristóbal, Carretera Murcia.
*958 27 82 28.*

**Cordoue**

**Mesón Flamenco La Bulería**
Calle Pedro López 3.
*957 48 38 39.*

**La Posada del Potro**
Plaza del Potro.

**El Zoco Municipal**
Calle Judíos.

### THÉÂTRE

**Séville**

**El Auditorio**
Camino del Descubrimiento, Isla de la Cartuja.
**Plan** 1 B4.
*95 448 19 92.*

**Teatro Alameda**
Calle Crédito s/n.
**Plan** 2 D4.
*95 438 83 12.*

**Teatro Lope de Vega**
Avenida María Luisa s/n.
**Plan** 3 C3.
*95 423 45 46.*

**Teatro de la Maestranza**
Paseo de Cristóbal Colón 22.
**Plan** 3 B2 (5 C5).
*95 422 33 44.*

**Cordoue**

**Gran Teatro**
Avenida Gran Capitán 3.
*957 48 02 37.*

### OPÉRA ET CONCERTS CLASSIQUES

**Séville**

**El Auditorio**
Camino del Descubrimiento, Isla de la Cartuja.
**Plan** 1 B4.
*95 448 19 92.*

**Conservatorio Superior de Música Manuel Castillo**
C/ Jesús del Gran Poder 49.
**Plan** 1 C4.
*95 438 10 09.*

**Teatro Lope de Vega**
Avenida María Luisa s/n.
**Plan** 3 C3.
*95 423 45 46.*

**Teatro de la Maestranza**
Po de Cristóbal Colón 22–3.
**Plan** 3 B2 (5 C5).
*95 422 33 44.*

**Cordoue**

**Conservatorio Superior de Música**
C/ Angel de Saavedra 1.
*957 47 39 09.*

### ROCK, POP ET JAZZ

**Séville**

**El Auditorio**
Camino del Descubrimiento, Isla de la Cartuja.
**Plan** 1 B4.
*95 448 19 92.*

**Blue Moon Jazz Café**
Calle Juan Antonio Cavestany.
**Plan** 4 E1.
*95 442 69 06.*

**El Sol Jazz Club**
Calle Sol 40.
**Plan** 2 E5 (6 F1).

### VIE NOCTURNE

**Séville**

**Bar Antigüedades**
Calle Argote de Molina.
**Plan** 3 C1 (6 D4).

**Bar Garlochi**
Calle Boteros 26.
**Plan** 3 C1 (6 E3).

**Bar Giralda**
Calle Mateos Gago 2.
**Plan** 3 C2 (6 E4).

**La Carbonería**
Calle Levies 18.
**Plan** 4 D1 (6 E4).

**Catedral**
Calle Cuesta del Rosario.
**Plan** 3 B1 (5 C3).

**Grenade**

**Cunini**
Plaza de Pescadería 14.
*958 25 07 77.*

**Granada 10**
Calle de Cárcel Baja 10.

**Cordoue**

**Cafetería Gaudí**
Avda Gran Capitán 22.
*957 47 17 36.*

**Taberna San Miguel**
Plaza San Miguel 1.
*957 47 01 66.*

### CORRIDAS

**Séville**

**Plaza de Toros de la Maestranza**
Paseo de Cristóbal Colón 12. **Plan** 3 B2 (5 B4).
*95 422 35 06*

**Grenade**

**Plaza de Toros**
Avenida Doctor Oloriz 25.
*958 22 22 72.*

**Cordoue**

**Plaza de Toros**
Avda de Gran Vía Parque.
*957 23 25 07.*

### MANIFESTATIONS SPORTIVES

**Estadio de Benito Villamarín**
Avenida Heliópolis, Séville.
*95 461 03 40.*

**Estadio Ramón Sánchez Pizjuán (Sevilla FC)**
Calle Luis de Morales, Séville.
**Plan** 4 F2.
*95 453 53 53.*

**Complejo Deportivo San Pablo**
Avda Kansas City, Séville.
*95 459 68 00.*

### GOLF

**Séville**

**Real Club de Golf de Séville**
Ctra Sevilla–Utrera km 3, Montequinto.
*95 412 43 01.*

**Costa del Sol**

**Club de Golf Valderrama**
Avenida Cortijos, Sotogrande.
*956 79 57 75.*

**Mijas Golf Internacional**
Camino Viejo de Coin 35, Mijas Costa
*95 247 68 43.*

**Golf La Dama de Noche**
Carretera Istan, Río Verde, Nueva Andalucía.
*95 281 81 50.*

### SPORTS ÉQUESTRES

**Séville**

**Hípica Puerta Príncipe**
Ctra Sevilla-Utrera km 11.5.
*95 595 08 48.*

**Hipódromo Real Club Pineda**
Avenida de Jerez.
*95 461 33 99.*

**Cadix**

**Real Escuela Andaluza de Arte Ecuestre**
Avenida Duque de Abrantes.
*956 31 11 11.*

### SPORTS NAUTIQUES

**Guadalpark**
Polígono Aeropuerto. Sevilla-Este.
*95 440 66 22.*

### SKI

**Solynieve**
Sierra Nevada (Grenade).
*958 24 91 19 (inform.) ; 958 24 91 11 (rés.).*

# RENSEIGNEMENTS PRATIQUES

# L'Andalousie mode d'emploi

L'économie andalouse est très dépendante du tourisme. Tout au long de l'année, la grande diversité de sites naturels et la richesse de l'héritage culturel de l'Andalousie attirent nombre de visiteurs. Beaucoup d'étrangers se sont même installés dans la région.

L'Expo'92, le 500e anniversaire de la découverte des Amériques, les Championnats de ski de la Sierra Nevada et les circuits culturels créés pour le Legado Andalusi en 1995 ont conduit à une augmentation du nombre d'installations touristiques et une amélioration des infrastructures. Les offices du tourisme de la Junta de Andalucía sont disséminés dans toute la région, offrant quantité de brochures, cartes et dépliants utiles. En Andalousie, mieux vaut ne pas essayer de tout voir, pour mieux découvrir un ou deux sites seulement. Mettez-vous à l'heure andalouse, et partez visiter la région le matin, avant que la canicule ne devienne insupportable.

**Logo de Junta de Andalucía**

**Brochures sur la culture andalouse, publiées par la Junta de Andalucía**

## Informations touristiques

La plupart des grandes villes andalouses comptent plusieurs Oficinas de Turismo (offices du tourisme). Turespaña fournit des informations touristiques à l'échelle nationale, tandis que les offices gérés par la Junta de Andalucía ne couvrent que l'Andalousie. Les offices du tourisme locaux, implantés dans les petites villes, ne fournissent habituellement que des renseignements sur les environs.

La plupart des offices du tourisme proposent des brochures sur les monuments, les voyages, les services d'urgence et l'hébergement. Ils fournissent un grand nombre de dépliants recensant les festivals locaux. Les journaux locaux sont également une source précieuse d'informations sur les manifestations sportives, les expositions et les concerts (*p. 245*).

Si vous souhaitez un guide, dans les villes, les offices du tourisme vous communiqueront le nom d'agences proposant des visites guidées en plusieurs langues.

## Billets d'entrée

L'entrée de quelques monuments et musées est gratuite pour les Espagnols et les ressortissants de l'Union européenne. D'autres sites demandent un droit d'entrée (demi-tarif pour les enfants jusqu'à 12 ans et les groupes). Le paiement se fait en espèces, les cartes de crédit ne sont pas acceptées.

**Billets d'entrée pour l'Hospital de los Venerables, Séville (*p. 79*)**

## Heures d'ouverture

Les horaires d'ouverture des monuments et des musées sont très variables. D'octobre à mars, la majorité des musées sont ouverts de 9 h 30 ou 10 h à 13 h 30 ou 14 h, puis de 16 h 30 à 18 h ou 20 h. La plupart sont fermés le dimanche après-midi.

**Visite guidée de Séville**

◁ **Marché de la Plaza de la Corredera, Cordoue**

**Musiciens de flamenco, devant un café**

Toutefois, pendant la haute saison, beaucoup de musées restent ouverts toute la journée.

La plupart des églises sont ouvertes uniquement pour la messe, mais dans les petites villes, les gardiens laissent souvent entrer les visiteurs entre les offices.

### Visiter les églises

La messe a lieu toutes les heures le dimanche, et vers 19 h-21 h en semaine. Dans la plupart des églises, les visiteurs sont les bienvenus durant l'office, s'ils sont silencieux.

Les règles vestimentaires ne sont pas aussi strictes que par le passé, mais il est préférable d'éviter les shorts courts. L'entrée n'est pas payante mais les offrandes bienvenues.

### Étiquette

Ouverts et chaleureux, les Espagnols n'hésitent pas à se saluer par des *¡Hola!*, *¡Buenos días!* ou *¡Buenas tardes!* en se croisant dans les couloirs, dans les ascenseurs, ou dans les ruelles d'un petit village. Entre amis ou connaissances, les hommes se serrent la main et les femmes s'embrassent sur les joues, comme en France.

Il est interdit de fumer dans les cinémas, les ascenseurs ou dans les transports en commun, mais ailleurs, les espaces non-fumeurs restent rares. Dans les bars et cafés, il n'est pas d'usage de partager le montant de l'addition, sauf entre amis très proches.

Totalement entré dans les mœurs sur la Costa del Sol, le monokini n'est pas admis dans les petits villages du bord de mer.

### Les pourboires

Aujourd'hui, les pourboires sont laissés à l'appréciation du client. Le service (*servicio*) est généralement compris (*p. 211*), mais les Espagnols laissent quelques pourcents de plus. On donne également de la monnaie aux chauffeurs de taxis et aux ouvreuses de cinéma.

### Le livre des réclamations

Un client qui n'est pas satisfait d'un service, en particulier dans un restaurant ou un hôtel, peut demander le *libro de Reclamaciones*. C'est un registre officiel à la

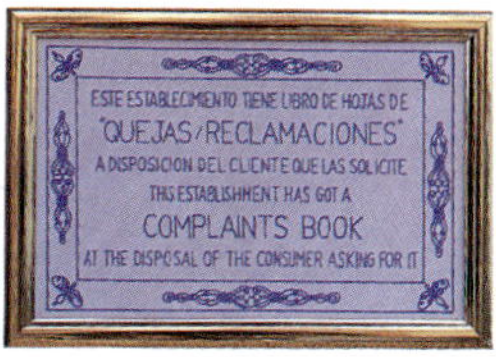


**Ce restaurant possède un *Libro de Reclamaciones***

## Carnet d'adresses

### Informations touristiques

**Oficinas de Turismo**
Avenida de la Constitución 21, Séville. **Plan** 3 C2 (5 C4).
☎ *95 422 14 04.*
Paseo de las Delicias 9, Séville. **Plan** 3 C4.
☎ *95 423 44 65.*
Calle Torrijos 10, Cordoue.
☎ *957 47 12 35.*
C/ Mariana Pineda, Grenade.
☎ *958 22 59 90.*

**Office du tourisme espagnol**
43, rue Décamps, 75116 Paris.
☎ *01 45 03 82 50.*
FAX *01 45 03 85 51.*

### Services religieux

**Catholique**
**Iglesia del Señor San Jose**
Calle San José 17, Séville. **Plan** 4 D1 (6 E4).
☎ *95 422 03 19.*

**Juif**
**Sinagoga**
Urbanización el Real km 184, Marbella.
☎ *95 277 40 74.*

**Musulman**
**Mezquita**
Carretera de Cádiz km 178, Marbella.
☎ *95 277 41 43.*

disposition de la clientèle, qui est inspecté régulièrement par les autorités locales. Ne l'utiliser que pour les litiges graves, ou pour menacer les indélicats.

### Les toilettes publiques

Les toilettes publiques sont rares. Toutefois, on trouve un bar quasiment à chaque coin de rue, et la plupart des cafetiers ne voient pas d'inconvénient à ce qu'on utilise les *servicios*. Le « D » sur la porte signifie *Damas* (dames), le « C » *Caballeros* (messieurs). Les toilettes sont rarement payantes, sauf dans certains bâtiments modernes. S'il y a du personnel de service, il est d'usage de laisser quelques pièces.

Quelques instants de repos sur le bord d'une fontaine, à Séville

## Douane et immigration

Pour les ressortissants de l'Union européenne, de Suisse et du Canada, une carte d'identité ou un passeport suffit pour les séjours n'excédant pas quatre-vingt-dix jours. Au-delà, il vous faudra demander un visa (*visado*) auprès d'un consulat d'Espagne plusieurs semaines avant le départ.

À l'arrivée en Espagne, le passage en douane s'effectue très rapidement.

Toutefois, les hôtels notent les numéros de passeport de leurs clients. Il n'y a aucun vaccin obligatoire.

Les grands magasins proposent un système de remboursement de la TVA pour les pays qui ne font pas partie de l'Union européenne (*p. 224*).

## Ambassades et consulats

Si vous perdez votre passeport ou si vous avez besoin d'aide ou d'un conseil juridique, contactez votre ambassade ou votre consulat. Les commissariats des grandes villes possèdent des listes d'interprètes bénévoles (*p. 240*). Sur la Costa del Sol, le service des étrangers de l'Ayuntamiento (Departamento de Extranjeros) peut également vous aider.

## Adresses utiles

**Consulat de France**
1 Plaza de Santa Cruz
41004 Séville.
*95 422 28 96.*

**Ambassade de Belgique**
Passeo de la Castellana 18,
28046 Madrid.
*91 577 63 00.*

**Ambassade de Suisse**
Nuñez de Balboa 35,
7e étage
28001 Madrid.
*91 436 39 60.*

## Voyageurs handicapés

Les bâtiments modernes sont généralement équipés d'ascenseurs, de rampes et de toilettes accessibles aux handicapés. En revanche, certains monuments historiques peuvent s'avérer difficiles à visiter. Les offices du tourisme locaux et le personnel de chaque site pourront renseigner les personnes handicapées sur l'accessibilité du lieu.

Le **CNRH** à Paris possède des informations sur les hôtels équipés pour accueillir des voyageurs handicapés. À Madrid, **Servi-COCEMFE** propose le même service (*p. 201*).

## Les étudiants

Séville, Grenade et Cordoue attirent quantité d'étudiants, dont beaucoup viennent en Andalousie pour apprendre l'espagnol. La plupart des villes possèdent un **Centro de Documentación e Información Juvenil**, procurant des renseignements spécifiques pour les étudiants et les jeunes. Les porteurs d'une carte internationale d'étudiant (ISIC) bénéficieront de réductions, notamment sur les transports et les billets des musées.

## Vacances culturelles

L'Andalousie offre de nombreuses possibilités pour étudier la langue et la culture espagnoles (*p. 94*). Les universités de Séville et de **Grenade** ainsi que des écoles

Randonnée équestre dans les environs de Grenade

### Plaques de rues andalouses

Beaucoup de rues en Andalousie affichent de superbes plaques. Souvent en carreaux blancs cernés d'une bordure peinte, elles sont ornées de l'emblème de la ville ou de la province. C'est ainsi que, le panneau de la Calle Barrio Alto représente une grenade *(granada)*.

**Plaques polychromes d'Andalousie**

privées proposent des cours, tout au long de l'année. Pour obtenir une liste des cours d'espagnol, contactez l'**AEEA** (Asociación Empresarial de Escuelas de Español para Extranjeros de Andalucía) ou l'**Instituto Cervantès** (Institut espagnol).

Pour plus de renseignements sur les cours de cuisine ou de peinture et les stages de découverte du vin, contactez **Learning for Pleasure**.

Un vaste choix d'activités est offert aux passionnés de nature, amateurs de golf, d'équitation et de sports nautiques. Les offices du tourisme espagnols à l'étranger et en Espagne proposent également des idées originales pour passer des vacances enrichissantes, hors des sentiers battus (*p. 237*).

### Adaptateurs électriques

Les prises espagnoles sont alimentées en courant alternatif de 220 volts et acceptent les prises mâles à deux broches rondes. Si vous voyagez avec des appareils électriques à grosses fiches, apportez un adaptateur. Vous en trouverez aussi dans les hypermarchés et les quincailleries. Dans la plupart des hôtels et *pensiones*, les salles de bains sont équipées de prises pour les rasoirs électriques et les sèche-cheveux.

### Les adresses

Dans les noms de rues, les Espagnols omettent fréquemment le *Calle* (rue), de sorte que Calle Mateos Gago devient Mateos Gago. En revanche, d'autres mots, comme *Plaza*, *Callejón*, *Carretera* et *Avenido*, ne changent pas.

Dans les adresses, *s/n* (*sin número*) placé après le nom de rue signifie que le bâtiment ne possède pas de numéro. À l'extérieur des villes, on trouve parfois des adresses telles que « Carretera Córdoba-Málaga km 47 », ce qui signifie que l'endroit se trouve au bord de la route, à la hauteur de la borne kilométrique correspondante.

### L'heure espagnole

Comme la France ou la Belgique, l'Espagne a une heure d'avance sur l'heure GMT. Quelques exemples de décalage horaire entre Séville et d'autres villes : Londres : – 1 h, Montréal – 6 h, Tokyo + 8 h. Ces chiffres peuvent varier durant quelques jours en automne et au printemps, si le passage à l'heure d'été ou d'hiver ne se fait pas exactement au même moment qu'en Espagne.

Oficiellement le temps se mesure sur 24 heures, mais en espagnol on dit pour le matin, *por la mañana* et pour l'après-midi, *por la tarde*. En réalité, l'après-midi espagnol ne commence pas à midi, mais plutôt après la sieste.

## Carnet d'adresses

### Informations pour les handicapés

**Oficina de Turismo para Personas Discapacitadas**
Calle Antonia Saenz 2 Bajo,
41003 Séville.
Tél. *95 490 42 82.*
FAX *95 438 66 45.*

**CNRH**
236 *bis*, rue de Tolbiac, 75013 Paris.
Tél. *01 53 80 66 66.*

**Servi-COCEMFE**
Calle Eugenio Salazar 2,
28002 Madrid.
Tél. *91 413 80 01.*
FAX *91 416 99 99.*

### Informations pour les étudiants

**La Casa de la Juventud**
Calle Adarve 2, 14001 Cordoue.
Tél. & FAX *957 48 06 33.*

**Centro de Información Juvenil**
Calle Castellar 22, 41001 Séville.
**Plan** 2 D5 (6 E1).
Tél. *95 455 99 00.*
FAX *95 455 99 13.*

**Centro Provincial de Documentación e Información Juvenil**
Avenida de Madrid 5,
Tercera Planta, 18012 Grenade.
Tél. *958 20 76 74.*

### Vacances culturelles

**AEEA**
Instituto Picasso, Plaza de la Merced 20, 2nd étage,
29012 Málaga.
Tél. *95 221 39 32.*
FAX *95 221 07 99.*

**Universidad de Granada**
Centro de Lenguas Modernos,
Placeta del Hospicio Viejo,
18071 Grenade.
Tél. *958 22 07 90.*
FAX *958 22 08 44.*

**Instituto Cervantès**
11, avenue Marceau, 75116 Paris.
Tél. *01 47 20 70 79.*
FAX *01 47 20 58 38*

**Learning for Pleasure**
Apartado 150,
29650 Mijas (Málaga).
Tél. *95 248 62 10.*
FAX *95 664 01 02.*

# Santé et sécurité

Agent de la *Policía Nacional*

L'Andalousie est une région relativement sûre. Toutefois, les pickpockets et les voleurs à la tire sont nombreux, surtout à Séville. La prudence est de rigueur dans les sites touristiques comme dans les bus bondés. Nous vous recommandons de n'emporter aucun objets de valeur. Si vous tombez malade pendant votre séjour, n'hésitez pas à vous adresser en premier lieu à un pharmacien où un personnel compétent saura vous conseiller. En outre, prenez une assurance assistance avant le départ, car elles sont difficiles à trouver en Espagne, et plus chères.

## Les objets de valeur

Les pickpockets sont nombreux dans les endroits d'affluence comme les sites touristiques et les marchés. Soyez particulièrement vigilant lorsque quelqu'un vous demande l'heure : il peut s'agir d'un moyen de détourner votre attention pendant qu'un complice tente de vous voler. Si vous avez un deux-roues, attachez-le solidement avec un antivol, surtout à Séville et à Málaga.

Préférez les chèques de voyage et les Eurochèques aux espèces. Laissez votre passeport à l'hôtel, et emportez une photocopie. En quittant votre voiture, déposez vos effets personnels dans le coffre, et préférez les parkings surveillés.

En cas d'agression ou de vol, faites une déposition à la police (*poner una denuncia*) le plus vite possible (dans les 24 heures). Elle vous sera nécessaire pour obtenir une déclaration (*denuncia*) que vous remettrez à votre assurance.

## Sécurité des personnes

Les rues andalouses étant très animées, il est rare de se retrouver seul. Les femmes pourront être gênées par les commentaires que feront les hommes sur leur passage, qui tenteront parfois de les suivre. Ce « passe-temps », appelé *piropo*, ne constitue pas une menace sérieuse.

Séville ne possède pas vraiment de quartier mal famé. Évitez simplement de sortir un plan de la ville tard le soir, et essayez de donner l'impression de savoir où vous allez.

Lors de la visite des grottes de Sacromonte, près de Grenade, où des gitans donnent des spectacles de flamenco (*p. 185*), restez en groupe et gardez un œil sur vos affaires.

Ne prenez que des taxis officiels, avec un numéro de licence et, si vous êtes seul, évitez les transports en commun la nuit.

Voiture de la *Policía Nacional*

Voiture de patrouille de la *Policía Local*, dans les petites villes

Police montée, de la *Policía Nacional*

## La police

En Espagne, il existe trois sortes de polices : la *Guardia Civil*, la *Policía Nacional* et la *Policía Local*. N'oubliez pas qu'en Espagne, il faut toujours avoir ses papiers d'identité sur soi.

En dehors des villes, on croise le plus souvent la *Guardia Civil*, en uniforme vert, qui sillonne les autoroutes. Elle n'a pas bonne réputation, mais elle vous aidera en cas de panne de voiture (*p. 253*).

La *Policía Nacional*, en uniforme bleu intervient en cas de délit, par exemple. Ses compétences sont nombreuses, et s'étendent aussi aux permis et aux papiers des visiteurs étrangers. Dans les villes, la *Policía Nacional* surveille aussi les édifices, tels que les bâtiments officiels, les ambassades et les casernes.

Quant à la *Policía Local*, elle s'occupe des affaires courantes dans les petites villes et les villages.

### Numéros d'urgence

**Premiers secours**
Séville ☎ *061.*
Cordoue ☎ *061.*
Grenade ☎ *061.*

**Police**
☎ *091.*

**Police routière**
Séville ☎ *95 462 11 11.*
Cordoue ☎ *957 20 30 33.*
Grenade ☎ *958 15 36 00.*

## LES PHARMACIES

Pour les petits problèmes de santé, adressez-vous à une pharmacie (*farmacia*) – le personnel est en général très compétent. Les pharmaciens délivrent quantité de médicaments sans ordonnance, y compris des antibiotiques.

Les *farmacias* sont signalées par une croix verte ou rouge lumineuse, généralement clignotante. On en trouve dans la plupart des villages et localités. Leurs horaires sont les mêmes que ceux des autres commerces (9 h 30-13 h 30 et 16 h-20 h). L'établissement de garde (*de guardia*) est signalé sur les portes de toutes les officines, et ces renseignements figurent également dans les journaux locaux.

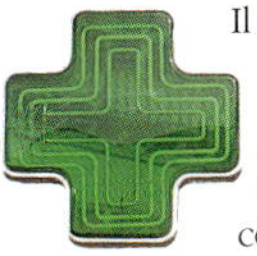

Enseignes des pharmacies

## LES SOINS MÉDICAUX

En cas d'urgence médicale, allez aux *urgencias* les plus proches – urgences d'un hôpital ou d'une clinique.

Toutes les grandes villes possèdent plusieurs hôpitaux. Sur la Costa del Sol, vous trouverez un hôpital sur la route principale longeant la mer (N340), à l'est de Marbella. Dans la plupart des hôpitaux, des interprètes bénévoles parlent l'anglais et parfois le français.

Ambulance de la Croix-Rouge

La Cruz Roja (Croix-Rouge) possède un vaste réseau dans toute l'Espagne, et assure un service d'ambulances.

Pour les ressortissants de l'Union européenne, les soins d'urgence assurés par les services médicaux publics sont gratuits ou peu coûteux. Ce n'est pas le cas des établissements privés. Avant votre départ, procurez-vous le formulaire E111 délivré par la Sécurité sociale. Si vous avez besoin de soins médicaux, emportez le document dans l'établissement où vous serez soigné. Il vous donne droit à la même couverture que les Espagnols. Ne laissez pas le document original à l'hôpital, mais plutôt une photocopie. Il est toutefois prudent d'avoir souscrit un contrat d'assistance international. En fonction de la compagnie d'assurance, vous pourrez avoir à avancer le paiement, pour vous faire rembourser les frais ultérieurement.

## PRÉCAUTIONS SANITAIRES

Attention au soleil, surtout entre mai et octobre : le mercure peut monter jusqu'à 45 °C. Évitez de vous promener dans la canicule de la mi-journée. Buvez beaucoup d'eau minérale. À la campagne, vous verrez parfois des pancartes représentant un taureau ou indiquant *Toro bravo* (taureau de combat). Soyez extrêmement prudent : les taureaux sont des animaux dangereux, qu'il ne faut pas approcher.

## AIDE JURIDIQUE

Si vous êtes impliqué dans un incident qui nécessite l'intervention d'un avocat, demandez à votre ambassade ou à votre consulat (*p. 238*) de vous recommander un professionnel sérieux. Comme tous les avocats ne parlent pas le français, les commissariats fournissent parfois des interprètes bénévoles (*intérpretes*). Sinon, il est conseillé de recourir aux services d'un interprète professionnel pour exposer clairement son cas. Les *Traductores Oficiales* ou *Jurados* sont habilités à réaliser la plupart des démarches légales ou officielles.

## CARNET D'ADRESSES

### OBJETS TROUVÉS

**Séville**
Oficina de Objetos Perdidos, Almansa 21. **Plan** 4 D3 .
*95 421 50 64.*

**Cordoue**
Comisaria de Policía, Avenida Doctor Fleming.
*957 47 75 00.*

**Grenade**
Ayuntamiento, Plaza del Carmen.
*958 24 81 00.*

### PERTES DE CHÈQUES DE VOYAGE OU CARTES BANCAIRES

**VISA**
*900 94 11 18.*

**Thomas Cook**
*91 431 64 91.*

**American Express**
*91 570 77 77.*

**Diners Card**
*91 547 40 00.*

### SOINS MÉDICAUX

**Cruz Roja**
Hospital Victoria Eugenia, Avenida de la Cruz Roja, Séville. **Plan** 2 E4.
*95 422 22 22.*

**Hospital Costa del Sol**
Carretera Nacional 340 km 187, Marbella, Málaga.
*95 286 27 48.*

**Hospital General**
Avenida de la Constitución, Grenade.
*958 24 11 00.*

**Hospital Nuestra Señora de Valme**
Carretera de Cádiz, Séville.
*95 459 60 00.*

**Hospital Reina Sofía**
Avenida Menéndez Pidal, Cordoue.
*957 21 70 00.*

### ASSISTANCE JURIDIQUE

**Asociación Profesional de Traductores e Intérpretes. (Madrid).**
*91 576 31 42. Fournit les coordonnées d'interprètes.*

# Banques et monnaie

En Espagne, les opérations de change prennent souvent un certain temps. En revanche, les visiteurs n'auront aucun mal à trouver des points change. Vous pourrez aussi changer de l'argent dans les *casas de cambio*, les hôtels et les agences de voyages. La plupart des hôtels, restaurants et grandes boutiques acceptent les cartes bancaires et les chèques de voyage. Les voyageurs qui souhaitent importer un montant supérieur à un million de pesetas devront effectuer une déclaration à l'entrée en Espagne. Toutefois, cette disposition devrait bientôt disparaître.

**Distributeur automatique de billets, acceptant diverses cartes de crédit**

## Changer de l'argent

Les visiteurs pourront changer de l'argent et des chèques de voyage dans les *casas de cambio* (bureaux de change), les banques et les *cajas de ahorros* (sociétés de crédit immobilier), ainsi que dans les agences de voyages et les hôtels. Un guichet de change est ouvert 24 h sur 24 à l'aéroport de Málaga, et celui de Séville possède une banque, ouverte aux horaires habituels.

Mieux vaut prévoir quelques euros en liquide, utiles à votre arrivée, puis en chercher sur place, au meilleur taux. Les cours pratiqués par les hôtels et les agences de voyages ne sont généralement pas les plus intéressants. Les commissions prélevées varient également. Elles sont plus élevées dans les aéroports.

**Bureau de change, que l'on trouve dans toute l'Andalousie**

Pour toute transaction, il est nécessaire de présenter votre passeport ou votre permis de conduire, comme par exemple pour changer de l'argent ou des chèques de voyages.

## Les banques

La patience s'impose dans les banques andalouses. Il y a généralement peu d'employés au guichet, et les queues peuvent être interminables. Dans les grandes banques, certains employés parlent parfois quelques mots de français ou d'anglais.

Dans certaines banques, il faut remplir des papiers au *cambio* (guichet de change) avant de passer à la *caja* (caisse), pour retirer son argent. Il est préférable de s'adresser aux grandes banques, comme la BBV (Banco Bilbao Vizcaya) ou la Banco Central Hispano. Dans ces établissements, qui comptent des succursales dans tout le pays, les clients ne font la queue qu'une seule fois.

Beaucoup de banques sont équipées de doubles portes électroniques. Pour entrer, appuyez sur un premier bouton pour ouvrir la porte extérieure. Dans le sas, attendez que la lumière verte s'allume (lorsque la porte extérieure s'est refermée), la seconde porte s'ouvrira automatiquement.

BBVA

**Logo de la BBVA, Banco Bilbao Vizcaya Argentaria**

## Heures d'ouverture

Les banques sont ouvertes de 8 h 30 à 14 h, du lundi au vendredi. En hiver, elles ouvrent aussi de 8 h 30 à 13 h le samedi ; de mai à septembre, elles sont fermées le samedi.

Les banques sont toujours fermées les jours fériés (*p. 35*). Pendant la semaine de *feria* locale (*p. 36-37*), elles n'ouvrent que pendant trois heures (de 9 h à 12 h).

## Les cartes bancaires

Les cartes bancaires comme Visa, American Express et Mastercard (Access) sont acceptées dans tout le pays. Certains établissements pourront demander un justificatif d'identité (passeport ou permis de conduire). Dans les grandes banques, on peut retirer des espèces avec une carte de crédit. Si votre carte est reliée à votre compte bancaire, vous pourrez aussi retirer des espèces dans un distributeur. Vérifiez si le logo figurant sur votre carte est affiché sur l'appareil. Les instructions apparaissent à l'écran en plusieurs langues.

## Les chèques de voyage

Les chèques libellés en dollars sont souvent préférables, mais les banques espagnoles acceptent toute sorte de devises. Les bureaux American Express ne facturent pas de commission pour leurs propres chèques.

Pour encaisser des chèques d'un montant supérieur à 3 000 €, il faut prévenir la banque 24 heures à l'avance. De même, pour retirer plus de 600 € en chèques de voyage, l'établissement vous demandera certainement le certificat d'achat de vos chèques.

## L'Euro

Douze pays ont remplacé leur monnaie nationale par une monnaie unique européenne, l'euro : l'Allemagne, l'Autriche, la Belgique, l'Espagne, la Finlande, la France, la Grèce, l'Irlande, le Luxembourg, les Pays-Bas, le Portugal et l'Italie. Le Royaume-Uni, le Danemark et la Suède, ne font pour l'instant pas partie de la zone euro. Les pièces et les billets ont été mis en circulation le 1er janvier 2002. En Espagne, une période de transition a permis d'utiliser les pesetas et les euros simultanément, la pesete devant disparaître au second semestre 2002 (avec des décalages selon les régions). Toutes les pièces et les billets de la monnaie unique sont utilisables partout dans les pays de la zone euro.

**Les billets**

*Les billets en euros existent en 7 coupures. Leur taille et leur couleur varient. Le billet de 5 € (de couleur grise) est le plus petit, le billet de 10 € est rouge, le billet de 20 € est bleu, le billet de 50 € est orange, le billet de 100 € est vert, le billet de 200 € est brun-jaune et celui de 500 € est violet.*

**5 euros**

**10 euros**

**20 euros**

**50 euros**

**100 euros**

**200 euros**

**500 euros**

**2 euros**

**1 euro**

**50 cents**

**20 cents**

**10 cents**

**Les pièces**

*Il existe 8 pièces en euros : 1 euro et 2 euros ; 50 cents, 20 cents, 10 cents, 5 cents, 2 cents et 1 cent. Les pièces de 1 et de 2 euros sont dorées et argentées. Les pièces de 50,20 et 10 cents sont dorées. Les pièces de 5,2 et 1 cents sont couleur bronze.*

**5 cents**

**2 cents**

**1 cent**

# Les communications

**Logo de la poste (*correos*)**

Le réseau téléphonique espagnol est géré par Telefónica. Si le système fonctionne bien, les communications internationales sont généralement d'excellente qualité et il existe quantité de téléphones publics, en revanche, les services postaux laissent à désirer. Toutefois, les lettres postées dans les bureaux centraux ne mettent pas trop longtemps à arriver. La radio et la télévision sont très appréciées, et il existe une foule de radios locales. Les journaux régionaux gagnent du terrain, mais leur tirage reste limité.

**Les téléphones publics modernes de Telefónica, vert et bleu**

## Téléphoner en Andalousie

Les Espagnols adorent téléphoner : les cabines téléphoniques (*cabinas telefónicas*) sont nombreuses, et la plupart des bars disposent de téléphones publics. À cela s'ajoutent des bureaux de téléphone publics (*locutorios*), où l'on paie après sa communication, et des bureaux privés, avec fax et téléphone.

Les téléphones publics fonctionnent avec des pièces ou des cartes (*tarjetas telefónicas*). Les *cabinas* se trouvent souvent deux par deux dans la rue, l'une fonctionnant à pièces, l'autre à carte. Les cartes téléphoniques sont vendues dans les tabacs (*estancos*) et chez les marchands de journaux. Pour les appels longue distance (*conferencias inter-urbanas*), mieux vaut téléphoner depuis les *locutorios*. Les appels effectués à partir d'une *cabina telefónica* ou d'un *locutorio* coûtent 35 pour cent plus chers qu'à partir d'un téléphone privé. Les appels passés à l'hôtel sont également plus chers.

**Logo de la compagnie Telefónica**

## Utiliser un téléphone public

La plupart des nouveaux téléphones publics sont dotés d'un écran guidant l'utilisateur. Dans les villes et les lieux touristiques, les cabines comportent souvent un mode d'emploi illustré et une liste des indicatifs locaux et nationaux. Quelques téléphones permettent de sélectionner la langue des instructions en appuyant sur la touche comportant le drapeau correspondant.

Si vous téléphonez d'une cabine ouverte, gardez l'œil sur votre sac et votre porte-feuille, car vous êtes une proie facile pour les pickpockets.

## Envoyer une lettre

La poste espagnole a la réputation, non usurpée, d'être lente et peu fiable. Elle fonctionne assez bien entre les villes, mais elle peut s'avérer assez lente dans les petites localités. En été, les cartes postales mettent parfois

## Pour utiliser un téléphone à pièces et à carte

1 Décrochez le combiné, attendez la tonalité et le message *"Inserte monedas o tarjeta"*.

2 Insérez des pièces (*monedas*) ou une télécarte (*tarjeta*).

3 Composez le numéro (appuyez fermement, mais sans composer le numéro trop rapidement).

4 L'écran affiche le numéro que vous êtes en train de composer, ainsi que la somme ou le nombre d'unités restantes.

5 Après avoir terminé, raccrochez.La carte sortira automatiquement. L'appareil rend également les pièces non utilisées.

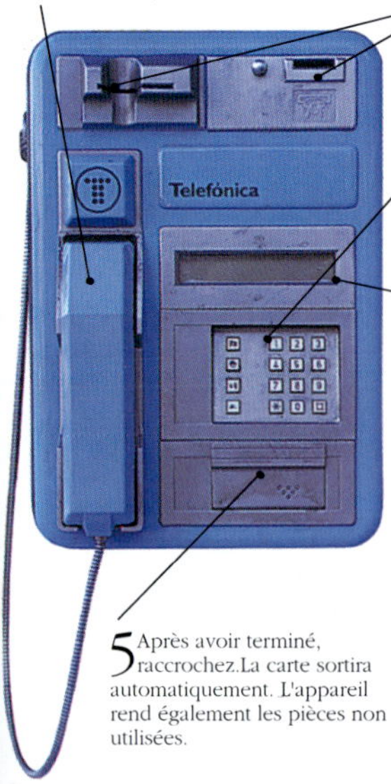

**Télécarte espagnole**

**Boîte aux lettres espagnole, jaune (*buzón*)**

**Timbres postaux**

plusieurs semaines à arriver. Les lettres déposées dans les postes centrales arrivent assez vite.

Envoyez par prudence le courrier important ou urgent par courrier *certificado* (recommandé) et *urgente* (urgent). Il devrait arriver le lendemain en Espagne, et en trois à cinq jours en Europe.

Les timbres (*sellos*) sont vendus dans les postes et les estancos (*tabacs*), affichant un symbole jaune et rouge. Les grands bureaux de poste sont ouverts de 8 h à 21 h du lundi au vendredi, et de 9 h à 19 h le samedi, les bureaux locaux de 9 h à 14 h du lundi au vendredi, et de 9 h à 13 h le samedi.

## Poste restante

La plupart des grandes villes proposent un service de poste restante. Le courrier doit comporter le nom du destinataire, le nom de la ville et de la région. Le destinataire peut venir retirer gratuitement son courrier à la poste principale de la ville, en présentant un passeport ou une pièce d'identité.

## Obtenir le bon numéro

- Indicatifs des provinces : Séville et Málaga 95 (+ numéro à 7 chiffres) ; Cordoue 957, Grenade 958, Cádiz 956, Huelva 959, Jaén 953, Almería 950 (tous ces indicatifs suivis d'un numéro à 6 chiffres). Les indicatifs sont valables aussi pour les appels interurbains.
- Appels internationaux : composez le 07, puis l'indicatif du pays, l'indicatif régional et le numéro.
- Rens. nationaux : 1003.
- Rens. internationaux : 025.
- Opérateur pour les appels en Europe et en Afrique du Nord : 9198. Pour les autres pays, composez le 9191. Pour connaître le prix, posez la question à l'opérateur avant la communication.
- Pour obtenir l'opérateur dans votre pays, composez le 900 suivi de 990033 (France), 990032 (Belgique), 990041 (Suisse), ou 990015 (Canada).

## Télévision et radio

L'Espagne possède deux chaînes publiques de télévision, TVE1 et TVE2, auxquelles s'ajoutent Antena 3 et Telecinco (5). L'Andalousie possède aussi sa propre chaîne, Canal Sur. Canal Plus existe aussi en Espagne, où la chaîne diffuse des films, du sport et des documentaires. Dans les programmes TV, les films étrangers diffusés en version originale sont indiqués par les lettres V.O. (*Versión Original*).

Les meilleurs bulletins d'information radiophoniques sont diffusés par la Radio Nacional de España.

**Canal Sur, la télévision locale**

**Sélection de journaux régionaux et nationaux**

## Journaux et magazines

Les principaux journaux nationaux sont *El País* (journal proche du parti socialiste qui publie une version andalouse quotidienne), *ABC* (conservateur) et *El Mundo* (indépendant). Les journaux régionaux, comme l'*Ideal* à Grenade, le *Diario* à Cordoue et le *Sur* à Málaga, recensent les manifestations culturelles et sportives locales. Les journaux locaux proposant un guide des spectacles et loisirs sont le *Giraldillo* à Séville, et le *Guía del Ocio* à Grenade (*p. 230*). *La Tribuna*, l'hebdomadaire gratuit de Cordoue, publie des informations pratiques très utiles.

## Carnet d'adresses

### Postes centrales

**Séville**
Avenida de la Constitución 32.
**Plan** 3 C2 (5 C4).
☎ *95 458 90 41.*

**Cordoue**
Calle Cruz Conde 15.
☎ *957 47 91 96.*

**Grenade**
Puerta Real 1.
☎ *958 17 05 68.*

### Bureaux de téléphone

**Séville**
Plaza de la Gavidia 2.
**Plan** 3 B1 (5 C3).

**Cordoue**
Plaza de las Tendillas.

**Grenade**
Puerta Real.

# ALLER EN ANDALOUSIE

Avion d'Iberia

L'Andalousie est très bien desservie par une vaste gamme de moyens de transport. Tous les ans, des milliers de charters et de vols réguliers atterrissent dans la région, en provenance, pour la plupart, de pays européens. Les vols long courrier font généralement une escale à Madrid ou Barcelone avant d'arriver à Málaga, le principal aéroport de la région. Située à quelques kilomètres seulement du Maroc, Málaga est une porte sur l'Afrique. Séville est desservie par des vols internationaux et par de bonnes liaisons ferroviaires. Grâce à l'AVE, train à grand vitesse reliant Séville à d'autres grandes villes, comme Cordoue et Madrid, le train est parfois plus rapide que l'avion (temps d'enregistrement à l'aéroport compris). Des autocars relient l'Europe du Nord à l'Andalousie, et des bus sillonnent toute la région. La voiture n'est pas la meilleure solution pour découvrir la région en été, période où des milliers de vacanciers se rendent de Madrid sur la Costa del Sol, et où la circulation devient très dense.

L'aéroport de Séville, situé non loin du centre-ville

## ARRIVER EN AVION

La plupart des compagnies aériennes européennes et quelques compagnies nord-américaines desservent Málaga, le principal aéroport andalou. Toutefois, la majeure partie du trafic aérien est composée de charters, qui transportent des dizaines de milliers de vacanciers. Ces vols sont bon marché, mais les surréservations peuvent poser problème en été, et les avions ont souvent beaucoup de retard. L'aéroport de Séville est beaucoup moins fréquenté, et mieux situé pour les voyageurs qui désirent visiter l'intérieur des terres.

## LES VOYAGES ORGANISÉS

Les plages andalouses sont la destination favorite des agences de voyage organisé. Toutefois, certains tour-opérateurs proposent aussi des circuits traversant plusieurs villes. Ils commencent à Málaga pour suivre un itinéraire en car qui longe la Costa del Sol et passe par Séville, Cordoue, Grenade et Cadix.

## L'AÉROPORT DE SÉVILLE

Cet aéroport est pratique pour les voyageurs qui veulent découvrir l'intérieur du pays. Situé à 4 km seulement du centre-ville, sur la route de Cordoue et Madrid (NIV), c'est un aéroport moderne et bien conçu.

Tous les jours, des vols réguliers desservent Paris, Londres et Francfort. Les liaisons intérieures relient Séville à Madrid, Barcelone et Saint-Jacques-de-Compostelle, mais aussi Palma de Mallorca et Tenerife. Séville accueille également des charters, mais seulement à certaines périodes de l'année. L'aéroport n'est pas desservi par des transports en commun, mais le taxi est rapide et bon marché. Dans l'aérogare, les voyageurs trouveront des boutiques, un kiosque à journaux et un self-service, ainsi qu'un guichet automatique délivrant des billets pour les vols intérieurs sur Iberia.

## L'AÉROPORT DE MÁLAGA

Tous les ans, environ 6 millions de passagers empruntent l'aéroport de Málaga, qui dessert 90 destinations internationales. Les charters représentent 80 % des vols internationaux. L'aéroport est très animé toute l'année, mais particulièremnt de juin à septembre. Les vols réguliers au départ de France sont notamment assurés par **Air France** et **Iberia**.

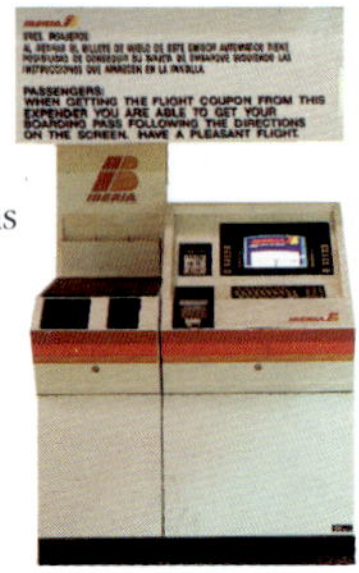

Billetterie automatique d'Iberia

Très vaste, cet aéroport peut être fatigant pour les handicapés, des fauteuils roulants électriques sont disponibles sur réservation. De nombreux loueurs de voitures y proposent leurs services. Toutefois, il est conseillé de réserver un véhicule à l'avance. Le *tren de cercanías* (*p. 248*) dessert Málaga et la

Costa del Sol, jusqu'à Fuengirola, toutes les 20 minutes, de 6 h à 23 h.

En voiture, le trajet jusqu'au centre de Málaga dure environ vingt minutes. Des taxis sont disponibles 24 h sur 24 ; les tarifs sont indiqués à la station. Le bus N° 19 circule toutes les trente minutes, de 6 h 30 à minuit, dessert aussi la ville.

**Logo d'Iberia**

### L'AÉROPORT DE GRENADE

L'aéroport se trouve à 17 km de la ville, au sud-est, sur la route principale de Málaga. Il est prévu de l'agrandir, mais il n'accueille encore que des vols intérieurs. On y trouve un kiosque à journaux, une boutique, un café et un restaurant.

Des vols réguliers desservent Palma de Mallorca, Tenerife et Las Palmas, ainsi que les grandes villes espagnoles – Barcelone, Madrid et Valence. L'aéroport est ouvert de 8 h 30 à 20 h 30.

Des agences de location de voitures ont des succursales dans le terminal.

### L'AÉROPORT DE GIBRALTAR

Ce modeste aéroport n'est guère pratique puisque les vols sont assurés exclusivement par la compagnie britannique **GB Airways** à partir de Grande-Bretagne et de l'Afrique du Nord.

L'aéroport ne compte que peu de commerces.

### LOUER UNE VOITURE À L'AÉROPORT

Dans les grands aéroports, les loueurs internationaux comme **AVIS**, **Hertz** et **Europcar** sont bien représentés, et on y trouve également des compagnies locales. Il est recommandé de réserver la voiture choisie à l'avance, surtout durant la haute saison.

### NUMÉROS UTILES

**Air France**
Aeropuerto de Málaga.
☎ *95 223 61 24.*

**GB Airways**
Cloister Building, Irish Town, Gibraltar.
☎ *9567 79300.*

**Iberia**
Calle Almirante Lobo 2, Séville.
**Plan** 3 C2 (5 C5).
☎ *95 422 89 01.*

**Informations aéroport**
Séville ☎ *95 467 29 81.*
Málaga ☎ *95 204 84 84.*
Grenade ☎ *958 24 52 00.*
Gibraltar ☎ *9567 759 84.*

**Avis**
Séville ☎ *95 421 65 49.*
Málaga ☎ *95 223 08 55.*
Grenade ☎ *958 44 64 55.*

**Europcar**
Séville ☎ *95 457 45 01.*
Málaga ☎ *95 204 85 18.*

**Hertz**
Málaga ☎ *95 223 16 59.*

### L'AÉROPORT DE MÁLAGA

*L'aéroport de Málaga est le plus moderne et le plus animé d'Espagne. Très vaste, construit essentiellement pour les touristes se rendant sur les costas du sud de l'Espagne, il accueille un trafic important. Les arrivées s'effectuent au rez-de-chaussée, les départs au premier étage, au niveau où se trouvent les comptoirs d'enregistrement.*

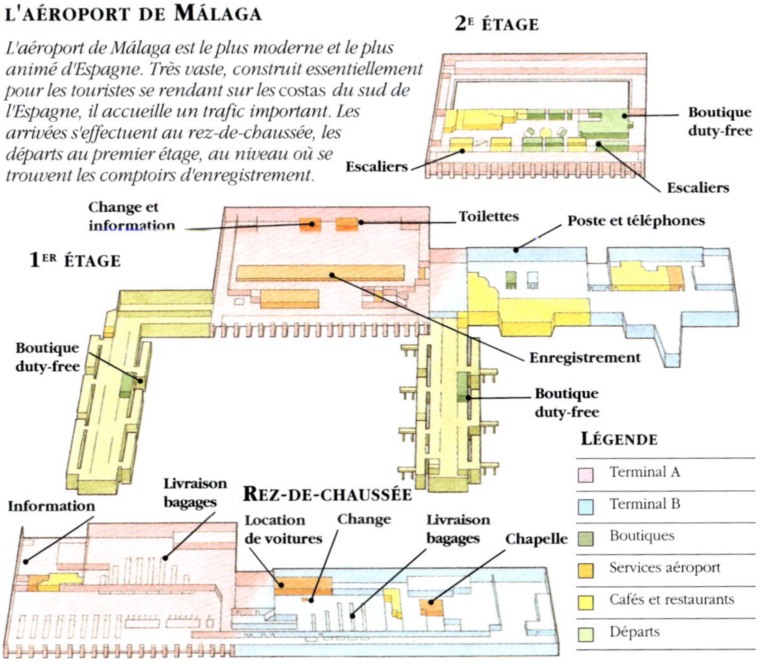

# L'Andalousie en train

Logo des trains AVE à grande vitesse

Les Pyrénées constituant un obstacle naturel entre l'Espagne et le reste de l'Europe, les liaisons ferroviaires avec la péninsule ibérique sont assez difficiles. Toutefois, **Iberail,** filiale de la **RENFE**, les chemins de fer espagnols, relie Madrid et Barcelone à la France, l'Italie, l'Autriche et la Suisse. La RENFE dessert tout le pays, avec différents types de trains, et propose un service haut de gamme. Très fiable, le train rapide AVE (*Tren de Alta Velocidad Española*) reliant Séville, Cordoue et Madrid a réduit de moitié la durée des trajets.

Trains AVE à grande vitesse à l'Estación de Santa Justa, Séville

## Arriver en train

Les trains en provenance de l'étranger ont pour terminus soit Madrid, soit Barcelone. De la capitale de Catalogne, le train met neuf heures pour rejoindre Séville. De Madrid, le voyage en AVE dure trois heures.

La principale gare d'Andalousie est Santa Justa (*p. 250*) à Séville. Elle dessert la plupart des villes andalouses ainsi que Barcelone et Madrid (y compris 11 AVE quotidiens).

Les cartes Inter Rail et EurRail sont valables sur le réseau de la RENFE, dans les conditions habituelles. Dans certains trains, un supplément sera toutefois demandé.

## Circuler en train en Espagne

Le réseau ferroviaire espagnol est très étendu et propose des solutions pour tous les budgets. L'AVE est très rapide mais cher et à ce prix la ponctualité est garantie : en effet, si le train a plus de cinq minutes de retard, le billet est remboursé.

Les services grandes lignes, *largo recorrido,* sont divisés en *diurnos* (train de jour) et *nocturnos* (trains de nuit). Les trains circulant le jour entre les villes sont appelés *Intercity*. Les *Talgos* sont un peu plus luxueux et plus chers. Les trains de nuit recouvrent aussi des *Expresos* et des *Talgo cama* (*cama* veut dire lit). Les *Regionales* circulent de jour d'une ville à l'autre, à l'intérieur d'une zone déterminée. Les *Cercanías* partent des villes pour desservir les banlieues, les localités et les villages des environs.

## Réserver sa place

Les réservations sont recommandées sur les grandes lignes, surtout pendant les jours fériés (*días festivos*) ou les ponts (*puentes*). Les billets peuvent être réservés dans une gare jusqu'à soixante jours à l'avance, et retirés jusqu'à vingt-quatre heures avant le départ. Vous pouvez également les faire envoyer à votre hôtel (*servicio a domicilio*). En revanche, vous ne pourrez pas effectuer de réservations pour les *Regionales.*

## Les billets

Le prix du train est raisonnable. Les *largo recorrido* et les *regionales* ont une première et une deuxième classes (*primera/segunda clase*). Les tarifs des AVE et du Talgo 200 de Málaga à Madrid sont fixés selon un système tenant compte à la fois de la classe – *turista* (bas), *preferente* (milieu) et *club* (haut), et de la période d'affluence – *valle* (faible), *plana* (moyenne) et *punta* (haute). Ainsi, les billets les plus chers sont les *club punta,* les moins chers les *turista valle*. Les billets comportent toujours un numéro de place

## Al Andalus Expreso

L'Al Andalus Expreso est un moyen luxueux et élégant de découvrir l'Andalousie. Ce train magnifique est le pendant andalou de l'Orient Express. Avec 14 voitures originales, datant toutes de 1900 à 1930, l'Al Andalus permet de voyager dans le faste du début du siècle, tout en jouissant de tout le confort moderne. D'avril à octobre, des circuits courts, à une allure posée, permettent de découvrir les villes andalouses. Au programme : Séville, Cordoue, Jerez, Grenade et Ronda.

Dans l'Al Andalus Expreso

### Réseau principal de la RENFE en Espagne

Les chemins de fer espagnols proposent quantité de solutions. Les brochures de la RENFE pourront vous aider à choisir

(ou de lit dans les wagon-lits). Les billets grandes lignes sont vendus dans les grandes gares, les bureaux de la RENFE et dans certaines gares de *cercanías*. La date du voyage peut être modifiée à deux reprises, moyennant 10 à 15 % du prix. Pour un troisième changement, le billet sera réémis au plein tarif.

### Billets pour les cercanías et les trains régionaux

Pour les lignes régionales et les *cercanías*, vous pouvez acheter un billet, ou *bono*, valable pour dix voyages, ce qui permet d'économiser environ 40 % sur le prix normal. Le *bono* se composte dans la gare.

### Pour utiliser une billetterie automatique

Pour prendre un billet de *cercanías* : une lumière verte clignotante vous guide, en indiquant les touches sur lesquelles vous devez appuyer, jusqu'à l'émission du billet.

**Billet**

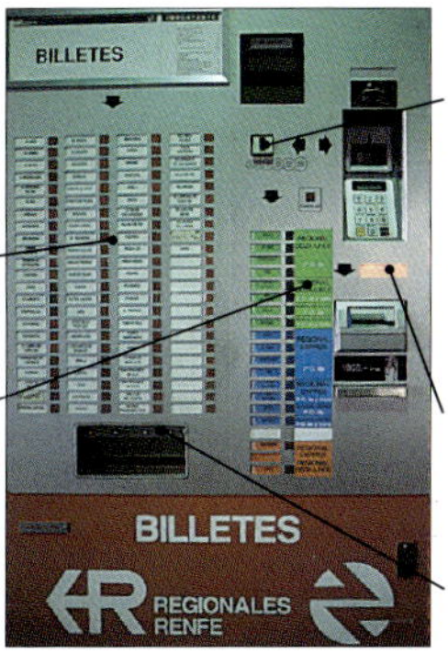


1 Sélectionnez votre destination sur la liste de gauche.

2 Choisissez le type de billet : *sencillo* (aller simple), *ida* et *vuelta* (aller-retour) ou *tarjeta dorada* (retraités).

3 Insérez l'argent (billet de 1 000 ptas ou pièces de 500, 200, 100, 50, 25 ou 5 ptas). L'appareil rend la monnaie.

4 *Solo monedas* signifie que l'appareil n'accepte pas les billets.

5 Prenez votre billet.

### Les horaires

Les trains andalous sont assez ponctuels, particulièrement les AVE. Des brochures très claires indiquant les tarifs et les horaires sont distribuées gratuitement. Les indications concernant les *laborables* (jours ouvrables) et *sábados, domingos y festivos* (samedis, dimanches et jours fériés) figurent généralement au bas de l'horaire.

### Numéros utiles

**Réservations RENFE**

**Séville**
Calle Zaragoza 29. **Carte** 5 C2.
*95 422 26 93.*

**Cordoue**
Ronda de los Tejares 11.
*957 47 78 35.*

**Grenade**
Reyes Católicos 30.
*958 22 97 77.*

**Málaga**
Calle Trinidad Grund 2.
*95 221 81 91.*

**Iberail**
Estación de Santa Justa, Avenida Kansas City, Séville. **Carte** 4 F1.
*95 453 72 27.*

**Al Andalus Expreso**
*91 571 58 15.*

**Façade ultra-moderne de la gare Santa Justa de Séville, construite en 1992**

## Séville, Santa Justa

Moderne et agréable, la gare de Santa Justa est l'une des réalisations architecturales les plus récentes d'Andalousie. Même en période d'affluence, l'édifice donne une impression d'espace et de sécurité. Tous les trains et tous les quais sont visibles de la gigantesque baie au centre du bâtiment.

Des indicateurs affichant les horaires des AVE et des autres trains grandes lignes se trouvent près des guichets délivrant les billets. Des distributeurs automatiques émettent des titres de transport pour les trajets régionaux et en *cercanías* (*p. 248-249*).

**Panneau d'affichage électronique de la gare Santa Justa**

**Guichet de la gare Santa Justa**

La gare possède un grand café-restaurant self-service, des boutiques, des kiosques à journaux, des distributeurs de billets et des bureaux de change. Pour les objets trouvés, s'adresser au bureau indiqué *Atención al Cliente*. Une station de taxi et un grand parking se trouvent devant la gare. L'édifice est ouvert de 4 h à minuit et n'est qu'à cinq minutes de voiture ou de bus du centre-ville.

**Logo de la RENFE**

## Cordoue

Cordoue s'enorgueillit d'une grande gare moderne, inaugurée en octobre 1994. Située au nord-ouest de la ville, elle est à quelques minutes de voiture ou de taxi du centre. Comme Santa Justa, la gare est spacieuse, bien gérée et il est facile de s'y retrouver. Les trains desservent Madrid, Málaga, Barcelone, Séville, Jaén et Bilbao. L'AVE pour Madrid effectue le trajet en deux heures seulement, et Séville est à quarante-cinq minutes. La gare possède des guichets, des cafés et des magasins, ainsi qu'une consigne à bagages.

## Grenade

La gare de Grenade est petite et provinciale. Elle accueille surtout des trains régionaux ou des *cercanías*, mais aussi des trains grandes lignes desservant Madrid, Séville, la Costa Blanca, Barcelone, Almería, Cordoue et Málaga.

**La gare de Grenade**

## Málaga

La gare de Málaga, ne s'anime qu'au départ ou à l'arrivée d'un train. Reliée à la côte par des *cercanías* qui vont jusqu'à Fuengirola, elle est appréciée des vacanciers partant sur la Costa del Sol. Des trains desservent Madrid, Barcelone, Séville, Cordoue et Cadix. Une station de taxis se trouve devant la gare.

## Gares

**Séville, Santa Justa**
Avenida Kansas City. **Plan** 2 F5 & 4 F1.
*95 454 02 02.*

**Grenade**
Avenida Andaluces.
*958 27 12 72.*

**Cordoue**
Avenida de América.
*957 40 02 02.*

**Málaga**
Explanada de la Estación.
*95 236 02 02.*

# L'Andalousie en car

L'Andalousie est desservie par cars depuis la France, les Pays-Bas, la Belgique, la Suisse et l'Autriche. Dans la région, le car est un moyen de transport très répandu, et la qualité des prestations s'est beaucoup améliorée au cours des dernières années. Aujourd'hui, la plupart des véhicules sont climatisés et possèdent la vidéo, un bar et des toilettes. Bon marché, les voyages en car sont souvent rapides et agréables, car les routes sont en bon état. Toutefois, pendant les nombreux jours fériés, ce mode de transport est nettement moins confortable : les cars sont bondés, les retards fréquents et les routes embouteillées.

**Car régional de la compagnie Alsina Graells**

## Arriver en car

Les principales gares routières se trouvent à Séville, Grenade, Cordoue et Málaga. Certaines compagnies ont d'autres points de départ ou d'arrivée que les gares routières. C'est surtout le cas à Grenade, ville desservie par de nombreuses compagnies.

Les cars assurent des liaisons régulières entre les villes et les villages. Parfois, ce mode de transport est le seul moyen de se rendre dans une petite localité.

## Séville

La principale gare routière de Séville est située au centre-ville, sur la Plaza de Armas. C'est un édifice moderne et agréable, avec quantité de guichets, un bureau d'information et une galerie marchande. De là, la société Alsa dessert toute l'Espagne, ainsi que certaines destinations en France et en Suisse.

## Cordoue

La principale gare routière de Cordoue, exploitée par Alsina Graells, est petite et simple. Elle ne compte qu'une petite aire d'attente pour les voyageurs, avec un café et un kiosque à journaux. D'ici, des cars partent à intervalles réguliers pour Grenade, Murcie, Almería, Málaga, Algeciras, Cadix et Séville.

## Grenade

À Grenade, ne vous laissez pas déconcerter par le grand choix de compagnies de car, desservant de multiples destinations. La plus importante est Alsina Graells Sur, dont les véhicules partent de la gare routière centrale. L'endroit est déplaisant et il est recommandé d'acheter les billets à l'avance, ce qui permet d'arriver à la gare simplement quelques minutes avant le départ. Cette gare dessert la Murcie et l'Andalousie. Les cars à destination de Madrid partent devant la gare ferroviaire principale, sur l'Avenida Andaluces.

**Hall de départ principal de la gare routière de la Plaza de Armas, Séville**

## Málaga

La gare routière de Málaga se trouve au centre-ville, non loin de la gare ferroviaire. Des cars en partent tous les jours pour différentes destinations aux quatre coins du pays, y compris Madrid, Barcelone, Valence et Alicante, ainsi que pour les huit capitales provinciales de la région. Julia Tours et Lineabus desservent la Belgique, les Pays-Bas, la Suisse et l'Allemagne depuis Málaga. Eurolines et Iberbus desservent Paris via Madrid.

## Gares routières

**Séville**
**Estación Plaza de Armas**
Plaza de Armas. **Carte** 1 B5 & 5 A2
*95 490 80 40.*

**Cordoue**
**Terminal Alsina Graells**
Avenida Medina Azahara 29.
*957 23 64 74.*

**Grenade**
**Terminal Alsina Graells Sur**
Carretera de Jaen, Granada.
*958 18 50 10.*

**Málaga**
**Estación de Autobuses**
Paseo de los Tilos.
*95 235 00 61.*

# L'Andalousie en voiture

**Logo d'une grande chaîne de stations-service**

Les grandes routes et les autoroutes en Andalousie, récentes pour la plupart, sont en très bon état. Veillez toutefois à acheter une carte routière publiée récemment : en raison de l'extension du réseau routier, beaucoup de cartes ne sont plus à jour. N'oubliez pas que l'Espagne arrive en deuxième position des pays européens en matière d'accidents de la route. La prudence s'impose, tout particulièrement en juillet et en août, lorsque des milliers de vacanciers ne connaissant pas la région se retrouvent sur les routes. Dans les villes et les villages, mieux vaut se garer loin du centre, pour se déplacer à pied.

**Ruelle andalouse typique, bloquée par une voiture**

### Arriver en voiture

À l'entrée en Espagne, aucun document spécial n'est nécessaire pour les visiteurs conduisant une voiture immatriculée à l'étranger. Assurez-vous simplement que vous êtes bien en possession de vos permis de conduire, carte grise et attestation d'assurance. Si vous désirez louer un véhicule en Espagne, votre permis de conduire vous suffira.

La plupart des autoroutes espagnoles sont bien équipées : elles disposent en effet d'assez nombreuses stations-service, d'aires de repos et de cafétérias ainsi que d'un réseau de téléphones à utiliser en cas de panne, qui vous relieront automatiquement au service d'intervention d'urgence. Demandez le *auxilio en carretera.*

### Le code de la route

En Espagne, les véhicules circulant sur une place ou un rond-point sont prioritaires par rapport à ceux qui arrivent de droite. Toutefois, lorsque vous êtes sur une place, ne vous attendez pas à voir ralentir les véhicules qui s'y engagent, certains n'hésiteront pas à forcer la priorité.

La vitesse est limitée à 50 km/h en agglomération, à 90 km/h-100 km/h en dehors et à 120 km/h sur autoroute. Le port de la ceinture de sécurité est obligatoire, à l'avant et à l'arrière du véhicule. Tout véhicule doit posséder un triangle de signalisation et un équipement de premiers secours.

### Panneaux de signalisation

Sur les routes andalouses, les panneaux de signalisation sont les mêmes que dans toute l'Europe. Toutefois, les indications sont souvent confuses et peu cohérentes. En quittant une localité, surveillez soigneusement les pancartes. Certaines sont petites, et vous aurez tôt fait de les manquer.

Si vous vous êtes engagé dans la mauvaise direction, soyez à l'affût des pancartes *Cambio de sentido,* qui indiquent les ponts ou les tunnels permettant de faire demi-tour.

### Conduite locale

Beaucoup d'Andalous passent outre les panneaux de signalisation, et la plupart accélèrent lorsque le feu passe à l'orange.

### Panneaux de signalisation

Sachez reconnaître les panneaux suivants :
*Peligro* : danger.
*Obras* : travaux sur la route.
*Ceda el paso* : cédez la priorité
*Cuidado* : prudence.

**Panneau de signalisation, indiquant les directions**

**Pancarte surplombant l'autoroute**

**Attention, taureaux sur la chaussée**

**Risque de neige ou de verglas**

Les automobilistes qui doublent signalent parfois leur manœuvre par un geste du bras par la fenêtre.

Les clignotants ne sont pas utilisés systématiquement. Soyez vigilant, et essayez d'anticiper les actions des véhicules qui vous entourent.

### LES AUTOROUTES

En Andalousie, la plupart des autoroutes, appelées *autovías*, ne sont pas payantes. Il s'agit généralement de routes existantes qui ont été réaménagées. Une *autopista* est une autoroute à péage, la A4 (*Autopista Mare Nostrum*), relie Séville à Cadix.

En arrivant sur l'*autopista*, prenez l'une des files d'accès et avancez lorsque la lumière verte s'allume, pour prendre un ticket. Le paiement s'effectue à la sortie, en fonction de la distance parcourue. Attention donc à ne pas égarer votre ticket.

### CIRCULER À LA CAMPAGNE

Les routes nationales, signalées par la lettre *N* (*rutas nacionales*) sont généralement en très bon état. En revanche, certaines petites routes andalouses sont très tortueuses et grimpent à pic, et le revêtement n'est pas toujours fiable. De plus, les déviations sont souvent fléchées, mais les indications sont incomplètes ou difficiles à suivre. Ces itinéraires risquent parfois d'allonger votre voyage de plusieurs heures.

### FAIRE LE PLEIN

Dans beaucoup de stations-service andalouses, on vous servira encore l'essence. Les plus grandes stations restant ouvertes 24 h sur 24.

Dans les libres-services, le client paye souvent l'essence avant de se servir. On y trouve du *super* (super), du *gasoil* (diesel) et du *sin plomo* (sans plomb). Les cartes de crédit sont largement acceptées.

**Gardien de parking**

### CIRCULER EN VILLE

La circulation peut s'avérer difficile dans les villes et les villages. Au centre de Séville (surtout autour de Santa Cruz) et de Cordoue (près de la Mezquita), les ruelles sont étroites et les manœuvres difficiles.

À cela vient s'ajouter la conduite rapide et souvent imprudente des citadins. Mieux vaut laisser votre véhicule au parking et emprunter les transports en commun jusqu'à ce que vous vous soyez familiarisé avec le quartier.

### SE GARER

Exception faite des ruelles étroites du Barrio Santa Cruz, il n'est pas très difficile de se garer à Séville. La ville ne possède pas de quartiers pourvus de parcmètres (comme les *zonas azules* existant dans d'autres régions du pays), mais vous y trouverez des parkings souterrains pratiques.

Dans certaines rues ou sur des places, vous aurez affaire à des gardiens de parking, dont l'activité n'est pas vraiment officielle, mais la plupart sont honnêtes. Moyennant un pourboire, ils vous aideront à vous garer puis surveilleront votre véhicule jusqu'à votre retour.

En revanche, au centre de Cordoue, il est très difficile de se garer. Essayez le parc de stationnement souterrain près de la Mezquita.

Grenade est bien lotie en places de parking et en garages. Comptez environ 200 pesetas pour une heure.

### LE VÉLO

L'Espagne ne fait pas la part belle au vélo. Les villes andalouses ne possèdent pas de pistes cyclables. Dans les villes, la circulation est souvent trop anarchique pour s'y déplacer. Mieux vaut se cantonner aux excursions en VTT à la campagne.

## CARNET D'ADRESSES

### SERVICE DE DÉPANNAGE

**ADA**
☎ 91 900 10 01 42.

**Europ Assistance**
☎ 91 597 21 25.

**RACE**
☎ 91 593 33 33.

### LOCATION DE VOITURE

**Avis**
Séville ☎ 95 421 65 49.
Cordoue ☎ 957 47 68 62.
Grenade ☎ 958 25 23 58.

**Hertz**
Séville ☎ 95 427 88 87.
Cordoue ☎ 957 40 20 60.
Grenade ☎ 958 25 24 19.

**L'une des routes les plus élevées d'Europe, sur la Sierra Nevada**

# L'Andalousie à pied et en bus

Les centres historiques de beaucoup de villes et villages sont un véritable dédale de ruelles étroites et de petites places, et le meilleur moyen de partir à leur découverte consiste à se déplacer à pied. Dans de nombreuses villes, seuls les riverains peuvent accéder au centre-ville en voiture. Les bus ne conviennent souvent pas pour aller d'un monument à l'autre, mais ils sont utiles pour se rendre dans les quartiers commerçants, ou de l'hôtel au centre-ville. Très bon marché, propres et sûr, ils ne sont bondés qu'aux heures de pointe.

**Numéros des bus *circulares***

**Itinéraires des bus, avec les arrêts**

**Bus Tussam orange, à Séville**

## À pied

Dans beaucoup de villes andalouses, les sites intéressants ne sont jamais très éloignés de l'endroit où se trouvent les hôtels – à quelques minutes de bus ou de taxi tout au plus.

**Rouge : attendez. Vert : traversez avec prudence**

À Séville, les offices du tourisme distribuent une brochure, *Paseando por Sevilla* (Flâner dans Séville), qui propose des promenades intéressantes pour découvrir la ville. Toutefois, l'un des grands plaisirs des villes andalouses consiste à se perdre à dessein dans le dédale de ruelles, pour découvrir des monuments au hasard de la promenade.

Il existe de très nombreuses randonnées pédestres organisées, qui permettent de découvrir l'arrière-pays andalou. Regardez dans le magazine *Giraldillo* (*p. 245*) qui recense les loisirs, sous la rubrique *Deportes* (sports).

## Traverser la rue

Les conducteurs espagnols ont la fâcheuse habitude de ne pas tenir compte des piétons, même lorsqu'ils sont prioritaires. Il est très rare qu'un automobiliste s'arrête à un passage clouté. Les carrefours dotés de passages piétons ne sont souvent signalés aux automobilistes que par un simple feu orange clignotant, même lorsque le signal pour les piétons est au vert.

## Prendre l'autobus

La montée dans les bus s'effectue toujours à l'avant. Là, achetez un billet au conducteur, montrez votre carte d'abonnement, ou compostez votre *bonobus* (billet). Pour descendre, appuyez sur le bouton pour demander l'arrêt. Si le bus est bondé, commencez à vous diriger vers la sortie suffisamment à l'avance.

À Séville, les bus climatisés sont essentiellement gérés par la société **Autobuses Urbanos Tussam.** Les lignes les plus utiles pour les visiteurs sont les *circulares*, numérotées de C1 à C4, qui font le tour du centre-ville. Les bus circulent à partir de 6 h en semaine et le samedi (de 7 h le dimanche et les jours fériés) jusqu'à 23 h 30 en hiver et minuit et demi en été. Les bus de nuit prennent ensuite le relais, jusqu'à 2 h.

**Sevirama City Tour** est une excellente formule pour découvrir Séville : c'est un bus à impériale sans toit. Les circuits partent de la Torre del Oro (*p. 67*) ou de la Plaza de España (*p. 96*).

Les bus sont moins utiles à Grenade, dans la mesure où la plupart des monuments sont situés dans la zone piétonne. Le N° 2 circule du centre-ville à l'Alhambra.

À Cordoue, le centre-ville est également piéton. Prenez le N° 12 pour aller du quartier de la Mezquita jusqu'au centre.

***Sevillanos* s'adonnant au *paseo*, véritable institution en Espagne**

## Compagnies d'autobus

**Autobuses Urbanos Tussam**
C/ Diego de Riaño 2, Séville. **Carte** 4 D3. *95 442 00 11.*

**Sevirama City Tour**
Paseo de las Delicias 1, Séville.
**Carte** 3 C3. *95 456 06 93.*

## Attelages

Peut-on imaginer meilleur moyen qu'un attelage au charme d'antan pour découvrir l'atmosphère pittoresque des villes andalouses ? Les tarifs officiels sont généralement affichés aux différents points de départ des attelages, par exemple près de la Giralda (*p. 76*) à Séville ou à la Mezquita (*p. 140-141*) à Cordoue. Le prix s'élève à quelques milliers de pesetas par heure, mais certains cochers sont prêts à marchander. Les voitures peuvent transporter jusqu'à quatre personnes.

**Voiture à chevaux, près de la cathédrale de Séville**

## Billets et cartes de transport

À Séville, vous pourrez acheter un *billete sencillo* ou *univiaje* (aller simple) dans le bus. Assurez-vous toutefois que vous avez suffisamment de monnaie. Si le conducteur ne peut vous rendre la monnaie sur un billet, il vous demandera de descendre au prochain arrêt.

Avec le *bonobus*, valable pour dix voyages, le trajet est moitié moins cher. Un *bonobus con derecho a transbordo* vous permet de changer de bus, tant que votre trajet ne dure pas plus d'une heure.

Pour les visiteurs qui effectuent plus de 5 trajets en bus par jour, la *tarjeta turística* (carte de trois ou sept jours) est une bonne solution. Ces cartes sont en vente aux guichets Tussam, dans les kiosques à journaux et dans les tabacs.

Pour les visiteurs séjournant plus longtemps à Séville, le *bono mensual* (abonnement mensuel) est intéressant. La carte vous sera délivrée au bureau central de Tussam.

**Kiosque vendant des *bonobuses* et des *tarjetas turísticas***

## Composter un billet

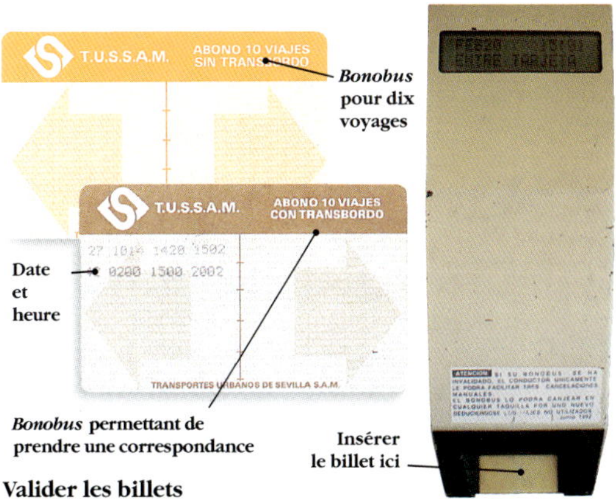


**Valider les billets**

*Les billets de 10 voyages (*bonobus*) sont valables une fois compostés.*

## Les taxis

De jour comme de nuit, les taxis ne manquent pas dans les villes andalouses. Ils sont tous blancs, et portent un logo sur les portières, ainsi que leur numéro officiel. Il est utile de connaître quelques mots d'espagnol pour indiquer la destination au chauffeur. Le compteur indique le prix de base, auxquels s'ajoutent des suppléments pour *tarifa nocturna* (de nuit), *maletas* (bagages), ou *días festivos* (jours fériés). En cas de doute, sur le prix, demandez les *tarifas* (liste des tarifs) au chauffeur.

**Taximètre, affichant le prix et le tarif**

**Taxi sévillan typique, blanc avec son logo et le numéro officiel**

## Numéros de réservation de taxis

**Séville**
*95 458 00 00.*

**Cordoue**
*957 45 00 00.*

**Grenade**
*958 13 23 23.*

# Index général

Les numéros de pages en **gras** renvoient aux principales entrées.

## D



## E

# T

# Remerciements


L'éditeur remercie tous ceux qui ont contribué par leur travail et par leur aide à la réalisation de cet ouvrage.

**AUTEURS**
DAVID BAIRD, qui a vécu en Andalousie de 1971 à 1995, a publié de nombreux articles et ouvrages sur l'Espagne, notamment *Inside Andalusia*.
MARTIN SYMINGTON est journaliste spécialisé dans les voyages et auteur. Il a écrit de nombreux textes sur l'Espagne, et publie régulièrement des articles dans *The Daily Telegraph*. Il a également participé au *Guide Voir Grande-Bretagne*.
NIGEL TISDALL, qui compte parmi les auteurs du *Guide Voir France,* a publié plusieurs livres dans le domaine des voyages, et notamment le *Insight Pocket Guide to Seville*.

**COLLABORATEURS**
Louise Cook, Josefina Fernández, Adam Hopkins, Nick Inman, Janet Mendel, Steve Miller, Javier Gómez Morata, Clara Villanueva.

**ILLUSTRATIONS D'APPOINT**
Richard Bonson, Louise Borelton, Brian Cracker, Roy Flooks, Jared Gilbey, Paul Guest, Christian Hook, Mike Lake, Maltings Partnership, John Woodcock.

**CARTOGRAPHIE D'APPOINT**
James Anderson, DK Cartography.

**COLLABORATION ARTISTIQUE ET ÉDITORIALE**
Greta Britton, Maggie Crowley, Cathy Day, Tim Hollis, Colin Loughrey, Francesca Machiavelli, Susan Mennell, Michael Osborne, Olivia Shepherd.

**INDEX**
Hilary Bird.

**PHOTOGRAPHIES D'APPOINT**
Patrick Llewelyn-Davies, David Murray, Martin Norris, Clive Streeter.

**RÉFÉRENCES PHOTOGRAPHIQUES ET ARTISTIQUES**
Concha Moreno de l'Aeropuerto Málaga ; Fanny de Carranza de l'Area de Cultura del Ayuntamiento, Málaga ; Tere González de l'Oficina de Turismo, Ayuntamiento, Cádiz ; et l'équipe du Castillo San Marcos, El Puerto de Santa María, Itálica, cathédrale de Séville et le Museo Bellas Artes, Séville.

**AVEC LE CONCOURS SPÉCIAL**
L'éditeur tient à remercier tous les offices du tourisme régionaux et locaux, *ayuntamientos* et *diputaciones* d'Andalousie pour leur aide précieuse, en particulier l'Oficina de Turismo de Sevilla de Junta de Andalucía et les autres services de la Junta de Andalucía. Merci aussi à : Javier Morata, Jose Luis de Andrés de Colsa et Isidoro González-Adalid Cabezas de l'Acanto Arquitectura y Urbanismo, Madrid ; Juan Fernández d'Aguilar pour son aide précieuse ; Robert op de Beek d'Alvear, Montilla ; Francisco Benavent de Fundación Andaluza de Flamenco, Jerez de la Frontera ; l'équipe de Locutorio, Granada ; Paul Montegrifo ; Amanda Corbett de Patronato Provincial de Turismo de Sevilla ; José Pérez de Ayala du Parque Nacional de Coto Doñana ; Gabinete de Prensa, RENFE, Sevilla ; Graham Hines et Rachel Taylor du Sherry Institute of Spain, Londres ; Dr David Stone ; Joaquín Sendra de Turismo Andaluz SA ; magazine *6 Toros 6* , Madrid.

**AUTORISATIONS DE PHOTOGRAPHIER**
L'éditeur tient à remercier tous ceux qui lui ont donné l'autorisation de prendre des photos dans les *ayuntamientos,* boutiques, cathédrales, églises, galeries, hôtels, musées, restaurants, transports et autres sites, trop nombreux pour les citer tous.

**CRÉDITS PHOTOGRAPHIQUES**
h = en haut ; hg = en haut à gauche ; hc = en haut au centre ; hd = en haut à droite ; chg = au centre en haut à gauche ; ch = au centre en haut ; chd = au centre en haut à droite ; cg = au centre à gauche ; c = au centre ; cd = au centre à droite ; cbg = au centre en bas à gauche ; cb = au centre en bas ; cbd = au centre en bas à droite ; bg = en bas à gauche ; b = en bas ; bc = en bas au centre ; bd = en bas à droite ; d = détail.

Malgré tout le soin que nous avons apporté à dresser la liste des auteurs des photographies publiées dans ce guide, nous demandons à ceux qui auraient été involontairement oubliés de bien vouloir nous en excuser. Cette erreur serait corrigée à la prochaine édition de l'ouvrage.

Les œuvres d'art ont été reproduites avec l'autorisation des détenteurs des droits suivants : © DACS London 1996 : 52cbg, 53ch ; © Patrimonio Nacional Madrid : 43bd, 46cg, 46cb, 47ch, 50bg.

Photos prises avec l'aide d'Al-Andalus, GRANADA ; IBERRAIL SA, Madrid : 248b ; CASA-MUSEO FG LORCA, Fuentevaqueros, Granada : 195b ; TEATRO DE LA MAESTANZA, Seville: 230h ; CANAL SUR, Sevilla : 245cd.

L'éditeur tient à remercier les particuliers, organismes et agences de photos suivants qui l'ont autorisé à reproduire leurs clichés :

AISA ARCHIVO ICONOGRÁFICO, Barcelona: 4h, 21b, 21cd, *Juanita Cruz*, A Beltrane (1934) 24bg (d) ; Biblioteca Nacional Madrid/Museo Universal, *La Spange de C. Davillier*, Gustave Doré 26cg (d) ; 39h, 40hg, 40c, 40bd, 41cd, 42ch ; Cathédrale, Séville, *San Isidoro y San Leandro*, Ignacio de Ries (17th century) 43cbd ; Universidad de Barcelona, *La Corte de Abderramán*, Dionisio Baixeres (1885) 44cd–45cg ; 45hc, 45bg, 46bg, 46bd, 47bg, 48bg ; Museo Naval Madrid, *Retrato de Magallanes*, 48bd ; 50cg ; Casón del Buen Retiro, *La Rendición de Bailén*, J. Casado del Alisal (1864) 51h ; Greenwich Museum, *Battle of Trafalgar*, G. Chamberg 51ch (d) ; 50cd–51cg, 53bd, 117bg ; Museo-Casa de los Tiros, *Gitanos*

*Bailando el Vito*, anonyme 185bd (d) ; Algar 42bg, 44cbg ; Servicio Histórico Nacional, *Alfonso XII*, R. de Madrazo 51bd (d) ; 53ch ; © DACS 1996 Museo Nacional del Teatro, Almagro, Ciudad Real, poster « Yerma » (F.G. Lorca) de José Caballero y Juan Antonio Morales (1934) 53cb ; D. Baird 34b, 37c ; Bevilacqua 43bg, 47c ; J.D. Dallet 40cbg ; Dulevant 48cbg ; J. Lorman 31hc ; M. Ángeles Sánchez 36h ; Sevillano 37h ; ARENAS FOTOGRAFÍA ARTÍSTICA, Séville : 47cd, 116cg, Monasterio de la Rábida, Huelva, *Partida de Colón*, Manuel Cabral Bejarano 123b (d).

LA BELLE AURORE, Steve Davey & Juliet Coombe : 17c, 244cbg ; BRIDGEMAN ART LIBRARY/INDEX : *The Life and Times of Don Quixote y Saavedra* (1608), Biblioteca Universidad Barcelona 49bg.

CEPHAS : Mick Rock 18hd, 28hd, 28cg, 29cd, 29bd, 155 ; Roy Stedall 29hd ; CNES, 1987 DISTRIBUTION SPOT IMAGE : 11h ; BRUCE COLEMAN : Hans Reinhard 19cbd ; Konrad Wothe 153cbd ; DEE CONWAY : 27ch, 27cd ; GIANCARLO COSTA, MILAN : 25bc (d), 39b.

J.D. DALLET, MÁLAGA : 16bg, 30hg, 30cbg, 30bd, 33b, 34h, 126hg, 142cd, 154, 198h.

AGENCIA EFE, MADRID : 54cbg, 54b, 55b, 55cbd ; EQUIPO 28, SÉVILLE : 27hg ; EUROPA PRESS REPORTAJES : 55 bd ; MARY EVANS PICTURE LIBRARY : 9 (dessin), 26hg, 57 (dessin), 67b, 94b, 115 (dessin), 169b (d), 235 (dessin).

THE ROLAND GRANT ARCHIVE : *« Pour quelques dollars de plus »*, United Artists 194h ; GIRAUDON, PARIS : 40cd ; Flammarion-Giraudon 41c ; JOSÉ M. GUTIERREZ GUILLÉN, SÉVILLE : 82.

ROBERT HARDING PICTURE LIBRARY : Sheila Terry 47bd, 56–57 ; HULTON DEUTSCH : 52cd–53cg, AM/Keystone 55hg, 163b.

IBERIA ARCHIVES : 246h ; INCAFO ARCHIVO FOTOGRÁFICO, MADRID : 153h, 153ch ; A. Camoyán 153chd, 153cb ; J.L. Glez Grande 153chg ; Candy Lopesino/Juan Hidalgo 153cbg ; J.L. Muñoz 153h ; INDEX, BARCELONA : 41cb, 42bd, 44chg, 44bg, 44bd, 45cb, 50hg, 50bd, 51cbd, 51cbg (d), 51bg, 187chd ; Image/Index 52hg, collection privée, *Sucesos de Casaviejas*, Saenz Tejada 53hg, 197 (dessin) ; Iranzo 42cbg ; THE IMAGE BANK : © Chasan 59b ; Stockphotos inc © Terry Williams 176 ; IMAGES : 4b, 14, 18b, 19hg, 19bg, 30hd, 32b ; AGE Fotostock, 11b, 15h, 24hd, 24cbg, 25c, 26bd, 29cg, 35h, 35b, 36b, 133h, 153c, 214hd, 232h ; Horizon/Michele Paggetta 24c–25c.

PABLO JULIÁ, SÉVILLE : 231b.

ANTHONY KING : 19hd.

LIFE FILE PHOTOGRAPHIC LIBRARY/Emma Lee 28hg, 144bg ; JOSÉ LUCAS, SÉVILLE : 230c, 232c ; NEIL LUKAS : 126cb, 126b.

ARXIU MAS, BARCELONA : 24bd ; Museo Taurino, Madrid, affiche de corrida représentant Rodolfo Gaona, H. Colmenero 25bg ; 43hc, 44hg, 46hg, 46c, 46cd–47cg ; Museo América, Madrid, *Vue de Séville*, Sánchez Coello 48cd–49cg ; © Patrimonio Nacional Madrid 43bd, 46cg, 46cb, 47ch ; MAGNUM/Jean Gaumy 55cb.

NATURPRESS, MADRID : Jose Luis G. Grande 127b ; Francisco Márquez 19bd, 127c ; NETWORK PHOTOGRAPHER : 29hg ; Rapho/Hans Silvester 32c.

ORONOZ ARCHIVO FOTOGRÁFICO, MADRID : collection privée, *La Feria* (Séville), J. Domínguez Bécquer (1855) 8–9 ; 24ch, collection privée *Reyes Presidiendo a una Corrida de Toros* (1862), anonyme 25bd, Banco Urquijo *Cartel Anunciador Feria de Sevilla* (1903), J. Aranda 32h, 36c, 40b, 41hg, 41hc, 41cg, 41cbd, 41bd, 42hg, 43hg ; María Novella (église), Florence, *Détail d'Averroes*, Andrea Bonainti 45hg ; 45cbd, 45bd, 47hg, Diputación de Granada, *Salida de Boabdil de la Alhambra*, Manuel Gómez Moreno 47cbg ; 48hg, 48chg ; Museo del Prado, *Cristo Crucificado*, Diego Velázquez 49c (d) ; Museo de Prado, *Expulsión de los Moriscos*, Vicent Carducho 49cb (d) ; Musée du Louvre, Paris, *Joven Mendigo*, Bartolomé Murillo 49bd (d) ; © Patrimonio Nacional Madrid, Palacio Real, Riofrio, Segovia, *Carlos III Vestido de Cazador*, F. Liani 50bg ; © DACS London 1996, Sternberg Palace, Prague, *Autoportrait*, Pablo Picasso 52cbg ; collection privée, Madrid, *Soldados del Ejército Español en la Guerra de Cuba* 52bd ; 53cbd, 53bg, 54hg, 55hc, 70bg, 81b, 139h, 140c ; collection privée, Madrid, *Patio Andaluz*, Garcia Rodríguez 142cg ; 160hg ; Museo de Bellas Artes, Cádiz, *San Bruno en Éxtasis*, Zurbarán 160hd ; 185bg, 215bd.

EDUARDO PAEZ, GRANADA : *Porte de la Justice*, Baron de Taylor 38 ; PAISAJES ESPAÑOLES, MADRID : 87h ; JOSE M. PEREZ DE AYALA, DOÑANA : 126hd, 126cg, 127h, 127ch ; PHOTOS : 37b ; PRISMA, BARCELONA : 49hg, 55bg, 131b ; Museo Lázaro Galdiano, Madrid, *Lope de Vega*, F Pacheco 134b ; 137h ; *Vista desde el Puerto* Nicolás Chapny (1884) 175h ; 231h, 232b ; Ferreras 238b, Hans Lohr 157b ; Anna N 166c ; Sonsoles Prada 41bg.

M. ÁNGELES SÁNCHEZ, MADRID : 228hd, 228hc ; TONY STONE IMAGES : Robert Everts 80chg.

6 TOROS 6, MADRID : 25cbd.

VISIONS OF ANDALUCÍA SLIDE LIBRARY, MÁLAGA : M. Almarza 19cd ; Michelle Chaplow 17bd ; 26cd–27cg, 158b, 249b ; A. Navarro 34cg.

PETER WILSON : 1, 2–3, 33h, 59cb, 141h, 166h, 166b, 171h.

Page de garde, début : photos de commande, à l'exception de J.D. DALLET, Málaga : bc ; THE IMAGE BANK : Stockphotos inc © Terry Williams bd ; JOSE M. GUTIERREZ GUILLÈN, SÉVILLE : hc.

Couverture : photos de commande, à l'exception de NEIL LUKAS : en haut à gauche ; INFACO : J.J. Blassi, en haut à droite.

# Lexique

## En cas d'urgence

| | | |
|---|---|---|
| Au secours ! | **¡Socorro !** | So-**co**-ro |
| Arrêtez ! | **¡Pare !** | **Pa**-ré |
| Appelez un médecin ! | **¡Llame a un médico !** | **ya**-mé a oune **mé**-di-co |
| Appelez une ambulance ! | **¡Llame a una ambulancia !** | **ya**-mé a **ouna** ame-bou-**lane**-thi-a |
| Appelez la police ! | **¡Llame a la policía !** | **ya**-mé a la po-li-**thi**-a |
| Appelez les pompiers ! | **¡Llame a los bomberos !** | **ya**-mé a los bome-**bé**-rosse |
| Où est le téléphone le plus proche ? | **Dónde está el teléfono más próximo ?** | **done**-dé ès-**ta** el té-lé-fo-no **masse pro**-xi-mo |
| Où est l'hôpital le plus proche ? | **Dónde está el hospital más próximo ?** | **done**-dé ès-**ta** el hos-pi-**tal** **masse pro**-xi-mo |

## L'essentiel

| | | |
|---|---|---|
| Oui | **Sí** | si |
| Non | **No** | no |
| S'il vous plaît | **Por favor** | por fa-**vor** |
| Merci | **Gracias** | **gra**-thiasse |
| Excusez-moi | **Perdone** | per-**do**-né |
| Bonjour | **Hola** | **o**-la |
| Au revoir | **Adiós** | a-di-**os** |
| Bonsoir | **Buenas noches** | **boué**-nasse **no**-tchés |
| matin | **La mañana** | la ma-**gna**-na |
| après-midi | **La tarde** | la **tar**-dé |
| soir | **La tarde** | la **tar**-dé |
| hier | **Ayer** | a-**yère** |
| aujourd'hui | **Hoy** | hoye |
| demain | **Mañana** | ma-**gna**-na |
| ici | **Aquí** | a-**ki** |
| là | **Allí** | a-**yi** |
| Comment ? | **¿Qué ?** | **ké** |
| Quand ? | **¿Cuándo ?** | **couane**-do |
| Pourquoi ? | **¿Por qué ?** | por-**ké** |
| Où ? | **¿Dónde ?** | **donne**-dé |

## Quelques phrases utiles

| | | |
|---|---|---|
| Comment allez-vous ? | **¿Cómo está usted ?** | **co**-mo esse-**ta** ousse-**tèd** |
| Très bien, merci | **Muy bien, gracias** | Mouille bi-**èn**, **gra**-thi-as |
| Ravi de faire votre connaissance | **Encantado de conocerle** | èn-canne-**ta**-do dé co-no-**ther**-lé |
| À bientôt | **Hasta pronto** | as-ta **pronne**-to |
| C'est parfait | **Está bien** | es-**ta** bienne |
| Où est /sont ... ? | **¿Dónde está /están ... ?** | **Donne**-dé ès-**ta** /ès-**tanne** |
| À quelle distance est ... ? | **Cuántos metros / kilómetros hay de aquí a. ... ?** | **couane**-do **mé**-trosse /ki-**lo**-mé-trosse **aille** dé a-**ki** a |
| Comment aller à ... ? | **¿Por dónde se va a ... ?** | Por **donne**-dé sé **va** a |
| Parlez-vous français ? | **¿Habla francés ?** | **a**-bla franne-**thesse** |
| Je ne comprends pas | **No comprendo** | no com-**prèn**-do |
| Pourriez-vous parler plus lentement, SVP ? | **¿Puede hablar másdespacio por favor ?** | poué-dé a-**blar** **masse**dès-pa-thi-o por fa-**vor** |
| Excusez-moi | **Lo siento** | lo si**enne**-to |

## Quelques mots utiles

| | | |
|---|---|---|
| grand | **grande** | **granne**-dé |
| petit | **pequeño** | pé-**ké**-gno |
| chaud | **caliente** | ca-li-**èn**-té |
| froid | **frío** | **fri**-o |
| bon | **bueno** | boué-no |
| mauvais | **malo** | **ma**-lo |
| assez | **bastante** | basse-**tanne**-té |
| bien | **bien** | bi**enne** |
| ouvert | **abierto** | a-bi-**èr**-to |
| fermé | **cerrado** | thér-**ra**-do |
| à gauche | **izquierda** | ithe-ki-**ère**-da |
| à droite | **derecha** | dé-**ré**-tcha |
| tout droit | **todo recto** | to-do **rec**-to |
| près | **cerca** | **thèr**-ca |
| loin | **lejos** | **lé**-jhos |
| en haut | **arriba** | a-**ri**-ba |
| en bas | **abajo** | a-**ba**-jho |
| tôt | **temprano** | tèm-**pra**-no |
| tard | **tarde** | **tar**-dé |
| entrée | **entrada** | èn-**tra**-da |
| sortie | **salida** | sa-**li**-da |
| les toilettes | **lavabos, servicios** | la-**va**-bosse, sèr-**vi**-thi-os |
| plus | **más** | **masse** |
| moins | **menos** | **mé**-nosse |

## Les achats

| | | |
|---|---|---|
| Combien cela coûte-t-il ? | **¿Cuánto cuesta esto ?** | **couane**-to **couès**-ta **ès**-to |
| Je voudrais... | **Me gustaría ...** | mé gous-ta-**ri**-a |
| Avez-vous... ? | **¿Tienen ?** | **ti**-é-nèn |
| Je ne fais que regarder, merci | **Sólo estoy mirando, gracias** | **so**-lo ès-**toye** mi-**ranne**-do, **gra**-thiasse |
| Acceptez-vous les cartes bancaires? | **¿Aceptan tarjetas de crédito ?** | a-**thep**-tanetar-**jhé**-tas dé **cré**-di-to |
| À quelle heure ouvrez-vous ? | **¿A qué hora abren ?** | a **ké** o-ra **a**-brèn |
| À quelle heure fermez-vous ? | **¿A qué hora cierran?** | a ké o-ra th**i**-**é**-rannee |
| celui-ci | **Este** | **ès**-té |
| celui-là | **Ese** | **é**-sé |
| cher | **caro** | **ca**-ro |
| bon marché | **barato** | ba-**ra**-ro |
| taille (vêtements) | **talla** | **ta**-ya |
| pointure | **número** | **nou**-mé-ro |
| blanc | **blanco** | **blanne**-co |
| noir | **negro** | **né**-gro |
| rouge | **rojo** | **ro**-jho |
| jaune | **amarillo** | a-ma-**ri**-yo |
| vert | **verde** | **vèr**-dé |
| bleu | **azul** | a-**thoul** |
| antiquaire | **la tienda de antigüedades** | la t**i**-**èn**-da dé anne-ti-goui-**da**-dès |
| boulangerie | **la panadería** | la pa-na-dé-**ri**-a |
| banque | **el banco** | el **banne**-co |
| librairie | **la librería** | la li-bré-**ri**-a |
| boucherie | **la carnicería** | la car-ni-thé-**ri**-a |
| pâtisserie | **la pastelería** | la pas-té-lé-**ri**-a |
| pharmacie | **la farmacia** | la far-**ma**-thi-a |
| poissonnerie | **la pescadería** | la pès-ca-dé-**ri**-a |
| primeur | **la frutería** | la frou-té-**ri**-a |
| épicerie | **la tienda de comestibles** | la t**i**-**èn**-da dé co-mès-**ti**-blès |
| salon de coiffure | **la peluquería** | la pé-lou-ké-**ri**-a |
| marché | **el mercado** | el mèr-**ca**-do |
| kiosque à journaux | **el kiosko de prensa** | el ki-**os**-co dé **prèn**-sa |
| bureau de poste | **la oficina de correos** | la o-fi-**thi**-na dé cor-**ré**-os |
| magasin de chaussures | **la zapatería** | la tha-pa-té-**ri**-a |
| supermarché | **el supermercado** | el sou-pèr-mèr-**ca**-do |
| bureau de tabac | **el estanco** | el ès-**tanne**-co |
| agence de voyages | **la agencia de viajes** | la a-**jhèn**-thi-a dé vi-**a**-jhès |

## Le tourisme

| | | |
|---|---|---|
| galerie d'art | **el museo de arte** | el mou-**sé**-o dé **ar**-té |
| cathédrale | **la catedral** | la ca-té-**dral** |
| église | **la iglesia** | la i-**glé**-si-a |
| basilique | **la basílica** | la ba-**si**-li-ca |
| jardin | **el jardín** | el jhar-**dine** |
| bibliothèque | **la biblioteca** | la bi-bli-o-**té**-ca |
| musée | **el museo** | el mou-**sé**-o |
| office du tourisme | **la oficina de información turística** | la o-fi-**thi**-na dé ine-for-ma-ci-**one** tou-**ris**-ti-ca |
| hôtel de ville | **el ayuntamiento** | el a-youne-ta-m**ièn**-**to** |
| fermé les jours fériés | **cerrado por vacaciones** | thé-**ra**-do por va-ca-**si**-**o**-nès |
| arrêt de bus | **la estación de autobuses** | la ès-ta-i-**yone** dé a-ou-to-**bou**-sès |
| gare | **la estación de trenes** | la ès-ta-thi-**onne** dé **tré**-nès |

## À l'hôtel

| | | |
|---|---|---|
| Avez-vous une chambre libre ? | **¿Tiene una habitación libre ?** | **tié**-né **ou**na a-bi-ta-thi-**onne li**-bré |
| une chambre pour deux personnes ? | **habitación doble ?** | a-bi-ta-th**i-onne do**-blé |
| avec un grand lit | **con cama de matrimonio** | conne **ca**-ma dé ma-tri-**mo**-nio |
| une chambre à deux lits | **habitación con dos camas** | a-bi-ta-th**i-onne** conne dos **ca**-mas |
| une chambre pour une personne | **habitación individual** | a-bi-ta-th**i-onne** ine-di-vi-dou-**al** |
| une chambre avec bains/ douche | **habitación con baño/ ducha** | a-bi-ta-th**ionne** conne **ba**-gno **dou**-tcha |
| portier | **el botones** | el bo-**to**-nès |
| clé | **la llave** | la **ya**-vé |
| J'ai réservé une chambre | **Tengo une habitación reservada** | tèn-go ou**na a**-bi-ta-thi-**onne** ré-sèr-**va**-da |

## Au restaurant

| | | |
|---|---|---|
| Avez-vous une table pour ... ? | **¿Tienen mesa para ...?** | **tié**-nèn mé-sa pa-**ra** |
| Je voudrais réserver une table | **Quiero reservar une mesa** | kié-ro ré-sèr-**var ou**na **mé**-sa |
| l'addition s'il vous plaît | **la cuenta por favor** | la **couèn**-ta por fa-**vor** |
| Je suis végétarien/ne | **soy vegetariano/a** | soye bé-jhé-ta-**ria**-no/na |
| serveuse/ garçon | **camarera/ camarero** | ca-ma-**ré**-ra ca-ma-**ré**-ro |
| menu (carte) | **la carta** | la **car**-ta |
| menu (à prix fixe) | **menú del día** | mé-**nou** del **di**-a |
| carte des vins | **la carta de vinos** | la **car**-ta dé **bi**-nos |
| verre | **un vaso** | oune **va**-so |
| bouteille | **una botella** | ouna bo-**té**-ya |
| couteau | **un cuchillo** | oune cou-**tchi**-yo |
| fourchette | **un tenedor** | oune té-né-**dor** |
| cuillère | **una cuchara** | ouna cou-**tcha**-ra |
| petit déjeuner | **el desayuno** | el dé-sa-**you**-no |
| déjeuner | **la comida** | la co-**mi**-da |
| | **el almuerzo** | el al-**mouèr**-tho |
| dîner | **la cena** | la **thé**-na |
| plat principal | **el primer plato** | el pri-**mèr** pla-to |
| entrée | **los entremeses** | los èn-tré-**mé**-sés |
| plat du jour | **el plato del día** | el **pla**-to del **di**-a |
| café | **el café** | el ca-**fé** |
| saignant | **poco hecho** | **po**-co **é**-tcho |
| à point | **medio hecho** | **mé**-dio **é**-tcho |
| bien cuit | **muy hecho** | mouille **é**-tcho |

## Lire le menu

| | | |
|---|---|---|
| **al horno** | al **or**-no | cuit au four |
| **asado** | a-**sa**-do | rôti |
| **el aceite** | a-**thé-i**-té | huile |
| **las aceitunas** | a-thé-i-**tou**-nas | olives |
| **el agua mineral** | **a**-goua mi-né-**ral** | eau minérale |
| **el ajo** | **a**-jho | ail |
| **el arroz** | a-**rothe** | riz |
| **el azúcar** | a-**thou**-car | sucre |
| **la carne** | **car**-né | viande |
| **la cebolla** | thé-**bo**-ya | oignon |
| **la cerveza** | thèr-**bé**-tha | bière |
| **el cerdo** | **thèr**-do | porc |
| **el chocolate** | tcho-co-**la**-té | chocolat |
| **el chorizo** | tcho-**ri**-tho | chorizo |
| **el cordero** | cor-**dé**-ro | agneau |
| **el fiambre** | fi-**am**-bré | viande froide |
| **frito** | **fri**-to | frit |
| **la fruta** | **frou**-ta | fruit |
| **los frutos secos** | **frou**-tos **sé**-cos | noix |
| **las gambas** | **gam**-bas | gambas |
| **el helado** | é-**la**-do | glace |
| **el huevo** | ou**é**-vo | œuf |
| **el jamón serrano** | jha-**monne** sé-**ra**-no | jambon serrano |
| **el jerez** | jhe-**rés** | xérès |
| **la langosta** | lanne-**gos**-ta | langouste |
| **la leche** | **lé**-tché | lait |
| **el limón** | li-**monne** | citron |
| **la limonada** | li-mo-**na**-da | limonade |
| **la mantequilla** | manne-té-**ki**-ya | beurre |
| **la manzana** | manne-**tha**-na | pomme |
| **los mariscos** | ma-**ris**-cos | fruits de mer |
| **la menestra** | mé-**nès**-tra | ragoût de légumes |
| **la naranja** | na **ranne** jha | orange |
| **el pan** | **panne** | pain |
| **el pastel** | pas-**tèl** | gâteau |
| **las patatas** | pa-**ta**-tas | pommes de terre |
| **el pescado** | pès-**ca**-do | poisson |
| **la pimienta** | pi-mi-**èn**-ta | poivre |
| **el plátano** | **pla**-ta-no | banane |
| **el pollo** | **po**-yo | poulet |
| **el postre** | **pos**-tré | dessert |
| **el queso** | **ké**-so | fromage |
| **la sal** | sal | sel |
| **las salchichas** | sal-**tchi**-jhas | saucisses |
| **la salsa** | **sal**-sa | sauce |
| **seco** | **sé**-co | sec |
| **el solomillo** | so-lo-**mi**-yo | aloyau |
| **la sopa** | **so**-pa | soupe |
| **la tarta** | **tar**-ta | tarte |
| **el té** | té | thé |
| **la ternera** | tèr-**né**-ra | bœuf |
| **las tostadas** | tos-**ta**-das | toast |
| **el vinagre** | bi-**na**-gré | vinaigre |
| **el vino blanco** | **bi**-no **blanne**-co | vin blanc |
| **el vino rosado** | **bi**-no ro-**sa**-do | rosé |
| **el vino tinto** | **bi**-no **tinne**-to | vin rouge |

## Les nombres

| | | |
|---|---|---|
| 0 | **cero** | **thé**-ro |
| 1 | **uno** | **ou**no |
| 2 | **dos** | dosse |
| 3 | **tres** | tresse |
| 4 | **cuatro** | **coua**-tro |
| 5 | **cinco** | **thine**-co |
| 6 | **seis** | sè-is |
| 7 | **siete** | **siè**-té |
| 8 | **ocho** | **o**-tcho |
| 9 | **nueve** | **noué**-vé |
| 10 | **diez** | di**esse** |
| 11 | **once** | **onne**-thé |
| 12 | **doce** | **do**-thé |
| 13 | **trece** | **tré**-thé |
| 14 | **catorce** | ca-**tor**-thé |
| 15 | **quince** | **kinne**-thé |
| 16 | **dieciséis** | di-é-thé-**sé-is** |
| 17 | **diecisiete** | di-é-thé-**si-é**-té |
| 18 | **dieciocho** | di-é-thi-**o**-tcho |
| 19 | **diecinueve** | di-é-thi-**noué**-vé |
| 20 | **veinte** | **bi**-èn-té |
| 21 | **veintiuno** | bi-èn-ti-**ou**no |
| 22 | **veintidós** | bi-èn-ti-**dosse** |
| 30 | **treinta** | **tré**-yèn-ta |
| 31 | **treinta y uno** | tré-yèn-ta i **ou**-no |
| 40 | **cuarenta** | coua-**rèn**-ta |
| 50 | **cincuenta** | thinne-**couène**-ta |
| 60 | **sesenta** | sé-**sèn**-ta |
| 70 | **setenta** | sé-**tèn**-ta |
| 80 | **ochenta** | o-**tchèn**-ta |
| 90 | **noventa** | no-**bèn**-ta |
| 100 | **cien** | thi-**yèn** |
| 101 | **ciento uno** | thi-**yèn**-to **ou**no |
| 102 | **ciento dos** | thi-**yèn**-to **dosse** |
| 200 | **doscientos** | dosse-thi-**yèn**-tosse |
| 500 | **quinientos** | ki-**nièn**-tosse |
| 700 | **setecientos** | sé-té-thi-yèn-tosse |
| 900 | **novecientos** | no-vé-thi-**yèn**-tosse |
| 1000 | **mil** | mi-le |
| 1001 | **mil uno** | **mi-le ou**no |

## Le jour et l'heure

| | | |
|---|---|---|
| une minute | **un minuto** | **ounc** mi-**nou**-to |
| une heure | **una hora** | **ou**na **o**-ra |
| une demi-heure | **media hora** | **mé**-dia **o**-ra |
| lundi | **lunes** | **lou**-nès |
| mardi | **martes** | **mar**-tès |
| mercredi | **miércoles** | mi-**èr**-co-lès |
| jeudi | **jueves** | **jhouè**-vès |
| vendredi | **viernes** | bi-**yèr**-nès |
| samedi | **sábado** | **sa**-ba-do |
| dimanche | **domingo** | do-**minne**-go |

# Carte routière de l'Andalousie